BULLETIN

DE LA SOCIÉTÉ LIBRE

D'ÉMULATION DU COMMERCE ET DE L'INDUSTRIE

DE LA SEINE-INFÉRIEURE

ANNÉE 1855-1856

RAPPORT

SUR

L'EXPOSITION UNIVERSELLE

DE 1855

Suivi de la Liste des Exposants de la Seine-Inférieure,
avec l'indication des Objets exposés et des
Récompenses accordées

PAR

MM. J. GIRARDIN, Correspondant de l'Institut; **CORDIER**,
Manufacturier, et **E. BUREL**, Ingénieur civil.

ROUEN
IMPRIMERIE DE A. PÉRON
Rue de la Vicomté, 55

1856

A

MONSIEUR ERNEST LEROY

*Préfet de la Seine-Inférieure, Commandeur de l'Ordre
Impérial de la Légion d'honneur, etc.*

Monsieur le Préfet,

Vous avez constitué sur de nouvelles bases la Société libre d'Emulation du Commerce et de l'Industrie de la Seine-Inférieure.

Par votre haute influence, vous avez obtenu le décret qui reconnaît notre Compagnie comme établissement d'utilité publique.

La Société est reconnaissante et fière de pareilles marques de sympathie.

Permettez-lui de manifester publiquement les sentiments qui l'animent, en l'autorisant à placer votre nom en tête du Mémoire le plus important qu'elle ait fait paraître dans ces dernières années.

Ce haut patronage donnera à cette œuvre, créée sous vos auspices, un nouveau titre à la bienveillance du public industriel.

Le Président de la Société, au nom de tous ses confrères,

AUG. LÉVY.

Rouen, 17 août 1856.

RAPPORT

Lu à la Société libre d'Émulation du Commerce et de l'Industrie
de la Seine-Inférieure, dans sa séance extraordinaire
du 25 août 1855

Par M. Aug. LÉVY,

Président.

MESSIEURS,

J'ai cru devoir vous convoquer extraordinairement à cette époque de l'année où, conformément au règlement, la Société interrompt habituellement le cours de ses travaux. Un motif puissant m'y portait d'ailleurs, et j'aurais manqué à mon mandat, si n'allant pas pour ainsi dire au devant de vos vœux, j'avais omis de vous réunir à ce moment où de grands intérêts industriels occupent le monde entier.

L'Exposition universelle, avec ce caractère de grandeur que la France sait donner à tout ce qu'elle crée ou vivifie, étale aux yeux du monde étonné les merveilles de l'industrie et des arts; notre contrée si riche en produits de toute nature, a fourni son brillant contingent à cette exhibition générale. Et si nos industriels et nos manufacturiers, en exposant les brillants spécimens de leurs travaux, donnent de remarquables modèles à leurs concurrents Français ou étrangers, ils doivent à leur tour chercher à s'inspirer des perfectionnements et des inventions de leurs rivaux.

Au milieu de ce dédale immense ou tant de merveilles se trouvent entassées, il faut savoir surtout discerner et apprécier les objets d'un intérêt puissant pour notre industrie locale ; il faut que les tissus soient examinés avec une scrupuleuse attention au triple point de vue de la fabrication, du bon marché et du goût ; que les produits chimiques soient jugés tout à la fois sous le rapport de leur fabrication et de leurs nombreuses applications, et qu'enfin les machines, organes admirables qui enfantent aujourd'hui tant de merveilles, soient sainement appréciées dans leurs principes comme dans leurs usages.

Tâche immense, Messieurs, qu'il n'est pas donné à un seul homme d'entreprendre, mais qu'une Société comme la vôtre, renfermant dans son sein tant d'hommes distingués et spéciaux, peut seule accomplir.

Vous avez, Messieurs, une haute mission à remplir, les populations industrielles de notre département attendent l'opinion que vous formulerez sur toutes les questions soulevées à l'occasion de cette fête splendide de l'industrie ; vous parlerez, et les masses habituées à écouter et à suivre vos enseignements, liront avec empressement les pages dans lesquelles un public éclairé puisera de saines doctrines pour les mettre plus tard en pratique.

Je ne suis du reste, Messieurs, que l'écho de votre pensée, et mon intention n'est pas de venir ici, m'appropriant une idée qui est la vôtre, me faire un titre, aux yeux du public, d'un projet qui ne m'est pas personnel et que j'ai seulement la mission de formuler aujourd'hui devant vous. Je suis heureux et fier d'être votre organe et je me fais tout à la fois un devoir et un plaisir de vous reporter le mérite d'une proposition acceptée par avance, puisqu'elle émane de ceux-là même qui doivent l'agréer.

Rouen, le 25 août 1855.

Le Président de la Société,

Aug. LÉVY.

A la suite de ce rapport la Société a décidé qu'elle enverrait à l'Exposition une Commission de trois membres, qu'un travail d'ensemble lui serait présenté par ses commissaires, la Société se réservant de donner une grande publicité au rapport de la Commission.

Dans la même séance, la Société a nommé membres de la commission :

MM. J. Girardin, correspondant de l'Institut ;
Cordier, manufacturier ;
Eugène Burel, ingénieur civil.

RAPPORT

DE LA COMMISSION.

INTRODUCTION.

Nous vivons dans une époque où les événements se précipitent et se succèdent avec tant de rapidité, qu'il est difficile de se faire l'historien des découvertes et des inventions qui se révèlent de toutes parts.

Siècle extraordinaire, en vérité, comparé à tous ceux qui l'ont précédé ! Tout se meut, tout s'agite, tout fermente. Une génération fait l'œuvre de dix générations du passé. La science a créé un monde nouveau ; les découvertes qui ont signalé les soixante dernières années, ont décuplé la vie humaine, en multipliant nos relations, nos jouissances, en ménageant l'emploi du temps, en abrégeant les distances, en diminuant les fatigues.

Qui pourrait dire ce que sera le monde demain, avec la télégraphie électrique, la photographie et l'électro-chimie ?

C'est une ère nouvelle qui ne fait encore que de commencer. Ce n'est pas sans un motif impénétrable à nos esprits que la Providence a suscité une révolution en

Chine ; qu'elle a poussé tout-à-coup le vieux monde vers les régions inhabitées, en révélant l'or inconnu, jusqu'à ce jour, sur le continent américain et en Australie. Nous assistons à une nouvelle émigration des peuples ; mais ce n'est plus cette irruption des hordes de l'Asie et du Nord, apportant la barbarie et semant la dévastation et la ruine. Non, celles-ci portent avec elles une idée féconde : le christianisme, et, avec le christianisme, la grande civilisation européenne.

Les expositions, selon nous, sont tout-à-fait l'expression de ce grand travail, de ce mouvement incessant qui s'opère dans les intelligences. L'industrie n'est plus, comme autrefois, le résultat d'une routine, d'un procédé invariable, trouvé et acquis par hasard ; l'analyse et la synthèse, en créant la théorie et la méthode, ont ouvert un champ immense à l'invention et à la perfection.

Prise à ce point de vue, notre tâche serait tellement vaste, que nos forces et nos moyens n'y pourraient suffire ; nous avons dû nécessairement en restreindre le cadre.

Voici le programme qui nous a été tracé : signaler les progrès accomplis depuis l'exposition de Londres ; — faire connaître les industries nouvelles qui pourraient être utiles à notre pays, ou un genre de travail quelconque dont l'introduction serait profitable à nos contrées ; — étudier plus particulièrement ce qui se rattache à l'industrie cotonnière : filature, tissage et impression ; — enfin, l'un de nous, M Cordier, a cru devoir examiner la question commerciale au point de vue de la production et des débouchés, et surtout de l'intérêt national.

Nous avons fait en sorte de bien nous pénétrer de la grande mission que la Société libre d'Emulation du

Commerce et de l'Industrie de la Seine-Inférieure s'est donnée : arriver par l'émulation au progrès du commerce et de l'industrie. Si, dans bien des cas, nous n'avons pu nous défendre d'un sentiment d'orgueil national en constatant la supériorité de nos compatriotes, nous avons fait du moins tous nos efforts pour donner une appréciation aussi consciencieuse et aussi impartiale que possible.

C'est donc à faire justement ressortir les mérites propres à chacun dans ce large concours, que nous allons nous attacher ; et plus, d'ailleurs, nous aurons à constater des efforts nombreux, effectifs, plus nous serons heureux de les signaler.

Mais, avant de procéder à ce compte-rendu, nous jetterons un coup d'œil rapide sur le passé, afin de faire mieux ressortir, par la comparaison, le caractère général qui distingue l'exposition universelle de 1855. Nous allons donc essayer de retracer sommairement l'exposé historique des solennités du même genre qui ont précédé celle qui nous occupe.

Ce fut en l'an VI (1798), que François de Neufchâteau, ministre de l'intérieur, eut la pensée d'organiser une fête nationale en l'honneur de l'industrie.

Depuis dix années, la France, seule contre le reste de l'Europe, soutenait une lutte terrible, sans précédent dans l'histoire. Le moment paraissait être peu favorable à l'exécution d'un semblable projet : l'échafaud politique était encore debout ; le canon ennemi retentissait à nos frontières ; mais la France était brûlante d'enthousiasme et fanatique de liberté ; le travail, depuis qu'il était affranchi de ses entraves, se sentait tellement à l'aise, qu'il était impatient de produire ses œuvres au grand jour. Aussi, l'appel de François de Neufchâteau eut-il un écho par toute la France.

Cette fête fut ce qu'elle devait être, une espérance ; elle donnait la signification de notre grande révolution dans l'avenir ; elle voulait dire : *Travail*. C'était tout ce que l'on pouvait en attendre.

Cent dix industriels se présentèrent au concours ; vingt-cinq furent jugés dignes de récompense par le jury.

La seconde exposition eut lieu en l'an IX (1801), sous le ministère de Chaptal. Le nombre des exposants fut le double de la précédente, et de notables progrès furent constatés.

La troisième se fit l'année suivante ; cinq cent quarante furent admis.

En 1806, Napoléon venait d'être proclamé empereur ; son nom, jusqu'alors, n'avait retenti que sur les champs de bataille. Son puissant génie lui fit sentir que s'il voulait laisser un souvenir durable dans l'histoire, il lui fallait, en outre de sa gloire militaire, les victoires du travail qui créent le bien-être et la richesse. Le moment était favorable : la France commençait à respirer, les discordes civiles étaient apaisées ou comprimées ; elle était palpitante de la joie d'avoir dicté la paix à ses ennemis ; elle était pleine de sève et d'ardeur. On répondit avec empressement à la voix si puissante du chef de la nation : 1,462 exposants se réunirent sur l'esplanade des Invalides.

Ce règne ne vit pas d'autre solennité de ce genre. Napoléon était engagé dans une lutte gigantesque ; la France lui prodiguait ses trésors, avec son sang le plus jeune et le plus généreux. En même temps que l'histoire enregistrait les noms de Friedland, de Wagram et de la Moskowa, le blocus continental paralysait le commerce et tuait la marine; aussi la cinquième exposition n'eut-elle lieu qu'en 1819, et malgré les efforts du nouveau gouvernement et des industriels, elle se ressentit de l'état de souffrance et de misère des dernières années. Ce fut à grand'peine que l'on put réunir 1,662 exposants.

La sixième eut lieu en 1823. Celle-ci, contrairement à toutes celles qui l'avaient précédée, au lieu d'accuser une progression dans le chiffre des concurrents, présente une diminution; on en compte en tout 1,642.

La septième est la seule que l'on ait vue sous le règne de Charles X. Le nombre des exposants reprend sa marche ascendante; il s'élève à 1,695. Les étrangers vinrent en foule visiter nos produits. Cette exposition est une date importante : c'est de cette époque que l'art de la métallurgie et la construction des machines commencent à prendre chez nous un notable développement.

La huitième aurait dû être en 1831; mais, en raison de l'interruption des travaux, occasionnée par les graves événements de 1830, on jugea à propos de la différer. C'est en 1834 seulement que fut ouverte la première exposition du règne de Louis-Philippe; elle eut un grand éclat et compta 2,447 fabricants. Cette fois, elle reprit sa première et véritable signification; ce fut bien la fête du travail et, pour la première fois, il lui fut accordé une nouvelle et suprême récompense, la croix d'honneur.

La neuvième se fit en 1839; 3,281 concurrents entrent en lice. Les étrangers, comprenant l'importance de cette grande institution, commencent à l'adopter chez eux.

Cinq ans après, en 1844, nous voyons la dixième; 3,960 exposants accusent une activité féconde, et partout on constate le progrès et la perfection; on sent qu'une vie puissante anime l'industrie.

Nous arrivons maintenant à l'année 1849. Nous sommes au lendemain d'une révolution ; le commerce vient d'éprouver une secousse terrible ; bien des noms honorables ont disparu dans la tourmente ; parmi ceux qui restent, la plupart ont vu leurs affaires et leurs travaux suspendus ; il faut une certaine hardiesse pour oser tenter une exposition dans un pareil moment : le Gouvernement provisoire n'hésite pas ; bien plus, M. Tourret, ministre du commerce, et après lui M. Buffet, son successeur, proposent d'admettre les étrangers à concourir. L'idée, jusqu'alors sans précédent, est repoussée par les Chambres consultatives et de commerce ; l'exposition sera donc simplement française : on y compte 4,532 noms ; la Seine-Inférieure est aux premiers rangs, elle est représentée par 117 fabricants.

Après ce dixième concours industriel, nous franchissons une période de six années, avant d'arriver à la grande solennité de 1855. Disons quels sont d'abord les divers États qui nous ont suivis sur ce terrain de l'émulation.

La Belgique a eu cinq expositions fort remarquables, surtout les deux dernières : les tissus, la métallurgie, la minéralogie, sont en tête des produits.

L'Autriche en a eu quatre : les différentes nationalités qui composent cet empire, constituent des spécialités bien tranchées par le caractère qui leur est propre : la Silésie apporte ses toiles, la Styrie ses métaux, la Lombardie ses soies et ses objets d'art, la Gallicie ses étoffes de laine, et la Bohême sa cristallerie si renommée.

Le Zollverein a eu deux grandes expositions fort riches à Berlin : la Prusse, la Bavière, le Wurtemberg, la Saxe, la Thuringe, la Hesse, etc., y ont figuré avec distinction.

La Russie, que le reste de l'Europe s'est plu à considérer comme le pays de l'immobilisme, est la première qui soit entrée dans la voie tracée par nous ; elle a eu six grandes expositions dont la première remonte à 1829. En outre des produits naturels, tels que les laines et les soies de la Crimée et de la Géorgie, les lins et les chanvres de la Finlande, les cuirs des provinces du centre, la partie la plus digne d'attirer l'attention des Occidentaux était une collection de draps et de toiles de coton propres au commerce de la Chine.

La Suisse et le Piémont ont eu également plusieurs concours industriels qui révèlent leur activité laborieuse.

L'Espagne, elle-même, a secoué sa torpeur séculaire ; elle a fait une tentative dans ce genre, qui ne manque pas d'intérêt.

Enfin, nous arrivons à l'année 1851 ; l'Angleterre veut avoir sa grande exhibition. Cette fois, comme dans tout ce qu'entreprennent nos voisins, ils marchent avec audace et résolution ; ils veulent atteindre, du premier bond, les dernières limites du possible : en conséquence, ils s'emparent de l'idée qui n'avait pu se réaliser chez nous ; ils veulent une exposition générale et universelle. Aussi voyez, toutes les nations du globe sont conviées à cet immense Comice. Il n'existe pas de palais assez vaste pour contenir cette quantité effrayante des fruits de l'activité humaine ; il faut un édifice spécial. Mais le temps manque, il faut improviser, et l'ingénieur Paxton crée, comme par enchantement, un palais de cristal, une tente bâtie avec de la fonte et du verre. Disons-le, ce fut quelque chose de merveilleux que cette création ; rien n'accuse mieux la puissance de l'industrie moderne ; ce fut un admirable spectacle que cet immense panorama de tous les chefs-d'œuvre de l'esprit humain, parfaitement abrités et cependant baignés de lumière.

Quelle fut la signification de l'exhibition anglaise ? Les uns y virent un défi jeté par la Grande-Bretagne à toutes les industries du monde ; d'autres y virent un congrès en faveur de la doctrine devenue essentiellement britannique, le LIBRE-ÉCHANGE ; d'autres, enfin, n'y virent simplement qu'une idée généreuse, qu'un tournoi industriel, organisé en faveur du progrès et dans le but de stimuler les retardataires, de récompenser les plus méritants. Quoi qu'il en soit, on connaît le résultat : défi ou simple concours, la France y remporta un triomphe complet ; la presse européenne proclama sa supériorité dans tous les arts de la paix. Pour le libre-échange, il ne convertit personne ; chacun après avoir étudié, observé, rentra chez soi avec l'espoir de produire dans son pays et au profit de son pays les choses qui lui avaient paru supérieures, et nul ne pensa à demander à son voisin les choses pour lesquelles il avait reconnu son infériorité.

A la suite de l'exhibition de Londres, il y eut encore deux grandes solennités du même genre : l'une à Dublin et l'autre aux Etats-Unis. Mais ces deux expositions furent loin d'avoir le retentissement qu'elles auraient eu en d'autres circonstances. Les visiteurs, à peine de retour de leur excursion au palais de cristal, ne voulurent pas entreprendre un long voyage vers l'Irlande et l'Amérique, et d'ailleurs le temps, ce grand maître de la perfection et de l'invention, n'avait permis ni de mettre en pratique ce que l'on avait observé à Londres, ni de mettre au jour de nouvelles découvertes. Le Gouvernement français a donc agi sagement en ne s'arrêtant pas à cette habitude consacrée des expositions quinquennales, et en reportant à l'année 1855 celle qui aurait dû s'effectuer en 1854. L'Europe attendait avec impatience la grande solennité de 1855 ; elle savait que ce grand tournoi de la civilisation avait sa véritable place indiquée dans la capitale du monde civilisé.

Le 24 septembre 1853, un décret nomme la Commission chargée d'organiser, à Paris, l'exposition universelle. Le 15 mai 1855, l'Empereur, en personne, en fait l'inauguration, et le 1er juin suivant, le public est admis à visiter les galeries du palais de l'industrie.

Il est inutile de mentionner ici toutes les difficultés que la Commission eut à vaincre avant d'arriver à l'entier accomplissement de son œuvre ; il nous suffit de dire que nous avons à enregistrer un magnifique succès ; deux chiffres sont là pour en donner la preuve. L'état de guerre de l'Europe avait jeté des appréhensions dans les esprits, et cependant, malgré l'absence totale de la Russie, malgré la presqu'abstention des Etats-Unis, **25,000** concurrents se sont présentés dans le champ-clos des luttes pacifiques ; **7,000** de plus qu'à Londres. Pour abriter tous ces produits, il a fallu recouvrir une surface de **130,000** mètres carrés ; le palais de cristal n'en avait que 94,000.

REVUE GÉNÉRALE DE L'EXPOSITION.

Avant d'entrer dans aucun détail, nous devons faire connaître la marche que nous avons suivie. Nous avons pensé que, pour éviter la confusion si facile dans l'analyse d'une quantité si considérable de produits divers, il valait mieux procéder d'abord à une revue générale des divers pays, et signaler, en passant, les productions par lesquelles chacun d'eux s'est principalement distingué; plus tard nous nous appesantirons particulièrement sur ce qui a rapport à la mécanique et à la physique industrielles, aux arts chimiques et à la fabrication des tissus. M. E. Burel s'est chargé de formuler nos impressions sur la première partie de ce programme; M. J. Girardin a eu naturellement dans ses attributions la revue des arts chimiques, et au rédacteur de ce préambule est échu l'exposé de tout ce qui concerne les tissus.

L'exposition de 1855 est non seulement la plus considérable par le nombre des concurrents, elle est encore la plus complète que l'on ait vue jusqu'à ce jour ; elle nous a donné le spectacle le plus extraordinaire des œuvres si variées par lesquelles se manifeste l'intelligence humaine.

L'agriculture avait un concours d'animaux reproducteurs, et, en même temps, une riche collection d'instruments et de produits.

L'horticulture réunissait, dans un espace trop restreint, les plantes de toutes les zones et de tous les climats. L'horticulteur, ainsi que l'agriculteur, en modifiant les plantes et les animaux, attestent ce que peut la volonté persévérante de l'homme ; il semble qu'il n'est pas de lois qui puissent résister à ce roi de la création ; il pétrit et transforme les plantes et les animaux aussi facilement qu'il modifie et métamorphose la matière inerte, à l'aide de la chimie et de la mécanique.

L'exposition des beaux-arts avait fait appel à toutes les célébrités contemporaines ; jamais il n'avait été donné de contempler une collection aussi riche et aussi variée : tableaux historiques, tableaux de genre, aquarelles, gravures, lithographies, sculptures et plans d'architecture ; pas un nom de valeur qui n'eût envoyé une toile, un marbre ou un bronze. Cette dernière partie laisse bien loin derrière elle la tentative du même genre que l'on avait faite à Londres.

En donnant à l'exposition ce caractère artistique et universel, le Gouvernement a obéi à ce souffle qui anime notre pays ; il a obéi au génie qui lui est propre, qui le mène, qui le pousse sans cesse en avant. Qu'elle soit républicaine ou monarchique, qu'elle jouisse des bienfaits de la paix, que ses soldats et ses marins soient aux prises avec ses ennemis, toujours la France est fidèle à sa mission : marcher sans cesse en avant dans le champ de l'émulation ; la lutte la sollicite et l'entraîne ; il lui faut la perfection dans la qualité, la perfection dans le beau, la perfection, même dans le sens du bon marché. C'est à ce triple point de vue, et en prenant constamment les produits français comme terme de comparaison, que nous examinerons ceux des autres pays qui s'offriront à nous.

C'est bien un véritable palais que cet édifice élevé aux arts de la paix ; sa masse imposante et grandiose laisse plutôt une impression de durée et de solidité que de grâce et d'élégance. Mieux que toute autre légende, sa façade, où sont inscrits les noms des villes de Paris, Lyon, Rouen, Mulhouse, Marseille ; des Poussin, Puget, Bernard de Palissy, Papin, Vaucanson, Jacquard, nous en indique la destination. La statue de la France domine la porte d'entrée ; elle tient, dans chaque main, des couronnes qu'elle distribue à l'art et à l'industrie placés à ses côtés.

Lorsqu'on pénètre dans l'intérieur, au premier coup d'œil, l'aspect en est moins saisissant que celui du palais de cristal ; mais cette impression disparue, l'avantage revient à celui des Champs-Elysées : ce que l'on pouvait reprocher au palais de Hyde-Park, c'était la monotonie ; ce qui distingue l'autre, c'est la variété.

Le monument se compose de cinq galeries ; quatre, formant le pourtour de l'édifice, ont un rez-de-chaussée et un étage ; la cinquième, connue sous le nom de transept, occupe le centre du bâtiment ; elle n'est dominée que par la voûte entièrement vitrée : c'est là que l'on a établi de préférence les industries de luxe et les produits les plus splendides des principales nations ; l'admission dans cette enceinte est déjà un titre de supériorité reconnue, aussi lui donnerons-nous une attention spéciale. Tout le côté nord appartient à la France, celui du sud aux autres pays ; sur les deux fronts sont des vitrines monumentales; derrière ces vitrines sont des salles consacrées à des industries distinctes. Une rotonde, formée de l'ancien *Panorama* et faisant suite au palais principal, renferme les chefs-d'œuvre de Sèvres et des Gobelins ; plus loin, une immense galerie parallèle à la Seine, connue sous le nom d'*Annexe*, renferme les produits du sol, la métallurgie, les machines, les produits chimiques et quelques autres articles.

Commençons notre revue. En entrant dans le transept, les regards sont attirés par une tour qui se dresse à l'ouest et qui supporte un phare Fresnel, de l'administration des travaux publics ; à l'est, sont deux autres phares : l'un appartient à M. Sautter, de Paris; l'autre est anglais et a été construit à Birmingham. A côté se trouve la merveilleuse glace de Saint-Gobain, réponse victorieuse au défi porté par les fabriques anglaises en 1851. L'exposition renferme d'autres glaces remarquables venant d'Autriche et de Belgique ; mais aucune ne peut rivaliser de perfection et de grandeur avec celle-ci : sa hauteur est de 5 mèt. 37, et sa largeur de 3 mèt. 36, ce qui donne une superficie de plus de 18 mètres.

Non loin de cette glace, l'Angleterre a exposé un candélabre en cristal artificiel ; c'est une pièce capitale par ses proportions : le pied, la tige, les branches, les pendentifs, tout est en cristal massif ; sa hauteur dépasse 16 pieds anglais (4 mèt. 87 cent.).

Dans l'angle nord-est, se trouve l'imprimerie qui, pour Paris seulement, représente une production de 16 à 17 millions de francs, sans compter toutes les industries qui s'y rattachent.

Vis-à-vis, de l'autre côté de la salle, se dressent deux groupes anglais :

Le premier est consacré à l'industrie linière, dont l'introduction dans la province d'Ulster commence à atténuer la misère qui ronge l'Irlande ;

Le second, composé de foyers en fer, en fonte, en acier poli, représente la fabrication de Sheffield (comté d'York). Deux pavillons d'honneur sont réservés aux tissus de Manchester et de Glasgow. Non loin de là, deux trophées frappent les regards et l'esprit par la signification que leur donnent les circonstances : le premier, composé des nombreux appareils utiles à la navigation, appartient à l'Angleterre ; le second, formé de canons, de boulets, de fusils, de sabres et d'armes de toutes espèces, a été élevé par la France. Un autre groupe, fort remarquable, termine la série des merveilles anglaises dans cette partie ; il est composé des étoffes envoyées par les fabriques de Leeds, de Bradfort et d'Halifax ; ces tissus de fantaisie sont fort beaux ; les fabricants ont fait preuve de grande habileté en mariant et combinant de cent façons différentes le coton avec la soie et avec la laine.

Dans tout le reste de cette partie nord-est, la France a placé l'orfévrerie, la bijouterie et les bronzes parisiens ; ces derniers ont ce caractère de perfection que le Monde entier connaît ; c'est le triomphe de l'industrie de la capitale. Là sont des parures en pierreries que l'on estime valoir jusqu'à 100,000 fr. La foule se presse surtout devant la vitrine où se trouvent exposés les épaulettes, le chapeau et les décorations, garnis de diamants, du duc de Brunswick. C'est magnifique comme Buckingham ; nous entendions dire autour de nous : Ce prince est le Bias du dix-neuvième siècle.

M. Barbedienne avait un étalage vraiment remarquable. Ce fabricant est possesseur d'un procédé au moyen duquel il arrive à reproduire mathématiquement et dans toutes les proportions voulues, les œuvres de la statuaire. C'est ainsi que nous avons vu, dans des proportions diverses, la Polymnie du Louvre, le groupe des Lutteurs, la Vénus de Milo, les trois Grâces, le Moïse de Michel-Ange, et la fameuse porte du baptistère de Florence.

Non loin de là se trouve la cristallerie française, représentée par Saint-Louis (Moselle), Baccarat (Meurthe) et Clichy (Seine). La fabrication du cristal est encore une conquête de la science; chacun sait que c'est un genre de verre dans la composition duquel on fait entrer une forte proportion d'oxyde de plomb. Avant l'invention de ce procédé qui nous vient d'Angleterre, on ne connaissait que le cristal de roche ou naturel, dont la production est limitée et la taille fort difficile et très coûteuse. Dans ces étalages, le verre s'offre à la vue sous toutes les formes et dans toutes les couleurs. Baccarat semble avoir voulu répondre au défi des verreries anglaises, en exposant deux candélabres aussi beaux que celui dont nous avons parlé plus haut; l'élégance des formes est ce qui les distingue plus particulièrement.

Enfin, la vitrine de M. Lefebure, de Bayeux, renferme les plus beaux spécimens des dentelles françaises. Cette exposition doit surtout fixer notre attention; elle répond à l'une des constantes préoccupations de la Société d'Émulation du Commerce et de l'Industrie, car son travail est exclusivement du domaine des femmes. Il serait à désirer qu'il pût se propager dans nos contrées. Nous aurons, plus loin, occasion de nous appesantir sur ce sujet, en examinant les produits de l'école-manufacture de dentelles de Dieppe. On nous objectera, peut-être, que la mécanique menace l'avenir de cette fabrication; suivant l'assertion de personnes compétentes, ces craintes n'ont aucun fondement : le travail de la main possède un caractère particulier qui le fera toujours rechercher par les connaisseurs ; la dentelle est un article essentiellement de luxe, dont la valeur n'est pas dépréciable ; la machine de Heillmann, toute parfaite qu'elle soit, ne peut pas plus lui porter atteinte, qu'elle n'a fait délaisser la broderie à la main ; ce nouveau procédé satisfait à de nouveaux besoins, à de nouvelles fantaisies ; il en est de lui comme de la chromo-lithographie qui n'a pu remplacer l'aquarelle.

Passons à la partie ouest du transept. On y remarque le groupe des porcelaines de Limoges, de Nancy et de Saint-Gaudens ; celui consacré spécialement aux articles dits de Paris, gants, éventails, fleurs artificielles, etc. Plus loin, une vitrine contient les zincs artistiques de la Vieille-Montagne. Au centre se dressent des châsses, des autels dorés et non dorés ; imitation plus ou moins fidèle du style byzantin. Cette reproduction, qui affecte un caractère traditionnel, peut être fort estimée des connaisseurs et des archéologues ; cependant qu'on nous permette une réflexion : en voyant ces apôtres aux fronts déprimés, aux membres en désaccord avec l'anatomie, tous ces types vulgaires et disgracieux, nous nous sommes demandé quel inconvénient il y aurait à les remplacer par des personnages comme les ont compris Raphaël, Michel-Ange et tous les grands maîtres de l'art.

Au sud-ouest se trouvent trois vitrines appartenant à la Belgique ; les produits qu'elles renferment occupent dignement la place d'honneur qui leur a été assignée. Les draps de Verviers, les armes de Liége, d'un bon marché fabuleux ; la cristallerie de MM. Jonet et de Dorlodot (Hainaut) ; une belle glace de la manufacture de Floreffe (Namur), et les riches chasubles couvertes de broderies d'or et d'argent, de Bruxelles, attestent l'activité de ce petit peuple, qui peut nous apporter la concurrence de quatre millions de producteurs, mais pas un consommateur.

Les vitrines de l'Autriche nous montrent les porcelaines et les cristaux de Bohême ; puis, à l'extrémité, se trouvent les produits envoyés par la Prusse. Des vases de porcelaine fort remarquables de la manufacture royale de Berlin, des statues en zinc, recouvertes d'une couche de cuivre par un procédé chimique.

Derrière les vitrines, dans la partie septentrionale, se trouve une longue avenue occupée par l'industrie parisienne, toutes ces mille fantaisies du goût et de l'art pour lesquelles Paris n'a pas de rivaux. Là se rencontrent les représentants de cette fabrication multiple qui s'exerce rue Saint-Martin, rue Saint-Denis, faubourg Saint-Antoine, etc., qui crée des valeurs s'élevant à plusieurs centaines de millions : des chaussures pour 43 millions, de la lingerie pour 27, de la chapellerie pour 17, des casquettes pour 8, des corsets pour 5, et des vêtements d'hommes pour 80 millions.

Plus au nord se trouvent les tissus et les cotons filés de Bar-le-Duc, de Chollet, de Gisors, de Colmar, de Mulhouse, de Flers, de la Ferté-Macé, de Vire, de Condé-sur-Noireau, de Bolbec et de Rouen. Nous y reviendrons plus tard.

Enfin, pour terminer cette nomenclature, faisons mention des fils et tissus de lin envoyés par les villes de Dunkerque, de Boulogne, de Laval, de Mortagne, de Loudéac, de Vimoutiers, etc. Plus loin on voit les cordages et engins maritimes envoyés par les villes du Havre, de Nantes, de Saint-Malo, de Bayonne ; puis les velours de coton d'Amiens, les draps d'Elbeuf, de Sédan, de Bischviller, d'Abbeville, de Vienne, de Romorantin, de Lodève, de Mazamet, et enfin les laines peignées et tissus de laine de Reims, du Cateau, d'Amiens, de Lille, de Turcoing, de Roubaix, etc.

Toute la partie sud-est du transept est occupée par l'Angleterre. On y remarque les tissus, les filés et les impressions, dont nous apprécierons plus tard le mérite relatif; les poteries de toute espèce; la serrurerie de Londres et Wolverhampton, la quincaillerie de Birmingham, la taillanderie et la coutellerie de Sheffield.

Avant d'aborder la revue des galeries du premier étage, disons un mot de l'enceinte dite du *Panorama*. C'est le triomphe de la France; les produits sont irréprochables, c'est tout ce que le goût, l'art et la science, réunis, peuvent donner de plus parfait. Autour de la rotonde est l'ébénisterie parisienne; les papiers peints, qui font vivre tant d'ouvriers dans le faubourg Saint-Antoine, recouvrent les murs. La quincaillerie de la province, les dessins industriels, les armes, des chaires, des buffets en chêne sculpté, attirent les regards; les pianos et les autres instruments de musique forment un concert discordant; c'est une foire d'où l'on sort ébloui et abasourdi. L'intérieur de la rotonde est le *sanctum sanctorum*; les murailles sont revêtues de tapisseries des Gobelins, d'Aubusson et de Beauvais; autour de l'estrade sont les chefs-d'œuvre de Sèvres, tableaux et vases de porcelaines; puis l'orfèvrerie de M. Christofle, véritables produits artistiques où la dorure et l'argenture électro-chimiques forment un ensemble merveilleux. Au sommet de l'estrade sont les diamants de la couronne, vers lesquels se presse la foule, afin d'admirer le fameux diamant le *Régent*.

Maintenant que nous avons terminé cette course rapide à travers le rez-de-chaussée, nous allons aborder les galeries supérieures, en désignant chaque pays au fur et à mesure qu'il s'offrira à nous. Nous commencerons par la partie sud-est.

Angleterre. — Les murs de l'escalier sont revêtus de papiers peints. La Grande-Bretagne occupe le premier rang dans cette industrie, pour l'importance de la production. Les couleurs sont vives et les dessins sont généralement simples et d'assez bon goût. C'est bien là le véritable caractère de l'article de consommation. Chez nous les visées sont plus ambitieuses, on veut faire des tableaux. Lorsque nous nous renfermons dans le style vrai que doit avoir toute espèce de tenture, personne ne rivalise avec nos fabricants : ce sont de véritables artistes, de véritables peintres, que ceux qui composent ces arabesques entrelacées de guirlandes de fleurs ; mais nous ne pouvons en dire autant à l'égard des auteurs de ces monstruosités, ayant la prétention de représenter des batailles, des chasses au tigre, avec des perspectives à la chinoise, et qui font les délices des habitués de cabaret. Qu'on nous pardonne cette observation en passant : il nous semble que la vue de semblables compositions est bien faite pour fausser et égarer le goût de nos artisans.

Lorsqu'on a franchi l'escalier, le courant de la foule se porte vers deux vitrines renfermant des pépites d'or natif, expédiées par la banque de la Nouvelle-Galles du sud, en Australie ; l'une d'elles, trouvée à Ballarat, à 50 mèt. de profondeur, pèse 359 onces (un peu plus de 11 kilog.), et est évaluée à 36,250 fr.

Une des parties les plus intéressantes de l'exposition, est celle occupée par la Compagnie des Indes ; c'est un véritable voyage aux bords du Gange.

Peuple étrange que ces Hindous, dont la civilisation avait dit son dernier mot deux mille ans avant Jésus-

Christ! Ils ont tout inventé, tout créé ; puis ils se sont momifiés dans leur croyance à la fatalité, et, courbant le dos sous toutes les tyrannies, s'inclinant devant tous les conquérants, mogols ou anglais, ils ont vécu près de leurs vainqueurs, sans se mêler à eux.

Des petites statuettes en bois peint, en argile ou en ivoire, étonnantes d'expression, nous initient aux mœurs et aux habitudes de cette civilisation pétrifiée. Des processions où figurent des éléphants, où passent des chars immenses supportant ces idoles à six bras et à triple rang de mamelles, défilent au milieu des flegmatiques soldats anglais.

La tente du rajah est au milieu ; les tapis sont en velours rouge, chargés de broderies d'or, d'argent et de pierreries ; le jeu d'échecs, chef-d'œuvre de sculpture, ivoire et corail, est sur un guéridon ; les pipes, les armes, dépassent tout ce que la fantaisie peut créer en fait de ciselure et d'incrustations. C'est bien là ce luxe, cette mollesse de l'Orient qui s'endort, laissant la domination à *the old lady of London*, *la Vieille Dame de Londres*, comme les Hindous appellent la Compagnie des Indes.

Et pourtant c'est un peuple artiste, un peuple d'imagination ; il sera facile de s'en convaincre en examinant les châles et les bijoux que renferme l'exposition. Rien de plus gracieux, de plus riche ; les armes sont admirables ; mais, comme tout ce qui vient de ce pays, c'est le beau et le parfait attardés dans le passé : on voit des casques avec de longues cottes de mailles, des arcs, des piques, des sabres, des poignards à lame ondulée comme un serpent ; puis un fusil, chef-d'œuvre de ciselure, incrusté d'or, de nacre, d'émail..... mais c'est un fusil à mèche.

— 21 —

Ce qui caractérise, avant tout, l'industrie indienne, c'est le fini joint au bon marché relatif. En voici les causes : bas prix inouï de main-d'œuvre, spécialités absolues travaillant toujours dans le même sens, absorption de tous au profit de quelques-uns.

Après les produits de l'Inde, vient l'orfèvrerie anglaise : beaucoup de matière, de l'argent massif, de l'or à profusion ; pas de goût, pas le moindre sentiment du beau : des châsses, des statuettes de Pierre-le-Grand, des Victoria en quantité ; tout cela froid, immobile, sans vie, sans mouvement : du métal, rien que du métal.

La bijouterie est mieux, certains articles sont montés avec goût.

Nous avons remarqué quelques objets assez curieux par leur étrangeté ; ce sont des bijoux faits avec le chêne fossile que l'on retire des marais de l'Irlande ; on y incruste des pierres de cristal de roche extrait des falaises du même pays. Tout auprès se trouve la librairie, fort belle sous tous les rapports ; on ne peut en dire autant de la lithochromie qui ne fait que de naître.

Avant de quitter l'Angleterre, nous jetterons un coup d'œil sur ses colonies, dont les produits sont exposés dans l'annexe des machines.

L'*Australie*, en outre de ses magnifiques céréales, a deux produits qui la distinguent plus particulièrement : l'or et la laine. Ce dernier article est fort remarquable par sa finesse et sa longueur de mèche ; en ce qui concerne l'or, nul ne peut prévoir l'avenir que réserve à l'Australie la découverte de ses gisements aurifères ; toute l'activité anglaise s'est portée vers ce point ; on peut s'en faire une idée en citant les nouvelles constructions de Blackwall, notamment le navire qu'exécute en ce moment M. Scott Russell, sous la direction de M. Brunel, dont la force sera de 3,000 chevaux et qui pourra transporter 30,000 tonnes.

Peut-être l'avenir verra-t-il en Australie un autre peuple de Yankees venir peser, pour sa part, dans les destinées du monde.

Le *Canada* est divisé en deux provinces, le haut et le bas Canada : la première est occupée par les Anglais, et l'émigration s'y porte de préférence ; l'autre est habitée par une population d'origine française ; elle en a conservé la langue, les mœurs et les lois. Cette colonie, dont la population s'élève à environ deux millions d'âmes, nous a envoyé une collection de bois fort nombreuse et fort belle, dont les essences se retrouvent en Europe : le chêne, le noyer, le charme, l'orme, etc.

La *Guyane anglaise* est fort intéressante pour nous ; car elle nous donne la mesure de ce que pourrait être la Guyane française ; c'est le même climat, ce sont les mêmes productions. En 1854, la colonie britannique a exporté 83 millions de livres anglaises de sucre et deux millions de gallons de rhum. Autrefois elle donnait du coton, du café fort estimés ; mais les droits d'exportation l'ont forcée d'abandonner cette culture. La Guyane possède encore des plantes textiles et une nombreuse variété de fécules.

La *Jamaïque*, la plus importante des Antilles anglaises, a envoyé du sucre, des bois de teinture, du café, et son rhum si célèbre dans le monde entier.

La *colonie du Cap* a expédié des bois d'ébénisterie et de construction, plusieurs sortes de vins, entr'autres le fameux vin de Constance.

L'*île Maurice* expose du café, de l'indigo, des épices et des denrées qui servent à l'approvisionnement de la marine.

Enfin la *Nouvelle-Zélande* nous montre de beaux échantillons de *phormium tenax* et d'autres plantes textiles.

Suède et Norwège. — La Scandinavie possède une riche collection de minéraux, principalement des fers fort estimés pour leurs qualités spéciales. La patrie de Schèele et de Berzelius ne pouvait manquer d'envoyer des instruments de précision. La foule se presse autour d'une machine à calculer et en admire les ingénieuses évolutions. Plusieurs machines, dans l'annexe, accusent des tendances vers la grande industrie.

Le Danemarck a des produits qui se rapprochent plus de l'industrie allemande que de celle des deux pays que nous venons de citer : des outils pour l'agriculture et de la quincaillerie bien conditionnée. Nous avons remarqué quelques tissus imprimés, des mousselines-laines, des calicots, des foulards de coton, genre de Rouen, d'une bonne exécution et de copie toute française.

La Hollande a envoyé une belle collection de cordages, des modèles de navires, des denrées alimentaires.

Une inscription placée sur une vitrine attire les regards et mérite en effet qu'on l'examine attentivement : cette inscription est ainsi conçue : « La guerre avec la Russie, « privant le commerce, entr'autres productions, de son « chanvre, l'exposant a pour but de montrer à l'industrie « textile des matières premières d'autres contrées. » —

Ce sont des chanvres de Hongrie, de Naples, de Java, du Brésil, de la Westphalie ; des filaments de Java, désignés sous les noms d'agaves, ramehs, koffs, etc.

Les *Colonies néerlandaises* ont une collection des plus nombreuses et des plus variées des produits intertropicaux : cafés, sucre, indigos et épices de toute nature.

BELGIQUE. — A voir la place occupée par la Belgique, et la quantité considérable de produits qu'elle a envoyés, on croirait être en présence de l'une des grandes puissances de l'Europe. Ce peuple, si petit par l'étendue de son territoire et le nombre de ses habitants, est un exemple de ce que peut le génie du travail. La Belgique occupe un rang des plus distingués dans le palais de l'industrie; elle a des spécimens de tous les genres qui accusent une grande activité industrielle : Bruxelles se distingue par ses dentelles ; Liège par ses draps et ses armes ; la Flandre par ses fils et ses toiles de lin. En examinant la fabrication belge, on reconnaît qu'elle ne vise pas à la perfection, elle s'est renfermée dans le rôle du copiste; elle cherche surtout le bon marché; elle s'adresse au grand nombre des consommateurs par un trompe-l'œil, par un à-peu-près n'ayant souvent que les apparences de la solidité et de la perfection.

ETATS-UNIS D'AMÉRIQUE. — Si l'on admire la fécondité industrielle de la Belgique, on ne peut en dire autant en voyant l'exposition des Etats-Unis. Le nombre de leurs exposants est le cinquième de celui de l'Espagne, le sixième de celui de la Belgique ; on eût dû écrire sur leur emplacement : *ceci représente l'industrie d'une grande nation.*

En effet, qui se figurerait, en parcourant cette liste de cent trente noms, que ce sont là les représentants de cette race orgueilleuse et envahissante, occupant un territoire plus vaste que l'Europe, fécond entre tous, un sol vierge sillonné de fleuves immenses qui courent du pôle aux tropiques, arrosant, dans un même empire, le champ de céréales de la vieille Europe et le plant de coton, de café et de cannes à sucre de l'Asie !

Le peu de succès de l'exposition de New-York, quelques malentendus entre les divers Etats, sont les raisons qui ont déterminé, dit-on, cette abstention. On ne peut admettre que ces motifs aient été assez puissants pour paralyser le bon vouloir des Américains. N'est-ce pas plutôt un aveu d'infériorité, car on avait déjà constaté leur absence à Londres ? On a peine à concilier cette idée avec la fierté anglo-américaine connue du monde entier ; on y cherche en vain l'application du fameux mot d'ordre national : *go a head*, *en avant*, toujours en avant ; vaincre les obstacles, dominer, triompher, vaincre le temps lui-même Non, la véritable cause, la voici : Les Américains ne recherchent que le bénéfice certain, immédiat : ne leur parlez jamais d'actions généreuses, chevaleresques ; ils n'entendent pas cette langue. A quoi bon figurer à ce concours, apporter une lumière aux autres ? ne vaut-il pas mieux prendre et ne rien donner ? L'Américain est l'homme du lucre ; il n'aime que l'argent, rien que l'argent : toutes ses préoccupations tendent vers ce but : *make money*, produire une richesse, se faire puissant par toutes les voies, par tous les moyens ; parler liberté, émancipation, parler morale et vertu, la main sur la Bible, et, en même temps tuer les Peaux-Rouges qui gênent dans les provinces du nord, et entretenir les esclaves qui travaillent sous le soleil torride.

Cependant c'est une nation riche et vigoureuse que ce peuple des Etats-Unis ; tout y grandit et s'y développe avec une rapidité effrayante ; sa population se double en vingt-cinq ans ; il n'a qu'un demi-siècle d'existence, et déjà le nombre de ses habitants est égal à celui des vieilles nations qui datent de deux mille ans.

Les Américains sont essentiellement agriculteurs et commerçants ; ils consomment plus de 800 mille balles de coton, leurs importations dépassent 200 millions de dollars; on estime que les exportations s'élèvent à peu près au même chiffre. Le tonnage de leur marine est d'environ 3,600,000 tonneaux, le plus considérable après celui de la Grande-Bretagne.

Les objets exposés dans le palais ne peuvent rien nous enseigner ; dans l'annexe, quelques machines sont dignes d'une attention spéciale, machines fort ingénieuses, qui donnent bien l'idée des tendances de l'esprit américain en général : remplacer l'action de l'homme dans le travail par les fonctions mécaniques, gagner le temps; *time is money*, le temps c'est de l'argent. Voyez l'appareil à faire des sacs de papier, les machines à coudre, et les fameux revolvers qui permettent de tuer dix hommes avec une seule arme à feu ; véritable économie de temps !

Nous regrettons vivement que les États-Unis n'aient envoyé aucun tissu ; il eût été intéressant de connaître et d'apprécier ces étoffes si bien comprises, dit-on, en vue du bon marché, et au moyen desquelles ils font une si rude concurrence aux Anglais, en Chine et sur la côte d'Afrique.

Prusse et Zollverein. — Cette exposition est des plus intéressantes. Nous ne parlerons pas des produits des villes anséatiques qui, par leur condition de villes libres, villes-entrepôts, n'ont aucun caractère propre dans leurs produits. Brême, Lubeck, n'ont rien de remarquable. Hambourg expose un papier à cigarette, fait avec les filaments des tiges et des feuilles de tabac. Cette nouveauté est digne d'intérêt, en raison de la consommation toujours croissante de cette substance. Francfort a des ouvrages de lithographie et de typographie très estimés; le duché de Luxembourg, des peaux de chevreau pour gants; le grand-duché de Hesse expose d'admirables objets d'art, bronzés par la galvanoplastie. Oldembourg possède une des plus riches collections de bijouterie en pierres dures : topazes, améthistes, cornalines, calcédoines, aventurines, jaspe oriental, lapis-lazuli, etc. Cette industrie est d'une certaine importance; elle compte 160 moulins à polir l'agathe, nécessitant l'emploi de 1,600 ouvriers; de plus, perceurs, contre-maîtres, etc., 250 »

Orfèvres patentés, 350 »
lesquels occupent, 1,100 ouvriers,

ensemble, 3,300 individus.

La plupart de ces pierres sont vendues en France, en Angleterre, en Allemagne et dans l'Amérique du nord.

Nous ne ferons pas mention des quinze ou seize véritables Jean-Marie Farina.

La *Prusse*, proprement dite, compose un ensemble qui dénote une grande activité commerciale. Sa collection minéralogique est fort belle; les houilles, les fers de toutes espèces, l'argent, le nickel, le zinc, sont fort nombreux; on y remarque le plus gros morceau d'acier fondu de l'exposition, un lingot de 1,500 kil.; la taillanderie et les armes blanches sont de bonne qualité ; les cloches en acier fondu, de la société Bockums, sont une innovation remarquable. Les produits chimiques sont estimés. Le docteur Runge a exposé des specimens assez bizarres de coloration sur papier ; on les obtient en déposant quelques gouttes de liquides sur une surface quelconque d'étoffe ou de papier, dans un ordre indiqué, et, par leur rencontre et leur combinaison, il se forme des dégradations de teintes qui étonnent au premier abord. M. Jobard a cru voir dans ces essais un moyen d'improvisation pour l'industrie de l'impression ; nous n'osons y croire. Les tissus occupent une place distinguée dans les galeries : des étoffes de coton, chinées et tirées à poil, sont fort intéressantes, surtout relativement au bon marché. Les indiennes n'ont pas, à beaucoup près, autant de mérite, elles n'ont pas de caractère propre ; le goût va du style anglais au style français et compose un ensemble peu agréable.

Nous venons de prononcer le mot de bon marché ; nous saisissons l'occasion de faire apprécier par quels moyens on est arrivé, en Prusse, à la réalisation de ce rêve des économistes. Nous reconnaissons le bas prix relatif de la plupart des articles fabriqués par la Prusse, c'est incontestable ; mais, à côté de ce résultat, voyons ce que sont devenus les producteurs. Dans l'origine, le fabricant prussien était, comme partout ailleurs, non pas simplement industriel, mais en même temps négociant, retirant un bénéfice juste et légitime de ses achats et de ses ventes, faits en temps opportun. La bonne fabrication était la garantie de ses débouchés. Un jour, sous le prétexte d'opérations plus importantes, il a abdiqué son rôle de commerçant et s'est renfermé exclusivement dans ses fonctions d'industriel. Un intermédiaire s'est posé entre lui et le marchand en gros, lui a fourni des matières premières et à charge de les rendre fabriquées moyennant rétribution ; en un mot, l'industriel est devenu fabricant à façon, le pire de tous les états ; car l'invention, l'économie, ont des limites ; mais la rapacité des intermédiaires n'en a pas. Que leur importent les accidents du métier, les cas de force majeure ? ils sont un chiffre et un sac d'écus. Aussi, qu'en résulte-t-il ? l'un s'engraisse aux dépens de l'autre ; le malheureux fabricant est à la merci de son commettant, ou commissionnaire, ou banquier, ou bailleur de fonds, juif de Prague, de Genève ou de Berne : il en résulte encore que la fabrication n'offrant pas assez de ressources pour faire vivre son auteur, on est obligé de peser sur l'ouvrier, d'abaisser son salaire, enfin de le réduire à la mendicité. Ce que nous disons n'est pas une exagération ; nous connaissons des filatures, des tissages, des fabriques de toiles peintes, qui reçoivent leurs cotons, leurs filés, leurs calicots, et qui les travaillent pour le compte des commissionnaires ; des fabriques de produits chimiques sont dans le même cas. Voilà à quel prix s'obtient ce soi-disant bon marché : en définitive, ruine pour l'industrie et misère pour l'ouvrier.

Le *grand duché de Bade* a apporté de belles machines, notamment une locomotive ; ses tissus, ses tabacs, rappellent ceux des pays que nous venons de visiter ; son horlogerie de la Forêt-Noire est digne d'intérêt ; elle emploie de quatre à cinq mille ouvriers, parmi lesquels des femmes et des enfants en grand nombre.

La *Saxe* a de beaux échantillons de coton et de laine ; ces deux industries sont les plus considérables du pays. La filature du coton compte en Saxe, 500,000 broches, et celle de la laine environ 220,000. La peigneuse Schlumberger et celle de Hübner sont généralement employées.

La BAVIÈRE a exposé une belle collection de minerais, formée par la direction générale des mines et salines de Munich. Parmi les fabricants de produits chimiques, M. Faber, de Stein, près Nuremberg, a exposé d'excellents crayons et surtout des bronzes en poudre très renommés ; longtemps la Bavière a eu le monopole de ce dernier article. Les pierres lithographiques de Munich jouissent d'une réputation méritée ; MM. Fischer et Kluge en ont apporté de fort belles.

AUTRICHE. — Lors de l'exposition de Londres, ce pays avait pris un rang fort distingué dans le monde industriel ; depuis ce jour, l'Autriche a fait de nouveaux pas en avant. Elle aborde toutes les branches de l'industrie, sans en excepter les machines, et elle soutient honorablement la comparaison. Les produits autrichiens peuvent se classer géographiquement, et chacun d'eux correspond aux ressources naturelles de chaque province et au génie de chaque nationalité qui composent ce vaste empire.

Nous avons observé un procédé d'impression sur lequel nous devons appeler l'attention ; rien de plus ingénieux, de plus simple et d'un effet plus surprenant : une petite branche avec ses feuilles, étant passée au laminoir entre deux planches, l'une de zinc et l'autre de plomb doux, laisse une empreinte en creux sur cette dernière, qui, reproduite par les procédés de la galvanoplastie, peut être ensuite multipliée par l'impression avec tous les détails de l'empreinte originale ; les collections de plantes, les broderies, les dentelles et les tissus de toutes sortes, soumis à ce procédé, fournissent des images très fidèles. Il y a là tout un champ nouveau pour les arts d'imitation.

La *Hongrie*, la *Moravie* ont une collection de métaux des plus complètes. Les houilles, le fer, l'étain, le mercure, le nickel, le tellure, le cobalt, l'antimoine, l'argent, etc., sont aux premiers rangs. Les tabacs de la Gallicie sont supérieurs à ceux de Hongrie, de Carinthie et de Lombardie. La *Bohême* a conservé sa réputation pour la qualité et la vivacité de couleurs de ses cristaux. La Bohême et la Moravie ont apporté des laines de qualité supérieure et d'un prix très avantageux. La *Styrie* jouit d'une grande réputation pour sa taillanderie; elle fabrique annuellement jusqu'à huit millions de faulx et de faucilles. L'imprimerie impériale de Vienne expose de beaux spécimens de typographie. Cet établissement possède, dit-on, les caractères de plus de 200 langues ou dialectes connus.

L'Autriche ne pouvait manquer d'apporter ses pipes d'écume de mer; c'est peut-être la collection la plus complète du palais de l'industrie. La rêveuse Germanie semble s'être complue dans la confection de son instrument de plaisir de prédilection; la pipe se présente sous toutes les formes; ce doit être le produit des hallucinations d'un fumeur; elle est moulée, creusée, ciselée; c'est un assemblage de têtes d'hommes, d'animaux, de corps, de formes impossibles; c'est un véritable rêve d'Hoffmann. Plusieurs blocs d'écume de mer font apprécier cette singulière substance; on sait qu'elle est recueillie en Crimée; elle est d'un grain fin et homogène et d'une légèreté surprenante.

Les bougies stéariques et les allumettes chimiques, dont la fabrication est si considérable, occupent une place importante.

L'industrie des tissus, en Autriche, comme en Prusse, vise au bon marché : ses indiennes sont la copie de celles de l'Alsace et de la Normandie. Le comté de Narrach s'applique à reproduire les foulards de coton qui se font à Rouen. L'Autriche excelle dans la fabrication des châles communs, les prix sont bien inférieurs à ceux de Nimes. Les draps sont beaux et d'un bas prix extraordinaire; M. Skènve fait de bons draps blancs militaires à 4 fr. 75 le mètre; MM. Offermann, Scholler, offrent des étoffes pour pantalon à 5 fr. 50 et 6 fr.

Les tableaux par la chromotypographie, quoique durs de coloris, sont remarquables.

Suisse. — Ce petit peuple qui compte tout au plus 2 millions d'habitants, occupe une large place dans ce grand concours des productions; c'est bien de la véritable industrie qui s'exporte sur tous les points du globe. Partout on connaît l'horlogerie suisse; Genève fait les articles de luxe, elle fait des montres grandes comme une pièce d'un franc, enchâssées dans des lorgnons, des carnets, etc. Neufchâtel travaille plutôt pour la masse; des montres énormes, destinées aux mandarins et à l'empereur de la Chine, attirent l'attention.

Le canton de Saint-Gall et le demi-canton d'Appenzell fabriquent les mousselines, les broderies et les cotonnades. Les indiennes de Winterthur, de Saint-Gall et d'Argovie soutiennent la comparaison avec ce qu'on fait de mieux dans ce genre. Les soieries de Zurich et les rubans de Bâle sont extraordinaires de bon marché; mais nous devons dire que leur qualité est tellement inférieure, que la consommation les répudierait en France. Les articles de paille que produisent Fribourg et la population catholique de l'Argovie, sont des spécialités propres à la Suisse.

En résumé, ce qui caractérise l'industrie suisse, c'est le bas prix ; cet avantage tient à plusieurs causes que nous signalerons en passant : la multiplicité des chutes d'eau fait que cette force motrice naturelle est à bon marché, avantage énorme, quand on considère le prix auquel est arrivé le combustible ; en outre, la population helvétique est sobre et se contente d'un modique salaire.

Pour la broderie, les femmes s'y livrent pendant les longues soirées d'hiver ; quoique secondaire, ce travail est précieux pour elles, et la rétribution qu'elles en retirent, quelque modique qu'elle soit, est une véritable bonne fortune. Aussi nous pensons qu'il serait difficile d'établir ailleurs une concurrence par les mêmes procédés. L'horlogerie, qui se confectionne dans les montagnes du canton de Neufchâtel, arrive au même résultat de bon marché par les mêmes moyens ; jusqu'à présent, il a été impossible de lutter avec les Suisses sur ce terrain : des habitudes séculaires, la division du travail et le système des spécialités qui convertit l'homme en machine, apportent une économie de temps, de main-d'œuvre, que l'on ne rencontre nulle part ailleurs. Cependant, ainsi que nous l'avons dit plus haut, on commence à faire de l'horlogerie très estimée dans la Forêt-Noire, surtout depuis que le gouvernement du duché de Bade a fondé une école d'horlogerie à Furtwangen. Peut-être aussi verrons-nous quelque jour des montres faites par les procédés mécaniques, de même que nous voyons de la broderie faite par la machine Heilmann ; ce jour-là l'industrie de la Forêt-Noire et de la Suisse aura cessé d'être.

Italie. — Nous devons placer au premier rang l'exposition des Etats-Sardes; c'est la plus importante de la péninsule. On remarque une belle collection de minerais provenant du Piémont, de la Ligurie et de la Sardaigne. L'industrie séricole réunit un nombre considérable de cocons d'une belle apparence et des soies grèges et organsins fort estimés. Les produits chimiques, quoique peu nombreux, annoncent que la Sardaigne est déjà fort avancée dans les arts industriels. Les articles de coton occupent une place fort restreinte. M. Costa, de Nice, expose des fils de coton teints en noir avec cette indication : « résistant aux acides et aux alcalis. » La société anonyme d'Annecy et Pont a une exposition complète de cotons filés, tissés et imprimés. Mais le point capital de cette exposition est le métier exposé par M. Bonelli, directeur des télégraphes du royaume de Sardaigne, employant l'électricité comme instrument de la fabrication des étoffes façonnées.

Grand duché de Toscane. — Cette contrée occupe un rang fort distingué dans l'exposition; sa collection minéralogique est une des plus complètes et peut-être la mieux classée : on y remarque l'argent, le mercure, l'antimoine, le plomb, le manganèse, etc.; les pierres réfractaires, les ciments, les pierres meulières, les granits et surtout les marbres sont d'une beauté sans rivale; les serpentines, les agates, les jaspes, les pierres lithographiques offrent des éléments précieux pour les arts, de même que la chimie y trouve du soufre, de l'acide borique, de l'alun, du sel gemme, du graphite et des ocres de la plus grande beauté; les houilles même révèlent de précieux gisements. L'industrie textile est représentée par des étoffes de soie et des étoffes mélangées de laine, de soie ou de coton.

États pontificaux. — La liste des exposants est peu nombreuse. Les soies grèges sont d'une belle qualité. Mais ce qui attire plus particulièrement les regards, c'est l'industrie artistique des mosaïques ; quelques-uns de ces articles sont de véritables tableaux qui n'eussent pas été déplacés dans l'exposition de l'avenue Montaigne. On admire surtout les œuvres de M. Galland et en particulier le tableau représentant le forum romain. Ce genre de travail est, sans contredit, celui qui exige le plus de patience : on sait que la matière première se compose de marbres ou, plus généralement, d'émaux en baguettes de diverses formes, colorés en toutes nuances ; on extrait de ces baguettes de petits prismes qui sont assemblés sur du ciment romain. Lorsque ce travail d'assemblage est terminé, il suffit de polir la surface pour faire apparaître les tons dans toute leur vivacité. On affirme que la série complète des nuances employées par les mosaïstes, approche de trois mille.

Espagne. — L'exposition de cette contrée est une des plus intéressantes à observer pour notre département. Nous ne parlerons pas de sa collection de minéraux fort nombreuse et fort estimée ; on y remarque 114 échantillons de houilles, provenant la plupart des Asturies; toutes ne sont pas de première qualité ; mais cependant plusieurs ont l'apparence d'un combustible de bonne consommation. Dans les tissus, la draperie est bien représentée par MM. Gallie et Ce, de Tarrasa, surtout au point de vue du bon marché. La Catalogne compte 25 exposants de tissus de coton, et, dans ce nombre, plusieurs tiennent un rang distingué dans la filature, le tissage et l'impression ; nous mettrons en première ligne M. J. Ricart, M. Achon et la société *La España industrial ;* les différents articles exposés sont généralement la reproduction de ce qui se fait dans le même genre à Rouen. Les laines genre Saxe, et provenant du troupeau acclimaté qui appartient à la reine, sont d'une belle qualité et montrent qu'il est possible de ressusciter la vieille réputation des toisons espagnoles. En résumé, on peut constater que l'Espagne fait de notables efforts pour sortir de l'état misérable où l'a plongée l'inquisition ; elle a fini par comprendre que l'or du Pérou est une richesse stérile et que seul, le travail, possède une vertu fécondante.

Portugal. — Un grand nombre de produits naturels, provenant principalement de ses nombreuses colonies, peu de produits manufacturés, mais tous fort intéressants; tel est l'ensemble de l'exposition portugaise.

Parmi les minéraux, nous devons signaler les houilles découvertes en 1851 et qui sont exploitées par MM. Croft et Lacorda ; les marbres sont à très bon marché : le marbre rose s'y fait distinguer, ainsi que les poudingues de même couleur et le jaune de Sienne qu'on ne retrouve plus ailleurs. Les huiles d'olives sont nombreuses, leur débouché principal est l'Angleterre. Des céréales de toute nature, quelques vins renommés, entre autres ceux de Porto et de Madère, attirent l'attention. Les poteries ne manquent pas de mérite, notamment les porcelaines de M. Pinto Bosto et les vases en terre noire de M. Damazio, remarquables par leur légèreté spécifique et leur bas prix. La fabrication des draps est une industrie importante en Portugal ; MM. Larcher et Neveux en ont apporté quelques échantillons d'un bon marché fabuleux. Le travail du coton est représenté par la *Compagnie Lisbonnaise*, établissement considérable qui emploie mille ouvriers et quatre-vingts chevaux de force.

Il est facile de constater que le Portugal accuse des tendances vers le développement industriel ; déjà des écoles professionnelles, dirigées par de savants professeurs, réunissent près d'un millier d'élèves qui vulgariseront les bonnes méthodes. Cette nation possède un gouvernement éclairé, libéral ; son jeune roi, avant de monter sur le trône, a fait son tour d'Europe, il a pu observer et comparer ; il a du rapporter de précieuses notions qui lui seront utiles dans le rude métier auquel sa naissance vient de l'appeler.

Nous avons parcouru les trois côtés principaux du carré formé par les galeries supérieures ; nous pénétrons maintenant dans une région toute différente. Après avoir passé en revue les peuples de la grande famille européenne, ce qui nous reste à voir prête plus aux méditations du philosophe qu'aux observations de l'industriel ; l'artiste sera charmé, le fabricant sera étonné de productions aussi primitives : de grands noms, une grande gloire, une civilisation complète dans l'antiquité ; des peuples misérables, la décadence, l'abâtardissement dans le présent ; tel est l'Orient.

La GRÈCE est la première qui s'offre à nous. Les marbres de Paros et de Mantinée ont toujours leur belle transparence nacrée qui les fait rechercher par les artistes. Les ciments volcaniques de Santorin, le soufre de Naxos sont des produits fort estimés. Le fameux miel du mont Hymette, les raisins de Corinthe et d'Elide, le vin de Malvoisie, les éponges de l'Argolide, sont tous des produits renommés.

Les articles manufacturés sont peu nombreux : les soies filées d'Athènes, provenant d'un établissement des plus considérables de ce genre, sont belles ; des vêtements en gaze de soie, brodés d'or, pailletés, galonnés, donnent l'idée de la façon dont s'habillent les descendants de Thémistocle et de Léonidas.

Empire Ottoman. — Nous devons applaudir aux efforts que font chaque jour quelques hommes supérieurs, au cœur généreux, dans le but de faire sortir la Turquie de l'état de barbarie dans lequel elle est plongée. Grâces leur soient rendues, car il y a dans cette mission plus que du patriotisme, il y a un bienfait pour l'humanité tout entière.

Cette exposition si pauvre est toute l'histoire du passé de la Turquie : à côté des produits naturels, les minerais riches et nombreux, les huiles, chanvres, lins, cotons, pavots, sumacs, tabacs, nous ne voyons, en fait de choses travaillées, que des étoffes brodées d'or et d'argent ; des tapis, des toques où le rouge domine, des couleurs aux tons crus et chauds, comme l'Orient les aime ; puis les fameuses armes de Damas, plusieurs selles tout éblouissantes d'or et de paillettes, toutes choses, enfin, comme les aime le scheik du Bédouin pillard qui promène ses troupeaux sur le sol où s'élevaient jadis Babylone, Ninive et Sidon.

Ces produits ne s'adressent qu'aux appétits de luxe de la classe riche de l'Empire ; nous n'y voyons aucune chose répondant aux besoins de la masse. C'est qu'en effet, à part quelques vêtements fabriqués par les femmes, pendant les campements, à travers le désert et au moyen des procédés primitifs qu'employaient les filles de Laban, tout le reste vient du dehors, et ce sont les Anglais qui ont le monopole de cet approvisionnement.

Nous avons bien vu quelques échantillons de tissus de cotons écrus et imprimés, provenant de l'établissement fondé par la sultane Validé, mère d'Abdul-Medjid ; peut-être y avait-il un avenir dans cet embryon d'industrie ; mais la guerre a pris les ouvriers ; les ateliers fermés, les directeurs français et anglais sont retournés dans leur pays, et aujourd'hui cet établissement est une ruine de plus sur le sol de la Turquie.

L'*Egypte* est, de toutes les provinces turques, la plus avancée en civilisation. Quelques germes, jetés en courant par Bonaparte, se sont développés et ont fructifié sous la main de Méhémet-Ali ; mais, de même qu'à Constantinople ou dans l'Asie mineure, il n'y a pas de nation en Egypte ; il y a toujours le vainqueur et le vaincu, il y a le Fellah courbant le dos sous le bâton des pachas. L'Egypte est célèbre par sa fertilité ; sa fécondité en céréales est proverbiale ; elle peut donner les produits les plus riches de l'Orient : l'indigo, la cochenille, le coton, etc., et cependant elle produit peu, relativement à son étendue et surtout relativement à ses riches et nombreux éléments. Le sabre de l'Arabe et des Turcs semble avoir frappé de stérilité éternelle cette terre qui porta Thèbes, Memphis et Alexandrie, qui pouvait nourrir vingt-cinq millions d'hommes et exporter de grandes quantités de blé depuis l'époque de Sésostris jusqu'à celle d'Alexandre et de Cléopâtre.

Tunis a envoyé quelques vêtements, riches de broderies, des burnous en laine brodés d'or, des calottes, des toques, des babouches. C'est toujours le même caractère turc qui distingue l'Egypte et Constantinople.

Enfin, pour terminer notre revue générale, il ne nous reste plus qu'à jeter un coup d'œil sur les produits de l'Amérique méridionale.

Mexique. — Avant que le nom de ce peuple n'ait disparu de la carte du monde, nous allons essayer, en peu de mots, d'en faire apprécier le caractère. Placé au centre des deux Océans, sa position est peut-être la plus heureuse du globe ; la nature semble avoir fait tout pour lui : son sol est d'une grande fertilité ; ses montagnes renferment les plus riches mines d'argent que l'on connaisse ; elles fournissent annuellement environ 537,000 kilogrammes d'argent, 112 millions de francs ; le mercure qu'on emploie pour l'amalgamation y existe en abondance. Les gisements aurifères sont moins riches et produisent tout au plus 4 à 5 millions de francs. Le fer, la houille, le cuivre complètent les richesses minérales. On y récolte l'huile, le cacao, le café, le tabac, la cochenille, les bois de teinture. Plusieurs voyageurs affirment que la culture du coton y serait plus favorisée par le sol et le climat que dans la Louisiane. Mais le Mexique est habité par la race espagnole, et l'âpreté de caractère de ces hommes, leur humeur querelleuse, les tiennent dans un état perpétuel de guerre intestine. Au lieu de rechercher l'alliance des grandes puissances européennes, qui seules peuvent les faire vivre, les Mexicains ont osé attaquer follement la France et l'Angleterre. Mais le voisinage des Anglo-Américains entraîne fatalement le Mexique vers sa ruine ; la brèche est faite, elle s'agrandit tous les jours et s'appelle l'Annexion ; celle-ci a déjà dévoré le Texas et la Californie, demain elle prendra la province de Sonora, jusqu'à ce qu'enfin cette république ait totalement disparu.

L'empressement que les Mexicains ont mis à répondre à l'appel de la France semblerait indiquer qu'ils ont fini par comprendre le véritable esprit de notre époque ; leur exposition est proportionnellement bien plus riche que celle des

États-Unis. Les produits de fabrication n'ont rien de spécial ; ce sont des imitations fort incomplètes de ce qu'on fait en Europe.

Le *Guatemala* est voisin du Mexique. Cet État, si minime par sa population, si vaste par son territoire, est également un des plus riches en productions naturelles ; quoique situé dans les régions tropicales, son climat est assez tempéré. Il a envoyé du tabac, des bois de teinture, quelques étoffes d'un usage local et des hamacs.

Brésil. — Cet empire, l'un des plus vastes du monde, doué de tous les avantages naturels, d'une végétation splendide, plus riche peut-être que celle de l'Inde, a dans ses pampas des troupeaux innombrables ; il recèle dans son sein des mines d'or, de diamants, d'argent, de platine, de fer ; ce dernier surtout si abondant qu'il pourrait approvisionner le monde entier pendant de longues années. De toutes ces richesses, le Brésil ne fait en quelque sorte que d'en gratter la surface. C'est encore la race espagnole avec ses ardeurs passionnées pour les fêtes religieuses, mais aussi avec son apathie, son insouciance, sa mollesse, lorsqu'il s'agit de lutter par le travail ; le travail, cette source de toute grandeur, de toute-puissance, cette gloire de la France, de l'Angleterre, de la Russie, de l'Allemagne et des États-Unis !

Cependant nous devons dire que le Brésil est un peuple né d'hier, et son histoire est toute dans l'avenir. Vienne un homme puissant par la volonté et par le génie, un Charlemagne, un Pierre-le-Grand, un Napoléon, et ses éléments, si riches et si nombreux, pourront constituer une grande nation.

Le Brésil exporte du sucre, du café, du cacao, du tabac, du quinquina. Notre commerce avec ce pays est assez important, quoiqu'inférieur à celui des Anglais. Nous y portons des mousselines et des jaconas imprimés, des soieries, de la bonneterie, de la parfumerie et de la librairie.

La *Nouvelle-Grenade* a une exposition assez complète; on y remarque le café, le tabac, la vanille, de la nacre, des quinquinas et des écailles. Parmi les objets fabriqués, nous devons signaler les fameux tissus de paille, d'écorces et de fibres ligneuses, connus dans le monde entier sous le nom de *Panama*.

Le *Paraguay*, fermé depuis si longtemps aux étrangers, veut entrer aussi dans la grande famille des nations laborieuses. Un homme sage et énergique, le général don Antonio Lopez, président de la république, a donné l'impulsion, et l'ère de la prospérité est commencée; elle ne s'arrêtera plus, il faut l'espérer. Le Paraguay est richement doté par la nature; son exposition se compose de produits végétaux nombreux et variés, parmi lesquels on remarque des substances médicinales, du tabac et du coton, le caoutchouc, la gutta-percha, la Yerba maté ou thé du Paraguay, dont l'usage se répand avec une étonnante rapidité dans l'Amérique méridionale.

La *Confédération Argentine* possède une riche collection de minerais d'argent, d'or, de cuivre, des pierres meulières et du kaolin.

Le royaume *Hawaïen* expose du tabac en feuilles de l'île de Kauïi, du prix de 2 fr. le kilogr., et du café à 1 fr. 20 le kilogr., mis à bord.

Ici se termine notre revue. Un nom manque à cette nombreuse liste des nations productrices : la *Russie*. C'est avec un double regret que nous constatons son absence ; la cause qui la tient éloignée est des plus regrettables ; rarement la guerre profite à quelqu'un ; elle a pour cortége la stérilité, la misère et le deuil des familles, ou tout au moins elle est un temps d'arrêt dans la marche du genre humain vers l'amélioration et la perfection. Nous déplorons l'absence de la Russie dans ce grand concours du travail, car, à l'exposition de Londres, elle avait conquis sa place aux premiers rangs. Le Russe est doué, par excellence, du talent d'imitation ; il devine, il comprend les procédés, et il a le don de s'assimiler en peu de temps les connaissances des autres. Souvent on a vu la Russie posséder nos machines ou celles de l'Angleterre avant qu'elles n'eussent reçu, dans l'un ou l'autre pays, une publicité pareille. Mais, nous le répétons, les Russes ne sont qu'imitateurs.

Nous eussions été heureux de constater les progrès accomplis depuis cinq ans ; peut-être en eussions-nous rapporté quelqu'enseignement utile.

Aujourd'hui que les causes qui avaient armé la France et l'Angleterre contre la Russie ont disparu, les poitrines respirent plus librement et les regards se portent avec confiance vers l'avenir. Espérons que cette paix sera durable et féconde en conquêtes scientifiques. Espérons que la Russie saura mettre l'énergie si puissante qu'elle a déployée dans cette lutte sanglante au service des travaux pacifiques de la civilisation, et que, devenue l'émule de ses deux adversaires, elle les suivra dans la marche progressive qui les pousse sans cesse vers la recherche de ce qui est beau et de ce qui est bon.

Nous venons de parcourir rapidement cette immense agglomération de tous les produits par lesquels se manifeste la civilisation. Dans cette revue sommaire, à peine avons-nous effleuré, en passant, les points saillants qui caractérisent chaque nation ; loin de nous la conviction d'avoir dit tout ce qui était indispensable ; c'est souvent avec regret que nous avons laissé de côté quelque sujet plein d'intérêt, mais qui nous eût entraîné dans de trop longs développements.

Cependant, ce travail resterait sans aucune signification, si nous nous bornions à ce simple exposé. Pour qu'il ressorte quelque utilité de nos observations, il faut compléter notre œuvre en faisant l'examen comparatif des principaux produits de notre département avec les similaires des autres pays.

Ici, nous nous trouvons arrêtés tout d'abord par un grave inconvénient : la commission de l'exposition, malgré ses pressantes instances, n'a pu obtenir que les exposants, à part quelques rares exceptions, indiquassent les prix de leurs articles ; Messieurs les commissionnaires y ont vu un grave inconvénient pour leurs intérêts ; grâce à leurs efforts l'exposition est restée purement industrielle au lieu d'être en même temps commerciale. Déjà nous avons exprimé le même regret lors de la grande exhibition anglaise ; le temps et la nouvelle expérience que nous venons de faire ont confirmé nos regrets. En effet, il ne suffit pas de constater qu'un article est beau et bon, il est indispensable de savoir à quel prix on obtient ces qualités relatives : les Gobelins et Sèvres, les ateliers d'Indret n'ont pas de rivaux dans le monde ; mais leurs produits n'ont pas de valeur vénale régulièrement établie ; ce sont à proprement parler des objets d'art, comme un tableau ou une statue, destinés à n'avoir qu'une seule édition. Aussi sont-ils considérés comme d'admirables modèles servant à stimuler le travail privé et à lui montrer vers quel but doivent tendre les efforts. Ces prix nous eussent été très utiles pour apprécier la mesure de ce que nous pouvons faire sur le terrain de la libre concurrence ; pour rechercher les causes de notre infériorité ou de notre supériorité ; pour qu'il fût possible enfin de voir jusqu'à quel point nous méritons les reproches d'insouciance, de paresse ou d'incurie, que des gens mal renseignés nous adressent témérairement. Ce n'est pas par de belles théories, de brillants systèmes sur le papier, que nous voudrions répondre à ceux qui accusent l'industrie de notre pays ; c'est par des faits et des chiffres, seuls arguments de valeur en matière de production. C'est donc avec regret que nous nous voyons forcés de nous contenter de chiffres approximatifs et de renseignements que nous nous sommes procurés, mais dont nous garantissons l'authenticité.

§ 1er.

MÉCANIQUE ET PHYSIQUE INDUSTRIELLES.

C'est dans l'*annexe*, que nous allons nous livrer à l'étude du vaste domaine qu'embrasse cette section de notre travail. A quelques exceptions près, c'est là qu'ont été alignées dans un ordre logique toutes les conquêtes de l'homme sur la nature.

On commence par les minéraux, depuis l'instant où l'art des mines remonte ces richesses variées par les puits qu'il creuse pour les détacher du sein de la terre.

On finit par les merveilleuses machines, pétries elles-mêmes de ces matériaux devenus un docile limon, et qui bientôt servent à leur tour à multiplier et à perfectionner des transformations auxquelles on ne saurait assigner de bornes.

ART DES MINES. Commençons donc par l'art des mines. Nous sommes frappés de la richesse de la collection : tous les peuples y ont apporté leur contingent ; c'est qu'en effet les minéraux sont l'élément primordial de toute industrie. On juge de l'importance industrielle d'un pays par le chiffre des minéraux qu'il exploite. Le Paraguay et la Turquie sont au bas de l'échelle; les plus hauts degrés sont occupés par la France et l'Angleterre.

La nature ne fait pas seule cette démarcation. Tel peuple n'a qu'à gratter le sol pour ramasser ces richesses métallurgiques, tel autre doit faire des efforts d'audace et de génie pour fouiller les profondeurs du globe. Si le résultat est le même pour tous deux, quel est celui qui est le plus grand industriel ?

L'alliance des peuples a pour résultat de niveler en partie ces différences par de sages échanges.

L'Angleterre et la Belgique, si riches en houille, alimentent nos contrées du précieux combustible; mais le fret dont son prix s'augmente est, pour ainsi dire, sans compensation, puisque la presque totalité des navires et des bateaux retournent sur lest. Nous avons donc cherché dans la riche collection des houilles si quelqu'autre pays pourrait subvenir à nos besoins dans de meilleures conditions.

Les houilles des Asturies sont d'une bonne qualité. Cette contrée, située aux bords du golfe de Biscaye, nous semble plus que toute autre à même d'entrer en lice avec l'Angleterre pour notre alimentation. Nos relations établies avec l'Espagne tendent chaque jour à s'agrandir. Nos navires y portent des marchandises, la plupart du temps sans fret de retour : que les compagnies s'organisent pour exploiter les riches mines des Asturies et du district d'Ollomègo, nous trouverons un double profit dans cet échange et pour nos manufactures et pour notre marine.

C'est une chose bien digne d'exciter la curiosité et l'intérêt que l'exploitation d'une mine. Les dessins qui représentent ce travail sous toutes ses faces sont déjà une satisfaction donnée au public habitué à lire des plans ; mais on pouvait difficilement réaliser une idée plus heureuse que la reproduction fidèle, sur une échelle assez grande, d'une véritable mine. La mine d'Anzin est comme animée par les figurines qui représentent le mineur détachant le bloc avec son pic; on voit le cheval qui traîne un convoi de *berlines* et le chemin qui, recevant tous les aboutissants des galeries, conduit vers le centre commun : le puits d'extraction.

Lorsqu'on a pu apprécier tous les dangers auxquels se trouve exposé le mineur, par les éboulements, les ruptures de câbles et surtout par les explosions du *feu grisou*, l'intérêt se porte naturellement vers les différents appareils inventés pour prévenir ces accidents terribles.

La lampe de Davy ne semble pas encore avoir dit son dernier mot. Sans rivale pour la sécurité, on lui a reproché avec raison sa faible intensité lumineuse. D'ingénieux systèmes ont tenté de la détrôner, mais leur complication et leur volume ont échoué devant la simplicité comparative de l'admirable invention du physicien anglais, à qui tant d'existences sont redevables de leur conservation.

Les expositions précédentes avaient déjà fait entrevoir ce qu'on pouvait espérer de la mécanique pour prémunir les ouvriers contre l'imminent danger de la rupture du câble. Plusieurs modèles de *parachutes*, qui avaient plutôt le caractère de joujous, captivèrent souvent l'attention de la foule à l'exposition de Londres. Celle de Paris renfermait plusieurs parachutes en grandeur d'exécution, avec cages complètes à double étage, fonctionnant comme dans un véritable puits de mine. Le jury a pu les expérimenter en toute réalité. Celui de M. Jacquet, d'Arras, nous a paru le plus remarquable par son efficacité infaillible. Il prend son point d'appui sur le guide qu'il serre latéralement entre ses griffes; la tension du câble seule peut tenir ces dernières ouvertes, en sorte que si le câble se rompt, le guide se trouve instantanément comprimé par les griffes, comme entre les mâchoires d'un étau. Dans les expériences, une seule paire de griffes a suffi pour arrêter la chute de la cage lancée à une vitesse de trois mètres par seconde. Pour plus de sécurité cependant, M. Jacquet arme son parachute de quatre paires de griffes, deux de chaque côté.

Ce sujet n'intéresse pas seulement l'exploitation des mines; il offre la sécurité aux cages élévatrices dont l'usage se répand de plus en plus dans les usines de quelque importance. Toutes celles dont les fonctions ne sont pas restreintes au seul mouvement des marchandises et matériaux, devraient être munies de parachutes.

Aucun de ceux qui ont paru jusqu'ici ne répond à l'objection grave tirée de la vitesse acquise de la masse qui ne peut être anéantie. Dans un arrêt instantané, comme celui qui résulte de pareils moyens, elle peut produire des effets pires que le mal. Il est donc à désirer qu'on perfectionne ces systèmes en faisant, par exemple, précéder l'arrêt absolu d'un frottement préalable et gradué d'intensité comme l'action d'un frein.

M. Varoquié de Marimont, pénétré de ces difficultés, a voulu les éviter en substituant, à l'appareil simple de la cage qui parcourt toute la hauteur du puits, un système double de balcons en colonne, animés d'un mouvement alternatif. L'amplitude du mouvement, doublée par l'action inverse et simultanée des deux colonnes, représente la distance d'un étage. Les berlines et les hommes passent d'une colonne à l'autre pendant le temps d'arrêt, et après une série de passages successifs d'une colonne à l'autre et en zig-zag, hommes et berlines arrivent au haut ou au bas du parcours.

Cet appareil est une invention remarquable ; sa supériorité serait incontestable si l'on ne comparait que la nature des dangers inhérents aux élévateurs ordinaires et à celui-ci. Mais si l'on réfléchit aux chances qui attendent la manœuvre du transvasement, vingt fois répétée, à intervalles isochrones, dans un puits obscur, ne prévoit-on pas que cette sécurité n'est qu'apparente. Un faux pas, un homme qui se presse ou s'attarde en passant d'un balcon à l'autre, en voilà assez pour causer des accidents graves ; car, soit que l'appareil continue régulièrement son mouvement alternatif, ou, ce qui est pis encore, qu'il se produise une irrégularité dans la marche du moteur, tout doit faire craindre que cet appareil ne soit pas pratique.

Si l'on considère, en outre, le prix de l'appareil de M. Varoquié, son poids énorme, reposant en entier sur l'axe d'oscillation, on arrivera à lui appliquer ce mot célèbre de Montgolfier à l'un de ses élèves : « C'est ingénieux, « mais *bon*, *non*. »

Ce chapitre sur les élévateurs doit nécessairement comprendre les câbles. La tendance manifeste vers l'emploi des câbles métalliques est suffisamment justifiée par la perfection à laquelle leur fabrication est arrivée, et par les avantages suivants : diminution de 45 % dans le poids, à résistance égale avec le chanvre, durée plus grande et prix inférieur de 30 %. Aussi s'étonnerait-on de ne pas voir les câbles métalliques adoptés partout, si l'on ne donnait pour raison que l'usure des câbles en chanvre est graduelle et accessible à la surveillance, tandis que les câbles en fil de fer manquent tout-à-coup et par des causes souvent inexpliquées.

Après l'art des mines, qui intéresse comparativement peu notre département, vient l'art métallurgique, qui mérite toute notre attention.

ART MÉTALLURGIQUE

D'immenses progrès ont signalé les dernières années de l'industrie métallurgique; il semble qu'elle ait marché à pas de géant, depuis l'exposition de Londres. C'est que jamais l'emploi des métaux ne s'est autant développé : les métaux se prêtent merveilleusement aux formes que l'homme veut leur donner, pour satisfaire aux lois des résistances et aux règles de l'expérience pratique. La facilité de reproduire à l'infini ces formes variées, par le moulage, l'étirage, le laminage, fait que, de jour en jour, les substitutions du métal aux autres matériaux se propagent au-delà de l'imagination : les chemins de fer, la navigation, les constructions civiles les voient successivement disparaître de leurs chantiers pour céder la place aux métaux.

Les Anglais ont un mot heureux que nous leur avons emprunté : *puddler*, signifie à la fois malaxer de l'argile et un procédé pour *pétrir* le fer. N'est-il pas vrai, en effet, qu'aujourd'hui on est arrivé à pétrir le fer comme une pâte qui va se prêter à toutes les formes, comme une matière plastique ?

Rien de bien remarquable dans la fonte. Depuis longtemps on a fait en Angleterre et en France des pièces du poids de 20 et 40 tonneaux. Le moulage des grandes pièces n'est une difficulté que pour les maisons mal outillées. En France, il n'est malheureusement pas rare de voir des industriels entreprendre au-dessus de leurs forces; voilà pourquoi le succès ne répond pas toujours à l'attente.

Fonte.

Les hauts fourneaux ont fait quelques progrès, et la fonte de première fusion, bien qu'elle ne puisse être employée partout comme fonte mécanique, est appelée néanmoins à jouer un grand rôle dans les constructions, par suite de la perfection actuelle du moulage et de la coulée.

Pour s'en convaincre, il suffit de voir les fontes de MM. Pinart de Marquise, de MM. Barbezat et C^r, successeurs de J.-P.-V. André, et celles de Conches, dans notre voisinage. Des affûts de canon, des roues dentées d'une netteté parfaite, et jusqu'à une cuve à manioc de 4 mètres de diamètre et de 14 millimètres d'épaisseur, attestent des résultats qu'on atteint aujourd'hui en première fusion.

Quant à la fonderie de seconde fusion, son progrès s'est plutôt signalé dans l'affinage du métal et la plus parfaite connaissance des mélanges susceptibles de composer une bonne fonte mécanique.

N'oublions pas que la France doit à un de nos honorables concitoyens, M. Waddington, le développement de cette industrie si précieuse. Autrefois, toutes les pièces de mécanique se moulaient en sable d'étuve, c'est-à-dire en sable imbibé d'eau, puis séché lentement dans un endroit chaud, ce qui coûtait de la main-d'œuvre, du combustible et une grande perte de temps ; aussi préférait-on souvent faire de forge les nombreuses petites pièces qui entrent dans la construction d'une machine. En 1824, M. Waddington importa d'Angleterre, à sa fonderie de Saint-Remy-sur-Avre, le moulage en sable vert, si précieux et si commode ; une véritable révolution s'opéra dans la fonderie, et c'est de Saint-Remy que sont sortis, presque sans exception, tous nos bons fondeurs de Rouen.

Cette branche de l'art doit à notre correspondant, M. Crace Calvert, le chimiste industriel de Manchester, un procédé de purification du coke qui se répand trop lentement. Il en a été maintes fois rendu compte ; qu'il nous suffise de rappeler qu'il consiste dans la destruction, au moyen du sel marin, des parties sulfureuses dont il est si important d'empêcher la combinaison avec la fonte.

L'exposition renfermait plusieurs procédés de moulage pour les petites pièces. Sans nous préoccuper de leur plus ou moins de nouveauté, nous devons appeler l'attention des fondeurs sur ces expédients ingénieux qui abrègent le travail des multiplications en même temps qu'ils assurent leur régularité. C'est en Angleterre, surtout, que nous trouvons ces moyens tout pratiques, tels que le remarquable système de moulage des roues d'engrenage de toutes sortes de Rothwell Jackson ; le châssis à diaphragme de Higgins, pour mouler les petites pièces de filature et autres ; la table à démouler, mécaniquement, de Charles de Bergue et plusieurs autres.

Nous passons au fer proprement dit. Le caractère saillant de l'ère actuelle du fer, c'est la variété des formes sous lesquelles il sort de la manufacture. Quelles difficultés n'attendaient pas, jadis, le constructeur dans la confection des pièces de toutes natures, lorsque les formes marchandes se réduisaient à trois : le carré, le méplat et le rond ? Aujourd'hui, non-seulement on livre le fer sous les formes les plus rapprochées des besoins généraux, mais on crée, tous les jours, des formes nouvelles ou spéciales à certains usages, à certaines combinaisons qui naissent des applications mêmes.

Fer.

Le rail en est l'origine, aussi n'a-t-on rien négligé pour lui conserver sa suprématie. Les formes du rail ont subi toutes les variétés du calcul, de l'expérience ou du caprice des ingénieurs. On en compte vingt-deux principales dans l'exposition. La France n'est point en arrière ; ses forges ont depuis longtemps suivi d'abord, puis dépassé l'Angleterre dans la netteté du laminage et la longueur des barres. On sait, sans doute, que les *joints* des rails sont la principale cause de la trépidation des trains sur les lignes de fer. Il importe donc de les diminuer autant que possible ; mais certaines formes de rails présentent au laminage de plus grandes difficultés que d'autres ; c'est ce qui fait qu'on porterait un jugement trop prompt, si l'on se hâtait d'accorder la supériorité aux forges royales de Prusse, qui ont exposé un rail à double champignon, de 23 mèt.; le rail Brunel, de 12 mèt. 50, sorti des forges de M. le comte de Morny, à Aubin, est une pièce remarquable, et, somme toute, supérieure à la précédente.

L'industrie métallurgique ne cesse de porter ses efforts vers l'extension des limites de dimensions. C'est, qu'en effet, il en résulte un avantage pour la main-d'œuvre et la légèreté des constructions, mais il ne faut pas perdre de vue que la multiplicité des joints est un élément de stabilité. Rarement les tôles, par exemple, se déchirent dans les rivures qui compriment deux bords réunis. N'est-il pas un vieux dicton que nous pouvons citer, parce qu'il exprime une vérité, bien que sous une forme triviale ? « Une pièce raccommodée ne casse jamais au raccommodage. » Il y a, en outre, plus de chances de défectuosités dans une grande pièce que dans plusieurs petites.

Que les forges de Commentry, de Montataire, du Creuzot, nous montrent leur puissance en exposant des tôles de 18 et 20 mèt. de long sur 2 mèt. 25 de large, c'est très-bien, mais l'emploi restreint de telles dimensions qu'on ne saurait recommander avec sécurité dans la plupart des cas, nous impose l'obligation de considérer ces tours de force comme d'une vaine utilité pratique.

Fers spéciaux. — Nous nous arrêtons de préférence devant les cent spécimens de fers spéciaux, dont les forges de la *Providence* ont, les premières, livré à l'industrie les variétés remarquables ; elles ont été imitées depuis en France et à l'étranger, et accueillies partout avec une faveur croissante. Les fers à double et à triple T, les cornières à branches égales ou inégales, les doubles cornières ou fer à Z, les fers à coulisse, les fers tubulaires, nouvelle et admirable combinaison des principes de la résistance latérale et de la résistance longitudinale, enfin les mille formes de petites dimensions qui sortent aujourd'hui du laminoir, ont centuplé les moyens d'exécution, diminué la main-d'œuvre, et, par-dessus tout, fait de la stabilité des constructions une science vulgaire s'inculquant par la pratique dans le jugement de l'ouvrier.

Les noms de Ferdinand Zorès et de Chibou sont inséparables de ces progrès dont la France doit se glorifier. Leurs soigneuses expériences sur la résistance *des formes* ont jeté une lumière complète sur ces nouvelles applications et permis de les multiplier en toute sécurité.

Nous ne pouvons terminer ce chapitre sans mentionner la fabrication si importante des fers creux étirés de MM. Gandillot et Cᵉ. Leur nom est synonyme de Russell en Angleterre. Cependant il faut dire, à l'honneur de nos compatriotes, que l'intelligente application des fers creux à un nombre considérable d'usages nouveaux, constitue pour nous une supériorité sans conteste.

<small>Fers creux.</small>

Les Anglais se bornent à l'emploi des tubes en fer, aux conduites d'eau et de gaz.

En France, les fers creux Gandillot sont employés à cent différents usages : en construction, dans la confection des objets d'ameublement, et jusqu'en carosserie et en mécanique. Les essieux et les arbres de transmission de mouvement ont notamment trouvé là un nouvel élément de légèreté combinée avec une solidité comparative supérieure à leurs similaires en métal plein.

Cuivre.   Le cuivre est un métal non moins précieux dans les arts. Les anciennes sources auxquelles notre industrie le puise se sont augmentées du riche établissement de Tenès, dans notre colonie algérienne. Sa fabrication a subi aussi de notables perfectionnements. Le fabricant s'est surtout attaché à produire des pièces de grandes dimensions. Mais, comme on le sait, la ductilité du cuivre ne laisse qu'un mérite relatif à ces résultats, lorsque, dans la tôle de cuivre par exemple, la largeur n'est pas jointe à la longueur. C'est à ce point de vue encore qu'on doit considérer les produits exposés par MM. Cubain et Ce, de notre ville, comme supérieurs à la feuille de 60 mètres de longueur de MM. Osval et Varnod, de Neiderbruck, et qui n'a que 35 centimètres de largeur. Du reste la France n'a que peu de chose à envier à l'étranger pour le travail du cuivre ; son laminage comme sa tréfilerie, ses cuivres fondus purs ou alliés sont représentés par les plus beaux spécimens de l'exposition, et les fonderies de Romilly et de Rouen y tiennent un rang distingué. Nous n'avons qu'un regret, c'est de ne pas voir les tubes en *cuivre rouge* étirés dans le métal plein. Plusieurs maisons font ainsi les tubes en cuivre jaune. Nous savons de bonne source qu'en Angleterre on est arrivé à faire en cuivre rouge des tuyaux de toutes dimensions, pour la vapeur, sans aucune soudure. Le procédé consiste à percer d'un trou un cylindre plein, puis à le passer au banc dans un train de filières de différents diamètres. Quant à la disposition spéciale de la machine, on en fait encore mystère.

Zinc.   Le zinc n'offre rien de nouveau, si ce n'est l'estampage, à l'aide duquel on obtient des ornements économiques.

Nous ne saurions approuver ce luxe de contrebande; les emplois du zinc embrassent, sans cela, d'assez nombreuses applications. Les 7,000 ouvriers de la Vieille-Montagne, qui versent annuellement dans le commerce 25,000 tonnes de zinc laminé et 6,000 tonnes de blanc de zinc, sont des chiffres respectables.

Le plomb n'offre que peu d'intérêt comme fabrication; ses formes commerciales sont presque exclusivement réduites à la feuille et au tuyau. L'étirage de ce dernier présente cependant quelques difficultés, quand on veut en réduire l'épaisseur jusqu'à de certaines limites afin d'obtenir des tuyaux légers, comme pour les conduits de gaz. Trop minces et unis, les tuyaux se perforent de trous imperceptibles. Les Anglais ont exposé des tuyaux cannelés très légers et qui n'ont pas cet inconvénient; la cannelure s'oppose au déchirement du métal. {Plomb.}

Cette esquisse des richesses métallurgiques de l'exposition universelle laisse bien à désirer. La fabrication des fers blancs, celle de la tôle galvanisée et ses applications variées à la confection des tuyaux économiques pour conduits d'eau et de gaz, la tôle ondulée pour couvertures et parois, et bien d'autres particularités de l'industrie métallurgique, mériteraient des mentions spéciales. Mais il faut des bornes à chaque division quand on en a tant à passer en revue.

Il est temps d'entrer dans la mécanique, ce champ si vaste où le génie moderne entasse merveilles sur merveilles. {MÉCANIQUE GÉNÉRALE.}

Nous avons classé notre étude en trois parties. Les récepteurs, les distributeurs et les transformateurs de la force motrice.

Les premiers comprennent ce qu'on appelle improprement les moteurs, nous allons expliquer pourquoi.

Les seconds sont les organes intermédiaires entre la force développée par le récepteur et le transformateur qui est la machine proprement dite où s'effectue le travail utile.

Les derniers sont donc ces machines dont la nomenclature et la variété sont innombrables.

Des subdivisions infinies seraient nécessaires pour composer un classement méthodique complet, nous les restreindrons à la distinction des familles et des genres principaux.

Moteurs. C'est improprement, avons-nous dit, qu'on appelle *moteur*, l'appareil où la force motrice se développe. C'est cette erreur qui a jeté dans les divagations de l'impossible, tant d'intelligences qui auraient pu s'employer plus utilement qu'à chercher la création de moteurs purement mécaniques.

Les seuls moteurs sont : 1° les forces animées : l'homme, les animaux ; 2° la pesanteur : l'eau courante et les chutes ; 3° la chaleur : soit naturelle, qui développe les vents ; soit artificielle, qui développe la force élastique des fluides gazéiformes ; 4° enfin, l'électricité qui est encore, sous ce rapport, dans les limbes des spéculations du génie.

Hors ces sources il n'y a pas de moteur.

Ce que vulgairement on appelle *moteur*, n'est qu'un *récepteur* de la force motrice, recueillie à une source naturelle ou empruntée à une source artificielle.

Le récepteur rassemble, accumule cette force, versée dans ses organes, en absorbe une partie pour son propre compte, sans quoi il ne fonctionnerait pas, et rend le surplus aux organes du *distributeur* chargé de le répartir.

La perfection d'un récepteur consiste donc dans l'emploi économique de la force motrice recueillie, c'est ce qu'on appelle le *rendement :* plus l'effet transmis au distributeur se rapproche de la puissance théorique du moteur, plus il est près de cette perfection.

Jamais l'effet utile ne peut égaler la puissance théorique, à plus forte raison ne peut-il la dépasser, et cependant chaque année voit naître des inventeurs qui croient sincèrement avoir créé une force inconnue, ou au moins multiplié une force initiale, avec des volants, des contrepoids ou des leviers.

Disons à l'honneur de l'exposition universelle, que rien de ce genre n'y figurait, et croyons que cette absence est due moins à la sévérité des comités locaux, qu'à l'esprit de science pratique qui pénètre les masses, et que les sollicitudes constantes de l'Etat s'attachent à propager.

Moteurs animés.

Grâce au développement des arts mécaniques et de la civilisation, l'emploi de l'homme, comme moteur, doit bientôt disparaître des contrées où se multiplient tant de moyens de le remplacer plus avantageusement, au double profit de son amélioration intellectuelle et de l'économie d'argent. A part donc les manœuvres de force accidentelles et d'ensemble, qui réclament autant l'exercice de son intelligence que l'usage de ses bras, l'homme ne doit plus servir de moteur, comme à tourner la roue ou à s'atteler au manége.

Les animaux, au contraire, doivent encore longtemps, surtout dans les campagnes, trouver, pendant l'intervalle des travaux des champs, un exercice salutaire au manége. Ce manége est le récepteur le plus simple ; il recueille la force du cheval ou du bœuf et la transmet à des machines qui abrègent et perfectionnent les travaux de la ferme. Les animaux moteurs en profitent eux-mêmes, soit dit en passant pour les membres de la Société protectrice ; leur appétit s'aiguise par un travail modéré, et leur action est même utilisée, en partie, à hacher ou broyer les aliments qui seront ainsi d'une facile digestion.

L'exposition renferme quelques modèles de manéges perfectionnés ; ils se distinguent tous par l'exiguité de la place qu'ils occupent, comparativement aux encombrantes machines d'autrefois. Quelques-uns sont devenus à ce point portatifs, qu'ils peuvent, pour être montés dans les champs, prendre place derrière le charriot qui transporte les machines agricoles sur le lieu même où elles doivent être utilisées.

Dans le nombre, il s'en trouve dont la vitesse est immédiatement accélérée dans des proportions étonnantes : tel est celui de Barrett Exall et Andrew de Norwich, en Angleterre. On atteint ainsi, sans l'intermédiaire de transmissions multipliées, l'accélération requise par les machines. Mais on ne doit pas se dissimuler que cet effet n'est obtenu qu'au détriment d'une notable portion de la force vive, et que la moindre résistance accidentelle se fait ressentir sur l'unique organe de la transmission du mouvement et de là sur le cheval. Celui-ci souffre alors, s'il est assez fort pour supporter le contre-coup ; dans le cas contraire, il s'arrête, et la régularité du travail en est altérée.

Bref, les manéges anciens, à grand diamètre, où l'animal marche à pas lents et où la masse totale de l'appareil domine les faibles résistances accidentelles du travail, nous paraissent encore les meilleurs, nonobstant leur établissement plus coûteux et les constructions spéciales qu'ils nécessitent. Cependant, nous ne voudrions pas proscrire les ingénieux systèmes dont l'annexe, ainsi que le jardin de l'agriculture, étaient remplis : ils sont d'un emploi avantageux pour produire de petits efforts animés d'une grande vitesse.

L'hydraulique est une science encore bien arriérée, puisque les ingénieurs les plus distingués dans cette spécialité ne sont point d'accord sur les principes de la perfection des récepteurs, même en tenant compte des cas variés auxquels devrait respectivement convenir tel ou tel genre d'appareil. {Hydraulique.}

Quatre systèmes principaux se partagent la classification usuelle des récepteurs hydrauliques.

Dans la première classe sont rangées les roues à percussion, dites *roues à palettes*, qui ne sont presque plus en usage, à cause de la manière détestable dont elles utilisent le moteur ; elles peuvent cependant s'appliquer aux cas où la force motrice est supérieure à ce qu'on en veut employer, car leur construction est très économique ; mais on conçoit que ces cas deviennent de plus en plus rares. Dans cette classe doivent être comprises les roues à aubes courbes de M. Poncelet, bien qu'elles en soient l'antipode comme perfection.

La deuxième classe embrasse les roues à aubes planes emboîtées dans un coursier circulaire ; on leur donne aussi le nom de *roues de côté*.

La troisième classe réunit les roues à augets, qui reçoivent l'eau en arrière ou en avant de l'axe, mais toujours notablement au-dessus du centre.

Enfin, dans la dernière classe, on range toutes les roues à axe vertical, désignées sous la dénomination générique de *turbines*. Ce sont des roues horizontales qui fonctionnent généralement sous l'eau, d'où vient leur nom, dérivé du *tourbillon* produit par l'eau qui s'engouffre dans les courbes de ces appareils.

Telle est la classification adoptée et bien arbitrairement, disons-le; en effet, eu égard au principe en vertu duquel l'eau agit dans les roues à palettes et dans celles à aubes courbes surtout, les turbines leur sont essentiellement assimilables : c'est la puissance due à la masse fluide, animée de la vitesse acquise pendant sa chute, du niveau d'amont au niveau d'aval.

Par un raisonnement semblable, les roues à aubes emboîtées dans un coursier fonctionnent en vertu du même principe que les roues à augets : c'est le poids de l'eau agissant sur le bras de levier tournant autour du point fixe qui est l'axe; seulement, dans le cas des augets, c'est la roue qui porte avec elle son coursier.

En poussant plus loin ces comparaisons, on trouve une analogie encore plus frappante entre la roue à réaction du docteur Baker, perfectionnée par M. Girard, et la roue Poncelet. C'est la masse fluide, animée d'une vitesse de rotation, et cherchant dans l'un et l'autre cas à s'échapper suivant une tangente à la circonférence de la roue, qui produit le mouvement et la force.

Or, il est un fait sur lequel on est à peu près d'accord, c'est que les roues dans lesquelles l'eau agit par pression seulement, utilisent mieux la force motrice que celles où le fluide agit en vertu de sa quantité de mouvement. D'après cela, comment expliquer la faveur, disons l'engouement, avec lequel on a accueilli les turbines depuis quelques années? C'est que l'on est, il faut bien le dire, en général trop paresseux dans les jugements qu'on porte sur les inventions nouvelles. Un appareil, quel qu'il soit, est souvent apprécié par comparaison avec celui qu'il remplace. Or, si l'ancien était très défectueux, le nouveau captive sans peine l'imagination des intéressés à son succès. Viennent ensuite les épreuves dynamométriques, opérations délicates, qu'une grande habitude seule peut garantir; leurs résultats, souvent sans contrôle, sont livrés à la publicité, et la crédulité du lecteur, généralement porté vers le merveilleux, fait le reste.

Un insuccès se manifeste-t-il dans les conditions rigoureuses du vrai, on accuse des circonstances locales, voire même la malveillance, d'être de la partie, et comme deux fractions de succès ont l'incroyable prérogative de compenser un échec, la balance est presque toujours en faveur de l'inventeur.

On trouvera que nous sommes sévères pour les turbines qui nous ont fourni le sujet de cette digression. Hâtons-nous, cependant, de dire que ce genre de récepteur a été étudié et perfectionné comme il le mérite, et se distingue, en définitive, par plusieurs qualités précieuses : principalement son petit volume et la grande vitesse initiale dont il est animé. On peut, sans hésitation, sacrifier quelques centièmes de la force motrice à d'aussi réels avantages. Ce sacrifice sera, d'ailleurs, compensé par l'économie dans les transmissions de mouvement : on doit donc lui assigner une place distinguée parmi les récepteurs modernes. Ces concessions faites, nous n'admettrons pas qu'on puisse comparer leur rendement absolu avec celui des roues verticales bien faites. L'eau agissant par son poids est une force motrice dont chaque élément peut être apprécié comme tout élément pondérable ; les portions perdues en sont évaluées avec une rigueur mathématique. Dans le cas de l'eau agissant en vertu de sa quantité de mouvement, les éléments d'appréciation sont exposés à toutes les incertitudes de la perte qui résulte des frottements et des changements de direction auxquels la veine fluide est sans cesse soumise.

Ces réflexions nous ont amené à regretter que tout le génie des constructeurs français se soit porté sur les roues horizontales ou turbines ; leur variété même, malgré les ingénieuses dispositions qui les caractérisent, est une preuve de l'incertitude des principes qui régissent la théorie de ces récepteurs. MM. Fourneyron, Fontaine, Girard, sont les apôtres de trois sectes de turbiniers, autour desquelles fourmillent de nombreux dissidents, avec leurs modifications variées prétendant plus ou moins à l'invention.

Le perfectionnement le plus important qui ait été introduit dans les turbines à directrices, c'est celui de MM. Fontaine, Brand et Froment, de Chartres. Il consiste dans la substitution aux obturateurs, si compliqués dans leur mouvement, d'une vanne annulaire en gutta-percha, dont la fermeture ou l'ouverture particlles s'opèrent à l'aide de deux cônes sur lesquels la bande s'enroule, pour découvrir autant d'orifices qu'il convient, et les refermer à volonté.

Mais voilà que M. Girard a eu l'idée toute neuve d'une turbine.... verticale. Nous croyons qu'on saisira le principe de cette invention en comparant le nouvel appareil à l'hélice d'un bateau à vapeur, enfermée dans une couronne dentée. Cette roue, complétée par quelques dispositions spéciales, se place au bord d'un cours d'eau où elle est noyée en partie seulement, mais d'une manière invariable ; son axe repose dans des palliers sous l'eau (et voilà ce que nous lui reprocherions). Un système d'entonnoirs ayant leurs bases tournées vers la roue-hélice, en avant et en aval, sert à diriger l'entrée et la sortie de l'eau. Une roue de ce genre a été établie sur un bras de la Marne, pour faire mouvoir l'usine du populaire fabricant de chocolat Ménier. On en dit beaucoup de bien.

C'est à grand'peine qu'au milieu d'un nombre considérable de turbines, nous découvrons deux ou trois *modèles* de roues verticales. Nous n'avions pas l'espérance de voir à l'exposition des roues exécutées de 6 à 10 mètres de diamètre ; cependant quelques-unes n'y eussent point été déplacées, et un filet d'eau eût même pu les mettre en mouvement ; mais, à leur défaut, nous nous attendions au moins à voir les reproductions réduites des perfectionnements récemment apportés dans la confection des grandes roues.

Nous voyons une roue de MM. Waddington frères, qui est le modèle de celle qu'ils ont établie dans leur usine de Saint-Remy-sur-Avre ; elle est d'une belle entente et d'une délicate exécution. Quant à la difficulté qu'on s'y est posée pour problème, celle de la construction d'une roue sans arbre, nous devons la considérer sous deux points de vue. Il a fallu, pour la vaincre, armer les fonçures d'une charpente en fonte qui se relie aux tourillons, comme seraient ceux d'un tambour plein. C'est un très admirable travail. Mais si cette idée est réalisée avec une grande habileté mécanique, elle n'est pas aussi heureuse comme construction économique.

Aujourd'hui que la science pratique permet de se fier à des arbres établis économiquement et sur des principes éprouvés, on hésitera à suivre cet exemple dispendieux, quoique bon, de la roue sans arbre de MM. Waddington.

C'est la seule roue verticale qui soit digne de remarque. Les dessins s'efforcent de suppléer à cette lacune. Parmi eux, nous voyons la nouvelle roue de M. Sagebien, qui a fait quelque bruit dans nos contrées.

La roue de M. Sagebien est l'antipode de la turbine ; elle veut tirer la quintescence de la théorie de la pression. La disposition de ses aubes obliques au rayon, et leur profondeur qui atteint le tiers du rayon de la roue, ont pour but de lui faire porter normalement la plus grande masse d'eau possible. Par sa lenteur extrême, on prétend épuiser l'action de la pesanteur jusqu'à sa dernière limite. De toute cette théorie, il ne reste selon nous qu'une chose : une vitesse tellement inférieure à celle des besoins journaliers de l'industrie, que, pour la regagner par des multiplications de mouvement, il faut perdre le bénéfice, d'ailleurs très contestable, de ce système.

En résumé, rien de bien saillant, en fait de récepteur hydraulique, n'a été produit à l'exposition universelle ; nous en restons à des appareils qui transmettent de 60 à 70 % du travail théorique, en moyenne. Dans l'état actuel des connaissances, un rendement supérieur est une exception, quand il n'est pas une erreur.

DE LA CHALEUR COMME FORCE MOTRICE.

Nous avons dit que la chaleur était une source de force motrice, soit naturellement, soit artificiellement.

A l'état d'agent naturel, la chaleur est une source de force motrice lorsqu'elle développe les vents.

On sait que la température de l'atmosphère varie constamment à la surface du globe. La raréfaction de l'air qui en résulte, sur les points où le soleil darde avec le plus de force, produit des courants affluant de toutes les directions, suivant certaines causes déterminantes, et dont l'intensité croît ou diminue avec celle de la chaleur solaire. La grande élasticité de l'air favorise la transmission du mouvement des ondes fluides à des distances incommensurables. Cet effet a une parfaite analogie avec celui qui se manifeste à la surface de l'eau tranquille, lorsqu'elle reçoit le choc d'un corps qui ne fait même que l'effleurer. Seulement, il est bien plus sensible dans l'air, à cause de l'excessive mobilité de ses molécules.

Telle est l'origine des vents : tantôt tempérés, tantôt animés d'une force à laquelle rien de ce qui est debout à la surface du globe ne saurait résister, ils produisent la force motrice si précieuse à laquelle nous devons, depuis soixante siècles, la propulsion des navires : force incomparable, puisqu'elle ne coûte rien intrinsèquement parlant. Il ne s'agit plus d'un moteur qu'on ne peut réaliser qu'à grands frais et à l'aide de sacrifices de toute espèce, comme une force hydraulique qui s'achète chèrement, supprime la navigation des cours d'eau, et devient neuf fois sur dix une source inépuisable de procès. Il ne s'agit plus d'un moteur dispendieux par son alimentation de chaque jour, comme la machine à vapeur.

Vent

C'est une force naturelle, intarissable, malgré son inconstance, libre comme l'air qui la produit, accessible à tous, indisputable, et qui ne coûte rien.

Pourquoi donc semble-t-on tant mépriser la force du vent sur terre ?

La vapeur, avec ses développements fabuleux, n'a pas su détrôner complètement la voile; elle l'appelle, au contraire, à son secours : de principale qu'était celle-ci, alors que le monde avait moins besoin de cette activité fébrile qui le domine et l'entraîne, elle est devenue l'auxiliaire capricieuse à laquelle on est bien aise de recourir toutes les fois qu'elle veut s'y prêter. Mais on ne la rebute jamais.

Aucun navire n'aura, proportion gardée, porté plus de toile que celui que l'on construit en ce moment à Londres, bien qu'il soit muni de six machines à vapeur d'une force de 3,000 chevaux.

Pourquoi donc, répétons-nous, abandonne-t-on la force du vent sur terre ?

Moulins à vent.

N'y a-t-il plus rien à faire pour perfectionner les moulins à vent, que pas un seul ne figurait à l'exposition ? Ou bien est-ce qu'on les considère comme des instruments qui doivent disparaître de la nomenclature technologique ?

La dernière hypothèse nous semble la vraie, et nous ne saurions trop déplorer la propagation d'un aussi funeste préjugé.

L'inconstance d'un moteur aussi variable que le vent est, nous le reconnaissons, une condition incompatible avec les besoins actuels de l'industrie. Dans certaines contrées, il existe encore un nombre relativement considérable de moulins à vent, comme aux portes de plusieurs villes du Nord, par exemple ; mais on doit s'attendre à les voir insensiblement disparaître, s'ils sont à tout jamais deshérités des bénéfices du progrès.

Selon nous, pour éviter ce regrettable abandon, il y a deux choses à faire : perfectionner ces modestes récepteurs, et leur adjoindre la machine à vapeur. Faire, en un mot, ce que l'on a fait pour les navires.

Que la vapeur soit, si l'on veut, le moteur principal partout où les localités permettront l'établissement de moulins à vent perfectionnés, et qu'on adjoigne, comme auxiliaire à la vapeur, la force du vent qui s'y ajoutera dans la proportion de son intensité ; quelque variable qu'elle soit, ce sera toujours un bénéfice tout aussi appréciable que dans la propulsion d'un navire. On ne peut l'évaluer au-dessous de trente pour cent de la force totale développée, en supposant que la force nominale de la machine soit égale à la moyenne de la force que produiraient les ailes du moulin dans toutes les saisons. Ce sera donc au minimum une économie de trente pour cent sur le combustible et sur l'usure du moteur principal.

Une objection sérieuse contre notre opinion aurait pu naguère être tirée de l'inconvénient de relier ensemble deux moteurs aussi incompatibles que le vent et la vapeur. Mais elle tombe devant la remarquable invention de M. Pouyer-Quertier fils, de Rouen, qui anéantit le danger du rassemblement, sur un distributeur unique, de plusieurs moteurs semblables ou différents, quelque disproportionnées que soient leurs intensités, et quelque variables que soient leurs manières de fonctionner. L'appareil *à cliquet* placé au point d'adjonction, s'explique par son nom seul : si la vitesse d'un des moteurs domine celle du distributeur, elle se verse en entier dans ses organes, sans affecter le moteur auxiliaire ou les moteurs auxiliaires si la réunion se compose de plus de deux. Le même effet se produit si un autre moteur regagne de la vitesse à son tour, en sorte que celui qui est animé de la plus grande vitesse, ne peut jamais causer de réactions sur ceux qui possèdent une vitesse moindre.

Cette combinaison, si simple et si efficace à la fois, trouvera une de ses plus avantageuses applications dans les moulins à vent et à vapeur qui doivent inévitablement appeler l'attention des mécaniciens.

Nous ne recommencerons pas l'histoire, tant de fois répétée, de la machine à vapeur depuis sa naissance jusqu'à nos jours. Mais si nous la prenons à l'é-

MACHINES À VAPEUR.

poque de Watt, et que nous comparions au chef-d'œuvre de la machine à balancier et du parallélogramme les productions de notre moderne génie, ce qui nous frappe tout d'abord, c'est la mesquinerie de tout ce qui s'éloigne des admirables conceptions du grand homme.

Cette inscription gravée sur son tombeau, dans l'abbaye de Westminster, exprime bien le caractère de cet immense génie :

Not to perpetuate a name which must endure while the peacefull arts flourish, but to shew that mankind have learned to honour those who but deserved their gratitude.

The king..... raised this monument to James Watt.

« Ce monument a été élevé par le roi, etc...... à James Watt.
« Non pour perpétuer un nom qui survivra tant que fleuriront les
« arts de la paix, mais pour montrer que l'humanité a appris à
« honorer ceux qui ont mérité de sa reconnaissance.... »

Nous ne craignons pas de le dire : depuis Watt, aucun perfectionnement d'une importance capitale n'a été introduit dans la forme de la machine à vapeur, qui n'ait été exécuté, indiqué ou prévu par lui pour les machines fixes.

Nous ne parlons ici que de ce qui est bon et pratique. Car d'inventions, de formes plus ou moins bizarres, mais dépourvues de bon sens mécanique, il n'en a jamais manqué aux expositions en général ni à celle-ci en particulier. Chaque solennité de ce genre voit paraître ou reparaître des appareils qui sont comme la création d'un génie à la torture, mais dont on n'entend plus parler après.

La machine rotative seule s'est reproduite avec une persévérance qui serait digne d'un meilleur sort, si elle ne s'obstinait à vaincre une difficulté insurmontable. Qu'on se persuade donc une bonne fois que la vapeur, fluide essentiellement élastique, ne peut exercer utilement qu'en ligne droite la puissance qu'elle tient de l'accumulation de ce principe. En effet, cette force élastique tend toujours à s'échapper suivant une ligne droite partant d'un point quelconque de son mouvement. Lors donc qu'elle doit s'écarter de cette direction à chaque instant, par une succession de petites lignes droites formant le polygone d'un nombre infini de côtés qu'on appelle le cercle, l'impulsion se trouve décomposée, et la portion de force vive, perdue par cette cause contre les parois immobiles de la machine, croît en raison directe du carré de la vitesse.

Pour rendre à tous ce raisonnement sensible, imaginons une balle tirée obliquement contre une paroi circulaire en planches ; la balle suit la courbe et va tomber à quelques pas sans causer de dégât, tandis que, tirée dans la ligne du rayon générateur de la courbe, la balle traverse la paroi.

Ce n'est pas à dire que la machine rotative ne soit pas réalisable ; nous en avons vu *tourner* plusieurs, mais elles sont tout au plus bonnes pour la curiosité, elles ne peuvent présenter aucun avantage réel à cause de leur énorme dépense de vapeur.

Nous aimerions mieux la machine à disque qui, comme l'indique son nom, est composée d'un plateau circulaire dont l'oscillation, sous la pression de la vapeur, produit un mouvement analogue à celui d'un soufflet. Mais la transformation immédiate d'un tel mouvement oscillatoire en mouvement circulaire a, pour nous, plutôt le caractère d'une difficulté vaincue que celui d'une idée pratique. Néanmoins l'invention de M. Davies nous a paru digne d'attention et applicable aux petites forces, en même temps qu'elle se recommande par le peu d'espace que ces petits moteurs occupent.

Passant aux machines sérieuses, nous les distribuerons en trois classes :

Machines fixes et machines pour la marine ;
Machines locomotives ;
Machines locomobiles.

Machines fixes. — Les machines fixes, qui le croirait ? ont subi, depuis quelque temps, à l'instar des récepteurs hydrauliques, l'influence de la mode. La Mode, c'est pourtant cela, et rien autre chose, qui a produit à l'exposition universelle cette affluence étrange de machines horizontales.

La machine horizontale est, selon nous, une hérésie, ni plus, ni moins.

Sous le prétexte d'établir une fondation solide, qui est tout naturellement trouvée pour un cylindre bien posé sur sa base, on ajoute latéralement à ce cylindre un appendice destiné à racheter son défaut d'assiette, et on l'étale sur le sol ; puis, on allonge la tige du piston entre deux longues glissières parallèles ; et, au bout de cet attirail, se prolonge encore à une grande distance une bielle tantôt plongeant dans une fosse, tantôt dardant vers le ciel. Cette bielle porte le mouvement du piston à l'arbre du volant situé au point déterminé par les besoins de la localité.

Qu'a-t-on voulu obtenir par cette disposition irrationnelle ? De la solidité, dit-on. A cela, nous répondons que c'est de la solidité chèrement achetée. D'abord, c'est une longue et mince fondation, au lieu d'une fondation étroite et profonde. Assurément, s'il y a compensation dans la dépense, elle n'est pas aussi évidente comme vérité statique.

Si l'on considère ensuite les effets de cette position sur l'usure du cylindre, on saisira bientôt qu'elle doit se produire rapidement sur la partie intérieure de la circonférence correspondant au côté sur lequel la machine est couchée. En effet, le piston agit sans cesse dans le sens de la pesanteur, et tend à ovaliser rapidement le cylindre.

Au contraire, une machine verticale, surtout à balancier, s'use également dans tous les sens, et cette usure régulière est la garantie de la conservation de la machine dans le *bon état d'entretien* qui a tant d'influence sur le rendement en effet utile.

Les machines horizontales étaient cependant tellement en nombre à l'exposition, que le vulgaire eût pu croire que c'était le système prédominant, que les autres n'étaient qu'une exception aux bonnes règles de la construction.

C'est à peine si l'on compte, en dehors de celles-là, une vingtaine de machines de divers genres, à directrices ou à balancier.

Les premières sont celles qu'on adopte le plus généralement pour le service des petites forces. La plus remarquable est celle de M. W. Fairbairn, dont le système porte le nom de son auteur. Elle présente toutes les apparences d'une parfaite solidité, et cette apparence est réelle Le cylindre enfoui au-dessous du sol aboutit à niveau dans une cage cylindrique percée de larges jours, et qui, unie solidairement avec lui, porte à la partie supérieure le guide de la tige et les paliers de l'arbre à manivelle.

Cette machine a été savamment imitée par M. Farcot, qui y a ajouté une excellente détente.

L'une et l'autre de ces machines offrent l'avantage de n'exiger rigoureusement aucun scellement latéral.

La disposition de la machine de M. Trézel, de Saint-Quentin, est d'un heureux dessin, et construite sur de bons principes. Cette machine comporte, en outre, un système de détente d'une rationalité poussée pour ainsi dire jusqu'à l'excès, puisqu'elle tient compte de l'inégale capacité des deux chambres de vapeur, par suite du non-parallélisme du mouvement de la bielle autour d'un centre, et encore de la présence de la tige du piston dans la chambre supérieure.

La détente Trézel atteint le maximum d'économie réalisée dans une machine à un seul cylindre, et il ne paraît pas possible qu'on puisse dépasser ces résultats par aucun système connu; mais la complication du mécanisme des doubles tiroirs, augmentée d'un troisième excentrique pour le mouvement différentiel, semble devoir entraver la propagation de cette ingénieuse invention.

Quant aux machines à balancier, nous devons rendre cette justice à notre département, ou plutôt exclusivement à notre cité, que de lui reconnaître une incontestable supériorité pour ce genre de machines.

La machine de Woolf est depuis longtemps l'honneur de la construction rouennaise. Celle-ci a grandement soutenu sa réputation, à l'exposition, où aucune concurrence n'a pu lui porter atteinte.

La machine de Woolf ne fait pas seulement honneur au génie de son inventeur et au mérite de ses constructeurs, elle fait encore la fortune de ceux qui l'emploient. D'une régularité parfaite, d'une économie de consommation qui augmente chaque jour par l'habileté des ingénieurs et la perfection de l'outillage, elle n'a contre elle que son prix élevé.

Aussi ses détracteurs n'ont-ils que ce reproche à lui adresser, mais il est puissant dans une argumentation facilement accueillie par certains industriels trop peu éclairés pour prévoir les conséquences d'un choix imprudent.

Le système de Woolf paraît être inséparable du balancier qui semble aussi avoir été créé pour lui. Nous sommes ainsi amenés à blâmer les tentatives d'applications de ce système aux machines oscillantes. Il peut y avoir économie dans la construction, mais la machine oscillante est encore une de ces combinaisons ingénieuses, utiles pour économiser la place dans les constructions maritimes, et mauvaise en principe absolu, parce que son oscillation est une cause incessante de perte de force vive ; d'un autre côté la difficulté d'entretien des joints de vapeur doit en faire rejeter l'emploi à moins d'absolue nécessité.

Quant aux machines de Woolf à cylindres séparés, à celles où un cylindre à haute pression est accompagné de deux cylindres à basse pression de même capacité que le premier, ce sont des idées ingénieuses : nous comprenons même qu'on les ait récompensées comme telles, mais elles sont incapables de lutter contre l'incomparable machine à balancier. Et il faut bien le dire : l'expérience est là, ce creuset auquel rien de subtil ne résiste. Lorsqu'une bonne chose se perpétue, quels que soient les efforts de l'argumentation théorique en faveur d'une concurrence, peut-on qualifier cette perpétuation de routine ?

Une observation pareille peut s'appliquer à la prétendue économie du *sommier* et des colonnes, remplacés par de simples chevalets. Rien ne saurait suppléer aux scellements latéraux d'un sommier supportant les paliers de l'axe du balancier. Chercher pour ces derniers un point d'appui à une grande distance dans le sol, c'est compromettre une fermeté indispensable, si l'on veut éviter les trépidations du point le plus important de ces machines.

Telles sont les raisons pour lesquelles nous avons donné la préférence aux belles machines rouennaises dont les constructeurs ont religieusement conservé les bons principes classiques de Watt et de Woolf. A ce titre, MM. Lacroix père et fils au premier rang, M. Powell, M. Scott et même M. Lheureux ont bien mérité de l'industrie.

Machines de mer.   Les machines de mer n'abondent pas dans l'exposition de Paris comme à celle de Londres : quelques rares modèles, des dessins et deux machines véritables seulement, une en France, l'autre en Suède, voilà tout. La raison en est bien naturelle : toutes les machines étaient requises pour la guerre, et nous avons été ainsi privés d'un des éléments les plus intéressants de la construction moderne.

Les deux machines de l'exposition n'offrent donc qu'un minime intérêt, sans point de comparaison; elles font seulement honneur à leurs constructeurs respectifs dont nous parlerons tout à l'heure, car leur exécution est parfaite.

La seule différence qui caractérise les machines de mer comparées aux machines de terre, c'est leur forme appropriée à l'emplacement restreint qu'elles doivent occuper. Si l'on en veut une preuve, on la trouve dans les premières applications de la vapeur à la propulsion des navires. Les machines à balancier ont été d'abord adoptées, seulement on a immédiatement senti la nécessité de dédoubler le balancier pour pouvoir le placer en bas de chaque côté du cylindre et diminuer ainsi la hauteur de la machine; cette modification avait pour but non-seulement d'économiser la place, mais aussi d'abaisser le centre de gravité dont la trop grande hauteur eût compromis la stabilité du navire.

Bientôt on a reconnu que la machine à balancier était beaucoup trop encombrante, et on lui a substitué les machines oscillantes, les cylindres horizontaux, les cylindres inclinés avec guides ou châssis directeurs.

Mais c'est surtout à partir de l'application des hélices que les constructeurs se sont appliqués à réaliser, d'une manière parfois surprenante, la réduction de volume des machines de mer.

A deux ou trois mètres de la quille, souvent à quelques décimètres, se trouve l'arbre de l'hélice, ordinairement attaqué directement par une bielle d'une longueur strictement suffisante pour passer dans les coudes qui remplacent la manivelle. Une courte tige de piston sort d'un cylindre renversé, incliné à 45°. Ainsi placée dans les flancs rétrécis d'une cale qui semble à peine pouvoir contenir tout cet appareil, la machine de mer est effrayante quand on considère la difficulté du montage, et encore plus quand on songe aux réparations dont elle est susceptible dans le cours d'un voyage.

Cependant, tous ces organes resserrés, enchevêtrés les uns dans les autres, fonctionnent sans encombre et avec une exactitude admirable. Aussi la machine de mer est-elle un des plus beaux triomphes de notre ère mécanique. Etre arrivé à renfermer une puissance de deux ou trois cents chevaux dans un espace de quelques dizaines de mètres cubes, c'est là un remarquable exemple de ce que peut la précision appelée à résoudre les problèmes en apparence les plus compliqués.

M. Gâche, de Nantes, et l'usine de Motala, en Suède, ont résolu ce problème de la manière la plus remarquable, et, à coup sûr, sans s'être entendus ni copiés. Ces deux spécimens témoignent du talent de leurs constructeurs par le rationnel agencement des organes, le peu de place qu'ils occupent, et la perfection de leur installation dans l'étroit espace qui leur est dévolu.

La machine suédoise l'emporte en tout sur la machine française : c'est une véritable révélation des ressources industrielles de ce pays. Qui aurait pensé qu'un petit bourg de la Gothie possédât un établissement industriel capable de produire une machine aussi remarquable ? On sera encore plus étonné d'apprendre que cet établissement est un des plus anciens du monde industriel, et qu'il a toujours été le rival des premiers ateliers d'Angleterre.

Propulsion des navires.

C'est ici le lieu de parler des modes de propulsion des navires.

Bien que l'exposition ne renferme que des modèles de petites dimensions, ces modèles donnent aux praticiens une idée suffisante des tendances actuelles.

L'hélice, ce propulseur moderne qui a si rapidement conquis sa suprématie, est destinée à remplacer désormais les roues dans la plupart des cas, soit comme machine principale, soit comme machine auxiliaire.

Dans ce dernier cas surtout, c'est actuellement une chose jugée que la supériorité de l'hélice sur les roues. Il n'est même plus question d'armer des navires mixtes autrement qu'avec l'hélice, qui ne change pour ainsi dire rien aux conditions ordinaires ni aux formes extérieures du navire à voiles, et permet de lui conserver son gréement et ses allures.

Dans la plupart des cas, le navire à vapeur à hélice tient mieux la mer; il se dirige toujours mieux dans la tempête et fait meilleure route contre le vent.

Mais, dans la moyenne des traversées, les roues ont relativement une puissance de propulsion qu'elles tiennent de leur moindre glissement dans l'élément fluide. L'effet utile est toujours plus grand, toutes autres circonstances égales, et notamment eu égard aux formes de la coque.

C'est pourquoi tous les navires destinés à une grande vitesse, comme les paquebots-postes et les steamers transatlantiques employés à la messagerie et au transport des voyageurs, sont généralement munis de machines à roue, sauf quelques exceptions dans lesquelles on a sacrifié à la vitesse la capacité du navire et parfois sa stabilité.

Nous voyons à l'exposition un grand nombre de modèles de roues et d'hélices. Les Anglais ont la plus belle part dans cette exhibition, mais la perfection du *Danube* des Messageries impériales ne laisse rien à leur envier.

Nous parlions il y a un instant du glissement de l'hélice qui en paralyse l'effet utile. Cette perte diminue sensiblement avec la vitesse, aussi s'est-on appliqué à donner à l'arbre de l'hélice toute la vitesse possible ; mais lorsque la machine agit directement sur cet arbre, cette condition entraîne la nécessité de donner au piston une marche qui dépasse les bonnes règles. De là le combat qui se livre depuis quelques années entre le système à action directe et celui des engrenages ; la tendance se manifeste vers le retour à ce dernier système qui, nonobstant sa complication, laisse la machine dans des conditions plus normales et mieux à l'abri des répercussions de la mer. Une récente tentative pour atténuer le glissement et qui a donné de bons résultats, était magnifiquement représentée à l'exposition ; c'est l'hélice à double filet dont on voyait un exemplaire-monstre exécuté par l'usine impérial d'Indret Cette belle pièce en bronze, fondue d'un seul jet, ne pèse pas moins de 8,000 kil. et vaut 30,000 fr. Elle doit être mise en mouvement par une force de 700 chevaux.

Une application non moins intéressante de la vapeur à la locomotion, c'est le chemin de fer. *Locomotives.*

Nous n'avons pas la prétention d'entrer dans l'étude de tout ce qui se rattache à cette nouvelle branche de l'industrie, tellement importante, qu'elle forme à elle seule une science spéciale. En ce moment, nous nous occupons seulement des moteurs : c'est à ce point de vue que nous jetterons un coup d'œil sur les locomotives.

Faut-il répéter ici que Watt avait aussi prévu la locomotive ? On voyait à l'exposition de Londres, en 1851, un modèle fait par lui-même et exposé par les descendants du célèbre ingénieur et aujourd'hui encore les successeurs de sa maison, récemment transférée de son ancien et primitif siége à un demi-mille de distance, à Soho, près le chemin de fer de Birmingham.

Cependant les historiens de l'art mécanique font remonter l'invention de la locomotive bien plus loin ; c'est en 1759, dit M. R. Hunt, archiviste des mines du gouvernement anglais, que le professeur Robinson eut le premier cette idée. Après lui, Cugnot, notre compatriote, réalisa dix ans plus tard ce grossier essai.

A partir de cette époque, nous trouvons Evans en 1772, Watt en 1784, et enfin Trevithick en 1802, le premier qui fit marcher une locomotive à cylindre oscillant sur des rails en bois à rainure.

En 1811 Blenkinsop, et Brunton en 1813, font faire de rapides progrès à cette machine qui, en 1815, sort enfin triomphante des mains de Georges Stephenson.

Ce nom, devenu célèbre dans l'Univers entier, n'a pas été illustré seulement par le réalisateur de la locomotion à vapeur sur terre, mais aussi par le fils de cet éminent ingénieur, Robert Stephenson, l'auteur des importants perfectionnements qui ont amené la locomotive au degré qu'elle atteint.

Les locomotives peuvent être divisées en deux grandes classes : les locomotives lourdes et les locomotives légères.

Les premières sont destinées à traîner des poids considérables avec une petite vitesse comparative, le poids servant à augmenter leur adhérence aux rails.

Les autres sont employées à traîner des convois légers à une grande vitesse, la force vive suppléant à l'adhérence.

Il serait peut-être temps de revenir de ce que nous considérons comme une routine. Les grosses locomotives détruisant rapidement la voie, pourquoi ne pas diviser les convois lourds pour les faire traîner par des locomotives légères et à grande vitesse ?

Les locomotives diffèrent encore entre elles par la position de leurs cylindres.

Tantôt ceux-ci sont à l'intérieur des roues sous la chaudière et ont leurs axes très rapprochés parallèlement. C'est la première disposition qui ait été adoptée par Georges Stephenson ; elle nécessite des arbres coudés.

D'autres locomotives ont leurs cylindres à l'extérieur des chaudières, et les bielles transmettent leur mouvement à des boutons fixés sur les bras des roues motrices dont les arbres sont droits.

La controverse s'est donnée carrière au sujet de ces deux systèmes si opposés. Le dernier semblait avoir pour lui la facilité de la construction, de l'entretien et de la surveillance.

Aujourd'hui, on semble revenir aux cylindres intérieurs qui ont l'avantage de répartir plus uniformément l'action alternative de leurs pistons sur l'arbre moteur. On a été amené à reconnaître que les cylindres extérieurs ne sont pas une cause minime, entre les autres, du *mouvement de lacets* si pernicieux pour les chemins de fer.

Nous ne nous étendrons pas sur la description de tous les systèmes de locomotives qui étaient à l'exposition; qu'il nous suffise de citer comme les modèles du genre, chez les Anglais, la machine classique de Stephenson, *Emperor*, remarquable par la simplification de ses organes ; celle de Fairbairn, la machine compacte par excellence ; en France, la machine à tender dépendant de MM. Schneider et C°, du Creusot, et la machine légère de MM. Cail et C*, portant nom *Perrache* ; dans les autres pays : *Le duc de Brabant* de la maison Cockerill de Liége, énorme machine à 12 roues et à trains articulés ; la jolie machine hanovrienne, et celle non moins remarquable de M. Börsig de Berlin.

Machines locomobiles.

Enfin les machines locomobiles sont l'expression d'un nouveau besoin du siècle ; elles doivent toutes servir à l'agriculture, et peut-être, par la suite, à certaines opérations industrielles. Ces machines portatives sont d'une manœuvre facile, d'une grande commodité pour faire mouvoir les instruments du travail partout où le besoin s'en fait sentir. Mais leur emploi est encore bien restreint. Pourquoi faut-il dire que leur nombre était probablement plus grand à l'exposition que dans toutes les fermes de France ! Ces machines ont, au premier aspect, une certaine analogie avec les locomotives : c'est un trompe-l'œil pour le vulgaire. Cependant, elles ont pour caractère distinctif, et c'est là aussi leur grave inconvénient, qu'elles ne peuvent se mouvoir elles-mêmes ; on les traîne avec des chevaux. Du reste, elles ont, comme les locomotives, une chaudière tubulaire propre à engendrer rapidement la vapeur. Cette chaudière sert elle-même de fondation à une petite machine généralement horizontale et fixée sur les flancs de la chaudière. Cette dernière porte également les paliers de l'arbre du volant qui, la plupart du temps, sert de poulie motrice. Telle est la disposition presque invariable des machines locomobiles. Les locomobiles anglaises abondent; on peut citer, comme modèles du genre, celles de Ransome et de Clayton. En France, elles sont bien représentées par M. Calla. M. Flaud a voulu aussi appliquer là son système de machines à grande vitesse : ce n'était pourtant pas utile ; la machine n'a jamais grand poids ; c'est celui de la chaudière qu'il faut s'efforcer de diminuer.

Nous ne pouvons quitter les machines à vapeur sans parler des nouveaux systèmes qui occupent en ce moment les esprits, dans l'attente des résultats pratiques qui vont servir à les juger.

Dans l'appareil de Newton et Fuller, une combinaison de cylindres qui semble avoir quelqu'analogie avec le principe de Woolf, utilise la vapeur un certain nombre de fois, d'abord comme force vive, puis en vertu de son expansibilité indéfinie sous l'influence d'un vide plus ou moins parfait. Systèmes nouveaux de machines à vapeur.

Dans l'appareil de Siemens, la vapeur qui a épuisé toute sa force élastique est soumise à une nouvelle addition de chaleur qui *régénère* cette force élastique, en sorte que la chaleur employée primitivement à la vaporisation de l'eau et qui est considérable, comme on le sait, n'est pas perdue à chaque pulsation.

Malheureusement, ces appareils sont dans l'enfance, et leurs fonctions à l'exposition ont été sujettes à toutes les hésitations d'un mécanisme imparfait ; aussi le jugement reste incertain.

Ce qui nous semble bien plus avancé au point de vue pratique, c'est la combinaison des vapeurs d'eau et d'éther qui est appelée à donner des résultats positifs. Système Dutremblay.

On conçoit que lorsque l'eau condensée ou la vapeur quitte les récepteurs à vapeur ordinaires, elle contient encore assez de chaleur pour vaporiser un liquide qui bout à une très basse température. Voilà tout le principe des machines de M. Dutremblay. Il trouve ainsi le moyen de produire avec la vapeur d'éther ou de chloroforme une force égale à celle produite par la vapeur d'eau, puis la vapeur d'éther se condense de nouveau au contact de l'eau froide et le liquide recueilli retourne au réservoir.

Il résulte d'essais définitifs, concluants, de faits désormais acquis à la pratique, d'expériences faites à Marseille, à Alger, à Cette, à Lyon, à Lorient, que l'emploi de l'éther donne une économie de combustible des deux tiers. On comprend immédiatement l'immense avantage qu'on doit retirer de cette innovation dans les transports à grande distance, pour les bâtiments, par exemple, affectés au commerce transatlantique, pour lesquels il faut aujourd'hui embarquer des quantités considérables de houille, occupant la place qu'on pourra désormais donner aux marchandises.

<small>Machines à air.</small> Nous ne pouvons passer sous silence les machines à air, bien qu'elles n'aient produit jusqu'ici que des résultats pratiques à peu près négatifs.

Dès que les savants se sont appliqués à étudier la théorie de la vapeur comme force motrice, ils ont dû être frappés de ce fait que sa formation absorbe une énorme quantité de chaleur latente, chaleur entièrement perdue pour l'effet dynamique qui commence à se manifester alors qu'une nouvelle addition de calorique développe la force élastique du fluide aëriforme.

L'induction leur a bientôt inspiré ce raisonnement : qu'il doit être conséquemment plus avantageux d'utiliser le principe de la dilatation, commun à tous les gaz, dans un gaz permanent, comme l'air qui existe tout formé dans la nature.

En le substituant à la vapeur d'eau, il devient évident, en théorie, qu'on économisera tout le calorique employé à la formation de cette dernière.

D'un autre côté, l'air possède, entr'autres, deux propriétés éminemment favorables au développement de l'effet dynamique : sa capacité pour la chaleur est presque de moitié inférieure à celle de la vapeur d'eau. Il se dilate régulièrement de 1/272 de son volume, pour chaque degré d'élévation de température, quelle que soit la pression à laquelle il est soumis.

L'air atmosphérique présente donc, sur la vapeur d'eau, des avantages théoriques considérables. On ne doit pas s'étonner que la question de mettre ces avantages en pratique ait été agitée dès le commencement de ce siècle.

Sir George Cayley paraît être le premier qui ait écrit sur ce sujet, en 1804, un long mémoire lu à la Société royale de Londres. De nouvelles études, auxquelles il se livra en 1807, le conduisirent à faire exécuter plusieurs machines d'essai qui furent sans succès.

La grande difficulté était de communiquer à l'air le calorique nécessaire pour produire l'effet dynamique sans s'exposer aux terribles dangers de l'échauffement direct des gaz. Le praticien se trouvait donc réduit à la suppression inévitable d'un appareil générateur distinct. Il fallait que l'air échauffé fut immédiatement utilisé. De là, la nécessité de restreindre la pression dans des limites très rapprochées de la pression atmosphérique, et, dans la même proportion, le bénéfice à recueillir de l'expansion. Ces conditions réduisaient considérablement l'économie sur laquelle on avait cru pouvoir compter.

Néanmoins, les inventeurs ne se découragèrent pas ; mais vingt ans se passèrent avant que de nouvelles tentatives eussent une apparence de réussite.

En 1827, le docteur Stirling, de Dundee (Ecosse), fit construire une machine à deux cylindres, l'un appelé *alimenteur*, l'autre appelé *travailleur*. Entre les deux, se trouvait un régénérateur où l'air chaud, sortant du cylindre travailleur, abandonnait sa chaleur au contact de surfaces métalliques, et où l'air nouveau, provenant du cylindre alimenteur, reprenait la chaleur ainsi retenue au passage.

Cette machine n'a pas fonctionné moins de vingt années, pendant lesquelles elle a subi de nombreuses et persistantes épreuves, et des perfectionnements successifs, plus particulièrement vers les années 1840 et 1845.

Peu après cette époque, l'établissement où cette machine fonctionnait, connu aujourd'hui sous le nom de *East-Foundry*, ayant changé de mains, la machine fut démontée comme n'offrant qu'une économie insignifiante, absorbée par les réparations que nécessitait l'exposition du fond du cylindre travailleur à l'action directe du feu.

Cet essai n'avait pas été le seul pendant cette période. Dès 1827, MM. Parkinson et Crosley faisaient, quoique sans succès, une ingénieuse application de l'air chaud à une petite machine montée dans le dock de Sainte-Catherine, à Londres, et qui excita vivement l'intérêt public.

En 1833, le capitaine Ericsson construisait la première machine dite *calorique* qui se rapprochait davantage de la machine à vapeur que tous ces précédens appareils.

En 1833, la France prenait aussi sa part dans cette lice intéressante. — M. Franchot s'occupait, avec de grands sacrifices de temps et d'argent, de la réalisation d'une machine *calorique*. Cet habile ingénieur voulait également utiliser le calorique développé à produire, par échange, une succession d'effets dynamiques. Pour cela, il se servait de feuilles de métal ondulées et de fragments ou copeaux métalliques.

En 1847 et 1848, M. Lemoine, de Rouen, prenait des brevets pour une nouvelle machine à air que nous avons vue fonctionner à l'état de modèle.

Un fait qui mérite d'être constaté, c'est que le dernier brevet de M. Lemoine porte spécialement et uniquement sur l'emploi des toiles métalliques, comme la solution du problème de l'échauffement et du refroidissement alternatifs de l'air. Cette idée avait d'ailleurs été également émise par M. Franchot dans un mémoire présenté à l'Académie des sciences.

La priorité de cette invention appartient donc incontestablement à la France, puisque ce n'est qu'en 1851 que le capitaine Ericsson a mis au jour le régénérateur qui a fait tant de bruit.

Mais, par contre, le mérite de l'exécution sur une large échelle appartient, sans conteste, à ce célèbre praticien, ou plutôt au pays qui lui en a fourni les moyens.

Des discussions longues et réitérées ont eu lieu au sein des corps savants pour encourager ou condamner les essais poursuivis si énergiquement et avec tant de persévérance par le capitaine Ericsson.

On sait que le succès est encore tout entier dans l'avenir.

Si, par les simples raisonnements sommaires que nous avons posés au commencement de ce chapitre, le lecteur n'était pas convaincu de l'excellence du principe en théorie, il suffirait de lire le remarquable travail que M. Regnault a présenté à l'Académie des sciences en 1853, traitant des effets de la chaleur sur les fluides élastiques ; la *lecture* de M. Siemens à l'Institut des ingénieurs civils de Londres, le 17 mai 1853, sur la conversion de la chaleur en effet mécanique, et encore un excellent mémoire de M. Lissignol (juillet 1853), rendant compte des expériences faites chez MM. Mazeline frères, au Havre, sur une petite machine d'Ericsson.

Les hommes de progrès verront combien est digne de leurs efforts la recherche d'un moyen pratique de réaliser une force aussi économique et aussi précieuse pour la locomotion, à cause du peu d'espace qu'elle exigerait pour son approvisionnement.

Qui sait si de là ne sortiraient pas des éléments de locomotion aérienne ?

Machines électromotrices. Pour terminer avec les moteurs, il est indispensable de traiter des machines électromotrices. C'est là, un vaste champ de spéculation. Mais qui doute de la puissance et de la docilité de cet agent dont les effets sont incomparables à toute autre force motrice ?...

L'électricité dynamique n'a encore reçu qu'un petit nombre d'applications, mais toutes portent avec elles le cachet du merveilleux. Il semble que cet agent, d'une nature mystérieuse, ne puisse produire que des effets tenant du prodige.

Ceux-ci ont une manière de se manifester tout opposée à celle de la vapeur.

Ainsi l'effet dynamique de la vapeur ne se produit pas spontanément dans la nature ; mais, lorsqu'on le développe dans les appareils générateurs, il semble avoir une tendance continuelle à dépasser le but, en acquérant des proportions qui dominent le pouvoir de l'homme. Souvent, et par des causes presque toujours inconnues, le fluide impétueux brise ses entraves impuissantes à le contenir, sans que la science, qui s'épuise à expliquer ces phénomènes pour les tempérer et s'en rendre maîtresse, puisse arriver à dompter ce vigoureux mais indocile serviteur.

L'électricité, au contraire, éclate dans les phénomènes naturels avec une violence extrême. Ses effets portent alors avec eux la terreur et la destruction. Mais, développé par l'homme dans ses laboratoires scientifiques ou industriels, l'élément mystérieux ne croît et ne s'accumule que graduellement, et sans jamais dépasser les limites que l'opérateur veut lui imposer. Trouve-t-il une communication avec le *réservoir commun* dont on l'a séparé, il y retourne avec une rapidité dont rien n'approche.

L'étude de l'électricité dynamique peut être soumise aux mêmes divisions que celle des autres éléments mécaniques. Nous y retrouvons le récepteur, le distributeur et le transformateur de la force motrice.

Qu'on nous pardonne les notions sommaires que nous allons présenter sur la production de cette électricité dynamique; il nous a semblé indispensable d'entrer dans quelques détails à cet égard, en faveur des lecteurs encore peu familiarisés avec cette partie de la physique moderne qui ouvre un champ si vaste aux applications.

Nous trouvons également ici un appareil intermédiaire, dont la fonction consiste à engendrer l'électricité, comme la chaudière engendre la vapeur, *la pile électrique*, « le plus merveilleux instrument que l'homme ait jamais inventé », a dit Arago. — Et cependant, à quoi tiennent les grandes inventions! Jamais peut-être Volta n'eût pensé à se rendre compte des grossières expériences de Galvani, ni ce dernier à confondre l'électricité avec le fluide vital, sans le hasard du bouillon de grenouilles de madame Galvani, si tant est que cette histoire soit vraie.

Pile électrique.

Une lame métallique, ou plus efficacement deux lames de métaux différents, mettant en communication le sys-

— 90 —

tème nerveux et le système musculaire, produisent une commotion capable de simuler, pour un instant, chez de petits animaux, les apparences de la vie pourtant éteinte complètement. Cette commotion augmente d'intensité, si l'on réunit l'action de plusieurs de ces couples métalliques, au point de faire se dresser et s'agiter des cadavres d'individus qui ont cessé de vivre depuis plusieurs heures, comme s'ils étaient dans les convulsions d'une lutte contre la mort.

Pile de Volta.

Dès que Volta crut avoir découvert l'origine de ce nouveau mode d'action de l'électricité, il eut l'idée féconde d'en multiplier les effets; il superposa les uns aux autres une série indéfinie de couples de deux métaux, sans en intervertir l'ordre et en plaçant entre chaque couple consécutif une pièce de drap mouillé. Telle fut la première *pile*, dont les extrémités, présentant chacune un métal différent, manifestent la présence de deux électricités de nature contraire. En mettant en communication, au moyen de fils métalliques, ces deux extrémités désignées sous le nom de *pôles*, les effets les plus prodigieux peuvent se produire; des éclairs traversent les yeux même fermés; une commotion particulière frappe l'expérimentateur; une saveur, soit acide, soit alcaline, affecte la langue touchée par l'un ou l'autre fil.

En donnant à la *pile à colonne* de Volta une disposition nouvelle, Cruikshanks a constitué un appareil beaucoup plus puissant connu sous le nom de *pile à auges*, et qui a permis de produire une foule d'effets chimiques et physiques d'une haute portée. Ainsi, en faisant agir les deux fils sur un corps composé, on en sépare immédiatement les éléments constitutifs. Si l'on fait passer le courant électrique à travers un fil métallique d'un faible diamètre, celui-ci s'échauffe, devient incandescent et disparaît.

Après cette courte et sommaire description de la pile, nous allons en étudier les applications les plus récentes. Dans un autre chapitre viendra l'occasion de décrire les merveilles de l'électro-chimie. Abordons immédiatement l'électro-dynamique.

La propriété qui lui a donné naissance, a été découverte, en 1819, par OErsted, savant Danois qui, le premier, observa l'influence du courant voltaïque sur l'aiguille aimantée.

Électro-aimants.

Aussitôt, Arago et Ampère étendirent cette découverte en constatant qu'un barreau de fer doux, sur lequel s'enroule le fil conducteur de la pile, devient instantanément aimanté. Supprime-t-on la communication, l'aimantation cesse à l'instant pour reprendre dès qu'on la rétablit. Ampère et Arago s'assurèrent bientôt qu'en augmentant le nombre des révolutions du fil autour du barreau, ils augmentaient en proportion la puissance attractive de cet aimant artificiel, sans nuire à l'instantanéité des phénomènes observés, pourvu qu'on eût soin de couvrir préalablement de soie le fil conducteur; sans cette précaution, le fluide électrique, au lieu de suivre tous les circuits du fil, se disséminerait dans la masse métallique sans produire l'effet désiré.

Il est facile de se rendre compte comment, par le moyen des électro-aimants, on peut obtenir des effets dynamiques : il suffit, en effet, d'établir la communication entre la pile et un aimant artificiel, pour donner à celui-ci la force d'attirer à lui un morceau de fer qui se trouve dans la sphère de son action. En rompant cette communication, le morceau de fer retourne à sa place. En répétant alternativement cette manœuvre, on obtiendrait donc un mouvement alternatif indéfini.

Supposant maintenant une succession d'aimants artificiels disposés autour de la circonférence d'un cercle, et, dans l'intérieur de ce cercle, un bras tournant autour du centre, il sera successivement attiré par chacun des aimants, placés à une distance telle que leur force attractive s'exerce sur le bras en question, lorsqu'il cesse d'être sous l'influence du précédent, la vitesse acquise lui aidant à franchir le court intervalle qui sépare les deux sphères d'activité.

Voilà un mouvement circulaire continu.

On voit donc que le grand avantage de l'électricité, comme force motrice, consiste dans la facilité de composer des mouvements variés sans ces transformations mécaniques qui absorbent une notable partie de l'effet utile. Jusqu'ici, le vent et l'eau ont seuls fourni le mouvement rotatif *ab initio*, et la persistance avec laquelle on a cherché à le réaliser dans la machine à vapeur prouve combien il est apprécié dans les arts mécaniques.

D'ingénieuses combinaisons ont été imaginées pour composer des moteurs électriques applicables à l'industrie. Mais jusqu'ici on n'a rien produit qui puisse lutter avec quelque avantage contre les autres moteurs.

Cela tient à la génération dispendieuse de l'agent moteur.

Piles à courant constant.

Il est juste cependant de faire observer que, grâce aux heureuses innovations de Daniell, Grove et Bunsen, on est arrivé aujourd'hui à obtenir, avec une faible dépense, des effets électriques considérables. Bunsen, principalement, en substituant le charbon au platine employé par Grove, pour constituer un des éléments de la pile, a réalisé une économie notable. Mais ce qu'il y a surtout d'avantageux dans ces nouveaux appareils connus sous le nom de *piles à deux liquides*, c'est la persistance même du courant électrique, propriété qui leur a fait donner aussi le nom de *piles à courant constant*. Ce sont ces sortes de piles qui sont aujourd'hui exclusivement employées.

Disons toutefois que, dans l'état actuel des choses, ces piles, malgré leur perfection, ne peuvent fournir une force motrice de quelque importance, et, d'ailleurs, la dépense des acides et du zinc qu'elles consomment l'emporte encore de beaucoup sur celle du combustible dans les machines à vapeur.

Pour s'en convaincre, il faut lire le mémoire que M. R. Hunt a présenté à la Société des arts de Londres, et où, après avoir rappelé les travaux de MM. Jacobi, Dal Negro, Mac Gauley, Wheastone, il démontre que les meilleurs résultats obtenus jusque-là (22 mai 1850), ont présenté la dépense suivante :

1° La force du courant voltaïque étant représentée par 678, le nombre de grains de zinc décomposé par heure a été de 151, pour élever un poids de 9,000 livres à 1 pied de hauteur pendant le même temps ;

2° La force du courant étant relativement 1,300, le zinc décomposé par heure a été 291 grains qui ont permis d'élever 10,030 livres à 1 pied ;

3° La force du courant étant relativement 1,300, le zinc décomposé par heure a été 223 grains, le poids élevé 12,672 livres.

Un grain de charbon consommé dans les machines à vapeur de Cornouailles suffit pour élever 143 livres à la hauteur d'un pied, tandis qu'un grain de zinc consommé dans une batterie voltaïque n'élève que 80 livres. Or, le prix d'un quintal de charbon est de 9 pences, celui d'un quintal de zinc de 216 pences, d'où l'on voit que la machine électrique coûterait à entretenir vingt-cinq fois plus que la machine à vapeur. — Ce n'est pas tout : dans la pratique,

on apprend qu'il y a une grande déperdition du fluide magnétique à travers l'espace, lorsque l'aimant n'agit pas dans une sphère très limitée. Ainsi, en prenant pour exemple un aimant susceptible de supporter au contact un poids de 100 kilog. : à la distance de un dixième de millimètre, il ne soulève plus qu'un poids de 49.99
 A la distance de 2/10^{cs} de mill.. . 23.45
  —   de 4/10^{cs} — . . 22.77
  —   de 5/10^{cs} — . . 18.40

Ainsi, à une distance d'un demi-millimètre, plus de 81 0/0 de la force est perdue dans l'espace.

Cette perte est encore augmentée si les aimants ou leurs armatures sont en mouvement, cas où il se produit même une action contraire qui nuit à l'action principale.

Bien que le travail de M. Hunt remonte à plusieurs années, il n'a pas été, que nous sachions, apporté jusqu'ici, dans la construction des batteries, aucun changement assez important pour les rendre applicables au développement économique d'une force motrice de quelque importance. Ainsi sommes-nous amenés à douter que quelques résultats annoncés aient été régulièrement atteints.

Quel que soit donc l'intérêt qui s'attache à la réalisation d'une force électrique utilisable en industrie, il faut se résoudre à y renoncer, tant qu'on n'aura pas trouvé un moyen de produire l'électricité à assez bas prix, pour que la déperdition des quatre cinquièmes laisse encore de la marge. Mais, lorsqu'il s'agit de produire de petites forces douées d'une grande constance, d'une précision recherchée pour certains travaux d'art ou de science, les moteurs électriques sont on ne peut plus précieux, et, à ce titre, ils méritent toute l'attention qu'on leur a consacrée.

Néanmoins, la source est là, abondante et inépuisable,

et il est permis d'espérer qu'on trouvera les moyens d'en tirer un parti avantageux. Si un jour cette espérance se réalise, on se rappellera, pour leur faire grand honneur, les noms des physiciens distingués qui ont ouvert cette nouvelle voie.

De 1831 à 1840, l'abbé Dal Negro en Italie, M. Jacobi en Russie, MM. Patterson en France, M. Taylor en Amérique, se partagent successivement les premiers essais. Tous leurs appareils présentent des dispositions ingénieuses et fonctionnent, mais aucun ne donne de résultat véritablement pratique. {Appareils électromoteurs.}

Un journal rapporte qu'en 1842 M. Davidson, de Glascow, fit marcher une locomotive électrique; un autre document parle d'un physicien de New-York, M. Elijah Paine, qui aurait renouvelé, en 1849, les expériences de M. Jacobi, c'est-à-dire essayé de faire marcher un navire par l'électricité. Enfin le professeur Page, également Américain, paraît avoir obtenu, en 1850, des résultats assez dignes d'intérêt, si l'on ajoute foi aux rapports des journaux américains. Malheureusement on sait par expérience avec quelle défiance il faut accueillir ces nouvelles transatlantiques. Quoi qu'il en soit, nous dirons un mot de l'appareil de M. Page.

Basée sur l'emploi des aimants creux, cette machine se rapproche de la machine à vapeur, en ce que le barreau de fer doux, libre dans l'intérieur des hélices, peut y monter et descendre comme ferait un véritable piston. Or, par suite de cette disposition, le barreau, soulevé par une force quelconque, est, lorsqu'on l'abandonne, rappelé à sa place, comme s'il était attiré par un ressort. Ainsi le phénomène de l'attraction rétrograde n'a pas lieu seulement sous l'action de la pesanteur, mais même lorsque le cylindre formé par les spirales est horizontal. On conçoit dès lors que, par l'action inverse et réciproque des courants, on peut produire une action mécanique analogue à ce qui se passe dans les machines à vapeur à basse pression, à simple ou même à double effet.

Cette disposition présente, en outre, l'avantage d'une moindre déperdition du fluide dans l'espace.

M. Page paraît être aussi le premier qui ait songé à diviser la circulation du fluide entre plusieurs hélices distinctes, au lieu d'une seule, autour de chaque élément, condition qui permet de répartir graduellement et uniformément l'intensité de l'action magnétique sur tous les points de la course du barreau-piston. Nous pensons que les perfectionnements dus à M. Page ont un véritable mérite scientifique, mais qu'il ne faut pas en exagérer la valeur industrielle, comme l'ont fait les journaux américains et quelques autres d'après eux.

Enfin nous arrivons à la France, qui a fourni aussi son contingent d'hommes habiles et persévérants pour la réalisation du moteur électro-magnétique. L'exposition universelle de 1855 nous présentait de nombreux spécimens des essais tentés par eux.

M. Du Moncel, jeune savant dont la Normandie s'honore, a construit plusieurs moteurs électriques. Celui qu'il a exposé est fondé sur l'attraction réciproque des courants parallèles; ses électro-aimants présentent à leurs pôles des rebords de fer doux sur lesquels se porte le magnétisme quand il est développé; on obtient ainsi une attraction latérale qui est directe, et, de plus, une course plus considérable pour les armatures, si elles sont maintenues à distance. Après avoir été attirées directement par ce rebord, elles se trouvent encore attirées jusqu'à ce que leur ligne axiale coïncide avec celle des pôles de l'électro-aimant.

M. Roux présente un récepteur à deux électro-aimants demi-circulaires, dont les armatures offrent une disposition toute particulière. — Ce sont des plaques oscillantes reliées ensemble par un cadre articulé ayant quelqu'analogie avec le parallélogramme des machines à vapeur.

M. Armanjat a de commun avec M. Roux l'emploi des aimants circulaires dont, du reste, l'invention appartient à M. Niklès de Nancy. Six aimants sont disposés autour d'un axe ; ils sont séparés par des interrupteurs en cuivre ; extérieurement et suivant une ligne spirale concentrique se trouvent autant de cylindres en fer doux, mobiles sur leurs axes, et qui remplissent le rôle d'armatures attirant les aimants.

L'appareil de M. Allen nous montre ce que l'Angleterre a produit de mieux jusqu'ici, en fait d'électro-moteurs. C'est un système composé de seize électro-aimants, par séries de quatre, agissant à tour de rôle sur les armatures, qui sont autant de bielles destinées à mettre en mouvement un arbre de couche à quatre manivelles. Le cuivre est encore là, comme interrupteur du courant entre deux aimants consécutifs.

Mais c'est à M. Froment, de Paris, que reste incontestablement l'honneur d'avoir produit les électro-moteurs les plus parfaits et les plus utiles. Celui qui figurait à l'exposition présente la disposition la plus ingénieuse : ce sont deux cercles l'un dans l'autre, dont le plus grand porte une série d'électro-aimants divisant exactement sa circonférence. Le cercle intérieur, qui porte les armatures correspondantes, n'est pas concentrique au premier ; mais son centre est au bouton d'une manivelle dont l'axe est au centre du système. Quelle que soit la position de ce cercle intérieur, il est tangent au cercle extérieur par le point formant l'extrémité du rayon qui passe par le bouton de la manivelle. On conçoit que les aimants, en attirant successivement leurs armatures correspondantes, donnent au cercle intérieur un mouvement analogue à celui des planètes, et que, par suite, l'arbre de la manivelle prend une rotation continue.

M. Froment a encore construit plusieurs autres récepteurs. Celui qui met en mouvement les outils de son atelier de précision n'est pas moins ingénieux que l'appareil décrit plus haut. Il se compose de quatre colonnes de fonte portant chacune, dans le sens de sa longueur, des électro-aimants en fer à cheval, dont les pôles sont situés dans un même plan vertical et convergent tous vers l'axe du système. Un arbre vertical, placé entre les colonnes, est muni sur toute sa longueur de lames de fer doux disposées en hélice; ces lames, dans leur mouvement de rotation, s'approchent successivement des électro-aimants qui les attirent. Le mouvement est transmis à la manière ordinaire.

Les appareils de M. Froment produisent, au point de vue du mouvement, des effets analogues à ceux qui sont utilisés habituellement dans nos ateliers industriels. C'est ce qui nous porte à penser qu'ils obtiendront la préférence sur tous les autres appareils du même genre, le jour où la force électro-motrice deviendra possible, industriellement parlant.

Télégraphie électrique. Si cette partie du problème est encore à résoudre, en revanche, l'électro-dynamique a reçu, dans ces dernières années, deux applications remarquables. L'une d'elles, surtout, porte avec elle le caractère le plus grandiose et le plus utile qui ait peut-être jamais accompagné une invention : nous voulons parler de la télégraphie et de l'horlogerie électriques.

Ici, il ne s'agit plus de produire une action puissante. La moindre force suffit pour causer des effets prodigieux, alors qu'un développement considérable d'électricité, loin d'augmenter, comme on pourrait le supposer, l'importance des résultats obtenus, serait nuisible, en détruisant les organes délicats des appareils employés. Aussi, aux piles énergiques de Grove et de Bunsen, on préfère les piles de Daniell et de Bréguet, qui produisent des courants moins intenses, il est vrai, mais dont l'action a une durée beaucoup plus longue.

Cinq ou six couples de cette nature suffisent, dans la plupart des cas, pour transmettre des signaux à une distance de cent kilomètres. Deux ou trois cents au plus permettraient de faire parcourir au fluide la circonférence de la terre, en moins d'une seconde, laissant sur mille points de son passage la reproduction de la pensée de l'expéditeur.

Suivant le voyageur Arthur Young, le mécanicien français Lomond serait le premier qui aurait eu l'idée de la télégraphie électrique. Cet écrivain rapporte qu'en 1787, c'est-à-dire six ans avant l'invention du télégraphe aérien, et treize ans avant celle de la pile, il alla rendre visite à Lomond, qui lui montra, établi dans sa maison, un appareil électrique à l'aide duquel il correspondait avec sa femme, d'un appartement à l'autre.

S'il en est ainsi, il faut ajouter ce nom à ceux des soixante-deux prétendants qui, au dire du célèbre Wheastone, se disputent l'honneur de la télégraphie électrique. Mais qu'il y a loin, il faut le reconnaître, de l'appareil de Lomond, basé sur les effets de l'électricité statique, à ceux que Morse et Wheastone ont inventés pour transmettre à des distances même considérables les admirables effets de l'électricité dynamique !

A l'exposition, nous sommes en face d'une série nombreuse de télégraphes électriques. On a déjà compris qu'ils sont tous basés sur la propriété des électro-aimants, dont le contact, établi ou supprimé alternativement avec des armatures oscillantes, compose une série de petits mouvements qui peuvent être infiniment variés.

On nomme *commutateur* une pièce particulière mise en action par une manivelle et qui sert à établir le contact ou à le supprimer, à la volonté de la personne qui manœuvre l'appareil.

Chaque station doit être munie de deux appareils : l'un dit *manipulateur*, l'autre *récepteur*. Leurs noms indiquent suffisamment leurs fonctions.

Le premier sert à produire les signaux qui vont se répéter sur le récepteur d'une station correspondante ; le second à recevoir la répétition des signaux produits dans une autre station.

Un troisième appareil *avertisseur*, la sonnerie, est toujours engagé dans le courant quand les appareils ne fonctionnent pas, de façon que le préposé de chaque station puisse être prévenu de se disposer à recevoir la dépêche qu'une autre station se prépare à lui envoyer.

Ces principes fondamentaux étant les mêmes partout, il nous reste à dire que les télégraphes électriques se divisent en trois genres principaux dont tous les autres ne sont que des modifications :

1º Le télégraphe français, de M. Bréguet, est à signaux formés par le mouvement simple ou composé de deux aiguilles pouvant prendre huit positions différentes, par rapport à une ligne droite qui réunit leurs centres de rotation : c'est le télégraphe aérien mu à distance par l'électricité ;

2º Le télégraphe à cadran, de l'Anglais Wheastone. Il est composé d'une aiguille susceptible de prendre vingt-sept positions sur un cadran où sont reproduites les lettres de l'alphabet et un repos ;

3° Enfin le télégraphe écrivant, de l'Américain Morse, permet de recevoir la dépêche tracée sur une bande de papier qui se déroule et reçoit une succession de lignes et de points tracés par un poinçon.

Chacun de ces systèmes a ses avantages et ses inconvénients : les deux premiers exigent une grande attention de la part de celui qui reçoit la dépêche ; le dernier exige une grande habitude de traduction des signes si peu variés dont les combinaisons seules constituent le sens.

Aussi s'est-on beaucoup attaché, dans ces derniers temps, à la création d'un *télégraphe imprimeur* reproduisant la dépêche pour ainsi dire sans le concours de personne à la station d'arrivée.

Qu'on s'imagine un télégraphe imprimant tout seul, à Londres, les nouvelles de Calcutta, inscrivant, au tableau de la Bourse de Rouen, le cours des cotons de la Louisiane au marché du jour. Merveille dont nos enfants seront témoins, s'il ne nous est pas donné à nous-mêmes de la voir se réaliser !

Déjà MM. Morse, Mouilleron, Dujardin, Frestel ont imaginé des appareils qui donnent des résultats intéressants, mais dont la constance laisse à désirer, à cause de la complication du mécanisme. Le *télégraphe imprimeur* de M. Du Moncel, devant lequel la foule émerveillée s'arrêtait continuellement, a, sur tous les appareils de ce genre exécutés antérieurement, l'avantage de rendre l'impression de la dépêche indépendante du temps de la transmission des signaux, et de n'avoir recours qu'à des effets purement électriques. Par un mécanisme, analogue du reste à celui de tous les télégraphes à cadran, M. Du Moncel fait arriver devant un repère la lettre signalée ; celle-ci est gravée en relief, ainsi que toutes les autres lettres de l'alphabet, sur la circonférence d'une roue mue par un mouvement d'horlogerie. Ce repère correspond à un piston qui appartient à un mécanisme indépendant, et qui, au moment où la lettre signalée est arrivée au repère, se trouve mis en mouvement par une inversion du courant. Ce piston vient alors appuyer avec force une bande de papier placée à portée contre la lettre qui, en tournant, s'est imprégnée d'encre d'imprimerie, et cette lettre laisse alors son empreinte. Lorsque le piston revient à sa place, il fait reculer la bande de papier de l'espace d'un intervalle de lettre, par l'intermédiaire d'une roue à rochet et d'une espèce de laminoir qui saisit la bande et l'entraîne. Nous avons admiré, comme tout le monde, la facilité avec laquelle, au moyen de ce charmant appareil, une dépêche se trouve imprimée avec autant de rapidité qu'elle est transmise.

Télégraphes avertisseurs des locomotives.

La télégraphie électrique étend encore ses services jusqu'à permettre des communications non-seulement entre les stations, mais encore entre les trains des chemins de fer en mouvement.

Ici nous retrouvons M. Du Moncel inventant, et après lui, M. Bonelli, de Turin, réalisant cette étonnante expérience d'une conversation entre des voyageurs lancés à toute vitesse sur une ligne de fer et des interlocuteurs tranquillement assis dans leurs fauteuils à l'une des stations, soit même avec d'autres voyageurs renfermés dans un autre convoi en marche.

Les différents appareils qui ont été proposés jusqu'ici pour mettre en relations continuelles les convois entre eux ou avec les stations, laissent encore quelque chose à désirer, mais les perfectionnements ne se feront pas attendre, car l'attention des savants et des ingénieurs est fortement préoccupée de cette question, dont la solution complète donnera une garantie excellente pour la sécurité des transports sur les lignes ferrées.

Nous arrivons à l'horlogerie électrique. Cette application de l'électro-dynamique n'est pas une des moins curieuses, ni des moins dignes d'intérêt.

Horlogerie électrique.

Qu'on se figure l'action d'un électro-aimant substituée à celle d'un poids ou d'un ressort ordinairement employés, on se rendra facilement compte de ce que peut être une horloge électrique. Comme en outre on peut donner à l'action de l'aimant telle vitesse que l'on veut, en soumettant un mouvement d'oscillation à la régularisation d'un pendule ordinaire, on voit que tout le mécanisme va se réduire à ces éléments auxquels il ne faudra plus ajouter que les rouages nécessaires pour l'indication des minutes et des heures. C'est ainsi qu'on peut construire, pour 60 fr., une horloge qui coûterait, suivant le système usuel, de 250 à 300 fr.

Mais ce n'est pas là le seul mérite des horloges électriques. Celle que nous avons ainsi sommairement décrite étant établie comme horloge-étalon, soit à la tête d'une ligne de chemin de fer, soit dans une grande ville, il devient possible de transmettre, à l'aide d'un simple fil traversé par un courant, le mouvement initial à un nombre indéfini d'aiguilles mobiles sur de simples cadrans, et d'avoir ainsi partout la même heure.

Quelques autres applications de l'électro-dynamique ont encore récemment attiré l'attention publique : de ce nombre est, d'abord, le métier à tisser électrique, de M. Bonelli.

Métier à tisser électrique, de M. Bonelli.

Dans cette invention, les cartons Jacquart sont remplacés par un papier sur lequel le dessin tracé est rendu bon conducteur de l'électricité, au moyen d'un enduit métallique. Ce papier, ainsi préparé, est collé sur l'ancien cylindre de Vaucanson. Un peigne, muni de dents métalliques qui sont en communication avec un nombre égal d'électro-aimants, s'élève et s'abaisse à chaque battement du métier. Les dents qui touchent à la partie métallisée du dessin laissent passer l'électricité, et l'électro-aimant correspondant devient actif. Dès lors, l'action est transmise à des crochets placés sur le métier ; par suite, les fils qui doivent se lever sont mis en mouvement, et la navette accomplit son rôle habituel.

L'expérience n'a pas pleinement justifié la supériorité de ce système sur ce qui existait précédemment.

Phénomènes d'induction.

La bobine de M. Ruhmkorff semble promettre davantage ; elle est fondée sur les *phénomènes d'induction* découverts par le célèbre physicien anglais Faraday. Voici en quoi ils consistent :

Si, de deux fils métalliques recouverts de soie et juxtaposés, l'un d'eux livre passage à un courant électrique, aussitôt un courant inverse se produit dans l'autre, mais sans persister. Un nouveau courant, marchant en sens contraire, apparaît au moment où l'électricité cesse de traverser le premier fil.

Bobine de Ruhmkorff.

M. Ruhmkorff a voulu utiliser cette propriété des fils doubles, en enroulant sur une bobine de grande dimension deux fils parfaitement isolés, l'un gros et l'autre fin. Par ce moyen, et en produisant des courants alternatifs, il obtient des effets prodigieux, ayant particulièrement pour caractères de multiplier la force des courants produits par la pile. Les effets physiques et physiologiques, surtout, sont remarquables et paraissent devoir être une source de curieux résultats. M. Du Moncel a récemment appliqué avec succès la bobine de Ruhmkorff à la fusée de l'ingénieur Statcham, pour produire l'explosion de mines considérables dans le port de Cherbourg.

— 105 —

Terminons par quelques mots sur l'*éclairage électrique*.

C'est au chimiste anglais Davy qu'est due la découverte de la lumière électrique. Nous avons déjà dit qu'elle se produit lorsqu'on approche, sans les faire se toucher, les deux pôles de la pile voltaïque. Si ces pôles sont représentés par deux fils de fer, ces derniers deviennent incandescents et se volatilisent en répandant une vive lumière. Cette lumière est particulièrement intense et régulière lorsqu'aux fils de fer on substitue deux baguettes de charbon dense, comme le coke qui s'amasse et se durcit dans les angles des cornues à gaz.

Pour que la lumière soit constante et égale d'intensité, il faut que les baguettes de coke s'avancent l'une vers l'autre à mesure qu'elles se consument. On doit à M. Léon Foucault non-seulement l'idée de la première application de la lumière électrique à l'éclairage public, mais encore un système de rapprochement des baguettes par l'électricité même. Depuis quelque temps ces applications se sont multipliées. Les appareils de M. Deleuil, de M. Jules Dubosq, de M. Loiseau, ont eu chacun leurs brillantes épreuves dans des circonstances importantes : telles que les travaux de nuit du Louvre, les préparatifs de la solennité de clôture de l'Exposition et l'illumination de l'Hôtel-de-Ville, la nuit du bal offert à la reine d'Angleterre. L'éclairage électrique est aujourd'hui une conquête acquise ; reste à lui trouver des applications utiles. La vivacité même de la lumière semble être un obstacle à cette réalisation, par suite de la difficulté du choix d'un emplacement pour y établir le foyer lumineux, en conciliant la nécessité de disséminer cette vive lumière, et celle d'éviter les ombres.

Éclairage électrique.

Nous voici arrivés à un chapitre qui intéresse tout le monde en général : l'emploi économique de la chaleur.

Il n'est pour ainsi dire pas une industrie où la chaleur

APPLICATION DE LA CHALEUR.

ne soit appelée à jouer un rôle important. Tantôt il faut produire des effets qui exigent une haute température, comme dans la fabrication des métaux ; tantôt une chaleur réglée doit favoriser la transformation de l'état des corps, comme dans la distillation des matières solides ou liquides, l'extraction des matières tinctoriales et diverses fabrications ; tantôt enfin, et c'est le cas le plus général, il s'agit tout simplement de produire la vapeur qui, à elle seule, est la base de tant d'utiles et remarquables effets. Ce dernier cas qui, au premier abord, semblerait le plus facile à réaliser est cependant celui qui présente le plus de difficultés dans la pratique.

Nous allons examiner successivement les principaux caractères de l'exposition universelle au point de vue de ces trois grandes divisions.

1° Fusion des métaux.
Lorsqu'il s'agit de la fonte ou de l'affinage des métaux, les hautes températures nécessaires pour ces opérations ne peuvent s'obtenir à l'aide de foyers ordinaires. Nous n'entrerons pas ici dans les détails infiniment variés de la construction des hauts fourneaux, des forges, des fourneaux à réverbère, etc. L'exposition ne renfermait pas, comme bien on le pense, de spécimens de ces constructions; cependant, à défaut de ces éléments bien connus aujourd'hui et qui laissent comparativement peu à désirer, une partie importante de la question des hautes températures était largement représentée au palais de l'industrie ; nous voulons parler de la ventilation.

On sait que pour obtenir une chaleur qui dépasse notablement celle des foyers ordinaires, il est indispensable de faire arriver, par un moyen quelconque, sur le combustible incandescent, un courant d'air abondant et qui se renouvelle constamment, afin de rendre la combustion aussi vive et aussi complète que possible dans un temps donné. En un mot, absorber le plus de combustible dans le moins de temps, tel est le problème que résout une bonne ventilation. Bien entendu que nous négligeons, pour ce moment et à dessein, la question d'économie.

On obtient ces effets prodigieux observés dans les forges et fonderies, à l'aide de la ventilation artificielle. On désigne, dans ce cas, l'appareil ventilateur sous le nom de *soufflerie*. Les souffleries, réduites à leur plus simple expression, consistent dans le soufflet de forge du maréchal-ferrant. Notre département était représenté dans l'industrie des soufflets de forge par M. Laubenière, qui a joint cette spécialité à sa fabrication si remarquable d'enclumes et d'étaux.

<small>Machines soufflantes.</small>

Dans la plus haute antiquité, on ne s'est servi que de soufflets pour l'extraction du fer. Pour obtenir de grands effets, on attelait ensemble plusieurs soufflets qui, manœuvrés à l'aide de fléaux ou de bringuebales, aspiraient et soufflaient alternativement pour produire un vent à peu près continu.

Au commencement de ce siècle on voyait encore des fonderies dont la soufflerie était ainsi composée d'un soufflet, encore bien que le mouvement lui fût imprimé par un moteur hydraulique ou autre ; et peut-être en trouverait-on encore aujourd'hui de semblables, même au centre de nos contrées métallurgiques.

Ce n'est que depuis quarante ans à peine qu'ont été répandues dans les usines, les machines soufflantes qui abrègent tant les opérations de la fonderie et de la forge.

Les machines soufflantes sont de deux espèces : les pompes et les ventilateurs.

Les premières sont de véritables soufflets, ayant leur soupape de prise d'air et leur tuyau d'échappement ; seulement le mouvement d'expansion et de contraction

<small>Pompes.</small>

de la machine est remplacé par le va-et-vient d'un piston, aspirant et refoulant tour à tour l'air que peut contenir le cylindre dans lequel il se meut.

Cette machine, si simple en apparence, a, depuis quelques années, subi dans ses détails cent variations qui prouvent toute l'importance qu'on attache à cet instrument fondamental d'un haut fourneau.

L'exposition nous a montré des machines soufflantes souvent plus compliquées que la machine à vapeur même qui les mettait en mouvement ; elles sont munies de leurs prises d'air à tiroirs, ajustées avec de minutieuses précautions. On conçoit, en effet, que le travail utile d'une machine soufflante est la quantité d'air envoyée dans les conduits ; cette quantité dépasse souvent cinquante mètres cubes par minute : il importe donc de n'en point laisser échapper une fois qu'il est entré dans le cylindre, sans quoi une partie notable de la force motrice serait dépensée en pure perte.

Les machines soufflantes sont, comme les machines à vapeur, à simple ou à double effet, c'est-à-dire qu'elles peuvent aspirer et refouler l'air, soit d'un seul côté, soit de chaque côté du piston ; cette dernière disposition complique encore les organes de la machine, mais elle a pour résultat de répartir les résistances passives sur un effet utile double du premier, ce qui compense amplement cette complication.

D'ingénieux systèmes ont été exposés. Ici l'horizontalité générale des cylindres a une raison d'être ; elle évite de superposer la machine à vapeur et la machine soufflante, qui doivent avoir leurs axes communs. Il en résulte une grande amélioration sur la disposition que nous avons critiquée dans les machines horizontales. Ici, en effet, les pistons sont supportés par leurs tiges qui, traversant les deux fonds des cylindres, affranchissent ainsi les derniers de l'ovalisation que nous avons signalée. Nous devons une mention spéciale aux belles machines soufflantes de MM. Cail et Ce, et de MM. Thomas et Laurens.

Quant aux ventilateurs, ils semblent, au premier abord, être dignes d'une préférence incontestable sur les machines précédentes, en raison de ce que leur action est continue et que, pour obtenir le courant d'air constant, il n'est pas besoin, comme avec les souffleries à piston, d'avoir recours, soit à une série de machines agissant alternativement, soit à des réservoirs intermédiaires où la pression est accumulée, soit à ces moyens réunis. *Ventilateurs.*

Mais, si le ventilateur a pour lui cet avantage apparent d'aspirer constamment l'air par son centre, tandis qu'il le chasse sans cesse à sa circonférence, il faut remarquer que cet effet n'est dû qu'à la raréfaction du fluide sous l'influence de la force centrifuge. Cette raréfaction est équilibrée par la condensation qui s'opère dans le conduit de départ; en sorte qu'une notable partie de la force motrice est absorbée dans cette fonction. Il en résulte une perte beaucoup plus grande que celle qui est inhérente aux frottements des pistons dans la machine soufflante alternative.

Le ventilateur est donc une mauvaise machine; seulement, il est d'une construction économique : c'est ce qui lui fait accorder une préférence marquée, tant qu'il s'agit de produire des effets restreints. On ne saurait mieux comparer cette préférence qu'à celle qui lui est identique dans le choix des petits moteurs. Ainsi, l'on voit les petites industries s'attacher aux machines à vapeur à haute pression, qui dépensent proportionnellement plus de vapeur que les autres systèmes, parce que ces machines coûtent d'autant moins cher à établir que les forces sont plus faibles et que la différence dans la consommation est à peine sensible.

En effet, ces petites industries sont généralement plus productives, en ce qu'elles desservent le luxe, ou certaines spécialités pour lesquelles la concurrence est basée sur d'autres éléments.

De notables perfectionnements, récemment apportés à la construction des ventilateurs, tendent cependant à ouvrir un nouvel avenir à ces machines. Les beaux travaux de M. Ordinaire de la Colonge, sur la théorie des ventilateurs, ont jeté une grande lumière sur le parti qu'on en peut tirer.

D'heureuses modifications ont été apportées, tant en Angleterre qu'en France, dans la construction des ailes.

La ville de Rouen n'est pas restée en arrière, et le ventilateur de M. Vasselin mérite une mention. Il est composé de lames en hélice, disposées de chaque côté d'un diaphragme qui divise la capacité intérieure du tambour. Il y en a déjà un grand nombre, de formats divers, dans nos filatures. Ils marchent avec moins de bruit que les autres, ce qui suffit pour faire comprendre de suite qu'ils économisent toute la force motrice employée à produire la vibration de l'air, origine du bruit si désagréable qu'on entend.

Néanmoins, en allant au fond des choses, et dans des circonstances identiques, on ne peut se dissimuler que l'avantage restera toujours à une bonne machine à piston, qui tire l'air de l'atmosphère pour le rendre, avec un léger excès de pression, dans la tuyère.

2º Appareils calorifères.

Les applications de la chaleur à la production directe des effets physiques que l'industrie met à profit n'ont pu faire les frais d'un grand nombre d'exhibitions dans la solennité de 1855. Cependant, quelques appareils à chaleur directe ont pris place au Palais de l'Industrie.

Les calorifères de tous genres se sont largement disputé le mérite de l'invention ou de l'économie. Tous sont fondés sur des principes tellement connus, que les dispositions seules, selon qu'elles occupent moins de place et que le mouvement de l'air est mieux combiné pour s'emparer de la chaleur du foyer, constituent des perfectionnements plus ou moins réels. Ils n'offrent rien d'assez saillant pour mériter une étude spéciale.

Mais la nouveauté la plus digne de fixer l'attention, c'est la caléfaction des fours à cuire le pain, à torréfier les graines, à produire des dessiccations artificielles rapides. Le four Rolland, à sole mobile, chauffée ainsi que la voute par un foyer et des galeries extérieures, a eu ses prôneurs comme ses détracteurs. Ne nous hâtons pas de prononcer entre les concurrents ; mais félicitons le premier inventeur qui ait réalisé, sur une grande échelle, l'idée heureuse de soustraire la cuisson de notre aliment premier aux impuretés du four ordinaire, qu'une routine inconcevable s'obstine à conserver dans nos localités contre l'intérêt du boulanger lui-même, aussi bien que contre tous les principes de la salubrité. *Fours.*

Nous dirons un mot de l'invention de feu M. Renon, de Rouen. En effet, rien de plus rationnel que cette véritable torréfaction scientifique qu'on pourrait appeler chronothermométrique. *Torréfaction.*

Une montre divisée en degrés correspondant à ceux du thermomètre, et un thermomètre plongé dans la substance soumise à la torréfaction, forment la combinaison au moyen de laquelle on peut exercer un contrôle incessant qui sert de régulateur à une opération jusqu'ici livrée à toutes les incertitudes d'une appréciation aveugle.

Chauffage par le gaz.

Nous anticiperons ici sur l'étude spéciale que nous ferons en son lieu du gaz et de sa fabrication, pour parler d'une de ses applications qui, nous n'en doutons pas, doit prendre, dans un avenir prochain, d'importants développements.

Le gaz est, selon nous, destiné à remplacer les autres combustibles dans la plupart des usages domestiques et même manufacturiers.

Pour se convaincre de cette vérité, il suffit d'en comprendre le point économique.

Or, on sait depuis longtemps que, dans la fabrication du gaz de houille, par exemple, les premières et les dernières périodes de la distillation fournissent des gaz pauvres de pouvoir éclairant, mais riches, en revanche, de pouvoir calorifique ; les périodes moyennes, au contraire, fournissent des gaz riches de lumière et pauvres de calorique. En outre, les gaz riches de lumière sont ceux qui demandent le plus d'oxygène pour brûler complètement. Ce sont donc ceux qui donnent le plus de fumée, lorsque l'oxygène fait défaut à leur combustion complète.

Il est évident par là qu'en mélangeant tous les gaz produits d'une distillation non interrompue, on emmagasine une masse possédant des qualités moyennes appartenant, en proportions variées, à deux éléments différents, et qui se nuisent réciproquement.

Les gaz peu éclairants sont la cause de cette chaleur insupportable qui accompagne l'usage des becs dans les appartements.

Les gaz très éclairants chauffent peu et déposent le noir de fumée sur les vases que l'on expose à leur flamme utilisée comme foyer.

Si on les recueille séparément, on évite l'un et l'autre de ces inconvénients, et on augmente la valeur de chaque portion ainsi distinctement emmagasinée.

Ce principe une fois bien reconnu et mis en pratique, on arrivera à faire du gaz un élément usuel de chauffage réunissant toutes les conditions de commodité, de propreté, de sécurité et d'instantanéité. D'un autre côté, le gaz de l'éclairage proprement dit, dépouillé de ce qui nuit à ses qualités lumineuses et à la salubrité de son usage, se répandra partout.

La multiplication des deux consommations réunies, en répartissant les frais de fabrication sur des chiffres considérables, diminuera alors tellement le prix des deux gaz, que tout autre moyen de chauffage et d'éclairage doit, tôt ou tard, céder la place à ceux-ci.

Telle est, selon nous, la véritable solution du feu sans fumée, dont nous aurons occasion de parler bientôt.

En attendant la réalisation de cette théorie de la division des gaz, que personne ne réfute, l'exposition était déjà riche d'appareils et instruments de tous genres pour brûler le gaz et l'appliquer au chauffage en général.

Les principes de ces appareils sont simples ; ils consistent dans la division du gaz au travers d'orifices fins et nombreux. Le *nec-plus-ultrà* du système est dans l'emploi de la toile métallique qui tamise le gaz et permet en même temps d'y mélanger, en quantité facultative, l'air nécessaire à une bonne combustion. Mais, généralement, les appareils de chauffage par le gaz sont de simples serpentins percés de trous. La combustion est plus parfaite lorsqu'on combine aux orifices l'arrivée d'une certaine quantité d'air qui se mêle au gaz; mais il faut pour cela l'action d'un soufflet ou d'un ventilateur agissant avec une pression au moins égale à celle sous laquelle le gaz arrive à l'air libre.

Nous voyons des appareils très rationnellement construits par M. Durosel, du Havre, pour les usages culinaires seulement; par M. Laury, qui a exposé une cheminée à gaz assez bien combinée. Le foyer est représenté par un faisceau de petites flammes, dont la chaleur se répand ensuite dans des circuits ménagés pour l'échauffement de l'air, à la manière des calorifères d'appartement.

Les Anglais nous ont devancés dans cette industrie, et les noms de Hare et Ce, Mair et Fils, Paterson, sont célèbres par leurs poêles à gaz à circulation inverse, leurs foyers portatifs, et leurs cheminées et fourneaux dits *économiques*. Mais rien n'approche de l'exhibition de M. Elsner, de Berlin, qui les résume toutes.

Un grand fourneau, entièrement chauffé par le gaz, renferme toutes les dispositions désirables en cuisine et en industrie. Depuis le four à cuire le pain ou la pâtisserie, le foyer pour le pot-au-feu, la coquille à rôtir, jusqu'aux réchauds pour les ragouts, les grillades et le *flambage* des volailles; puis les appareils portatifs auxquels s'adapte un tube de caoutchouc, et pouvant servir, les uns à chauffer une tasse d'eau ou un fer à repasser, les autres à remplacer une chaufferette, ou un fourneau à colle et jusqu'à un un fer à souder toujours chaud sans qu'il quitte jamais la main de l'ouvrier.

Les services que peut rendre cette branche de l'industrie sont innombrables. La commodité et la propreté qui en résulteront, même quand la question d'économie ne serait pas immédiatement résolue, en appellent la prompte vulgarisation.

Nous arrivons à la partie la plus intéressante des applications de la chaleur : la génération de la vapeur ; la vapeur, cet élément puissant d'une richesse incommensurable dont chaque année, chaque mois, chaque jour, voit se multiplier les nouvelles applications !

5° Génération de la vapeur.

Produire beaucoup de vapeur avec peu de combustible, tel est le problème qui se dresse constamment devant les yeux de tous ceux qui ont quelqu'intérêt plus ou moins direct dans une opération industrielle.

Car, quiconque a pu se rendre compte que, dans tel combustible, comme la houille de telle espèce, il existe théoriquement l'élément calorifique capable de vaporiser douze fois son poids d'eau, s'étonne qu'on n'en puisse tirer que six à huit fois ce poids de vapeur. — Il cherche le pourquoi, et croit bientôt l'avoir trouvé dans quelque raisonnement nouveau.

De là, les mille et une théories bâties sur la fumée, si non sur la cendre de nos foyers industriels.

La Fumée, voilà la cause de cette perte de trente-trois pour cent du pouvoir calorifique du combustible. — Un beau jour le Parlement anglais s'empare de cette idée, et un bill, qui a la prétention d'être à la fois philanthropique et d'intérêt général, sort de la Chambre des Communes. Il est sanctionné par la Haute Cour, et la reine signe l'ordonnance qui proscrit la fumée des noirs circuits de la cité de Londres. — C'est dans l'intérêt de tous, dit-on ; en brûlant votre fumée, vous économiserez votre argent, et vous épargnerez à vos concitoyens un si détestable inconvénient.

La dernière condition seule est vraie ; malheureusement la première est encore un mystère. Ce paradoxe semble hardi ; nous allons essayer de prouver qu'il est une vérité.

D'abord, établissons que, si *brûler* la fumée, strictement parlant, est une impossibilité dans les conditions usuelles, empêcher la fumée est la chose la plus facile du monde.

Si votre feu fume, prenez un fort soufflet, faites-le fonctionner avec énergie ; à la fumée épaisse et nauséabonde qui obstrue votre cheminée, va succéder une flamme claire et brillante.

Ouvrez toutes grandes les portes d'un foyer de chaudière à vapeur, et, immédiatement la fumée cesse d'apparaître au haut de la cheminée ; si le tirage est suffisant, le foyer se couronne d'une flamme pleine d'activité.

Dans l'un et l'autre cas, qu'est-il arrivé ? Une abondance d'air qui alimente le foyer, privé sans cela de la quantité nécessaire pour opérer une combustion parfaite.

Mais, en même temps, que remarquez-vous ?

Essayez de continuer à souffler ;

Aurez-vous chaud dans l'appartement ?

Laissez les portes du foyer ouvertes ;

Ferez-vous de la vapeur en proportion du combustible consommé ?

Vous allez vous-même répondre à la première question. Votre chauffeur se chargera de répondre à la seconde avec son instinct naturel, guidé par la paresse même, si vous le voulez. Il sait que sa machine à vapeur n'en ira pas mieux, et qu'il faudra renouveler le charbon plus souvent.

Quand on se sera pénétré de cette vérité incontestable, que restera-t-il du problème posé ?

Qu'il n'est pas difficile de *brûler* la fumée, comme on dit vulgairement, mais qu'à côté du bénéfice à réaliser de la suppression de la fumée, il est un revers qui consiste dans le danger de ne pas obtenir économiquement ce résultat. C'est donc moins vers le fait matériel que vers les moyens méthodiques que l'on doit diriger l'étude de cette importante question.

Cent systèmes s'en sont disputé la solution ; tous ceux qui n'ont pas eu égard au principe de l'admission de l'air en suffisance, mais *sans excès*, ont pu réussir au point de vue de l'effet qui frappe les yeux. Aucun n'a réalisé l'économie cherchée.

Les uns ont lancé, dans le foyer, un torrent d'air atmosphérique ; la fumée a disparu, mais avec une augmentation de dépense excessive.

Les autres ont brûlé lentement une couche mince de combustible, avec renouvellement méthodique et admission d'air régulière et proportionnelle ; autre inconvénient : il faut, pour obtenir la chaleur suffisante, des surfaces de grilles considérables ; sans cela pas de vapeur; puis des mécanismes compliqués et d'entretien dispendieux.

Il y a eu encore la combustion lente et imparfaite, opérée dans un appareil séparé, distillant en quelque sorte les gaz combustibles pour les conduire et les brûler sous les appareils générateurs ; système exigeant l'emploi d'un ventilateur dont l'effet se divise entre la production de la chaleur nécessaire au premier foyer, et l'alimentation du second pour brûler le gaz. Ce qui constitue une véritable expérience de laboratoire.

Voilà pourquoi l'expérience a fait justice de tous ces procédés récents qui ont échoué devant ce critérium inexorable : la dépense.

Quand on aura trouvé un appareil intelligent, qui donnera de l'air au foyer suivant ses besoins, c'est-à-dire suivant les périodes de la combustion d'une charge de combustible, on aura inventé un *chauffeur mécanique* qui veille à son feu — charge modérément — laisse la porte entr'ouverte après la charge — attise son feu pour en activer la combustion, sans donner le temps aux gaz combustibles de s'échapper avant d'avoir absorbé la chaleur nécessaire pour s'enflammer — referme sa porte, quand l'air qui traverse la grille est en suffisante quantité pour opérer une combustion parfaite — ferme les volets du cendrier, dont tout foyer bien construit doit être muni, alors que la combustion ne réclame plus qu'une faible admission d'air — recommence enfin la même série de soins après une nouvelle charge de combustible.

De cette manière, on arrivera à utiliser de 70 à 80 % du pouvoir calorifique théorique, et, disons-le, les conquêtes de la science ont des bornes raisonnables. L'esprit du philosophe religieux s'incline devant les limites qui sont imposées à la perfection du travail de l'homme. Si le Créateur a mis à sa disposition des richesses dont il lui a permis de disposer, d'apprécier la valeur réelle, il a aussi voulu laisser son génie toujours en aspiration vers un but dont il peut approcher de plus en plus, sans jamais l'atteindre.

Si demain il était permis à l'homme d'utiliser les cent pour cent des forces hydrauliques, de la puissance de la vapeur et des autres richesses de la nature, que lui resterait-il à faire et que deviendrait cette riche organisation, désormais dépourvue d'aliment ?

Revenons plus terre à terre à l'étude des appareils générateurs de vapeur.

Chaudières à basse pression. En Angleterre, la machine à basse pression trône encore, quoiqu'à vrai dire avec des perfectionnements qui expliquent partiellement cette ténacité. Aussi, voyons-nous une différence sensible entre les chaudières anglaises et celles du continent.

Les premières sont généralement à foyer intérieur, simple ou double, côte à côte, rarement superposés : on les charge alternativement de manière à pouvoir mieux en régler les fonctions. C'est un des moyens de brûler ou plutôt d'empêcher la fumée ; mais, comme nous l'avons dit, ces chaudières ne peuvent guère servir que pour la basse pression ; leurs dimensions considérables en diamètre, leurs fonds plats, leur forme qui n'est pas toujours cylindrique, sont autant de causes qui diminuent leur solidité. Aussi, pour les machines à haute et à moyenne pression qui commencent à se multiplier en Angleterre, on adopte généralement nos chaudières cylindriques à bouilleurs qui, lorsqu'elles sont bien établies, paraissent définitivement devoir réaliser la plus grande économie dans la production de la vapeur.

De très belles chaudières cylindriques à bouilleurs figuraient au Palais de l'Industrie ; on doit signaler l'application de la tôle d'acier à la fabrication des chaudières, cette matière possédant une résistance égale à des épaisseurs bien inférieures. Cependant il ne paraît pas évident qu'il y ait autant d'économie que de sécurité.

Chaudières à haute pression.

D'immenses chaudières à bouilleurs ont été récemment établies, principalement dans le nord de la France. C'est ainsi que nous voyons un modèle de quatre-vingt-dix chevaux de force, avec six foyers placés dans le sens longitudinal ; cette disposition est très rationnelle, mais elle a contre elle l'objection de la complication et de la difficulté de régler convenablement la marche de tous les foyers.

La plus importante modification qui ait été apportée

récemment dans le montage de ces chaudières et déjà reçu la sanction de l'expérience, c'est l'invention de M. Farcot, basée sur le principe de l'échauffement gradué selon la puissance calorifique des diverses parties du foyer. Ainsi, les bouilleurs disposés latéralement à la chaudière reçoivent, dans l'ordre de leurs températures normales respectives, d'abord l'action des gaz qui s'échappent par les galeries, puis celle du premier retour de flamme pour venir ensuite s'exposer, en dernier lieu, à l'action puissante du foyer lui-même, au-dessus duquel se forme enfin la vapeur.

De cette façon, les températures les plus voisines sont en rapport, et l'équilibre s'établit plus facilement entr'elles sans déperdition.

N'oublions pas M. Boutigny, d'Evreux ; son système de vaporisation instantanée est basé sur des principes d'une valeur scientifique incontestable ; pourquoi faut-il que les expériences, en grand, se fassent si longtemps attendre? Sans elles, l'industrie, toujours prudemment incrédule, rejette les meilleures choses.

Chaudières tubulaires. — Les chaudières tubulaires sont exclusivement appliquées à la génération de la vapeur dans des espaces limités, tels que les locomotives et les navires.

Dès que les esprits se portèrent vers la locomotion par la vapeur, on fut frappé d'un obstacle sérieux : le transport de masses aussi énormes que celles qui constituaient à cette époque les générateurs de ce puissant moteur. Déjà, en 1802, Ch. Dallery avait imaginé l'appareil tubulaire pour la génération de la vapeur, mais ce n'est qu'en 1829 que le système tubulaire fut appliqué simultanément en France et en Angleterre. Il a pour but d'économiser non-seulement la place, mais le poids de l'eau. Les tubes occupent l'intérieur de la chaudière, l'eau en remplit seulement les intervalles, tandis que la chaleur circule à travers les tubes; les surfaces de chauffe sont ainsi notablement multipliées. A part ces qualités, les chaudières tubulaires ne sont pas économiques, car il faut que le tirage soit considérable pour permettre à la chaleur de traverser des tubes de petit diamètre; il en résulte une proportion plus grande que dans les autres du calorique perdu par la cheminée. Dans les locomotives, ce tirage est encore augmenté par la vapeur d'échappement qu'on lance dans le tuyau.

Pour faire saisir par une comparaison la proportion qui existe entre les chaudières ordinaires et les chaudières tubulaires, il nous suffira de dire que la chaudière de 90 chevaux, dont nous parlions tout-à-l'heure, occupe un espace d'environ 12 mèt. de long sur 2 mèt. de large et 3 de haut, soit 72 mèt. cubes, tandis que la chaudière de 1,000 chevaux, de la locomotive le *Lord of the Isles* qui figurait à l'exposition de Londres, en 1851, est contenue dans les limites de 4 mèt. de long sur 2 mèt. de haut et 1 mèt. 40 de large, soit 11 mèt. 20 cubes.

Qu'on ne s'étonne donc plus de la substitution du système tubulaire au système à feu direct, lorsque les idées furent portées vers la locomotion à vapeur.

Nous ne pouvons passer sous silence une invention — peut-on appeler ainsi la production de la vapeur par le frottement? Nous voilà revenus aux époques primitives, où l'on faisait du feu avec deux bâtons frottés l'un contre l'autre.

Chaleur par frottement.

Hâtons-nous de dire que l'invention de MM. Beaumont et Mayer ne mérite point d'être ainsi ridiculisée. Elle est destinée à utiliser des chutes d'eau perdues pour produire une chaleur artificielle très appréciable. Le vent pourrait également être employé à cet effet. Sans cette explication, très naturelle pour ceux qui connaissent certaines contrées du midi de la France, on porterait un jugement très faux sur cette application d'un principe bien connu. Elle consiste dans un tambour en bois, garni de laine, mis en mouvement dans un tambour en cuivre légèrement conique; une pression réglée produit un échauffement graduel qui se communique à une enveloppe contenant de l'eau. La vapeur est ainsi produite à une pression qui peut dépasser notablement celle de l'atmosphère. Il ne s'agit point de l'utiliser comme force motrice, ce qui serait une absurdité, mais bien comme moyen d'échauffer des ateliers, des chaudières de teinture, et même de distiller toutes espèces de liquides.

Appareils de sûreté.   A la suite de la revue des appareils générateurs de la vapeur, vient naturellement celle des appareils de sûreté. Ils ont pour but de nous garantir contre les accidents qui trop souvent jettent la terreur et le deuil à côté des merveilleuses applications de cet agent fécond, mais irrésistible.

L'homme a su procréer à son gré une puissance illimitée; construire des vases que le calcul, sanctionné par l'épreuve, lui démontre capables de la contenir emprisonnée, jusqu'à ce qu'il lui plaise d'en faire usage suivant ses besoins ou ses caprices.

Et, cependant, même en éliminant les accidents dus à l'ineptie ou à l'imprudence, ceux qu'une surveillance constante et intelligente peut conjurer, il arrive encore, et c'est le plus grand nombre des cas, que l'agent terrible et capricieux brise tout à coup ses entraves en semant autour de lui la destruction et la mort, sans qu'il soit possible d'attribuer ces différents effets à une cause connue.

Les investigations de la science n'ont point encore pu ressembler les bases d'une théorie certaine sur les explosions des chaudières à vapeur. Parfois les éclats des vaisseaux brisés sont projetés à une distance immense du lieu du sinistre, d'autres fois ils restent à quelques pas, comme si leur rupture avait épuisé la puissance expansive du fluide.

Dans le premier cas, la pression de la vapeur s'est donc subitement élevée à un degré pour ainsi dire incommensurable ; dans le second, le générateur a cédé à une pression de très peu supérieure à celle sous laquelle il devait normalement fonctionner.

On attribue généralement les accidents de la première espèce à des phénomènes électriques. Mais s'il est vrai que la génération active de la vapeur produise effectivement, dans certaines circonstances, des courants électriques, ne doit-on pas admettre aussi que les appareils générateurs, construits en métal et mis en communication intime avec le réservoir commun par tant de points différents, qui sont autant de conducteurs, doivent décharger abondamment l'électricité, à mesure qu'elle se produit ?

La théorie de l'accumulation de la pression par le passage subit de l'eau de l'état sphéroïdal à l'état gazeux nous semble plus plausible ; seulement, on se demande quelle peut être la cause de la détermination de l'état sphéroïdal, quand on n'a pas de preuve que les parois de l'appareil aient été surchauffées.

Quelle qu'en soit la cause, il paraît incontestable que les explosions sont dues en général à l'accumulation de la pression intérieure, sans issue pour s'échapper dans l'atmosphère.

On les préviendrait donc, la plupart du temps, avec des orifices d'échappement appelés *soupapes de sûreté*, *a.* Soupapes.

si elles étaient toujours suffisantes pour donner passage au volume entier de la vapeur en excès à mesure qu'elle se forme. Il faudrait encore que ces appareils fussent tenus en bon état.

Or c'est ce qui n'arrive pas toujours, pour ne pas dire presque jamais; c'est-à-dire que ni l'une ni l'autre des conditions n'est remplie.

Les orifices de sûreté sont strictement établis suivant les règlements administratifs, tandis que les dimensions réglementaires devraient être considérées comme un minimum et largement augmentées dans la pratique. Plus leurs dimensions sont grandes, moins il y a de tendance à ce que le clapet adhère à son siége, et cette augmentation de surface ne peut causer aucun inconvénient.

Il est regrettable que l'exposition n'ait rien produit de nouveau en ce qui regarde la soupape de sûreté, bien mal nommée, puisqu'elle remplit si mal sa fonction. Quoi de plus défectueux que l'application de la pression réglementaire sur la soupape par l'intermédiaire d'un levier, avec de grossières et raides articulations. Évidemment, si la soupape tend à se lever, elle est contrariée dans son mouvement d'ascension qui ne peut s'opérer verticalement. Elle grippe dans son siège, et n'offre à la vapeur qu'un passage beaucoup trop restreint. Il faudrait, selon nous, que le clapet, en se soulevant, fît trébucher tout le système de leviers et de contre-poids, de manière que l'orifice fût immédiatement et complètement découvert.

b. Flotteurs. Si l'on a négligé la soupape de sûreté, destinée à prévenir autant que possible les accidents dont les causes sont inconnues, en revanche les appareils destinés à reconnaître les causes connues ont été largement représentés. Nous voulons parler des manomètres et des indicateurs de niveau. C'est que ces appareils ont un peu le caractère de fantaisies, et que le public accueille facilement tout ce qui flatte sa curiosité ou son caprice.

On sait qu'une cause inévitablement déterminante des explosions, c'est l'abaissement de l'eau dans les appareils générateurs, au point de découvrir les surfaces directement exposées à la chaleur vive du foyer. Dans ce cas, la vapeur, directement chauffée par des parois qui peuvent même devenir rouges, acquiert, avec une température croissante, une élasticité qui augmente rapidement dans une énorme proportion.

Il importe donc que le niveau de l'eau soit soumis à un contrôle incessant et infaillible. Les flotteurs sont les instruments les plus propres à fournir ce contrôle.

Le flotteur le plus simple est une pierre contrebalancée par un poids placé à l'extrémité d'une bascule ; une tige en cuivre rouge relie le tout ensemble au travers de la chaudière en passant par une boîte à étoupes. Tel est le flotteur imaginé par Watt, et qui est arrivé jusqu'à nous. Après quatre-vingt-dix ans on le retrouve toujours là ; et l'Administration, nonobstant l'existence d'appareils plus nouveaux, des plus ingénieux, ne permet pas l'usage d'une chaudière à vapeur sans le flotteur à bascule. *Flotteur à bascule.*

Tout le monde est d'accord sur la défectuosité du fil de cuivre passant par la boîte à étoupes, ou trop librement et laissant filer la vapeur, ou trop serré, et alors ne fonctionnant pas avec toute l'exactitude désirable.

En 1839, M. de Meaupou inventa le sifflet d'alarme qui n'est qu'un flotteur à un seul effet : celui qui indique le moment où le danger commence. Il est composé d'un flotteur dont la tige traverse une soupape qu'il presse de bas en haut contre son siége, tant que l'eau est à un niveau supérieur à la ligne d'étiage. Lorsque l'eau descend au-dessous de ce point, la soupape s'abaisse, et la vapeur *Flotteur à sifflet.*

s'introduit dans un sifflet qui avertit le chauffeur et le personnel de l'établissement tout entier.

Cet instrument, d'un mérite incontestable, était incomplet; il ne dispensait pas du flotteur ordinaire, et celui-ci restait toujours avec son imperfection générique, la boîte à étoupes.

De nombreux perfectionnements se sont succédé dans la construction du sifflet d'alarme ; ils avaient tous pour objet unique de le rendre plus sûr et plus sensible.

Flotteur à double effet.
Vers 1844 parurent les premiers sifflets à double effet, c'est-à-dire signalant et le trop grand abaissement et la trop grande élévation de l'eau dans la chaudière. Mais personne ne songeait au remplacement du niveau à bascule.

Flotteurs parlants.
C'est en 1851 seulement qu'on vit apparaître presque simultanément deux inventions tendant vers ce but : l'une est celle de M. Sydney Smith, de Nottingham.

M Sydney Smith imagine le flotteur à aimant. Un flotteur suit tous les mouvements de l'eau, sa tige s'élève jusque dans une boîte fixée à la partie supérieure de la chaudière et entièrement close. Le haut de cette tige, terminé par un aimant, monte et descend librement dans la boîte; sur la paroi extérieure, se promène une armature qui en suit tous les mouvements, et sert ainsi d'index sur la face graduée de la boîte.

Rien de plus ingénieux que cet appareil qui supprime toute communication *matérielle* entre l'intérieur et l'extérieur de la chaudière. On avait d'abord conçu quelques doutes sur les fonctions de l'aimant et sur la durabilité de son énergie, sous l'influence de la chaleur et des autres circonstances concomitantes ; heureusement l'expérience est venue les anéantir, et l'invention remarquable de M. Sydney Smith est restée ce qu'elle devait être : une des merveilles de la science appliquée.

— 127 —

Vient ensuite M. Bitten qui reproduit l'invention de M. Sydney Smith, avec cette différence qu'il se contente de faire apparaître la tige du flotteur dans un tube de verre, protégé contre les chocs extérieurs par une monture en cuivre. Cette monture porte l'échelle des divisions qui accusent la hauteur de l'eau. Le même inventeur fait une application au sifflet d'alarme de son appareil qui, dans ce cas, se compose d'un sphéroïde en cuivre rouge dont la hauteur de tige est réglée suivant le niveau normal. Le haut de cette tige porte le clapet de la soupape renversée qui doit s'ouvrir pour faire partir le sifflet, en cas d'abaissement de l'eau, au-dessous de l'étiage.

Presqu'en même temps, M. Echol, en Amérique, et M. Goodfellow, en Angleterre, perfectionnent les *niveaux d'eau* extérieurs. c. Tubes niveaux.

Le premier substitue au tube de verre un tube métallique percé au milieu de sa hauteur de deux fenêtres correspondantes, et munies de lentilles en cristal. Un flotteur intérieur apparaît à cette double fenêtre, montrant le niveau à son point normal; s'il est plus haut ou plus bas, des appendices qui le prolongent, et qui portent des divisions chiffrées, amplifiées par les lentilles, indiquent immédiatement à quel degré supérieur ou inférieur se trouve l'eau par rapport à son niveau normal.

M. Goodfellow remplace le tube en verre par un tube parallélipipédique en métal, fendu de deux rainures recouvertes d'une feuille de talc mince. Cette substance transparente offre une beaucoup plus grande solidité que le verre et ne reçoit aucune influence dangereuse des variations de la température.

Ce sont toutes ces idées réunies qui composent le bel appareil de M. Lethuillier-Pinel, de Rouen; il l'a encore perfectionné en rassemblant en une seule pièce le sifflet Appareil de sûreté complet.

d'alarme, le manomètre, la soupape de sûreté et le niveau magnétique avec avertisseurs *à minimâ* et *à maximâ*.

Nous croyons que cet instrument ainsi perfectionné ne tardera pas à être adopté. M. Lethuillier-Pinel en a fait un appareil de sûreté complet, que l'Administration devrait patronner et substituer réglementairement à tout l'attirail actuel qui encombre nos chaudières à vapeur.

d. Manomètres Il nous reste à parler des manomètres :

Le manomètre à mercure, fondé sur la loi de Mariotte, est sans contredit le plus simple, le plus certain, le plus incontestable dans ses indications. Malheureusement, il a un inconvénient grave : le mercure dépose sur la surface intérieure du tube une pellicule qui finit par empêcher de voir le niveau du métal. Il faudrait avoir un manomètre de rechange et le nettoyer de temps en temps.

Ce n'est pas une autre cause qui a fait rejeter les instruments de ce genre, aujourd'hui presque partout remplacés par les manomètres métalliques de MM. Bourdon et Richard et de M. Desbordes.

Le premier est un instrument fort ingénieux, basé sur une propriété assez curieuse. Un tube métallique tourné en spirale s'étend ou se contracte suivant la pression qui est exercée dans son intérieur. Cette expansion et cette contraction sont plus sensibles si le tube est mince et aplati. L'idée d'appliquer cette propriété à des indications manométriques est fort ingénieuse, elle a, depuis, été étendue aux baromètres et aux thermomètres mêmes. Mais l'expérience semble démontrer que ces instruments sont susceptibles de se déranger et d'exiger des rectifications fréquentes, ce qui se conçoit facilement.

Les manomètres de M. Desbordes sont tout simplement des manomètres à ressort. Le mouvement du ressort pressé par la vapeur est, comme dans le manomètre

Bourdon, multiplié par des engrenages et des leviers, de manière à donner à l'indicateur ou à l'aiguille une amplitude qui est le caractère particulier et l'avantage réel de ces manomètres. La lecture en est plus facile et les appréciations fractionnaires en sont plus nombreuses.

Les manomètres Desbordes ne sont pas exempts du défaut signalé dans les précédents ; on ne saurait leur accorder une entière confiance.

Nous arrivons à quelques autres applications de la chaleur, qui ont vivement excité l'intérêt depuis quelques années.

Parlons d'abord de la fabrication du gaz de l'éclairage. On conçoit qu'il était difficile de présenter à l'exposition universelle des spécimens d'usine à gaz, et surtout de les expérimenter. Mais nous aurions dû y trouver des plans, des modèles, des pièces détachées : des systèmes d'épuration, par exemple. Rien de tout cela. Un seul appareil cependant figurait dans l'annexe, appareil en petit, complet pour un éclairage particulier de peu d'importance ; malheureusement, on ne peut que lui appliquer ce vers du célèbre poète comique : 4° Gaz de l'éclairage.

> J'en pourrais par hasard faire d'aussi méchants.....

Il faut donc aller chercher, en dehors de l'exposition, les perfectionnements dont cette industrie si pleine d'intérêt a été dotée depuis quelques années.

Pour procéder par élimination, nous rappellerons succinctement les essais faits sur la distillation de la résine, des huiles de toutes sortes, et de combinaisons diverses de matières grasses ou résinoïdes. *a.* Gaz de résine et de matières grasses.

Ces essais ont suivi de très près l'introduction du gaz de houille, première matière dont on ait tiré le fluide éclairant, et qui paraît soutenir fermement son droit de naissance.

On avait pour but, en employant ces matières, d'obtenir un gaz plus riche, et conséquemment de diminuer les dimensions des appareils de fabrication, aussi bien que les canaux et conduits de distribution. On espérait ainsi arriver à établir, à bas prix, de petites fabriques de gaz, pour les établissements particuliers. Malheureusement aucun de ces essais n'a réussi complètement. Le prix des matières annulait, et au-delà, l'économie de premier établissement, par le surcroît qu'il apportait dans le prix de revient.

Tous ces procédés ont dû être successivement abandonnés, surtout en face des applications nouvelles que ces matières riches ont reçues dans une foule d'industries.

Si une dernière espèce de gaz, le *Boraxo-oléigène*, dans lequel il n'entre pas plus de borax que d'huile, se soutient encore, cette persistance expirante est due au système d'exploitation par lequel ce gaz est offert au public. Il se résume en des marchés onéreux surpris aux industriels des campagnes, peu connaisseurs en ces questions, et qui n'ont vu autre chose qu'une mince économie sur leur éclairage à l'huile. Encore cette économie serait-elle illusoire, si l'éclairage à l'huile était obtenu dans de bonnes conditions.

Combien il y a loin de ces fausses merveilles à ce pauvre gaz de houille, si modestement bon, si simple, si facile à faire, et remplissant toujours toutes ses promesses.

b. Gaz de l'eau.

Après avoir abandonné les gaz de matières grasses, on est descendu au plus bas de l'échelle; on a fait appel à l'eau : l'eau contient un gaz inflammable, mais sans pouvoir lumineux. Il s'agissait de lui incorporer une substance de nature à donner ce qui lui manquait On y est bien parvenu; il y a dix moyens pour un, mais tous sont trop dispendieux. Un seul avait bien réussi en Angleterre ; c'était le mélange de l'hydrogène avec le gaz oléfiant existant en abondance dans le charbon particulier dit *cannel-coal* et les schistes bitumineux de certaines mines. Aussi le procédé de White s'est-il répandu dans plusieurs usines importantes d'Angleterre et d'Ecosse, où il continue à être exploité. Mais en France où ces matières sont d'un prix très élevé, on a infiniment plus d'avantage, si on veut les traiter, à en extraire les huiles minérales et les essences dont les arts chimiques tirent aujourd'hui un si grand parti.

Si l'on trouvait un procédé peu coûteux de fabrication du gaz hydrogène pur, peut-être arriverait-on à pouvoir l'additionner utilement d'une autre substance riche en lumière ; voilà pourquoi on tente en ce moment à Londres de décomposer l'eau par un moyen puissant comme l'électricité. Une compagnie, qui s'est constituée à cet effet, fait construire une pile de 2,500 éléments de Bunsen ; nous ignorons le *modus faciendi* dans l'application ; seulement il est question de carburer l'hydrogène au moyen d'essences communes, de goudron, etc.

Qui vivra verra.

Revenons donc au gaz de houille qui seul résiste aux vicissitudes de la concurrence et qui paraît devoir encore longtemps trôner comme fluide éclairant par excellence de nos rues et de nos usines.

c. Gaz de houille.

On continue, comme par le passé, à distiller la houille dans des cornues de fonte ou d'argile réfractaire, cette dernière matière exclusivement admissible dans les grandes usines où les feux n'arrêtent jamais.

Citons, en passant, les admirables cornues de M. Cowen, de Newcastle, dont la célébrité, comme fabricant de briques réfractaires, est européenne.

Les cornues de terre seraient promptement détériorées par des refroidissements et des échauffements successifs, dont un seul cas suffirait pour briser ces vases, si l'on ne prenait des précautions minutieuses que la pratique ne saurait admettre.

Les cornues en fonte sont employées dans les petites usines, où leur mise en état de fonctionner est plus rapide, et où l'on peut les faire cesser de travailler sans danger, avec quelques précautions.

On doit à l'ingénieur anglais Croll, un système de fours mixtes, où les cornues en terre reçoivent d'abord l'action de la chaleur la plus vive, tandis que des cornues en fonte utilisent la chaleur perdue des premières

Le procédé de White est une combinaison de plusieurs cornues, les unes décomposant l'eau, les autres distillant la houille riche ou les schistes

Cette idée a été la source d'un nouveau mode, qui consiste à mélanger, dans les cornues, les gaz riches et les gaz pauvres de diverses périodes de la distillation, le tout avant d'arriver au barillet ou premier vaisseau de condensation.

On sait que, dans quelques courts instants de la première demi-heure de la distillation, la paraffine distille et va se condenser dans le goudron. Si alors on fait passer, sur la cornue d'où la paraffine se dégage, un courant de gaz pauvre comme celui qui est produit après trois heures et demie de charge, ce dernier se sature de vapeur de paraffine et s'enrichit ainsi sans qu'aucune autre précaution soit nécessaire que de régler convenablement les mélanges, par le jeu de quelques robinets à réciprocation.

Voilà, certes, un perfectionnement ; mais ce gaz, qui

emporte avec lui cette richesse, pour ainsi dire maintenant uniforme de pouvoir éclairant, réclame d'autres précautions pour la conserver.

C'est ici le rôle d'un nouveau condenseur dont la perfection est saisissable à la simple description.

Dans les anciens appareils, le gaz circule au travers d'une série de tuyaux composant un serpentin vertical, présentant, en tout temps et en toute saison, la même surface de refroidissement. Il en résulte que cette surface est tantôt trop faible, tantôt trop puissante. Si elle est trop faible, elle laisse subsister dans le gaz des vapeurs aqueuses, ou tout au moins du goudron léger, qui se propagent jusque dans les conduits ; si elle est trop puissante, elle condense de nouveau les substances oléfiantes, toujours disposées à se séparer de la masse.

Le nouveau condenseur est à double courant d'air ; c'est-à-dire composé de colonnes à double enveloppe. L'espace annulaire compris entre le tuyau extérieur et le tuyau intérieur sert seul de passage au gaz, et l'air circule dans l'intérieur du tuyau central comme il circule autour du tuyau extérieur.

Veut-on diminuer en hiver le pouvoir condensateur de l'appareil, on ferme un ou plusieurs des tuyaux intérieurs ; et, réciproquement, en rouvrant un ou plusieurs tuyaux, on supplée à la faiblesse qui peut résulter d'une trop haute température de l'atmosphère.

Par ce moyen, on arrive à tirer du charbon un gaz contenant, presque sans perte, tous les éléments éclairants qui le constituent.

Nous avons peine à croire qu'après ces perfectionnements, aucun gaz à l'eau puisse faire concurrence au gaz de houille.

d. Combustion du gaz.

Nous ne reviendrons que pour mémoire sur l'emploi du gaz au chauffage domestique et aux applications industrielles; mais il nous reste à parler des moyens de brûler économiquement le gaz, lorsqu'il s'agit seulement d'en utiliser le pouvoir éclairant.

On sait que la lumière éclatante du gaz hydrogène carboné n'est presqu'absolument due qu'aux particules de carbone interposées dans la flamme, et rendues incandescentes par la haute température qui accompagne la combustion de l'hydrogène, circonstance qui, elle-même, favorise la combinaison du carbone avec l'oxygène de l'air.

Ce phénomène de la combustion du gaz hydrogène carboné nécessite donc évidemment une grande abondance d'air atmosphérique, et surtout une disposition qui permette de rendre la combinaison complète : c'est-à-dire pour qu'aucune parcelle de gaz ne s'échappe dans l'air, sans avoir été brûlée.

Il semble, au premier abord, que la meilleure condition pour brûler complètement le gaz, c'est qu'il soit allumé librement dans l'air, parce qu'alors ce dernier afflue de toutes parts, et que le gaz a la faculté d'en absorber la quantité nécessaire à son entière combustion.

C'est une grave erreur.

L'air arrive bien d'en bas et latéralement pour baigner l'orifice par lequel s'échappe le gaz, mais il se produit un courant ascendant, qui enveloppe la flamme et concourt à la formation de l'acide carbonique et de la vapeur d'eau, tous deux nuisibles à la combustion de la partie centrale du jet de gaz, laquelle, n'atteignant pas la température nécessaire, laisse brûler son hydrogène seul et le carbone s'échapper en vapeur fuligineuse, qui est le noir de fumée, si caractéristique des flammes qui brûlent mal.

Il y a deux manières d'éviter cet inconvénient :

La première consiste à faire l'émission du gaz annulaire, de façon que l'air puisse, non-seulement en baigner l'extérieur, mais se frayer passage dans le centre de la flamme ; si, avec cela, cette émission annulaire est assez mince, on sera dans les meilleures conditions pour qu'aucune parcelle de gaz n'échappe au contact de l'air. *Bec d'Argand.*

Mais cela ne suffit pas pour brûler ainsi une notable quantité de gaz et en obtenir le maximum de lumière : le courant d'air intérieur s'arrêterait bientôt, dominé par la force du courant extérieur, et il ne passerait pas d'air au centre. Pour obtenir l'effet désiré, la flamme est entourée d'une cheminée en verre qui s'oppose à l'arrivée d'une trop grande masse d'air à l'extérieur, et laisse au contraire le courant central équilibrer, sinon dominer, le courant extérieur.

Ainsi disposé, le bec d'*Argand*, du nom de son inventeur, opère le mieux possible la combustion de toutes les matières inflammables liquides et gazeuzes.

La seconde manière de brûler le gaz consiste à l'émettre en une lame plane et mince qui puisse recevoir des deux côtés le contact de l'air. Le courant d'air, joint à la légèreté spécifique du gaz, tend à faire relever en éventail les extrémités de la lame lumineuse. *Bec fendu.*

Cette lame, qui brûle à l'air libre, s'obtient en fendant simplement d'un trait de scie l'extrémité d'un petit sphéroïde creux où le gaz aboutit.

Un fait assez curieux, c'est qu'on obtient une forme de flamme presqu'analogue, et produite dans des conditions plus économiques encore, en perçant la petite sphère ou la calotte du bec de deux trous obliques convergents dans une légère *fraisure*. La flamme obtenue s'épanouit dans un plan perpendiculaire à celui qui passe par les deux obliques. *Bec à deux trous.*

Cela est dû à la réaction des deux pressions opposées du gaz sortant par les orifices convergents.

Tels sont les trois types des becs à gaz en usage.

Le premier est, sans contredit, le plus rationnel et le plus économique. L'exposition en renfermait un grand nombre de variétés, mais tous construits sur le principe originaire d'Argand. Les trous percés fins et nombreux constituent la perfection du genre. On avait pensé pouvoir les remplacer par une fente circulaire continue, se rapprochant identiquement de la mèche à lampe; mais cette disposition est moins bonne et d'un nettoyage plus difficile.

Becs en porcelaine. Le perfectionnement le plus important paraît être la substitution de la porcelaine au métal dans la fabrication de ces becs, substitution qui a été même étendue aux becs fendus et aux becs à deux trous convergents.

L'emploi d'une matière plastique peu conductrice de la chaleur, plus dure et plus résistante au nettoyage, présente des avantages incontestables, et qui doivent assurer à M. Bengel, fabricant de ces becs, un succès mérité.

Cette fabrication est surtout améliorée par un point important : le percement des trous après la cuisson, procédé qui assure l'exactitude des dimensions, si essentielle dans l'espèce.

Compteur. Parlons, enfin, d'un instrument de première importance dans la consommation du gaz : le compteur.

On a bien calomnié le compteur ; c'est pourtant un appareil très ingénieux, quoique fondé sur un principe déjà vieux.

La plupart du monde connaît une machine décrite dans le *Theatrum machinarum* (1) : le tympan. C'est une roue

---

(1) Le plus ancien ouvrage peut-être qui ait été imprimé sur la mécanique.

formée de tuyaux en spirale partant du centre et aboutissant à la circonférence. En faisant tourner cette roue dans un bassin où elle plonge plus ou moins, les spirales enlèvent une certaine quantité d'eau qu'elles remontent jusqu'à l'axe qui est creux, d'où la roue la délivre à un niveau de très peu inférieur à cet axe.

Si l'on suppose maintenant cette roue entièrement enfermée dans un tambour rempli d'eau jusqu'à un niveau invariable, qu'on introduise de l'air par le centre, cet air tendra à s'échapper par la circonférence; mais, en s'échappant, il fera tourner la roue de manière à découvrir successivement les orifices des spirales pour s'y livrer un passage. Telle est l'origine du compteur à gaz. La capacité des spirales, ou des augets qui en sont la modification, étant connue, chaque tour de roue représentera une certaine quantité de gaz passée. De là à constituer un compteur par engrenages analogues à ceux d'une horloge, il n'y a qu'un pas.

On conçoit donc que, pour que le compteur soit juste, il faut qu'il y existe toujours la même quantité d'eau. Si l'eau augmente par la condensation ou une autre cause quelconque, rien de plus simple que d'y remédier par un trop-plein. Mais si l'eau diminue par l'évaporation, il n'est pas aussi facile de combler cette différence. Les tentatives faites dans ce but, à l'aide de syphons ou de flotteurs de compensation, ne paraissent pas offrir de suffisantes garanties, leur fonction, au moment utile, étant par trop incertaine.

Aussi, les Compagnies, comme les abonnés loyaux, s'assurent-elles, par les *boutons-niveaux* et les *boutons-trop-pleins*, de l'exactitude du niveau d'eau. Mais qu'il nous soit permis de rectifier un préjugé; c'est que si les compteurs peuvent être inexacts, ils ne peuvent jamais être *voleurs*, comme l'abonné l'entend. En effet, pour que le compteur marque, inscrive la dépense, il faut qu'il tourne, il ne peut tourner qu'avec le gaz ; donc, lorsqu'il tourne, il ne peut inscrire plus que la dépense réelle. S'il y a abaissement du niveau d'eau, les augets ont plus de capacité, c'est la Compagnie qui est lésée, puisque le compteur, avec une plus grande capacité par chaque tour, ne fait pas un tour de plus. Le contraire arriverait si le niveau d'eau s'élevait dans le tambour. Nous avons vu que le trop-plein s'y oppose.

Donc, le compteur ne peut être *voleur* qu'au profit de l'abonné, qui doit désormais se convaincre que cette manière de consommer le gaz est la seule rationnelle, en s'assurant loyalement que le compteur est bien réglé.

Plusieurs fabricants français, anglais et allemands, ont exposé des compteurs perfectionnés. Le nom de Siry, Lizars et C°, et celui de Scholefield, de Paris, sont européens. Ces derniers composent leurs tambours d'un métal inoxydable qui en garantit les fonctions durables sans réparation. Nous avons nous-mêmes employé, depuis plusieurs années, un compteur de laboratoire venant de cette maison, qui n'a jamais cessé de fonctionner avec une admirable précision.

Les autres compteurs, dits compteurs *à sec*, par lesquels on a tenté de détrôner les compteurs *mouillés*, n'ont pas encore réalisé cette espérance. Nous ne pouvons nier qu'il serait désirable qu'on pût faire un compteur à soufflet qui supprimât l'inconvénient de l'eau ; mais la grande difficulté réside dans la fabrication d'un tissu souple et imperméable dont l'altérabilité ne soit pas trop prompte, ce qu'on n'a pas encore trouvé.

3° Distillation. La distillation des liquides a pris, dans ces dernières années, une extension considérable.

Elle est due à ce que la fabrication de l'alcool a été momentanément déplacée par la maladie de la vigne.

Pour remplacer l'alcool de raisin, il fallait, en le cherchant à d'autres sources, recourir à des moyens de production d'autant plus puissants, que les matières premières étaient plus pauvres.

Telle est l'origine des grands appareils dont quelques-uns figuraient à l'exposition ; mais ceux-ci ne donnent qu'une faible idée du volumineux matériel des grandes distilleries du nord de la France.

Certains établissements possèdent des colonnes à distiller, capables de vaporiser douze cents hectolitres de jus de betterave ou autre liquide fermenté par vingt-quatre heures, soit 50 hectolitres par heure.

A part cette énorme puissance de vaporisation, aucun perfectionnement important n'a été récemment introduit dans les appareils à distiller, tels qu'ils ont été construits depuis Edouard Adam et successivement améliorés par MM. Cellier-Blumenthal, Charles Derosne, Dubrunfaut, Egrot, etc.

Ce sont des tronçons superposés, à diaphragmes percés de trous. Tous ces trous sont garnis d'un rebord, et, chacun d'eux, à l'exception d'un seul par étage, est recouvert d'une cloche reposant sur le diaphragme par deux pédoncules. Son bord inférieur descend un peu plus bas que le niveau du rebord qu'elle recouvre. Le dernier trou est prolongé par un tuyau qui descend dans l'étage inférieur et plonge dans le liquide. Il résulte de cette disposition que, d'une part, le liquide qui vient d'en haut, est toujours à la même hauteur sur les plateaux ; de l'autre, la vapeur qui vient du bas de l'appareil, ne peut gagner les divers étages qu'en se frayant passage au travers du liquide en suspension sur les plateaux. De cette manière, la vapeur, à mesure qu'elle monte, se charge de plus en plus des principes alcooliques, tandis que les principes alcooliques qui ont échappé à la vapeur dans les hautes régions de l'appareil, sont de nouveau, et à plusieurs reprises, soumis à l'action d'une vapeur de plus en plus chaude.

Cette description serait incomplète sans un mot sur le condenseur de cet immense alambic.

Le condenseur est composé de serpentins verticaux, baignés dans une bâche rectangulaire. Les premières révolutions sont toujours les plus chaudes. Les plus éloignées ont une température relativement basse. On profite de cette circonstance pour faire retourner, à la colonne à distiller, les produits qui, ayant distillé trop vite, ont emporté avec eux un excès de vapeur d'eau. C'est ce qu'on appelle la rétrogradation, qui a pour but de recommencer tout le travail mal fait.

Il y a deux variétés d'appareils distillatoires :

La première est celle que nous venons de décrire; elle se distingue, en outre, par une disposition particulière du réfrigérant.

Celui-ci, au lieu de contenir de l'eau froide, est alimenté par le liquide à distiller qu'on appelle *le vin*. Le vin, en arrivant au contact du serpentin, fait avec lui un échange de température, en sorte que, tout en condensant l'alcool qui passe à l'intérieur, il s'échauffe et se prépare à la distillation ainsi effectuée avec une moindre dépense de combustible. A cet effet, la bâche du réfrigérant est complètement close et étanche, le vin y arrive par le fond, et par le fait de la position respective du réservoir qui occupe les hauteurs du local.

On a donné au réfrigérant de la colonne à distiller le nom de *chauffe-vin*, à cause de ses attributions.

La seconde variété de l'appareil à distiller est plus généralement connue sous le nom de *colonne à rectifier ;* elle est fondée sur le même principe ; seulement, au lieu d'être à alimentation continue, comme la *colonne à distiller*, elle est posée sur une chaudière dans laquelle on introduit d'une seule fois tout le liquide à rectifier en une opération. Puis, l'on chauffe avec la vapeur conduite dans un serpentin distinct, sans qu'elle puisse se mêler à la liqueur alcoolique.

Du reste, le réfrigérant est à peu près le même, mais il est ouvert et alimenté par l'eau froide.

A la suite des uns et des autres, soit colonne à distiller, soit colonne à rectifier, l'appareil est terminé par un autre réfrigérant à serpentin horizontal baignant dans une eau froide qui se renouvelle sans cesse : c'est là que se termine l'opération. La distillation produit des *flegmes* à 45° ou 50°, quelquefois à 60° et 65°. La rectification donne des alcools à 95° et même à 96° ; mais le contact de l'air les fait rapidement tomber à 94°, par l'absorption de la vapeur d'eau dont ils sont si avides.

La maison Cail et Ce, dont le fondateur, feu M Derosne, a fait faire de si grands progrès à l'industrie du sucre indigène, ne pouvait moins faire que de prêter son concours à sa proche parente la distillerie. Aussi, voyons-nous de magnifiques appareils du genre de ceux que nous venons de décrire sortis soit des ateliers de Grenelle, soit des succursales de Douai et de Bruxelles.

M. Hurtrel, de Lille, s'est également distingué dans cette branche, exploitée par un grand nombre d'autres maisons, mais avec une grande infériorité.

Le séchage des étoffes par la vapeur ne présente rien d'important en nouveauté. Cependant, nous devons citer, pour leur perfection, les machines à sécher de M. Tulpin aîné, de Rouen, ainsi que sa cuisine à couleurs pour la teinture.

6° Appareils divers.

Chauffage à la vapeur.

L'emploi de la vapeur pour les bains de teinture devrait enfin devenir plus général, et vaincre le préjugé qui persiste à établir qu'on est plus maître d'un feu nu que d'un jet de vapeur.

MÉCANIQUE SPÉCIALE.

La partie qui nous reste à examiner comprend les instruments spéciaux.

Nous avons désigné, d'après une dénomination judicieusement décrétée par nos maîtres, sous le titre de *récepteurs*, les appareils destinés à rassembler la force motrice et modifiés suivant la nature et l'intensité de cette force.

Nous avons ensuite attribué le titre de *distributeurs* à ces organes variés de la transmission du mouvement, qui portent, dans toutes les directions, la partie utilisable de la force ainsi développée, en en variant à l'infini les éléments constitutifs, c'est-à-dire la masse et la vitesse.

Nous proposons de compléter cette classification générique des agents mécaniques par l'application du titre de *transformateurs*, à ces organes variés et innombrables qui constituent les machines et mécaniques de l'industrie manufacturière.

Nous pensons qu'en distribuant ainsi en trois grandes divisions les divers appareils qui composent le domaine de la mécanique, on rendra leur classification plus facile.

Le récepteur pourra être à la fois distributeur et transformateur, comme dans le marteau-pilon.

D'autrefois, le récepteur et le distributeur seront réunis comme dans une machine à vapeur à action directe, faisant mouvoir une machine, une presse typographique, par exemple, sans aucune transmission de mouvement.

Enfin, dans la plupart des cas, le récepteur, le distributeur et le transformateur, seront distincts, comme dans une filature, où l'on verra nettement caractérisés :

1° La machine à vapeur ou la roue hydraulique ;

2° Les organes principaux et accessoires de la transmission de mouvement ;

3° Les machines où s'accomplit le travail manufacturier.

Cette manière de désigner, en termes précis, des choses confondues jusqu'ici sous le terme trop vague de machines, aurait, encore, selon nous, un autre avantage. Elle écarterait, à tout jamais, les idées de création de force par des machines, puisqu'un appareil, quel qu'il fût, serait, par ses fonctions mêmes, immédiatement classé dans l'une des trois catégories, et, soit qu'il *reçût*, qu'il *transmît* ou qu'il *transformât* la force motrice, celle-ci resterait toujours forcément distincte du mécanisme, comme elle lui est en effet étrangère et indifférente.

Quel que soit l'avenir de cette idée, nous allons étudier l'exposition universelle au point de vue de ce que nous appelons les *transformateurs*, c'est-à-dire encore une fois, les machines proprement dites, qui transforment une partie de l'effet d'un moteur en travail utile, en produit industriel, souvent accompli et parfait. {Transformateurs.}

En tête sont les machines-outils : elles transforment la force motrice en un travail où il semble qu'une intelligence factice (si le mot n'était pas sacrilége) ait été substituée à l'intelligence qui guide la main de l'homme, dans les travaux similaires, jadis exécutés à force de labeur et de temps. Ces travaux s'exécutent aujourd'hui avec une promptitude et une facilité qui ne le cèdent qu'à une précision auparavant inconnue. {Machines-outils.}

Commençons par le travail des métaux.

Depuis les machines qui forgent le fer, jusqu'à celles qui fendent les engrenages les plus délicats ou divisent un millimètre en mille parties égales ; tout ce qui, tant en France qu'en Angleterre, d'abord, puis en Belgique et en Autriche, compose l'outillage de l'exposition, porte avec soi un caractère qui est celui du siècle où nous vivons, LA GRANDEUR DANS LE PROGRÈS.

Marteau-pilon. Au premier rang nous trouvons le marteau-pilon. Ce magnifique instrument, né d'hier, pour ainsi dire, puisqu'il n'a pas vingt années d'existence, a été enfanté par l'habile ingénieur Nasmyth, et depuis lors répandu dans toutes les parties du monde des grandes constructions, imité, amélioré, perfectionné.

Un cylindre à vapeur, posé en l'air sur deux jambettes colossales, contient un piston dont la tige, se prolongeant au travers du fond inférieur, se termine par un mouton en fonte ; dans la table de celui-ci, est une rainure où s'engagent, à queue d'aronde, les diverses pannes, chasses ou étampes qui doivent marteler le fer. La vapeur se charge de porter les coups. Un mécanisme des plus ingénieux permet d'introduire et de supprimer la force à tel point de la course qui convient le mieux au travail ; en sorte qu'on peut, d'une limite à l'autre, avec un mouton pesant 8,000 kilog., soit briser une barre de fer, soit casser une noisette sans en briser l'amande.

Le grand perfectionnement récemment apporté au marteau-pilon, c'est celui de M. Condie, de Glascow, admirablement imité par M. Calla, de Paris. Il consiste à rendre le piston fixe et à faire voyager le cylindre. On gagne ainsi de la masse et on épargne au piston l'action destructive du choc, qui lui est ainsi transmis seulement au travers d'un coussin de vapeur.

Pendant que nous sommes à la forge, disons un mot de la petite forgeuse de Whitworth, de Manchester. C'est une charmante invention qui réalise, avec économie et précision, le forgeage minutieux des petites pièces, les broches de filature, par exemple.

Forgeuse.

Le fer, convenablement rougi, est posé successivement dans une série d'étampes, graduées de formes, dont la première s'approche, autant que possible, de l'échantillon du fer brut, tandis que la dernière a celle de la pièce finie. Une série correspondante attelée sur un arbre à cames, dont le mouvement peut être varié d'amplitude, complète cette machine à la fois simple et ingénieuse.

Après les machines à forger, viennent les cisailles, les découpoirs : ces puissants outils qui coupent des feuilles de tôle d'une épaisseur qui dépasse parfois vingt-cinq millimètres, comme nous couperions une feuille de papier, des barres de fer de quarante centimètres carrés de section, plus facilement qu'on ne couperait un morceau de plomb.

Cisailles et découpoirs.

Ces opérations accomplies sans bruit, avec une lenteur majestueuse et sûre, offrent, sous son aspect le plus étonnant, le caractère de la puissance dans l'art mécanique.

L'invention nouvelle, dans cette classe de machines, est la découpeuse de l'américain Richmond. Une paire de mâchoires parallèles saisit la feuille de tôle, eût-elle quatre mètres de longueur, et l'étreint puissamment. Un outil, coupant et pressant à la fois, voyage le long de la rive des mâchoires, coupant et détachant la bande de tôle qui dépasse, à la vitesse de deux à quatre mètres par minute, avec une précision et une netteté supérieures à tout ce qui se fait à la règle et au burin.

Pour les tours et les machines à raboter, à mortaiser, à aléser, la France n'a que peu de chose à envier à l'étranger. Si le célèbre Whitworth est resté le chef

Tours, Machines à raboter, etc.

supérieur de la construction des machines-outils en général, cette suprématie est due encore plus à sa première réputation qu'à ses succès postérieurs. Plusieurs de ses admirables combinaisons ont été non-seulement imitées avec succès sur le continent, mais encore perfectionnées et remplacées par des dispositions plus simples et surtout plus économiques.

Étau-limeur. De ce nombre, il faut citer au premier rang l'incomparable étau-limeur, de M. Decoster. La pièce à façonner est placée dans un véritable étau et sans plus de précaution, puis l'on ajuste la course et la vitesse de l'outil. Un mouvement de translation est communiqué à l'étau lui-même, et la pièce présente ainsi, successivement, toute sa longueur à l'action d'un burin qui la dresse à l'envi du meilleur ajusteur. S'agit-il de façonner une pièce dont certaines parties sont courbes, l'étau reçoit un mouvement de rotation autour d'un centre dont le rayon varie à volonté, de manière à produire une infinité de courbes distinctes.

Le magnifique tour parallèle acheté par le gouvernement de Portugal, et la machine radiale à percer un nombre illimité de trous parallèles sont des titres de supériorité incontestable.

La maison Cail et C*e* exposait aussi un merveilleux assortiment d'outils. Leur caractère saillant est la perfection dans l'ajustement. Il y a peut-être un peu trop de luxe, et ce luxe se paie; car les machines de la maison Cail sont cotées plus cher que celles de ses concurrents. Nous devons signaler, comme spécimen particulier à cette maison, une petite machine à façonner des pièces de toutes formes, représentant sous certains rapports l'étau-limeur, mais pouvant rendre beaucoup plus de services : son prix est en proportion.

Rouen tenait un rang distingué dans la fabrication des outils-machines. M. Minier, constructeur aussi modeste qu'habile, s'est voué presque exclusivement à la construction des tours et des machines à raboter. Il excelle dans les uns et les autres, et, qui plus est, ses prix sont de beaucoup inférieurs à ceux de ses confrères, à quelque pays qu'ils appartiennent. C'est assurément là une recommandation que nous sommes heureux de formuler.

Citons encore avec impartialité l'exhibition de MM. Harvey, de Glascow, où nous avons remarqué une charmante machine à façonner universelle, et celle de M. E. Bouhey, de Moutzeron, où figurait une excellente machine à tarauder, du prix de 600 fr.

Après le fer, le bois.

Le travail du bois a subi, depuis quelques années, des perfectionnements mécaniques considérables.

C'est à peine si, à l'exposition universelle de 1851, on osait produire les procédés naissants de chantournage, de rabotage universel, de façonnage des tenons et mortaises, etc.

L'usine de Graffenstaden nous a montré, cette fois, quel parti on pouvait tirer de la mécanique appliquée au travail du bois. Cependant, ces procédés, quelqu'ingénieux et efficaces qu'ils soient, sont d'un usage restreint : ce n'est que dans les grands ateliers de fabrication de voitures, ou autres objets en nombre, qu'il est avantageux de faire à la mécanique un travail aussi facile que celui du bois.

Il n'en est pas de même de l'opération du rabotage proprement dit : la fabrication des planchers, par exemple, qui se fait aujourd'hui sur une grande échelle, réclame des moyens énergiques et expéditifs.

Nous avons remarqué, d'abord, la raboteuse de M. Nelson

Travail mécanique du bois.

Barlow, de New-York, qui travaille avec une rapidité prodigieuse. L'outil est un cylindre garni de fers de rabot, et tournant en sens contraire de la marche de la planche. Nous l'avons vue travailler, avec une netteté parfaite, une planche de cinquante centimètres de large, à une vitesse de quatre centimètres par seconde.

La machine de MM. Gaudrant frères, d'Abbeville, est un appareil trop compliqué, peut-être, où l'on a eu pour but de faire d'un seul coup trois opérations réunies : le rabotage, le façonnage de la rainure et de la languette, et l'ébarbage de la lame de parquet finie. Cette dernière opération se fait à l'aide de deux petites scies circulaires. Quant aux premières, elles diffèrent peu des procédés ordinaires; mais la machine entière est construite avec une solidité qu'on ne saurait trop recommander dans les machines à bois, attendu que les défauts qu'on remarque dans les parquets, proviennent surtout des vibrations de la machine.

M. Sautreuil, de Fécamp, avait également une machine à faire le parquet, beaucoup plus simple que la précédente, et présentant, en outre, la facilité de fabriquer des moulures, corniches, et, en général, tous les bois façonnés en longueur, et suivant des profils déterminés. Cette machine nous a paru réellement pratique, ainsi que celle qui rabote les bordages de navire sur les quatre faces à la fois.

Mais c'est le sciage du bois qui, depuis quelque temps, s'est mécaniquement développé et a provoqué la création d'appareils des plus ingénieux.

A la tête des inventions récentes se place la scierie à parallélogramme, de M. Normand, du Havre. Cette remarquable machine fonctionne en imitant le mouvement de recul des bras de l'homme, à mesure qu'il attire la scie vers lui, soit en montant, soit en descendant. Ce mouvement, ainsi réalisé mécaniquement, produit une économie très sensible dans la force motrice, en même temps qu'il soulage la scie qui souffre beaucoup en remontant, lorsqu'elle est engagée dans le trait. Si cette idée n'est pas nouvelle, il y a tout au moins, dans la disposition adoptée par M. Normand, une harmonieuse combinaison de mouvements mathématiques qui ne laisse rien à désirer.

La machine à chantourner les membrures de navire, du même constructeur, l'emporte sur tout ce que l'exposition renfermait d'instruments à travailler le bois. Cette admirable conception consiste dans une pointe suivant une courbe tracée à l'avance et servant à guider, un nombre de fois illimité, la pièce de bois, dans tous les plans et sous tous les angles voulus, pour lui donner la courbure et la torsion qui lui conviennent. Un seul homme, le gouvernail à la main, suit la courbe tracée, à mesure que le charriot entraîne la pièce, et dirige celle-ci avec une incroyable facilité.

Nous ne quitterons pas le travail du bois sans parler de la machine à lever les feuilles de placage, de M. Garand. Sous la table de la machine, on place la pièce de bois, qui saillit à travers une ouverture et présente une épaisseur égale à celle qu'on veut trancher; une puissante lame vient alors passer au ras de la table et enlève la feuille de placage avec une rapidité surprenante.

Une autre invention non moins curieuse est la scie sans fin, de M. Périn. Qu'on se figure un étroit ruban d'acier dentelé d'un côté, qui s'enroule sur deux poulies; l'une, cachée sous l'établi où le travail se fait, l'autre en l'air, sur un support approprié. L'une de ces poulies recevant l'action d'un moteur, communique au ruban de scie une vitesse égale à celle des scies circulaires. Si, maintenant, on approche du brin descendant et disparaissant dans l'établi une pièce de bois, sur laquelle on ait dessiné à l'avance les arabesques les plus capricieuses, on peut en présenter successivement tous les contours à la scie, qui passe partout sans difficulté : plusieurs pièces devant avoir la même forme, les mêmes découpures, peuvent ainsi être superposées et façonnées à la fois.

Voilà un appareil simple, peu coûteux et dont l'efficacité semble certaine, si la confection des scies n'est pas une difficulté, si leur entretien n'est pas l'objet d'une dépense excessive.

Travail des pierres et autres matériaux de construction.

Nous voudrions parler des outils de toute espèce qui servent au travail des pierres, des mortiers, des matériaux de construction ; mais où s'arrêterait-on ? Cependant, il ne nous est pas possible de passer sous silence deux appareils qui ont vivement, et à juste titre, excité la curiosité.

Le premier est la machine à mouler les briques tubulaires, de M. Paul Borie. Nous avons déjà eu l'occasion de parler de ces nouveaux et intéressants matériaux que l'art de construire a accueillis avec tant de faveur.

La machine qui fait 5,000 briques par jour avec la force d'un quart de cheval à peine, peut être comparée à la machine à faire le macaroni, à cette différence près que les tubes, au lieu de sortir séparés, quittent la grille au travers de laquelle passe la pâte, collés ensemble et entourés d'une enveloppe générale rectangulaire. Un prisme tubulaire continu, sort ainsi de la machine et s'allonge sur la table, garnie d'une toile sans fin qui fait suite à la grille ; lorsque le prisme atteint la longueur de la table, un châssis à jour, garni de fils de fer, à des intervalles égaux qui égalent la longueur d'une brique, tombe sur le prisme et le coupe en tronçons à la manière dont on coupe les briques de savon. Le châssis se relève, et les briques sont enlevées les unes après les autres sans que le travail soit interrompu. L'action intermittente du piston qui pousse la pâte alternativement renouvelée dans une trémie d'alimentation, complète l'idée de cette machine aussi simple qu'ingénieuse.

L'autre machine semble résoudre le problème du sciage et de la taille des matériaux les plus durs. Un simple fil de fer qui s'enroule sur une poulie motrice et sur des poulies de renvoi, à l'instar de la scie sans fin de M. Périn, est animé d'une vitesse appropriée au genre de sciage et à la dureté de la matière à scier. Qui penserait que ce fil ainsi disposé est susceptible de pénétrer les corps les plus durs, les métaux, l'acier trempé, les pierres, le verre, le cristal de roche? Un peu d'eau et de sable fin suffisent pour favoriser cette pénétration. Alors on fait suivre au fil telle direction que ce soit, pour tailler les pierres, par exemple, suivant des profils déterminés.

Un seul obstacle nous semble résider dans la jonction du fil de fer; on est obligé de la faire au moyen d'une brâsure qui doit souvent manquer de solidité. Quoi qu'il en soit, l'invention de M. Chevallier est d'une application si facile et si peu coûteuse qu'elle est, selon nous, destinée à rendre de grands services, surtout dans les cas où les matériaux à scier résistent aux moyens usuels.

Après les machines-outils nous ne saurions mieux assigner le premier rang qu'aux machines agricoles. Ce sont les instruments les plus précieux, ceux qui sont destinés à développer et récolter la richesse du sol. *Machines agricoles.*

Formons d'abord un vœu : que la vapeur se répande plus rapidement dans nos contrées agricoles; que le cultivateur s'effraie moins de son emploi, si avantageux. En Angleterre, les machines locomobiles sont devenues pour ainsi dire vulgaires autant que d'un prix modéré. En France, placées dans certains centres de cultures divisées, lorsque l'importance d'une ferme n'en justifiera pas l'acquisition, elles seraient dans l'un ou l'autre cas appelées à rendre d'éminents services, par l'activité qu'elles apportent dans l'accomplissement des travaux de toute nature, qui ne se font aujourd'hui qu'à force de bras et de temps, ou à l'aide de chevaux qui peuvent parfois être plus utilement employés.

Les machines agricoles peuvent se diviser en trois classes : les moteurs, les instruments du travail de la terre, les instruments propres à la récolte et au travail des produits.

a. Moteurs.

Nous avons parlé en autre lieu des moteurs spéciaux à l'agriculture, c'est-à-dire des manéges et des machines locomobiles. Bien que ces dernières soient d'un emploi plus commode, en général, pour les exploitations rurales, en ce qu'on peut transporter le moteur partout où le besoin s'en fait sentir, cependant il ne faut pas croire que ces convenances soient exclusives. Il existe, en plus d'une ferme, des moteurs fixes, comme des roues hydrauliques ou des machines à vapeur stationnaires. Dans le cas de l'adoption de ces dernières pour la mise en mouvement de l'atelier agricole, on doit rechercher les machines les plus simples, et qui nécessitent le moins d'entretien. Les petites machines horizontales de Clayton Shuttleworth et Cᵉ, et les machines à chevalet de W. Dray et Cᵉ se recommandent à cet égard parmi les machines anglaises. En France, celles de M. Lotz ainé, de Nantes, doivent mériter la préférence.

b. Instruments de labour.

Nous passons aux instruments du travail de la terre. Le premier, c'est la charrue, qui, depuis les premiers hommes jusqu'à nos jours, n'a pas encore dit son dernier mot. Tous les huit ou dix siècles, elle fait un pas et s'arrête. Ce n'est pas qu'aujourd'hui on ne puisse obtenir un travail complet et parfait avec la plupart des charrues faites par le premier charron de village ; mais c'est qu'on veut obtenir ce résultat sans force ou sans fatigue. En cela, le cultivateur a tort de vouloir trop exiger; la terre, qui rend au centuple la semence qu'on lui confie, ne veut pas que ce magnifique revenu soit produit et récolté sans peine. Voilà pourquoi c'est une utopie que de chercher une charrue qui retourne bien la terre, sans l'emploi d'une force raisonnable. Bien plus, il faut considérer cette force comme indispensable à toute bonne culture.

Le cultivateur bêche son jardin à 60 centimètres de profondeur, et il se contente de gratter son champ sur une épaisseur de 15 centimètres, leur demandant à l'un et à l'autre le même produit. Evidemment, il y a là une exigence injuste.

Labour à vapeur. — Nous n'entrerons pas dans la discussion du mérite des diverses charrues exposées, des rapports spéciaux ayant été faits sur la matière par les hommes les plus compétents. Nous dirons seulement un mot du labour à la vapeur qui, selon nous, est destiné à réaliser ce que la force restreinte de quelques chevaux ne peut faire.

Trois systèmes se disputent cette grandiose opération, dont nous aimons à prévoir la réussite dans un avenir prochain, mais qui jusqu'ici n'a encore rien fourni de réellement pratique.

Il va sans dire que les Anglais seuls ont osé penser à labourer à la vapeur.

Le premier qui ait mis cette idée en pratique est lord Willoughby d'Eresby, riche propriétaire, fanatique d'agriculture, comme il en est trop peu.

Deux machines locomobiles sont placées aux extrémités du champ à labourer, établies chacune sur un chemin en madriers, d'un transport facile. Elles portent des *guindeaux* sur lesquels s'enroulent des chaînes et qui reçoivent du moteur un mouvement de rotation dans un sens ou dans l'inverse.

Les chaînes s'attachent chacune à un bout de l'appareil qui joue le rôle de la charrue.

Ce dernier est composé d'un châssis en fer dans lequel sont établis plusieurs socs, dont on peut régler à volonté le degré d'inclinaison ou la profondeur.

Il est facile de concevoir comment cet attirail fonctionne. Tandis qu'une machine attire à elle l'appareil laboureur, par l'enroulement de sa chaîne, la chaîne correspondante se déroule, et *vice versâ*. Aussitôt qu'une des machines a cessé de fonctionner, elle s'avance, sur le chemin de bois, de la largeur d'un sillon, et l'appareil laboureur, arrivé à l'autre bout du champ, est lui-même retourné et avancé de la même distance.

L'appareil de l'Ecossais Usher est plus hardi. C'est une véritable charrue à vapeur. Un arbre placé à l'avant d'une locomobile porte des socs échelonnés, qui entrent successivement dans la terre et qui produisent à la fois le labour et la locomotion, d'une manière analogue au mode de propulsion des bateaux à vapeur ; c'est-à-dire que l'effet utile se partage entre la propulsion et le déplacement.

Cette idée ne nous paraît pas aussi heureuse, bien qu'il ait été fait des rapports favorables sur son application.

Le système le plus nouveau est celui de Fowler, qui fonctionne avec une machine portative, mais stationnaire pendant la durée du labour d'un champ. A cet effet, elle met en mouvement l'appareil laboureur (analogue à celui de lord d'Eresby) à l'aide d'une transmission intermédiaire, composée de deux cabestans à enroulement inverse. Tout l'appareil moteur est ainsi placé en dehors du champ et à égale distance de ses extrémités. A chacune de ces extrémités est une poulie de renvoi, sur laquelle passe une des chaînes, pour, de là, se rendre en ligne droite à l'appareil laboureur.

Pour mieux faire comprendre l'ensemble de ce système, qu'on se figure un triangle isocèle dont le sommet est occupé par l'appareil moteur, les cabestans, etc., aux deux angles de la base les poulies de renvoi, et cette même base se rapprochant du sommet à chaque phase du travail, c'est-à-dire après chaque tracé d'un sillon.

Le mérite de ce système est, comme on le voit, l'emploi d'un moteur unique, et son stationnement pendant tout le temps de l'opération; conditions qui réalisent une notable économie.

Il nous semble que tous ceux qui ont pensé à labourer à la vapeur ont fait fausse route, en cherchant à faire trop d'ouvrage à la fois. Ainsi, tous ces appareils comportent quatre, six et jusqu'à dix socs. Ils font donc deux, trois ou cinq sillons simultanément, labourant jusqu'à quatre-vingts centimètres de largeur sur une profondeur relativement minime, et à une vitesse de quarante-cinq à soixante centimètres par seconde.

Ne vaudrait-il pas mieux ne faire qu'un seul sillon, pratiqué profondément et à une plus grande vitesse? L'appareil n'en serait que plus facile à diriger, et le résultat serait certainement plus économique et plus fructueux.

Le drainage par la vapeur du même ingénieur, n'est-il pas un exemple à l'appui de notre opinion? La tranchée unique se fait comparativement bien mieux que le labour à quatre sillons. Nous avons vu les deux opérations, et, quoiqu'elles aient été effectuées à la satisfaction générale d'un public nombreux et éclairé, il n'a pu échapper aux méca-

c. Drainage par la vapeur.

niciens que la machine à drainer ne doive sa supériorité à cette circonstance qu'elle n'a qu'une charrue à entraîner.

d. Outils divers.

Après le labour, vient l'ensemencement : nous nous en référerons encore aux documents acquis à la pratique, pour les nombreux semoirs qui figuraient à l'exposition. Ces machines, d'ailleurs bien connues, n'offrent qu'un intérêt de détail. Il en est de même des herses, des sarcleuses, des émotteuses, etc.

e. Machines à faire les tuyaux de drainage.

Mais une machine qui se rattache indirectement au travail de la terre, c'est la machine à faire les tuyaux de drainage. Rien ne peut mieux en donner une idée que la machine à faire les briques tubulaires, de M. Borie, dont nous avons déjà parlé, et qui est d'ailleurs avantageusement appliquée à cette fabrication.

M. Calla a fait également une bonne machine à mouler les tuyaux de drainage ; mais celle qui les surpasse toutes, il faut le dire, c'est la machine de M. Whitehead, de Preston.

Elle est d'une simplicité remarquable, et, soit qu'elle ait une ou deux boîtes, et qu'elle fonctionne à bras ou par un moteur plus puissant et plus régulier, elle peut fabriquer par jour depuis douze jusqu'à trente mille tuyaux de 21 à 37 centimètres de long et de 4 à 38 centimètres de diamètre.

Son prix est de 525 à 700 fr.

Passons aux instruments propres à la récolte et au travail des produits de la terre.

f. Machines à récolter.

Nous voyons d'abord, comme nouveautés, les machines à faucher, à faner et à moissonner.

Les premières fonctionnent depuis longtemps en Angleterre. Elles laissent peu à désirer.

Celle de Shanks est plutôt une tondeuse. On a eu l'heureuse idée de lui ajouter un rouleau pour rouler le gazon après la tonte.

L'herbe est relevée à mesure qu'on la coupe, et rejetée dans une boîte, de sorte que cette jolie machine ne laisse aucune trace de son passage.

L'usage d'exposer à l'air toutes les parties du foin, à l'aide du rateau ordinaire et de la fourche de bois à deux branches, a été pratiqué de tout temps. Dans ces dernières années, on a essayé d'introduire les machines dans ces travaux, confiés jusqu'ici à des femmes. Le rateau à dents d'acier, traîné par des chevaux, et inventé par l'Anglais Howard, est destiné à remplir cet objet. Il a obtenu les deux derniers prix de la *Société royale d'agriculture d'Angleterre*. Ce rateau sert à ratisser le foin, le blé, les éteules ou le chiendent.

Un instrument destiné au même usage, et plus spécialement à faire le foin, a été exposé par MM. Smith et Ashby, de Stamford, comté de Lincoln ; c'est un perfectionnement d'une machine inventée en 1816 par Robert-Salmon, de Woburn. Une charpente cylindrique, qui porte des rateaux, est divisée en deux parties d'un mètre de long, qui ont chacune un mouvement indépendant. Une roue d'engrenage, collée sur le moyeu des roues, communique le mouvement de rotation aux deux cylindres. Chacun de ceux-ci a 8 barres sur lesquelles sont fixés, à l'aide de ressorts, des rateaux qui ont 5 dents ; ce qui fait en tout 16 rateaux portant ensemble 80 dents. Les ressorts cèdent lorsque le terrain présente des inégalités. On peut régler à volonté la distance des dents par rapport à la terre. Les moyeux impriment à l'appareil de marche un mouvement en sens contraire de celui des roues, les dents rasent le sol d'avant en arrière, étendent et séparent les brins des fourrages, après les avoir vivement soulevés. En une heure, cette machine retourne le fourrage d'un hectare, c'est-à-dire fait l'ouvrage de 20 faneuses. Elle coûte 420 fr. Il est probable que, dans peu de temps, un instrument qui permet de faire sécher et rentrer une récolte en un jour, sera très répandu en France.

L'idée de moissonner mécaniquement appartient aux Américains. C'est la grande exposition universelle de Londres, en 1851, qui a fait connaître en Europe les machines à moissonner, qu'on compte par milliers dans les Etats-Unis du Nouveau-Monde. Il y a bien longtemps, néanmoins, qu'on s'est préoccupé de remplacer le travail pénible et long de la faucille et de la faulx pour couper les moissons. Pline rapporte que, dans l'ancienne Gaule, on se servait de charriots qui ne coupaient des tiges que les épis. Columelle décrit aussi des appareils qui avaient la même destination; ces méthodes échouèrent. Les progrès immenses qu'a faits la mécanique depuis ces époques reculées, nous font croire qu'aujourd'hui, ces moyens puissants, se perfectionnant sans cesse, affranchiront l'homme d'un travail pénible, quelquefois meurtrier, en donnant à la production un accroissement profitable à tout le monde.

Il est certain que, dès à présent, la cause des machines à moissonner est complètement gagnée dans l'esprit de tous ceux qui les ont vues fonctionner, le 2 août 1855, à Trappes, près Paris, par les soins du Jury de l'exposition universelle.

Les moissonneuses exposées l'année dernière étaient en assez grand nombre. Il en était venu de l'Illinois (Amérique du Nord), où elles ont été d'abord inventées, du Canada, de l'Angleterre, de l'Ecosse; la France avait aussi fourni son contingent; nous avons eu, en effet, trois moissonneuses françaises, à savoir : celles de M. Cournier, de Saint-Romans (Isère), de M. Laurent, de Paris, et de M. Mazière, de Laigle (Orne). Mais celles qui ont le plus fixé l'attention des gens spéciaux, sont celles de Mac Cormick et de Atkins, de Chicago dans l'Illinois.

Dans toutes, du reste, le mécanisme est à peu près le même. Une scie animée d'une grande vitesse, au moyen d'une manivelle, coupe le blé sur une assez grande largeur et le fait tomber en arrière sur un tablier d'où un ouvrier le rejette en javelles sur terre. Les chevaux qui conduisent l'appareil sont placés quelquefois en arrière, et dans ce cas ils le poussent en avant, plus souvent sur le côté, ce qui semble plus rationnel pour une bonne direction.

Dans la machine d'Atkins, construite par M. Wright, l'homme chargé de réunir le blé en javelles, après la fauchaison, est remplacé par un appareil automate, qui imite admirablement le mouvement d'un bras humain qui se développe, décrit une courbe en dehors, et se replie sur lui-même après avoir décrit un arc d'environ 45 degrés. Cette tige articulée est armée d'un rateau à dents, qui glisse sur la plate-forme où tombe le blé coupé, réunit ce blé en javelles, le presse contre une plaque dentée, attachée à la machine par un ressort qui lui permet de céder lorsque la javelle est un peu forte. La javelle, ainsi prise, est portée un peu en arrière de la machine ; le rateau s'éloigne alors pour recommencer sa course sur la plate-forme, et la javelle se trouve doucement déposée par terre.

Nous donnons, sans hésitation, la préférence, sur toutes les moissonneuses, à celle d'Atkins, surtout depuis que nous l'avons vue fonctionner dans notre département, en août dernier, par les soins de la Société centrale d'agriculture de la Seine-Inférieure; elle a coupé devant nous 5 hectares de blé en sept heures (1).

La moissonneuse automate d'Atkins, qui a fonctionné à Trappes et dans notre département, a été vendue 860 fr. à M. d'Herlincourt, député au Corps législatif. En y ajoutant une lame de scie de rechange, on aura un total de 1,010 fr.

Nous faisons des vœux pour que les grands propriétaires s'empressent d'aider leurs fermiers dans l'acquisition d'une machine qui offre l'inappréciable avantage de couper toute la moisson d'un faire-valoir en quelques heures; on apporterait ainsi une grande économie de temps et de main-d'œuvre. Les bras manquent presque toujours dans les campagnes, à l'époque des récoltes, et il y a des pays, l'Algérie entr'autres, où la main-d'œuvre est tellement onéreuse que la culture raisonnée a beaucoup de peine à s'y développer. Imitons les Américains et les Anglais qui, avec leur perception rapide des choses industrielles qui ont de l'avenir, ont compris que les moissonneuses devaient bientôt se trouver dans tous les établissements agricoles. La moissonneuse de Mac Cormick ne date que de 1842; eh bien! depuis cette époque jusqu'à l'année dernière, il y en a eu 5,225 exemplaires livrés au commerce!

---

(1) On pourra lire le résultat des expériences faites dans notre département à l'aide de la moissonneuse automate d'Atkins, sous la direction de M. Brunier, secrétaire de la Société d'agriculture, dans le 139° cahier (4e trimestre de 1855, p. 482) des travaux de cette Compagnie savante. — On trouvera aussi les figures des principales moissonneuses de l'exposition universelle dans le t. IVe (juillet à décembre 1855) de l'excellent *Journal d'Agriculture pratique*, publié sous la direction de M. Barral.

Que dirons-nous des machines à battre, aujourd'hui si connues, si répandues, sinon qu'on devrait s'étonner de ce qu'elles soient encore rejetées de quelques fermes? Mais, en général, on le sait, aucune classe de la société n'est plus rebelle au progrès que les fermiers. *g.* Machines à battre les céréales.

La Bible, dans plusieurs passages, fait allusion à la machine à battre. Homère constate son emploi chez les anciens Grecs; le *tribulum* et le *plostellum pœnicum*, dont parle souvent Varron, ne sont pas autre chose.

Cependant, pendant combien de temps le battage au fléau s'est-il perpétué et se perpétuera-t-il encore?

Combien de temps encore se passera-t-on de hache-pailles, de coupe-racines, de concasseurs, de pompes à arroser les prairies ou à répandre l'engrais liquide, etc.?

C'est un peu la faute de la société tout entière, qui n'a pas toujours pris l'agriculture au sérieux, comme elle y tend aujourd'hui. Les Gouvernements comprennent que la prospérité des nations est là ; mais il faut que les conquêtes de la science viennent contribuer, par tous les moyens possibles, au développement de la richesse du sol. La mécanique a sa grande part dans cette œuvre de régénération dont s'honorera notre siècle.

A la tête de l'art mécanique, on ne peut placer mieux que l'horlogerie. Cependant, il faut faire une grande distinction : si nous ne voulions parler que de l'horlogerie ordinaire, cette industrie mériterait à peine l'attention d'un mécanicien. Lorsqu'un archidiacre de Vérone, Pacificus, réalisa, selon les historiens de son temps (vers le milieu du IXe siècle), l'idée jusqu'alors inouïe d'une horloge indiquant l'heure la nuit..... HORLOGERIE.

Horologium nocturnum nullus ante viderat.

(dit son épitaphe), ce fut assurément une chose merveilleuse que cette invention. Les cadrans solaires étaient, en effet, les seuls moyens d'avoir l'heure vraie, les sabliers et les clepsydres n'étant que des instruments propres à mesurer des laps de temps écoulés entre le moment où on les mettait en marche et celui où le fluide cessait de couler.

Au XIIe siècle, quelques horloges publiques commencèrent à être placées dans les clochers des églises ; mais si rares, que, même à la fin du siècle suivant, en 1298, il fallut l'occasion d'une forte amende prononcée contre un magistrat de haut rang, pour qu'on fît l'application de la somme à l'établissement d'une horloge au palais de Westminster.

Près d'un siècle plus tard encore, en 1379, Charles V, dit le Sage, appelait à Paris un mécanicien de Magdebourg, Henry de Wyck, à qui il donna un salaire journalier de six sous parisis (ce qui était un beau denier pour ce temps-là), et son logement gratuit dans la tour du Palais-de-Justice, à condition d'y établir une horloge, d'où cet édifice porte encore aujourd'hui le nom de *Tour de l'horloge*.

On voit par là que, très peu avant le XVe siècle, la France ne possédait pas d'horlogers, et que l'horlogerie paraissait être encore un secret.

Cet art fit, à partir de cette époque, quelques progrès, au point de vue du développement industriel ; les horloges et les montres mêmes se répandirent dans les palais et chez les gens riches. Mais ce n'est réellement qu'après Galilée, à qui l'on doit la découverte du pendule, que les mécanismes destinés à la mesure du temps furent susceptibles de quelque régularité, et qu'ils purent aspirer à un rang parmi les instruments de science et de précision.

C'est de ceux-ci, surtout, que nous avons à signaler les mérites ; mais, auparavant, terminons avec l'horlogerie ordinaire.

Ce qui, encore au xvie siècle, était considéré comme le privilége de la richesse, une horloge, une montre, est aujourd'hui à la portée du plus humble. On peut se procurer une horloge pour 3 fr. 50, une montre en argent...al ou en or...eïde pour 6 fr. ; les unes et les autres sont susceptibles d'indiquer l'heure aussi bien que beaucoup de pendules ou de montres d'un grand prix.

Horlogerie ordinaire.

L'Autriche, la Suisse, la Forêt-Noire, le Haut-Rhin et les départements de la Seine-Inférieure et du Calvados sont les contrées où ces merveilles de bon marché sont atteintes ; la grande fabrication en est le secret. Aujourd'hui, on fait de l'horlogerie à la vapeur.

C'est ainsi que M. Japy, de Beaucourt, et M. Croutte, de Saint-Aubin-le-Cauf, font sortir journellement de leurs découpoirs des milliers de pièces semblables. Ces pièces sont ensuite rassemblées par des monteurs, qui ont une telle habitude, que vingt minutes suffisent pour monter un *blanc* (c'est ainsi qu'on appelle les pièces qui composent la montre), et y ajuster l'échappement.

Il peut se faire qu'une pièce ainsi *fabriquée* marche passablement ; mais le marchand ou l'horloger ont l'habitude de la démonter et de la remonter pour en régler les organes : c'est ce qu'on appelle le *repassage ;* il est d'autant plus soigné que la pièce est d'un plus grand prix ; et si l'on voulait apporter au repassage d'une montre commune le soin qu'on met à une montre fine, il arriverait infailliblement que le prix du repassage dépasserait celui de fabrication.

Voilà ce qui nous a fait dire que le mérite mécanique des pièces d'horlogerie commune est réduit à peu de chose.

Horlogerie de précision.

Il n'en est pas de même de l'horlogerie de précision, qui est assurément le *nec-plus-ultrà* de la transformation d'un effet dynamique, pour l'obtention d'un résultat, tel que constater la marche des astres au firmament ou reconnaître la position d'un navire sur l'immensité des mers.

Oui, telle est la perfection à laquelle est arrivé l'art de l'horlogerie, qu'une bonne pendule astronomique, battant les secondes, se dérange de moins de deux secondes dans quinze jours, c'est-à-dire de moins d'un battement sur un demi-million ; et encore cette irrégularité est-elle compensée à la quinzaine suivante.

Comme pour les horloges publiques, l'Angleterre nous a de loin devancés dans la fabrication des pendules astronomiques, et surtout dans celle des chronomètres. Essentiellement navigateur, le peuple anglais devait être un des premiers à perfectionner ces instruments, si précieux pour reconnaître les routes de l'océan.

Nous avons, en effet, été longtemps tributaires de nos voisins pour la fourniture de nos observatoires et de notre marine.

Au commencement de ce siècle, l'Etat entretenait encore à grands frais une école d'horlogerie d'où sont sortis plus d'un homme célèbre : MM. Lepaute, Berthoud, Motel, Brocot, sans compter l'immortel Bréguet.

Mais c'est à M. Jacob qu'est due la gloire d'avoir affranchi la France de l'alternative, soit de chercher ses chronomètres à l'étranger, soit de les établir au prix de sommes énormes. Il y a à peine vingt ans que M. Jacob, après avoir provoqué la mise au concours de la fourniture des chronomètres de la marine, vint établir une fabrique d'horlogerie de précision à Saint-Nicolas-d'Aliermont, près Dieppe. Là, choisissant les plus habiles, au milieu d'une population d'ouvriers horlogers, de capacités très variées, il leur donna à faire des ouvrages délicats; puis, ce travail terminé, les ouvriers retournaient à leur travail habituel, sans chômage pour eux, sans charge pour le fabricant. Peu à peu, ces ouvriers se perfectionnèrent, au point qu'aujourd'hui, un petit village de Normandie produit les premiers chronomètres du monde pour un prix inférieur à celui des Anglais.

Une pendule astronomique, à échappement libre et à force constante, battant la seconde avec cette exactitude d'un millionième près, dont nous venons de parler, coûte aujourd'hui 1,000 fr., tandis qu'il y a à peine dix ans, elle eût coûté, en Angleterre, 1,800 fr., et 2,500 fr. construite dans les ateliers de l'Observatoire de Paris.

M. Jacob, a qui l'on doit l'admirable échappement à force constante, marchant sans huile, est également inventeur, entre autres perfectionnements remarquables, d'une seconde trotteuse, à aiguille double, pour les observations délicates. Une des aiguilles s'arrête lorsqu'on presse sur une détente, l'autre continue de marcher ; si l'on presse de nouveau sur cette détente, l'aiguille momentanément arrêtée rejoint celle qui marche, par le chemin le plus court, c'est-à-dire, soit en avant, soit en arrière, suivant que l'aiguille qui marche est plus ou moins avancée.

Rien de plus curieux que cette ingénieuse combinaison, qui permet de multiplier, dans un laps de temps très court, des observations d'une grande précision, par suite de la certitude du point de départ comparé avec celui d'arrivée.

Il serait injuste de ne pas citer M. Dumas, gendre de M. Motel, et digne émule de M. Jacob, pour la fabrication des chronomètres et des montres marines. Ces deux artistes sont les fournisseurs de l'Etat, et comme cette fourniture est le résultat d'un concours, c'est assez dire qu'ils ont dignement conquis leurs titres.

La Seine-Inférieure peut être justement fière de posséder cette industrieuse contrée, composée d'un village et de quelques hameaux, d'où sortent à la fois, en fait d'horlogerie, ces merveilles de bon marché dont nous avons déjà parlé, et ces précieux instruments, l'apogée triomphale de la mécanique.

IMPRIMERIE. Si l'horlogerie de précision mérite, après l'agriculture, le second rang parmi les merveilles de la mécanique, c'est à cause des connaissances transcendantes qui doivent guider le mécanicien dont la tâche consiste à mesurer le temps, avec la précision que nous avons signalée.

L'application dont nous allons parler, sans nécessiter une science aussi élevée, a, selon nous, le mérite d'une utilité non moins grande, au point de vue du développement et de la vulgarisation de toutes les connaissances humaines, c'est-à-dire de la civilisation et du bien-être de toute la population du globe.

N'avons-nous pas nommé l'imprimerie?

Où est le temps où un auteur de grand renom trouvait seul des copistes, qui passaient plusieurs années à la confection d'une cinquantaine d'exemplaires d'un ouvrage capital? Où des auteurs de moindre mérite, pour propager leur œuvre, la faisaient débiter en public par un lecteur salarié, chargé de la faire valoir, et même de la faire applaudir par certains auditeurs également salariés? A la place des copistes, c'est aujourd'hui la presse qui multiplie à l'infini l'œuvre, la première venue, au gré de son auteur. Le lecteur public c'est encore la presse aux cent mille voix qui se charge de louer l'œuvre, et tout cela ne coûte pas autant aujourd'hui qu'il en coûtait à Rome pour faire lire une fois un discours sur l'amitié à cinq cents Romains, dont le cinquième formait la *claque*, d'origine vraiment romaine.

Que dirons-nous de l'imprimerie impériale qui renferme, outre les éléments de la plus riche organisation du genre, un matériel mécanique imposant ? <small>Imprimerie impériale.</small>

Nous ne voyons à l'exposition que ses admirables produits, des spécimens de cent quarante espèces d'écritures, représentant un matériel de plus de 60,000 poinçons et 100,000 matrices. Mais elle possède 94 presses typographiques à bras, 14 presses mécaniques mues par la vapeur, 20 presses lithographiques, et une pour la taille-douce. Son exploitation emploie 800,000 kilog. de caractères dont 450,000 environ sont constamment en formes pour les besoins instantanés des diverses administrations. Enfin, elle emploie journellement un personnel de 1,000 ouvriers.

Plusieurs tentatives ont été faites, depuis une quinzaine d'années, pour exécuter mécaniquement le double travail de la *composition* d'imprimerie et de la *distribution* du caractère. Les premiers essais paraissent appartenir à la France, mais, jusqu'ici, aucun n'avait semblé réaliser d'assez notables avantages pour entraîner l'adoption des appareils compliqués qui ont figuré aux dernières expositions. <small>Composition et distribution mécaniques.</small>

Celle de 1855 a vu se produire l'invention nouvelle de M. Sorensen, de Copenhague, qui, au dire des hommes compétents, résout le problème d'une façon remarquable.

La simplicité de cet appareil lui assure, d'ailleurs, le mérite incontestable qui caractérise toutes les inventions pratiques.

Un cylindre vertical, dont la circonférence est divisée en autant de rainures qu'il y a de caractères différents, reçoit pêle-mêle toute la composition à distribuer, et qui vient se loger dans ces différentes rainures. Ce cylindre est divisé sur sa hauteur en deux parties, l'une inférieure, immobile, l'autre supérieure, tournant sur son axe; les rainures correspondantes de la partie inférieure sont munies d'autant de *gardes* différentes, analogues à celles des serrures de sûreté, qu'il y a de caractères; et chaque caractère de même espèce ayant des crans correspondants à l'une des gardes, il en résulte que, quand il passe au-dessus de celle-ci, il ne peut manquer de tomber dans la rainure qu'elle recouvre. Pour faciliter cette chute, le mouvement imprimé au cylindre mobile est tel, qu'il comporte, à chaque rencontre des rainures, un temps d'arrêt analogue à celui des touches du télégraphe électrique. Ce mouvement est, d'ailleurs, simultané avec celui qui sert à faire tomber le caractère appelé par le compositeur; ils sont produits tous deux par la bascule du clavier qui se retrouve ici, comme dans toutes les machines à composer. Il n'y a donc pas de temps perdu; la distribution et la composition se font ensemble.

Cette invention nous semble appelée à un grand succès, malgré l'inconvénient de nécessiter des caractères spéciaux, et celui, très critiqué, d'une justification manuelle. La justification mécanique nous paraît une difficulté peu sérieuse, et que l'inventeur ne tardera pas à vaincre.

Si la pratique de la composition mécanique ne fait que naître, en revanche le *tirage* est arrivé à une puissance qui semble pouvoir être difficilement dépassée. La presse périodique et quotidienne est l'origine des prodigieux résultats obtenus aujourd'hui par les machines qui livrent 10,000 exemplaires à l'heure.

Presses mécaniques.

La première presse mécanique qui ait été inventée remonte à 1790 ; elle est due à l'Anglais Nicholson, et se composait d'un cylindre autour duquel les caractères étaient placés. La difficulté de les y maintenir fit abandonner ce système.

En 1812, fut tenté, mais sans meilleur résultat, l'essai de substituer un prisme au cylindre.

Ce qui fut considéré, à ces deux époques, comme impossible, est aujourd'hui réalisé dans les presses à révolution, par le simple fait de la position verticale des pièces tournantes et de quelques autres dispositions de détail.

C'est en 1814, le 28 novembre, que le *Times* de Londres annonce à ses lecteurs que, pour la première fois, ils tiennent dans leurs mains une feuille imprimée par la vapeur. La machine était celle de l'Allemand König, appareil très compliqué, à comprimeur circulaire, qui fut bientôt perfectionné par MM. Applegath et Cowper, dont la machine est encore en usage aujourd'hui.

Les presses mécaniques qui se partagent en ce moment le domaine de l'imprimerie, sont de trois espèces principales.

Les premières sont sur le principe primitivement imaginé par König, où la *forme* est placée sur une table qui reçoit un mouvement de va-et-vient, et où la feuille à imprimer vient au contact de la forme, par la révolution d'un cylindre sur lequel elle s'enroule.

Avec cette presse, on voit qu'il est impossible de tirer plus d'un exemplaire à la fois, c'est-à-dire à chaque évolution de la machine.

Les deuxièmes sont les presses verticales à cylindre portant la forme. Autour de ce cylindre sont disposés d'autres cylindres plus petits, et qu'on peut multiplier d'autant plus que le cylindre central est plus grand ; ce sont ces petits cylindres qui apportent autant de feuilles au contact de la forme, donnant ainsi simultanément quatre, six, et jusqu'à douze exemplaires par chaque tour du cylindre central.

Les machines de ces deux premières espèces ont pour elles la rapidité de la production ; mais elles fatiguent beaucoup le caractère, qui reçoit ainsi, sur une arête isolée, toute la pression des cylindres entre eux. Elles ne peuvent donc donner longtemps des épreuves d'une grande netteté, à moins qu'on ne renouvelle souvent le caractère. Ce système serait en outre inapplicable à l'impression des gravures sur bois intercalées dans le texte. Cette dernière nécessité, surtout, a motivé la substitution d'un prisme au cylindre central. Des prismes semblables, mais en nombre limité, comme on le conçoit, à celui des faces du prisme central, sont disposés autour de celui-ci, et viennent simultanément en contact avec lui.

Certaines règles géométriques doivent régir les figures à adopter dans cette combinaison. Il est également évident que, pour que l'impression des gravures sur bois soit possible, il faut que les planches trouvent leur place entière sur une face de la figure, ou, ce qui serait encore mieux, que la face de la figure soit de la grandeur de la feuille ; cas où l'on placerait sur les différents côtés autant de formes semblables ou différentes, pour imprimer, soit un grand nombre d'exemplaires, soit plusieurs feuilles d'un ouvrage, soit même plusieurs ouvrages à la fois.

La grande objection faite à ce système, c'est l'emploi d'une énorme quantité de caractères; elle tombera le jour où les besoins commanderont impérieusement la publicité qu'on pourrait réaliser avec la composeuse de M. Sorensen, et une presse à plusieurs compositions.

L'union des trois mondes, par la multiplicité et la grandeur des communications que nous préparent la télégraphie et la navigation à vapeur, doivent faire naître la nécessité de cette reproduction infinie de la pensée d'un seul, pour la répandre sur tous les points du globe.

Les machines à platine, qui sont celles de la troisième espèce de presses mécaniques, doivent avoir la préférence pour tous les ouvrages d'art, dont le nombre d'exemplaires doit être plus limité.

Elles sont de formes et de dispositions variées; celle de feu Selligue a la forme posée sur une table mobile; la platine s'élève et s'abaisse, comme dans la presse ordinaire de Stanhope, universellement connue; des organes particuliers apportent la feuille et la retirent, à droite et à gauche, tandis que les rouleaux encreurs font leur service, également aux deux extrémités.

Mais le système le meilleur, pour obtenir des épreuves d'une netteté parfaite, est encore celui où la forme est immobile au centre de la presse; une platine double, comme un livre ouvert à angle droit, le dos tourné en bas, s'abaisse par un mouvement des plus ingénieux, présentant au contact de la forme, et alternativement, l'un ou l'autre de ses côtés perpendiculaires entre eux. Suivant donc la comparaison que nous avons faite de cette double platine avec un livre à demi ouvert, qu'on se figure la machine au bas de sa course, le livre aura un de ses côtés appuyé à plat sur la forme, et l'autre droit; en ce moment, un mécanisme particulier enlève la feuille imprimée et la remplace par une blanche. Le livre se relève, fait un quart de tour, pendant l'intervalle duquel les rouleaux encreurs traversent la forme, puis s'abaissent de nouveau, et ainsi de suite, à droite et à gauche.

Nous ne quitterons pas les presses mécaniques sans citer la presse universelle de M. Marinon, qui, à l'aide de plusieurs cylindres, peut imprimer deux couleurs à la fois ; la presse à platine de MM. Paul Dupont et Derniame, qui, également exécutée sur un petit format élégant, s'applique au tirage des épreuves, avec de grands avantages sur le tirage à la brosse.

<small>Machines à fondre les caractères.</small>

Enfin, nous dirons un mot des machines à mouler les caractères d'imprimerie.

Quiconque a vu faire ce travail à la main, a dû être frappé de la difficulté et de la complication d'une opération si simple en apparence.

Presque toutes les machines à fondre les caractères sont basées sur le même principe, la projection du métal fondu dans le moule par une petite pompe foulante. Les moyens d'ouvrir, de vider et de nettoyer le moule constituent l'autre partie du mécanisme. La complication de ces divers organes défie une description sans l'aide du dessin ; qu'il nous suffise de dire que ce but semble parfaitement atteint aujourd'hui par la machine de M. Johnson, de Londres, suivant le rapport très favorable d'une commission composée d'hommes les plus compétents, et rédigé par M. H. Plon.

<small>MACHINES DIVERSES.</small>

Il faudrait des volumes pour décrire les machines variées qui sont créées de jour en jour, soit pour faire des produits nouveaux, soit pour exécuter mécaniquement ce que la main seule a pu faire depuis les temps les plus reculés jusqu'à nos jours. C'est presque toujours une chose curieuse que ces inventions modernes, ayant plus ou moins le caractère de la nouveauté, et qui, dans la solennité qui nous occupe, ont eu le privilége d'attirer plus spécialement l'attention publique.

Dans presque toutes, une seule préoccupation semble avoir dominé l'inventeur : abréger, diminuer le travail manuel, partout où il subsiste encore

N'est-ce pas le cas de dire un mot de plus à ce sujet pour réfuter les arguments des hommes timorés pour l'avenir de la classe ouvrière ?

Abréger le labeur, est-ce compromettre l'existence de celui qui, présentement, vit du travail de ses mains ? Non, car s'il est vrai que la machine qui remplace un travail manuel, détruit infailliblement l'industrie qui lui a donné le jour, cette destruction est lente et comme réalisée graduellement, par une volonté supérieure, qui laisse aux destinées ouvrières le temps de se déplacer, sans transition violente ni désastreuse pour personne.

En veut-on une preuve toute pleine d'actualité ? Quelqu'un nous demandait dernièrement, avec une louable anxiété, ce qu'allaient devenir les couturières avec la machine à coudre. *Machine à coudre.*

Eh bien ! la machine à coudre qui, en effet, si elle eût été accueillie avec enthousiasme dès son origine, eût privé instantanément de pain, il faut le dire, un certain nombre d'individus, la machine à coudre, inventée il y a plus de quinze ans, en Amérique, a mis plus de dix ans à se propager. Les brevets sont expirés : vingt imitations, perfectionnements ou simples copies de la première machine, se sont répandus dans toutes les contrées du globe. Il en est arrivé jusqu'à Rouen qui ont fonctionné en vue du public, et puis ont disparu. — Travaillent-elles en secret, ou sont-elles momentanément reléguées au grenier?

Est-ce à dire que la machine à coudre soit un joujou sans utilité? Tant s'en faut: quatre mille machines à coudre fonctionnent à New-York ; chaque machine occupe en moyenne trois ouvrières pour bâtir, raccorder, etc., non compris celle qui fait tourner la mécanique : total seize mille ; si l'on ajoute à ce nombre les ouvriers employés à construire et à réparer ces machines, ceux qui font les crochets, les accessoires, ceux qui filent et tissent l'énorme quantité de matières travaillées à la machine à coudre, on arrive à une supputation frappante du nombre de personnes que la machine à coudre fait vivre. Avant elle, à peine comptait-on huit cents couturières proprement dites à New-York. Voilà la réponse à la crainte de l'abolition des couturières par les machines à coudre, qui s'introduisent en France avec cette sage lenteur qui préside à toutes les destructions d'industries manuelles.

N'est-ce pas d'ailleurs l'histoire de toutes les transformations mécaniques, et alors qu'on peut compter aujourd'hui, en France, douze millions de broches qui filent chacune, tous les jours, autant de coton que dix femmes en pourraient filer à la main ; en face du chiffre imposant de la population ouvrière occupée à surveiller ces machines, dans des ateliers à l'abri des intempéries, et où une vie douce et régulière est un élément de santé et de bien-être, songe-t-on à regretter le temps où quelques milliers de femmes filaient toute une semaine, pour gagner, dans les intervalles des travaux du ménage, le prix d'une journée de notre époque?

Ce raisonnement prévaudra, nous l'espérons, à l'égard de toutes les inventions nouvelles qui ont pour but et pour effet de diminuer le travail et de supprimer les bras. Telles sont, sans distinction de classe, les nouvelles machines à laver le linge (M. Lejeune), les machines à moissonner, les machines à calculer, qui vont jusqu'à imprimer les calculs faits sans possibilité d'erreur, les machines à faire des sacs de papier, à envelopper les tablettes de chocolat, et tant d'autres.

Exceptons-en une seule, quelle que soit son ingéniosité, la machine de M. H. Steven, ingénieur de l'arsenal de Truvia, en Espagne, qui fait par heure, et à froid, 4,000 balles coniques.....

Espérons que le temps est passé où l'on trouvait nécessaire de rechercher les moyens économiques de tuer ce qu'on était convenu d'appeler un ennemi, surtout lorsque cet ennemi est un homme né sous le même ciel. — A moins que la puissance de destruction n'atteigne de telles proportions, que les peuples redoutent un conflit qui dût laisser tous les combattants sur le terrain, qu'il nous soit permis de ne pas reconnaître le mérite des machines à faire, à la vapeur, les balles, les sabres et les fusils.

Il est temps d'aborder une classe de machines plus utiles, c'est le matériel des manufactures. Ici le champ est si vaste que nous n'oserions nous y engager si nous n'avions, pour excuse de la manière incomplète dont nous traiterons cette dernière partie, la limite même qui nous est imposée, de ne parler que de ce qui intéresse notre département. Nous ne nous occuperons donc que de la filature du coton, de celles du lin et de la laine, du tissage de ces matières ; de la corderie et de l'impression. *MATÉRIEL DES MANUFACTURES.*

On sait que la filature mécanique est une invention anglaise. C'est en 1764, qu'un charron de village, Hargreaves, eut l'idée de construire une machine qui ferait huit fois autant de travail que sa sœur Jenny avec son rouet. Telle est l'origine de la Jeannette, ou premier métier à filer de *huit broches*, imitant l'étirage manuel par allongement. Deux ans après, le fils d'un perruquier, Arkwright, inventait l'étirage par des cylindres à vitesses différentielles, principe de toute filature.

Enfin, en 1774, Crampton, réunissant ces deux systèmes, composait la mule-jeannette (*mull-jenny*), ou combinaison bâtarde des deux machines, laquelle a fait le tour du monde.

Le succès de l'invention de ces trois hommes est une chose inouïe dans les fastes anciens et modernes; la fortune qu'ils en ont retirée passerait pour fabuleuse, si le chiffre de quatre millions sterling et plus (cent millions de francs), n'était attesté par la généralité des historiens de l'industrie. Cela s'explique cependant par une prorogation de dix ans, accordée par la chambre des lords au brevet expirant en 1785. Les chroniqueurs ajoutent qu'à la fin de cette prorogation, les inventeurs insatiables auraient offert à l'Etat *de payer l'intérêt de la dette publique* à même les produits d'un nouveau privilége; ce qui aurait été refusé, dans la crainte d'une révolution qu'eût infailliblement soulevée l'impatience, longtemps comprimée, de voir enfin cette invention acquise au domaine public.

Filature du coton.

La filature du coton, sans contredit la plus intéressante pour nos contrées, était, comme dans les expositions précédentes, largement représentée à l'exposition universelle. Cependant, peu de perfectionnements saillants ont signalé l'avancement de cette industrie. De belles et bonnes machines, une grande variété de formes, qui prouverait que le fond a été suffisamment étudié et, surtout, une grande variété de prix, voilà l'impression qui reste d'un premier coup d'œil.

L'Angleterre cède définitivement le pas à l'Alsace pour la perfection de l'ajustement et du montage. La Prusse suit la France dans cette voie, mais à l'Angleterre reste le privilége du bon marché; ses machines font d'aussi bons produits, elles demandent peut-être un peu plus d'entretien, mais, somme toute, il faudrait leur accorder la préférence, si l'importation en était faite par des hommes plus habiles, non *pour ce qui les regarde*, mais au point de vue de l'intérêt du consommateur.

Nous avons déjà plusieurs fois manifesté le regret que Rouen fût si en retard, pour la construction des machines à travailler le coton. Comment, au centre d'un pays de filateurs, ne s'est-il pas monté un atelier de construction sérieux et sur une bonne échelle? Que faudrait-il pour cela? Une bonne entente, entre gens de spécialités distinctes et de talent incontestable. On a beau dire que chaque spécialité gagne à être traitée par un homme; la besogne manque parfois, l'atelier chôme, et le bénéfice qui reste en moyenne, est insuffisant pour permettre les dépenses qu'il faudrait pouvoir faire, pour se maintenir au niveau du progrès.

MM. Dubus aîné, Fourcroy, Passieux, Gallet et Dubus, Danguy et tant d'autres, avaient des machines fort bien faites, qui ont attiré l'attention du public connaisseur et du jury, mais ils auraient bien mieux fait, si tout ce matériel, sortant d'un unique atelier, avait été combiné et coordonné, pour former un ensemble comme les expositions d'Higgins, de Hibbert Platt et fils, des N. Schlumberger et C°, et autres, qui tiennent le premier rang dans l'industrie des machines à coton.

La seule chose qui semble appelée à produire un effet nouveau dans la filature de coton, c'est le brossage de la matière brute, imaginé par M. Neveu, de Malaunay; dans ce système, les fibres sont effectivement *brossées* au moment où elles vont entrer dans la machine dite *perroquet*, de manière à en séparer la *feuillette* et les impuretés, adhérentes à la *laine*, lorsqu'elle arrive du pays de production. Le brossage, appliqué aux batteurs, est également efficace et procure de l'économie sur les anciens procédés, au point de vue du rendement net en coton préparé.

Arrêtons-nous un moment sur des chiffres curieux que nous avons recueillis à l'exposition.

L'Angleterre et l'Ecosse possèdent aujourd'hui 21 millions de broches, la France 13 millions, les Etats allemands, en somme, 9 millions, les autres contrées de l'Europe 5 millions, ensemble 48 millions. Ce nombre de fuseaux réunis fait 162,000,000 de kilomètres, c'est-à-dire de quoi entourer plus de quatre mille fois la terre, dans une journée de travail ordinaire.

Filature du lin.

La filature du lin est pauvre d'objets nouveaux; dans le teillage, trois machines se disputent la palme : celle de M. Mertens, de Gheele en Belgique, nous a paru rationnelle et faite pour de grandes exploitations ; celle de M. Bourdon-Quesney, de Gueures (Seine-Inférieure), est bien plus simple, mais elle est moins productive et plus agricole que manufacturière. Enfin, celle de l'Anglais Davy travaille le lin sans être roui.

Nous citerons la belle exposition de machines à lin de MM. Lawson et fils, de Leeds ; cette maison soutient dignement la vieille réputation qu'elle a acquise par sa manière de comprendre intimement les besoins de cette industrie.

On doit à ces constructeurs la belle carde à déchets, qui réduit en rubans d'une pureté remarquable les débris de toutes les opérations d'une filature, hormis ceux qui ont reçu une torsion. De cette manière, il n'y a plus rien de perdu, si ce n'est la poussière ; or cette poussière, qui constitue une perte importante pour le filateur, est de près de 10 p. 0/0 de la matière brute. Cette circonstance explique comment les fils de lin sont toujours chers, malgré les perfectionnements des machines ; outre les difficultés plus grandes de la fabrication, le coût élevé du matériel, la force motrice considérable qu'il réclame, il faut encore ajouter au prix de la matière première une perte inévitable de 10 pour cent.

Le perfectionnement le plus important dans la filature du lin, c'est l'application de l'étirage circulaire à la carde. Ce petit appareil de M. P. Fairbairn reprend l'étoupe au moment où elle va quitter la carde, et l'étire en un ruban parallélisé, prêt pour un second laminage ou la mise immédiate en bobines, au banc-à-broches.

M. Decoster, à qui l'industrie linière française doit l'impulsion qu'elle a reçue, dans ses premières années, avait, il y a dix ans, imaginé le banc-à-broches-fileur. Nous aurions beaucoup à dire sur cette ingénieuse machine, dont le rejet ne nous a jamais semblé justifié. Si, aujourd'hui, elle reparaissait, à l'aide de quelques perfectionnements ou d'un peu plus de bienveillance de la part des filateurs, nous verrions ainsi la filature des étoupes réduite à deux machines :

Carde-étireuse ;

Banc-à-broches-fileur.

De là à réunir les deux nouvelles machines en une seule, il n'y a qu'un pas, et on aurait un seul et unique appareil pour filer les étoupes.

Cette idée peut paraître dépourvue de gravité ; pourtant, elle n'est pas plus impossible que la fabrication continue du papier ; autrefois il fallait, pour faire du papier, une multitude d'opérations, aujourd'hui réunies et effectuées par une seule et admirable machine.

Quant au long brin proprement dit, qui est le *cœur* de la matière, dont on a séparé l'étoupe par le peignage, sa première qualité, au point de vue des procédés mécaniques, est la pureté avec laquelle il sort de cette première opération.

Le peignage à la main est encore préféré par la majeure partie des filateurs; cependant, presque tous ont essayé l'emploi des nombreuses machines à peigner, qui ont eu successivement la vogue.

Chaque fois qu'il s'en présente une, on croit avoir saisi la solution de ce problème, qui paraît être d'une haute difficulté.

A l'exposition, nous en voyons une demi-douzaine.

Celle de M. Combe, de Belfast, produit un assez bon travail, par le renversement du mouvement des peignes, allant dans un sens pendant quelques secondes, puis revenant sur eux-mêmes et entraînant avec eux la poignée de lin, qu'ils retournent pour l'attaquer de l'autre côté. Ce système est ingénieux, mais il est une véritable hérésie dynamique, en ce sens qu'il faut anéantir subitement la quantité de mouvement que possède la masse des peignes, et vaincre de nouveau l'inertie de la machine pour la faire repartir en sens contraire.

On sait quel résistance on éprouverait à faire tourner une roue, par sa manivelle, tantôt dans un sens, tantôt dans l'autre. Encore bien, donc, que la machine de M. Combe fût d'un bon effet technique, elle aura toujours contre elle la défectuosité de son mécanisme.

D'ailleurs, le moyen de peigner des deux côtés n'est pas difficile. Il existe à l'aide de dispositions simples et ingénieuses, dans toutes les machines à peigner. Dans celle de M. Lacroix, de Rouen, cet effet est produit par un mouvement continu très lent, avec retour semi-circulaire à une des extrémités de la machine ; la dépense de force est insignifiante. De plus, le mouvement circulaire continu du tambour portant les peignes, nous semble réaliser les meilleures conditions du peignage mécanique, où il s'agit surtout de ne pas fatiguer la matière, et d'éviter de l'embrouiller par des agitations inutiles.

Les procédés de préparation du lin n'ont rien de saillant comme perfectionnement. C'est toujours le lourd et dispendieux système des étirages à vis, qui exige beaucoup de force motrice. Il y a là un grand progrès à faire.

Les métiers à filer de MM. Lawson et fils sont bien traités, et d'un bas prix qui défie la concurrence française, malgré les droits. L'Alsace, par exemple, ne peut lutter ; mais la fabrique de Lille a exposé de très bons métiers, aussi bien faits que ceux d'Angleterre, et qui approchent de ce qu'on appelle le bon marché, s'il y avait du bon marché en filature de lin. M. Windsor a fait faire à la construction française de notables progrès en ce sens.

La filature de laine se divise en deux grandes sections : laine peignée et laine cardée.

Le peignage de la laine a été plus heureux que le peignage du lin ; il est aujourd'hui pratiqué mécaniquement, d'une façon qui dépasse tout ce qui a été fait à la main et par les plus habiles ouvriers. Ce progrès a été réalisé d'abord, par M. Heilman et la maison N^{as} Schlumberger et Ce ; puis, par M. Hübner. Ces deux concurrents paraissent se partager à peu près également la faveur des manufacturiers. Nous n'entrerons pas dans la description de leurs machines, qui sont bien connues, et qui ont fait la fortune de ceux qui, les premiers, ont été assez heureux pour les employer.

Filature de laine.

Il est regrettable que l'exposition universelle se soit bornée à nous montrer les machines à peigner la laine, et rien de plus de cette intéressante fabrication, qui produit nos mérinos et toutes ces belles étoffes de fantaisie que le luxe accueille avec tant de faveur.

C'est que la filature de la laine peignée est le privilége de quelques maisons fortunées, qui se sont hâtées de donner à leurs manufactures, une extension qui ne permet pas à la concurrence de s'élever à côté d'elles.

Le nombre des filatures de laine peignée est donc comparativement restreint, et la construction de leurs machines, faites en partie dans leurs propres ateliers, n'a point excité l'émulation.

Il n'en est pas de même de la filature de laine cardée, qui intéresse la masse la plus générale des consommateurs et les fabriques nombreuses qui produisent les draps et leurs variétés innombrables.

Quiconque s'est arrêté devant l'exposition de M. Mercier, de Louviers, a pu se rendre un compte exact de l'état d'avancement de cette industrie, et du perfectionnement actuel de ces machines, les plus simples peut-être de toutes celles qui travaillent les matières filamenteuses.

La laine, en effet, par sa nature même, se prête admirablement aux opérations de la filature. Cependant, comme tout est relatif, on a cherché d'abord à produire mieux, ensuite à produire davantage. Quant à la simplicité du système, elle est résumée dans le petit nombre des machines qui composent l'assortiment : carde, étirage, métier à filer.

Nous dirons un mot de la carde boudineuse de M. Chennevière, d'Elbeuf.

Son perfectionnement consiste à combiner d'une manière régulière, et pour ainsi dire mathématique, le mélange des laines, pour faire des fils jaspés, sans s'en rapporter uniquement au hasard, comme on l'avait fait jusque-là. Les laines de diverses couleurs, préparées séparément au loup, sont livrées à la carde en boudins assortis, suivant la combinaison désirée, et celle-ci se charge d'en faire des loquettes continues où la combinaison est conservée d'une manière rigoureuse. C'est ainsi que M. Chennevière est parvenu à faire ces belles nouveautés où la régularité de l'aspect des jaspés est, comme on le voit, non un effet du hasard, mais de véritables combinaisons variables à l'infini.

Il est une invention assez curieuse et dont le principe nous a paru assez bon, en attendant que l'expérience ait dit son mot : c'est l'étirage *à expansion*, comme on pourrait l'appeler, imaginé par M. Pierrard-Parpaite. Il est effectué par un mouvement de progression des barrettes porte-peignes, dont la vitesse augmente sans cesse, à partir du point de départ jusqu'à l'arrivée, entre le cylindre alimentaire et le cylindre étireur. Ce mouvement est lui-même le résultat de la révolution de deux plateaux parallèles, à rainures circulaires rayonnantes, dans lesquelles s'engagent les tenons des barrettes.

On conçoit qu'il résulte de ce système un écartement graduel des barrettes, qui allonge la mèche de laine (ou de toute autre matière filamenteuse), imitant en cela la manière dont nous parallélisons les fibres d'une matière quelconque, en les étirant entre les doigts. Seulement, nous pensons que le grand écartement final des barrettes est nuisible à la régularité de l'étirage, au moment où il s'accomplit ; la matière n'étant plus assez soutenue, doit s'échapper et produire des inégalités dans le ruban. On y remédierait facilement en faisant suivre l'étirage expansif d'une petite série de peignes à écartement invariable, comme dans les autres systèmes. La complication de tout cet attirail serait-elle justifiée par les avantages qu'on en retirerait ?

Corderie. La corderie est comme un corollaire de la filature ; elle en suit presque rigoureusement les principes. En effet, une corde n'est pas autre chose qu'un gros fil, et un fil retors n'est pas autre chose qu'une petite corde. Il y a peu de corderies mécaniques, c'est-à-dire où toutes les opérations se fassent par un moteur général, et comme nous n'avons pas ici à nous occuper de produits manufacturés, nous devons nous borner à parler de quelques machines employées dans la corderie.

La machine à faire les cordons, exposée par la manufacture impériale de Rochefort, est un gros banc à broches, ou un plus gros métier à filer le chanvre. Comme les cordons s'enrouleraient difficilement sur la bobine, à cause de leur raideur, on fait ici usage de comprimeurs, qui les retiennent en place une fois enroulés.

La question importante dans la fabrication des cordages est la torsion.

Jusque vers la fin du siècle dernier, on n'avait pas soupçonné que le maximum de résistance des cordages, coïncidât avec un certain *angle de torsion*. C'est en 1783, en Angleterre, que Sylvester, et après lui Cartwright, Fothergill et Balfour, en 1792-93, firent des expériences, et établirent les bases d'une théorie aujourd'hui universellement adoptée.

Depuis lors, nous avons dépassé les Anglais dans l'art de faire les cordes, à ce point, que M. Hunt, le célèbre publiciste industriel de l'Angleterre, a écrit que la supériorité dans cette industrie appartenait au Havre, à Rouen et à Katwyk, en Hollande.

Tissage. Nous arrivons enfin au tissage, et c'est à dessein que nous en parlons d'une manière générique, car, aujourd'hui, le métier à tisser est de plus en plus destiné à devenir universel : tissant également le coton, le lin, la laine, la soie, soit séparés, soit convenablement mélangés, pour faire les créations nouvelles que réclame le besoin ou la mode.

Il y a soixante ans à peine que furent tentés les premiers essais de tissage mécanique ; ils sont dus à l'Anglais Robert Miller, et datent de 1796. A cette époque, un métier qui battait soixante coups par minute, était regardé comme une merveille. Puis les moindres accidents arrivant dans la marche de la machine, entraînaient presque toujours la perte de la pièce entière.

Aujourd'hui, le métier à tisser est devenu un instrument incomparable, ayant, pour ainsi dire, l'intelligence de deviner quand un fil casse dans la chaîne, quand la trame manque, ou si la navette n'a pas fourni sa course ; de s'arrêter alors, et d'attendre que son surveillant vienne réparer le mal, avant qu'il ait acquis de la gravité.

C'est ainsi qu'on est arrivé à l'incroyable production actuelle de ces admirables machines. Imaginez une chasse qui donne deux cent vingt-cinq coups par minute, près de quatre coups par seconde, et vous vous rendrez compte de cette production de 80 à 100 mètres de tissu par journée de dix heures de travail, 30,000 mètres par an et par métier. Une ouvrière en surveille deux, souvent trois. Où est le temps où un tisserand mettait un mois, pour faire sa pièce de 60 à 65 aunes ?

La laine, comme la matière la plus souple et la plus élastique, est aussi la plus facile à travailler, dans les petites laizes ; car le tissage des draps présente encore de grandes difficultés à cause de leur excessive largeur. Vient ensuite le coton ; enfin, le lin qui paraît le plus revêche à cause de sa raideur et de sa dureté. Il faut frapper fort pour tisser le fil de lin ; aussi voit-on les bâtis des métiers, à ce destinés, d'une épaisseur raisonnée, et toutes les pièces accessoires en proportion.

Machines à imprimer.
Les machines à imprimer doivent compléter notre revue. Depuis l'invention de la perrotine, qui a fait le tour du monde, bien des progrès ont accompagné cette industrie. On croyait avoir trouvé le *nec-plus-ultrà* quand on imprimait trois couleurs à la fois. Aujourd'hui, l'exposition nous montre une machine de M. André Kœchlin, qui imprime à huit couleurs, et l'on nous affirme qu'une machine anglaise, qui n'a pas été exposée, distribue avec une rare précision quinze couleurs sur un tissu qui passe avec une vitesse de 20 mètres par minute, 1,200 mètres par heure, quatorze ou quinze kilomètres par jour.

Nous pouvons dire, avec un légitime orgueil, que Rouen est, pour ainsi dire, à la tête du progrès dans l'impression des indiennes. Nos nombreux ateliers de gravure, parmi lesquels M. Carliez tient une place de fabricant et d'artiste distingué ; ceux où se construisent les machines à imprimer, si remarquables par leur précision et leur puissance de production, ne laissent rien à envier aux ateliers de l'Alsace et de l'Angleterre. M. Chesneau, successeur de M. Chappey, a exposé une série de belles machines, objet d'une des plus honorables distinctions du jury.

Nous voici arrivé à la fin de cette partie de notre tâche. C'est à regret que nous passons sous silence tant d'utiles inventions et de perfectionnements, dans l'ordre de la fabrication des tissus, nouveautés, etc., mais les bornes qui nous sont imposées ne nous permettent pas d'étendre jusque-là notre inspection.

Il nous en coûte aussi de laisser de côté les constructions civiles et maritimes, qui offrent un puissant intérêt à notre département; mais on conçoit que les grands développements, nécessaires en pareille matière, nous arrêtent.

Un seul mot sur les pieux à vis de M. Mitchell qui, dans un temps donné, auront entièrement détrôné les pieux péniblement frappés au mouton. Cette admirable application, qui s'est rapidement étendue en Angleterre aux fondations des phares, aux travaux des jetées, à l'ancrage des bouées, etc., semble presque ignorée dans nos contrées. Elle présente pourtant une telle économie et une si grande sécurité, qu'on doit s'étonner de voir encore installer des *sonnettes*, même à vapeur, pour construire nos quais de Rouen. Pieux à vis.

Répétons-le : c'est à regret que nous laissons cette partie de notre travail si incomplète en face des merveilles de notre siècle. D'autres plus habiles ont pourvu ou suppléeront encore à notre insuffisance; mais il viendra un temps où les écrivains ne suffiront plus à enregistrer les triomphes de la mécanique, de la physique et des autres sciences appliquées aux arts industriels. Quand on est convaincu que ce n'est point un rêve qu'une ville flottante, plus peuplée que bon nombre de sous-préfectures, et qui communiquera avec les antipodes de sa station de départ, en moins de temps qu'il n'en fallait il y a un siècle pour aller de Paris à Bordeaux, on ne peut que se recueillir et se sentir fier de vivre à une pareille époque !

§ II.

ARTS CHIMIQUES.

Nous arrivons maintenant à la partie la plus variée et la plus intéressante peut-être de l'exposition : nous voulons parler des arts chimiques ou de l'industrie scientifique proprement dite. Notre département lui doit une grande partie de sa prospérité, et elle lui en réserve encore plus dans l'avenir ; c'est, au moins, notre conviction.

Un pareil sujet exigerait une analyse détaillée ; mais la multiplicité des choses à mentionner, jointe à l'obligation de ne pas dépasser certaines limites raisonnables pour un simple compte-rendu, nous force, bien malgré nous, à restreindre le cercle de nos observations, et à ne présenter qu'une appréciation rapide et sommaire des objets les plus saillants et les plus directement applicables à notre industrie locale.

Les arts chimiques sont une des gloires de notre siècle. Il y a quatre-vingts ans à peine, au déclin du xviiie siècle, au moment où une révolution politique s'accomplissait dans les destinées de la société française, une révolution plus pacifique, mais non moins profonde et grandiose, remuait jusque dans ses entrailles le vaste domaine, jusqu'alors mal exploré, des sciences physiques. A la tête des novateurs qui allaient enfin porter la lumière dans ce sanctuaire des sciences, dérobé pendant de si longues années à la curiosité native du vulgaire, marchaient trois hommes de génie dont les noms seront aussi impérissables que la science elle-même : Lavoisier, de Paris, Priestley l'Anglais, Schèele, de Suède.

« L'un, homme du monde, riche, entouré de l'élite des savants et marchant à leur tête, dit l'éloquent M. Dumas, s'élève au-dessus de toutes les gloires contemporaines ; l'autre, ecclésiastique, théologien fougueux, homme politique par position, sans fortune, mais soutenu par quelques amis des sciences, jette un éclat passager, mais un éclat si vif, que nous en sommes encore éblouis ; le dernier, élève en pharmacie, pauvre et modeste, ignoré de tous et se connaissant à peine, inférieur au premier, mais bien supérieur au second, maîtrisant la nature de son côté, à force de patience et de génie, lui arrache ses secrets et s'assure une éternelle renommée. » (1)

Avant la venue de ces trois hommes, que M. Dumas qualifie, à juste titre, *d'instruments providentiels*, la médecine, la pharmacie, la pratique des ateliers avaient des recettes, des notions empiriques sur les corps si divers qui servaient de bases aux opérations chimiques et techniques ; mais la théorie, qui relie les faits isolés pour en former un corps de doctrine, n'existait pas avant 1780. L'art de l'expérimentation était à peine pratiqué ; le secours de la

---

(1) Dumas. — *Leçons sur la Philosophie chimique*, p. 86.

balance n'était pas encore invoqué; la technologie, par cela même, ne faisait que de timides efforts. Bientôt, à la voix de Lavoisier, l'horizon des sciences physiques se découvre, un monde nouveau apparaît, la théorie est constituée, et, dès ce moment, les découvertes, les applications utiles se succèdent avec une rapidité qui tient du prodige.

Argand apporte dans l'art de l'éclairage une révolution complète, en construisant sa lampe à double courant d'air; Hallé, puis Fourcroy et Guyton-de-Morveau utilisent les propriétés du chlore à l'assainissement de l'air; Berthollet fait servir cet agent si énergique au blanchiment des tissus et de la pâte à papier; puis, il découvre le chlorate de potasse, qui doit, plus tard, jouer un rôle si important; Rumfort perfectionne la construction des fourneaux; Philippe Lebon imagine l'éclairage au gaz, et tire du bois l'acide qui doit se substituer au vinaigre dans les ateliers de teinture et d'impression; Lowitz aperçoit les propriétés désinfectantes et décolorantes du charbon, qui recevront bientôt de si nombreuses applications; Leblanc fabrique la soude artificielle; Dizé la céruse, que Thénard saura, quelques années après, obtenir plus belle et à meilleur marché; Monge établit en grand la fonte et le forage des canons; Clouet apprend à convertir immédiatement le fer doux en acier fondu, et approvisionne de tôle et de fer forgés les arsenaux de la République, en même temps qu'il produit le premier, en Europe, des lames de sabre imitant les damas de l'Orient; les frères Montgolfier osent s'élancer dans les plaines de l'air, et, peu après, le physicien Charles remplace l'air dilaté par le gaz hydrogène pour ces ascensions dangereuses; Séguin s'occupe de la confection du cuir, et rend un immense service au gouvernement révolutionnaire en procurant des chaussures à ses soldats victorieux, mais nu-pieds; Fauler impatronise à

Choisy-le-Roi la belle industrie du maroquin; Chaptal régularise et éclaire les arts du savonnier, du teinturier en rouge, du vigneron, du distillateur; Conté, si versé dans les arts industriels, trouve le moyen de faire des crayons artificiels en associant la plombagine à l'argile, et le général Lomet publie de son côté un ingénieux procédé pour la composition des crayons de sanguine, non moins utiles au dessin que les premiers; Vauquelin découvre le chrôme, dont les composés joueront, vingt-cinq ans plus tard, un rôle si important dans la teinture et la peinture; Edouard Adam crée la distillation continue et fait gagner des milliards à nos départements méridionaux; Watt prend la machine à vapeur des mains de Newcomen et en fait l'instrument perfectionné qui, en quelques années, changera la face de l'industrie; Volta imagine sa pile électrique qui, maniée avec habileté par Davy, fera découvrir la nature complexe des alcalis, et fournira à la chimie deux des plus puissants agents qu'elle possède, le potassium et le sodium.

Encore un peu, Proust dira comment isoler le sucre du raisin; Chaptal industrialisera l'extraction de l'indigo du pastel, celle du sucre de la betterave; Appert découvrira les moyens de conserver les viandes et les légumes; Descroizilles, de Rouen, dotera les fabriques de son bertholimètre et de son alcalimètre, après avoir rendu pratique la fabrication du chlorure de chaux et contribué plus que tout autre à l'établissement des blanchisseries bertholliennes; Derosne et Pluvinet introduiront dans le raffinage des sucres un immense perfectionnement par l'usage du noir d'os; Curaudeau fera en grand, de toutes pièces, à Javelle, de l'alun aussi pur que l'alun de Rome; Holker fils rendra la production de l'acide sulfurique continue, à l'aide de modifications heureuses, apportées dans la disposition des chambres de plomb; Vauquelin simplifiera singulièrement l'extraction du platine ; D'Artigues installera d'une manière définitive la fabrication du cristal en France, en fondant l'importante usine de Baccarat; Carcel et Carreau perfectionneront la construction des lampes de salon ; Chaptal fera, le premier, connaître en France le blanchissage du linge à la vapeur, employé dès longtemps chez les Orientaux.

Attendez encore, et d'Arcet, en imaginant un système complet de ventilation, préservera les ouvriers des vapeurs pestilentielles et des gaz délétères ; Senefelder trouvera la lithographie ; Courtois découvrira l'iode ; Kirchoff le moyen de saccharifier la fécule ; Chevreul, en faisant l'étude complète des corps gras, posera les bases de la belle industrie des bougies stéariques ; Thenard publiera généreusement son procédé si simple d'épuration des huiles à brûler ; Thénard et d'Arcet inventeront les mastics hydrofuges pour empêcher les détériorations des peintures sur pierre et sur plâtre ; Raymond père apprendra à remplacer l'indigo par le bleu de Prusse pour la teinture des soies ; Gonin et Beauvisage, de Lyon, montreront à teindre en écarlate les draps et les laines avec la garance et la lac-dye ; Arvers, de Rouen, donnera à nos indienneurs le sel d'étain pour ronger les mordants ; Viard, le premier, découvrira l'action de la vapeur pour le fixage des couleurs ; Molard substituera au grillage à la plaque la flamme du gaz de l'éclairage ; Engelmann introduira le chauffage à la vapeur dans les ateliers de teinture et d'indienne de France, etc.

Cette activité industrielle, qui n'a fait que s'étendre dans toutes les directions depuis un demi-siècle, est le résultat du progrès des sciences et de leur vulgarisation. L'étude des faits, bien comprise et éclairée par la théorie, a multiplié les découvertes ; mais c'est surtout la chimie qui a joué dans ce cas le rôle le plus important. Ses développements prodigieux ont fait naître une foule de fabriques et de professions nouvelles ; la prospérité matérielle des états s'en est augmentée dans un rapport multiple, et l'aisance de chaque individu n'a fait que s'accroître.

« Chaque découverte particulière qui se fait en chimie, a dit avec beaucoup de raison l'un de ses plus brillants interprètes, est suivie de semblables effets ; chaque application de ses lois est capable d'apporter, dans une direction quelconque, de l'utilité à l'Etat, et d'en augmenter la force et la prospérité (1). »

L'exposition de 1855 est remarquable par le nombre, la variété et la beauté des produits chimiques. Lorsqu'on se reporte en arrière, qu'on relit les comptes-rendus des expositions antérieures, on est heureux de constater les immenses progrès qu'a faits la fabrication des produits chimiques, et, sous ce nom générique, nous comprenons les médicaments, les couleurs, les parfums, les savons, les vernis, les sels et oxydes, les acides, les matières organiques employées dans les laboratoires des indienneurs, des teinturiers, des chimistes, des photographes, etc. Il ne faudrait pas remonter bien loin pour voir la France tributaire de l'Allemagne, de la Hollande, de l'Angleterre, pour les acides oxalique et sulfurique de Saxe, l'alun, la céruse, le prussiate de potasse, les colles-fortes, les sels ammoniacaux, le sulfate de cuivre, le phosphore, l'orseille, le minium, le vermillon, le camphre raffiné, le borax, etc. Aujourd'hui, nos fabriques de produits chimiques se livrent en grand à la préparation de toutes ces substances, et font des expéditions au dehors.

Au milieu de ces myriades de produits, tous plus intéressants les uns que les autres, essayons de mettre un peu

---

(1) Liébig — *Lettres sur la chimie*, p. 7.

d'ordre, afin de ne rien négliger de ce qui peut intéresser notre localité.

Produits pharmaceutiques.

Si les médecins ne guérissent pas plus fréquemment que par le passé, au dire de certains critiques toutefois, ce n'est pas la faute des habiles pharmaciens et fabricants de remèdes, car jamais la thérapeutique n'a eu à sa disposition des médicaments plus variés et mieux préparés. Les poudres impalpables, les pastilles, granules et bonbons appétissants, les pilules et liquides actifs dont une enveloppe insipide masque l'odeur et la saveur repoussantes, les résines de jalap et de scammonée décolorées et en beaux morceaux cristallins, la nombreuse série des alcaloïdes végétaux et de leurs sels purs, les médicaments à base d'iode, de fer, de manganèse, le fer réduit par l'hydrogène, la digitaline, le tannin pur, le citrate de magnésie dont la complète insipidité n'empêche pas les effets purgatifs, les caustiques en cylindres dont une enveloppe en gutta-percha limite l'action aux parties qu'ils doivent brûler, les huiles de ricin et de foie de morue dont la magnifique apparence sollicite presque la convoitise du passant, l'opium indigène non moins actif que celui d'Orient, le lactucarium, l'urée en si jolis cristaux, et tant d'autres produits pharmaceutiques venus principalement d'Allemagne, d'Angleterre, ou exposés par les maisons françaises Menier, Dorvault, Robiquet, Aubergier, Boiveau et Pelletier, Guillermont, Royer et Berthé, Véron et Fontaine, Homolle et Quevenne, Berjot de Caen, ne laissent rien à désirer.

Nous sommes heureux d'avoir à citer avec éloges, dans cette partie de l'exposition, les beaux sulfates de quinine, de cinchonine et de quinidine, ainsi que les sucs de réglisse si purs, de la fabrique de MM. Delondre, Labarraque et Ce du Havre, comme aussi la superbe collection d'extraits secs préparés dans le vide par M. Berjot, de Caen. L'appareil d'évaporation de cet habile pharmacien fonctionne admirablement bien, ainsi que nous l'avons constaté pendant notre séjour à Caen ; il y en avait un charmant modèle dans la vitrine de l'exposant.

Disons aussi que nous avons vu avec plaisir des échantillons d'opium extraits des capsules du pavot-œillette, par M. Bénard, d'Amiens, ancien préparateur des cours de chimie de Rouen. Ce savant pharmacien, qui fait honneur à la Normandie, marchant sur les traces de M. Aubergier, de Clermont-Ferrand, a démontré, par des expériences qu'il poursuit depuis trois ans, que les cultivateurs d'œillette, — et ils sont assez nombreux en Picardie, — peuvent, sans endommager les graines, retirer un beau bénéfice d'un champ de ces pavots, en se livrant à l'extraction de l'opium, sans rien changer pour cela à leur mode de culture. Le prix moyen de revient de l'opium sec est de 23 fr 92 c. par kilogramme. Ce produit, analysé à Amiens et à Paris, a donné plus de 20 p. % de morphine. Remarquons que les opiums du commerce ne renferment souvent que 4 à 6 p. % de cet alcaloïde, fort rarement 9 p. %, et que c'est précisément la proportion de morphine qui en fait la valeur. On sait, d'ailleurs, que l'opium vaut actuellement plus de 60 francs le kilogramme ; on peut juger par là de la richesse de celui d'œillette. M. Bénard a déjà des imitateurs dans le département de la Somme. Tout porte à croire que cette nouvelle industrie agricole prendra de l'extension, et qu'elle fournira à la pharmacie un produit normal sur les effets duquel le médecin pourra compter.

Nous avons admiré dans la vitrine d'un pharmacien de Caen, M. Halbique, de beaux échantillons de fleurs et de plantes médicinales. On n'est pas habitué à retrouver dans ces matières desséchées les brillantes couleurs qui les paraient à l'état vivant. On comprend facilement que, selon le soin que l'on aura apporté à leur conservation, les tisanes préparées avec elles produiront plus ou moins l'effet attendu par le médecin. Le procédé suivi par M. Halbique permet de conserver aux fleurs, même les plus délicates, leurs couleurs, et, une fois sèches, elles peuvent supporter l'action d'une vive lumière. Après plusieurs années de dessiccation, elles ne paraissent pas avoir éprouvé d'altération; placées pendant quelque temps au contact de l'air, elles reprennent leur flexibilité et leur fraîcheur premières. Nous croyons savoir, toutefois, que le procédé de M. Halbique n'est pas très pratique. — M. Berjot, de Caen, dont nous parlions il n'y a qu'un instant, nous a fait voir des fleurs, des feuilles et même des plantes entières desséchées, d'un aspect encore plus flatteur, puisqu'elles sont dans une intégrité complète et avec toute l'apparence de la vie. C'est par le moyen du sable modérément chaud et additionné d'une matière particulière, qu'il parvient à dessécher les plantes sans rien changer à leur structure organique et à leurs couleurs, si bien qu'elles peuvent, mieux que les plantes d'herbiers, servir à l'étude de la botanique. Ajoutons, en terminant, que le procédé de M. Berjot est aussi prompt qu'économique, et qu'il passera bientôt dans la pratique des pharmaciens et des droguistes.

Une autre innovation, due encore à l'habile pharmacien de Caen, c'est un mode de fermeture pour les flacons destinés à contenir des extraits secs, et toutes les préparations pharmaceutiques et chimiques que le contact de l'air pourrait humecter ou altérer de quelque manière que ce soit. Voici en peu de mots en quoi consiste cette nouvelle manière de boucher les flacons à larges ouvertures :

Sur le col droit de chaque flacon est mastiqué un cylindre creux, en étain, terminé sur ses bords supérieurs par un pas de vis sur lequel on pose une capsule en étain, qui remplace le bouchon. Au centre de chaque capsule se trouve soudé un étui percé latéralement de petits trous, et qu'on remplit de fragments de chaux caustique, enveloppée à l'avance dans des doubles de papier à filtre et de jaconas fin ; on met par-dessus un tampon de coton, on visse le bouchon de l'étui, on remplit le flacon de la substance à conserver, et on visse la capsule. La fermeture est rendue encore plus complète au moyen de cercles de gutta-percha, placés au fond de la capsule, et qui se trouvent pressés par les bords du flacon lorsque la capsule est vissée.

Par cette ingénieuse disposition, on comprend que l'air enfermé dans le vase est bien vite desséché par la chaux qui s'hydrate, de sorte que la substance à conserver, fût-elle aussi déliquescente que la potasse caustique ou le chlorure de calcium, ne peut plus s'humecter, alors même que le flacon serait débouché plusieurs fois par jour, ainsi que cela arrive dans une pharmacie ou un laboratoire de chimie. Il est certain que les extraits de plantes les plus hygrométriques se maintiennent dans un état de siccité complet, pendant tout le temps qu'ils sont contenus dans les vases de M. Berjot. Le seul soin à prendre, c'est de changer la chaux des étuis de temps en temps. Il est regrettable que le prix élevé de ces flacons à fermeture en étain soit un obstacle à leur emploi ; un flacon coûte, suivant sa grandeur, 10 fr, 5 fr., ou 4 fr. 50. C'est trop cher de moitié.

Une substance qui n'est pas précisément nouvelle, car elle fut découverte en 1779 par le célèbre Schèele, la *glycérine*, qui n'avait jusqu'ici reçu aucune application sérieuse, s'est présentée presque inopinément comme pourvue de propriétés d'un intérêt incontestable. Grâce aux recherches de M. Cap, aussi savant pharmacien que littérateur érudit, ces propriétés se sont en quelque sorte révélées tout-à-coup et avec un certain éclat. La première application que ce chimiste en a faite, a été consacrée à l'art médical, à la chirurgie, à la vétérinaire. M. Cap a montré que la propriété dissolvante de la glycérine égale, et quelquefois surpasse celle de l'eau, à l'égard de la plupart des substances médicamenteuses, des alcalis, des acides végétaux, des métalloïdes, de certains sels ; qu'elle se mêle facilement aux liquides aqueux, alcooliques, à l'axonge, au savon, aux huiles volatiles ; en un mot, qu'elle constitue un nouvel *excipient* des plus précieux. Il en a tiré aussitôt toute une classe de médicaments : les *glycéroliques*, et un grand nombre de genres pharmaceutiques auxquels il a donné le nom de *glycérolés*.

Ce premier éveil donné à l'attention des savants et des industriels, a été suivi de recherches nombreuses et fécondes. On s'est servi de la glycérine pour faciliter le tissage des étoffes, pour maintenir à l'état de souplesse la terre des mouleurs et des sculpteurs, pour lubrifier les organes mécaniques, etc. ; applications qui se multiplient chaque jour, et qui promettent un avenir presque indéfini à l'emploi de cette singulière substance.

Bien que la glycérine se produise abondamment dans les pharmacies et dans les fabriques d'acide stéarique, puisque c'est un résultat de la saponification des corps gras, cette matière, il y a trois ans à peine, n'était presque d'aucune utilité, et on en jetait chaque jour des quantités considérables. Comme produit chimique, on en montrait de rares échantillons dans les cours, dans les collections, et son prix était très élevé. M. Cap publia, en 1854, un procédé qui permettait de l'obtenir à un prix très réduit, et assez pure pour la préparation des médicaments. Depuis cette époque, dans la fabrique qu'il a établie à Paris, avec M. Garot, ce procédé a reçu des perfectionnements tels, que ces chimistes produisent aujourd'hui de la glycérine parfaitement incolore, sans aucune odeur, d'une consistance de 28 à 30°, d'une très grande pureté, et pouvant, sans le moindre inconvénient, s'employer à l'intérieur; car il faut ajouter que cette substance est entrée maintenant dans les usages habituels de la chirurgie, de la vétérinaire, où elle remplace généralement les pommades et les onguents; la médecine commence à la substituer à l'huile de foie de morue. En Angleterre, aussi bien qu'en Amérique, on lui a même reconnu une propriété singulière : celle de développer le tissu adipeux, par conséquent d'engraisser les animaux.

De très beaux échantillons de la glycérine de MM. Cap et Garot figuraient à l'exposition universelle. Ils rivalisaient, pour la pureté, avec ceux de la glycérine de M. Wilson, de Londres, obtenue par le dédoublement des corps gras à l'aide de la vapeur surchauffée et de la distillation. Mais ce dernier procédé, aussi élégant qu'ingénieux, a l'inconvénient d'élever considérablement la valeur d'une matière qui n'aura des emplois multipliés, qu'à la condition d'être produite à des prix facilement accessibles au commerce et à l'industrie. Les frères Reuss, de Stuttgard, nous ont aussi montré de beaux échantillons de glycérine, brute et épurée, avec du cirage dans lequel le sirop de sucre est remplacé par cette matière brute, obtenue par la saponification du suif par la chaux.

Signalons aussi la maison Méro, de Grasse, qui livre au commerce toutes les essences de la plus grande pureté, les eaux distillées, les huiles parfumées, les extraits aromatiques ou d'odeur, préparés à l'aide de ces plantes qui embaument les montagnes de la Provence. L'établissement du pharmacien-chimiste de Grasse compte cinquante-six appareils distillatoires, occupés chaque jour à fournir les divers produits volatils qu'on exporte dans le monde entier.

Parfumerie.
—
Savons.

Ceci nous conduit naturellement à l'art du parfumeur et de la savonnerie. Disons, d'une manière générale, que c'est incontestablement en France qu'on prépare le mieux et à plus bas prix, à qualités égales, ces mille produits parfumés dont les femmes font partout, au moins dans les classes riches, une si effrayante consommation.

Les savons de toilette sont la partie la plus utile et la plus soignée de cette catégorie de produits. Il y en a une variété de prix, d'odeur, de couleur, de forme, suffisante pour satisfaire aux caprices les plus exigeants de la fortune et aux besoins de toutes les classes des consommateurs. L'Angleterre ne peut, sous ce rapport, entrer en lutte avec nous. Il en est de même pour les savons de ménage et de fabrique. On ne fera jamais aussi bien que nos Marseillais pour le genre de *savon madré*, et les meilleurs *savons unicolores* seront toujours ceux de Paris et de Rouen.

Ici nous avons à citer, comme dignes d'éloges, les savons, façon Marseille, de M. Rampal, qui, le premier, a importé à Rouen cette grande industrie du Midi, et a notablement perfectionné ses procédés de fabrication ; les savons de graisse, de palme, d'huile de coco, d'acide oléique, pour les usines et les ménages, de M. Lacour, des Chartreux ; les excellents savons de palme, à base de potasse et de soude, pour le foulage des draps, de M. Maubec, d'Elbeuf ; les savons mous économiques de M. Cuvellier-Séré, de Dieppedale.

Nous nous garderons bien d'entrer dans le débat qui, depuis plusieurs années, partage les savonniers en deux camps, et d'épouser la cause des *savons madrés ou marbrés*, façon Marseille, de préférence à celle des *savons unicolores*. Chaque sorte de savon a ses avantages particuliers, et doit avoir sa destination spéciale. C'est au consommateur à régler son choix. Disons, toutefois, que les *savons madrés* prêtent moins à la fraude que les *savons unicolores,* et qu'il n'est pas possible au fabricant de faire varier la proportion d'eau dans les premiers, tandis que rien ne limite, pour ainsi dire, celle que l'on peut incorporer dans les savons par coction directe, surtout lorsqu'on emploie l'huile de coco. Il est tel savon unicolore, dit *économique*, fabriqué à Paris, qui renferme les trois-quarts de son poids d'eau ; il en est beaucoup d'autres qui contiennent de vingt-cinq à trente pour cent de matières terreuses blanches.

Nous ne saurions trop engager les industriels à se méfier de l'étiquette du sac, et à n'accepter les produits qu'après un essai préalable. Nous en dirons autant à nos ménagères. Les savons unicolores, de Paris, ont pour eux tout le prestige du coup d'œil ; ils ont les formes les plus coquettes, ils sont enveloppés de papiers fins, de feuilles métalliques éclatantes ; ils sont d'un débit commode, d'un transport facile ; mais l'apparence est trompeuse, l'économie est illusoire ; car, outre qu'ils offrent presque toujours dans leurs poids une perte de 25 0/0, l'eau qu'ils renferment en abondance n'a pas acquis de nouvelles facultés détersives par son mélange avec les éléments essentiels de la pâte, et c'est vraiment une duperie que de la payer le prix du savon. Empressons-nous de déclarer, à l'honneur de nos savonniers d'Elbeuf et de Rouen, que leurs produits n'ont rien de commun, sous ce rapport, avec ceux de leurs très habiles confrères de la capitale.

Indiquons ici que l'art du savonnier, mais surtout du savonnier parfumeur, s'est enrichi, dans ces dernières années, des brillantes conquêtes de la chimie organique.

L'étude des éthers ayant pour base l'esprit de bois, a conduit à un résultat extrêmement curieux. On a vu des corps qui, le plus souvent, trouvaient leur origine dans des matières d'une odeur infecte, tel que le goudron de houille, par exemple, donner naissance à des composés nouveaux doués des odeurs les plus suaves, et rappelant les parfums les plus délicats employés jusqu'ici dans l'industrie. De là, une source toute nouvelle d'applications. Frappés de l'odeur de fruits qu'exhalent certains éthers, les chimistes ont cherché non-seulement à démontrer l'identité de ces derniers avec les huiles essentielles des fruits, mais encore ils se sont efforcés de les faire pénétrer dans l'industrie du parfumeur, du savonnier, du distillateur, du limonadier. C'est ainsi que nous voyons employer journellement, depuis 1850, les essences artificielles d'amandes amères, d'ananas, de poires, de pommes, de raisin ou de cognac, etc. C'est à l'exposition de Londres, en 1851, qu'a figuré, pour la première fois, cette série de produits remarquables qui, du laboratoire des chimistes théoriciens, ont passé promptement dans les ateliers de l'industrie. Qui croirait qu'en traitant par des agents appropriés l'acide butyrique, qui donne au beurre rance son odeur détestable, l'huile volatile de pomme de terre, qu'on élimine avec tant de soin dans la fabrication de l'eau-de-vie de fécule, à cause de son infection, l'huile de goudron de houille, on en fait à volonté de l'essence d'ananas, qui sert à aromatiser les rhums et à préparer la limonade agréable que les Anglais désignent sous le nom de *pine-apple-ale?*.... l'essence de poires, de pommes ?.... l'essence de cognac, avec laquelle, en Allemagne surtout, on donne l'arome de l'eau-de-vie de Cognac aux eaux-de-vie de mauvaise qualité ?.... l'essence de myrbane, qui remplace maintenant, à s'y méprendre, l'essence naturelle d'amandes amères, pour aromatiser les savons communs ?....

Depuis plusieurs années, les dégraisseurs font un usage considérable d'une espèce d'essence qu'on retire, par un procédé fort simple, de l'huile légère du goudron de houille, c'est la *Benzine* des chimistes, carbure d'hydrogène liquide, incolore, très volatil, qui dissout une foule de principes végétaux, les corps gras surtout, et qu'on applique, à cause de cette dernière propriété, en place d'essence de térébenthine, au nettoyage des tissus, des gants de peau, etc. Eh bien ! c'est encore là un de ces nombreux produits artificiels dont nos chimistes modernes ont doté la science et l'industrie.

Plusieurs exposants de France, d'Angleterre et de Hambourg avaient de belles collections de ces curieux produits de transformations, qu'on obtient aujourd'hui avec une simplicité d'opérations qui n'est pas moins étonnante que le fait même de leur création. Quelle puissance dans les moyens analytiques et synthétiques dont les savants disposent de nos jours ! Car, notez bien que la plupart de ces composés nouveaux, que les travaux continuels de nos jeunes chimistes font apparaître, sont le résultat des vues théoriques qui les guident dans leurs recherches, et non l'effet du hasard qui perd peu à peu de sa force créatrice à mesure que les sciences prennent une marche plus philosophique et plus assurée.

CORPS GRAS. — Vernis, Mastics

Le groupe des corps gras est largement représenté à l'exposition. Il y a des graisses et des huiles de toutes les sortes, remarquablement purifiées. Les huiles fines pour l'horlogerie, les mélanges pour adoucir les frottements des machines, les acides gras pour la fabrication des bougies ont de nombreux et splendides spécimens chez les industriels de la France, de la Belgique, de l'Angleterre et de l'Autriche.

Ici encore on peut voir l'influence qu'exercent les recherches de laboratoire des théoriciens sur le développement de l'industrie. Les beaux travaux de M. Chevreul avaient conduit au procédé, si longtemps suivi, de saponification des suifs par la chaux pour l'obtention de l'acide stéarique qu'on moulait en bougies. Les intéressantes expériences de MM. Dupuis, Bussy et Lecanu sur la conversion des corps gras neutres en acides gras, au moyen de la distillation; celles de M. Dubrunfaut sur l'action de la vapeur surchauffée sur les mêmes matières; enfin, l'étude complète de la réaction de l'acide sulfurique sur les huiles, faite par M. Fremy, amenèrent peu à peu deux habiles fabricants de bougies, MM. Mas et Tribouillet, à organiser un nouveau mode de production des acides gras, qui a, sur l'ancien, l'immense avantage de faciliter l'emploi d'une foule de résidus et de matières grasses infectes, en même temps que de tirer parti, pour ce'te fabrication, de l'huile de palme et de plusieurs autres graisses végétales provenant de la côte d'Afrique et des colonies. Le nouveau procédé repose sur la saponification de toutes ces matières par l'acide sulfurique, et sur la distillation des acides procréés au milieu de vapeur surchauffée et à faible tension. On obtient ainsi des produits blancs cristallins, dont le prix de revient, moins élevé que par l'ancien mode opératoire, permet de livrer au commerce des bougies à plus bas prix, qui restreignent de plus en plus l'usage des chandelles, si désagréables par leur odeur, leur grande fusibilité et le peu de clarté qu'elles fournissent.

Cette belle industrie des bougies stéariques est donc toute française, et les fabricants étrangers, dont nous avons admiré les beaux produits, n'ont fait qu'imiter les nôtres sans rien innover. Nous avons retrouvé, parmi les exposants de Berlin, un Français, M. Motard, qui, après avoir créé, conjointement avec M. de Milly, la belle usine de Neuilly, dont les produits ont été célèbres sous le nom de *Bougies de l'Etoile*, a transporté en Prusse son intelligence industrielle et ses hautes connaissances en chimie.

Un autre chimiste français, M. Bouis, a exposé des produits dérivés de l'huile de ricin, qui peuvent aussi servir à l'éclairage; l'un est l'*acide sébacique*, en belles lamelles nacrées; l'autre est l'*alcool caprylique*, liquide transparent, oléagineux, d'odeur aromatique, qui offre tous les caractères généraux des alcools. — Le premier rend d'utiles services dans la fabrication des bougies, puisqu'il leur communique plus de dureté et de brillant, empêche la cristallisation trop rapide et peut remplacer la cire qu'on ajoutait aux acides gras pour les rendre moins friables et moins cristallins. — Le second, par sa belle flamme, quand il brûle, pourra servir directement à l'éclairage, et, par sa faculté dissolvante des résines, pourra aussi concourir utilement à la confection des vernis. — Par suite de ces découvertes, toutes récentes, de M. Bouis, l'huile de ricin, qui n'avait jusqu'alors qu'une application médicale, devient une matière première industrielle d'une assez grande importance. Comme le ricin vient très bien dans le midi de la France, nul doute que, d'ici à peu, sa culture ne s'étende considérablement, ce qui sera une nouvelle ressource pour les populations agricoles du Midi et pour l'Algérie.

L'alcool caprylique, quand il sera à bas prix, pourra remplacer avantageusement, dans l'éclairage de nos appartements, l'*huile de schiste*, dont l'odeur infecte a retardé jusqu'ici l'adoption générale, et les mélanges d'esprit de bois et d'essence de térébenthine, qu'on a tant préconisés, il y a une quinzaine d'années, sous le nom très impropre de *gaz liquide*, ou d'*hydrogène liquide*. Il y avait à l'exposition de beaux échantillons d'huile de schiste, envoyés par l'usine de Sainte-Maine, par la Compagnie bourbonnaise, et par un fabricant de Bonn, M. Wiesmann.

Il y avait aussi de nombreux échantillons de toutes ces huiles empyreumatiques provenant de la distillation des corps gras, des goudrons et bitumes, du caoutchouc, qui, sous les noms d'huiles de *goudron*, de *charbon de terre*, de *pétrole*, de *caoutchine*, sont si employées de nos jours pour dissoudre les résines, la laque, la gomme élastique et préparer la *glu marine*, une grande variété de vernis et ces dissolutions de caoutchouc qu'on applique sur les tissus pour les rendre imperméables.

Les huiles pour la peinture étaient nombreuses et nous ont paru généralement bien préparées. Nous mentionnerons ici, avec éloges, le *siccatif* et la *laque zumatiques* de M. Ernest Barruel, pharmacien de Paris. Ces deux produits ont pour base le borate ou le benzoate de manganèse, qui ont pour singulier caractère d'abandonner, sous l'influence de la lumière et d'une température de $+10$ à $15°$, le protoxyde de manganèse qu'ils contiennent; ce protoxyde, en absorbant l'oxygène de l'air pour se convertir en oxyde intermédiaire, détermine dans l'huile un mouvement intestin dont le résultat est une absorption rapide d'oxygène par celle-ci, ce qui l'épaissit et la fait passer presque instantanément à l'état résinoïde. Aussi, le *siccatif zumatique* de M. Barruel fait-il sécher très rapidement la peinture à l'huile en la résinifiant, et, ce qu'il y a de remarquable, c'est que la peinture, malgré sa prompte dessiccation, ne gerce et ne faïence point. — La *laque zumatique*, qui est préparée pour l'usage des artistes et des décorateurs, a les mêmes propriétés; seulement, ce n'est pas une substance couvrante; elle se laisse traverser par l'huile sans nuire à la transparence des laques, des bitumes et même des vernis. — Aujourd'hui, le *siccatif* et la *laque zumatique*, ont pris rang parmi les produits industriels.

Une préparation non moins utile que les précédentes,

et qui, comme celles-ci, est encore à base de manganèse, c'est le *mastic métallique* pour joints de machine à vapeur, imaginé par M. Serbat. Ce mastic est destiné à remplacer, dans les arts, le mastic au minium dont l'emploi présente des dangers pour les ouvriers qui en font usage ; on sait, en effet, que ceux-ci éprouvent fort souvent des coliques saturnines. — Le mastic de M. Serbat est un mélange parfaitement corroyé de 72 parties de sulfate de plomb calciné, 24 parties de peroxyde de manganèse et 13 parties d'huile de lin. Il est sous la forme d'une pâte molle qui conserve sa mollesse indéfiniment, et pour l'employer il suffit de le malaxer entre les mains, sans qu'il soit besoin d'y ajouter de l'huile. Il se moule parfaitement, ne coule pas par la chaleur, durcit au contraire et acquiert une très grande solidité. On peut s'en servir avec un égal succès pour des joints à l'eau chaude et à l'eau froide, à la vapeur à haute et à basse pression et à l'air. Comme il jouit de la précieuse propriété de se durcir immédiatement au contact d'une température de 100° environ, dureté que l'on obtient en passant sur le joint un fer rouge, il en résulte cet avantage incontestable que lorsqu'une fuite se déclare dans un joint, on l'étanche de suite en l'emplissant de mastic que l'on fait durcir au moyen d'un fer chaud. On l'a employé pur, avec rondelles de carton et de plomb, avec bourrelet de chanvre, et toujours on n'a eu qu'à se louer des effets produits. Le mastic Serbat est donc bien supérieur au mastic de minium et à blanc de céruse ; ajoutons qu'il se conserve sans altération lorsqu'on le tient dans un lieu frais, entouré d'un linge mouillé si la caisse est ouverte, et mieux encore dans l'eau. Son prix est de 60 à 70 fr. les 100 kilog. C'est donc, comme on le voit, un produit manufacturier excellent, dont nous ne saurions trop recommander l'adoption à nos industriels.

M. Serbat figure parmi les exposants du Hainaut (Belgique); mais c'est un chimiste français qui, comme l'un de nous, est sorti du laboratoire de M. Thénard, et qui a sa principale fabrique de produits chimiques à Saint-Saulve (Nord). Il a été récompensé d'une médaille de platine, en 1849, par la Société d'encouragement et d'une médaille d'argent par le jury de l'Exposition nationale de la même année, tant pour son mastic métallique que pour une graisse à lubrifier les machines.

Terminons cet article en notant que les cires à cacheter de France sont évidemment les mieux préparées et les plus riches en couleurs.

Produits chimiques proprement dits.

Les produits chimiques proprement dits sont remarquables par leur variété et leur excellente fabrication. Là encore la France n'a rien à envier aux fabriques de Prusse, d'Autriche, de Belgique, d'Angleterre, qui ont exposé de très belles collections.

Les chimistes de laboratoire ont dû s'arrêter avec curiosité et intérêt devant les vitrines de la manufacture royale de Schonebeck près de Magdebourg, de MM. Lamatsch, Seybel, de Vienne, de M. Marquart, de Bonn, de M. Barnes, de Londres, Frankland, de Manchester, Lehmann et Kugler, d'Offenbach (Hesse), de MM. Rousseau, Véron et Fontaine, Dorvault, Robiquet, Deville, de Paris, qui ont offert, en masses considérables, des produits rares qui servent principalement aux recherches des savans et à l'enseignement public, tels que : potassium, sodium et autres métaux des alcalis et des terres, aluminium, bismuth en géodes d'un volume énorme, acide phosphorique vitreux, sels de cobalt et de cadmium, solutions titrées pour essais, acides organiques, éthers composés, produits organo-métalliques, liqueur des Hollandais, chloroforme, valérate de potasse, urée, salicine, et une foule de principes immédiats organiques qu'on n'a pas l'habitude de voir en si grande abondance.

Les photographes, les galvanoplastes, les chimistes indienneurs et tous les industriels qui utilisent, d'une manière ou d'une autre, les produits chimiques, ont pu admirer, de leur côté, les superbes échantillons d'acide pyrogallique, de collodion, de brôme, d'iode, de cyanure de potassium, de prussiate jaune et rouge de potasse, de bleu de Prusse; et toutes ces belles couleurs minérales, bleu d'outre-mer, vermillon, minium, vert de Schéele, ocres, iodures de plomb et de mercure, mine-orange, chromates de plomb et de potasse, etc., dont les nuances variées, les cristaux magnifiques, charmaient les yeux et donnaient de terribles envies aux amateurs de collections.

Les laques végétales qui, comme ces couleurs minérales, sont employées dans la peinture, l'ornementation et la confection des papiers de tenture, offraient aussi de nombreux spécimens. Nous avons surtout remarqué, dans la classe des couleurs fines, celles de M. Lefranc et Cᵉ, et de M. Newman, de Londres.

Il y avait aussi des céruses de toutes les provenances, des blancs de zinc qui commencent à remplacer, dans la peinture à l'huile, le carbonate de plomb, dont les propriétés délétères ne sont que trop connues, et qui joint à ce grave inconvénient, celui de brunir rapidement au contact de l'air par suite des émanations sulfureuses.

Nous avons encore vu avec intérêt une belle collection de couleurs non vénéneuses à l'usage des confiseurs, de M. Imhoff, d'Aarau (Argovie). Comprend-on que, pendant longtemps, c'est avec le minium, le vermillon, les verts de Schéele, les chromates de plomb jaune et rouge, et autres matières aussi dangereuses pour la santé, que les bonbons et pastillages étaient coloriés ? Il a fallu des ordonnances très sévères et fréquemment répétées pour faire cesser un pareil abus, résultant de l'ignorance et de l'impéritie des confiseurs.

Nos grandes usines de France ont rivalisé entre elles de zèle et d'habileté.

Bouxwiller, si bien dirigé par M. Schattenmann, était là, étalant ses prussiates, ses vitriols de Salzbourg, ses aluns, ses sels ammoniacaux, ses couperoses vertes, son phosphore, sa colle d'os.

Choisy-le-Roi, qui a si bien prospéré dans les mains de MM. Bobée et Lemire, offrait toute la série des produits de la distillation du bois : acétates et pyrolignites, acide acétique cristallisable et à tous les degrés de purification, esprit de bois, etc.

Rouen était dignement représenté par MM. Malétra, qui avaient envoyé leurs acides, leur chlorure de chaux, leurs sels de soude, de fer, de cuivre, de zinc, d'étain, d'antimoine (1). C'est avec infiniment de regrets que nous avons constaté l'abstention des autres fabricants de produits chimiques de notre localité. Ils auraient tous, cependant, occupé un rang distingué dans cette splendide exhibition.

---

(1) Voici la liste des nombreux produits que fabrique la maison de MM. Malétra, au Petit-Quevilly, près Rouen.

Produits liquides :

Acide sulfurique à 66°.	Bichlorure d'étain.
— sulfureux à 5°.	Protochlorure de fer.
— azotique à 36° et 40°.	Perchlorure de fer.
— chlorhydrique à 22°.	Silicate de soude à 48°.
Nitrate de zinc.	Chlorure de chaux.
Chlorure de zinc.	— de soude.

Produits secs ou cristallisés :

Sel de soude à 30° et à 85°.	Nitrate de fer.
Cristaux de soude.	— de plomb.

Lille avait pour principal représentant la maison Kuhlmann, avec son acide hydrofluosilicique, sa potasse de betteraves, sa chaux hydraulique, sa baryte caustique, son silicate de potasse, etc.

Le Havre pouvait être fier, à juste titre, des superbes échantillons de chromates de potasse et de plomb, d'oxydes de chrôme, de potasse caustique et de carbonate de potasse, provenant de l'usine de MM. De la Cretaz.

Thann avait envoyé les nombreux produits de la vieille maison Kestner : soufre raffiné, acides tartrique et paratartrique, silicate, stannate et autres sels de soude, sels de potasse, de zinc, de plomb, de fer, d'étain, de cuivre, de manganèse, si bien prisés par les indienneurs de l'Alsace.

Lyon avait, d'un côté, les bleus d'outre-mer, que M. Guimet a su produire le premier en Europe, et qu'il sait encore faire plus beaux que ses nombreux imitateurs d'Allemagne et de France. On sait que, grâce à cette invention, l'outre-mer naturel, qui avait le prix de l'or, 3,444 fr. le kilog., est remplacé complètement, dans les beaux-arts et dans l'industrie, par *le Bleu-Guimet*, qui

---

Nitrate de cuivre.
Sulfite de soude.
Sulfate de soude { Sel de Glauber. / Sel d'Epsom.
Sulfate de baryte en pâte.
Sulfate de zinc { cristallisé. / en plaques.
Bisulfate de potasse.
Sulfate d'alumine.
Chlorate de potasse.
Stannate de soude.
Bi-Arséniate de potasse.
Prussiate rouge de potasse.

Protochlorure d'étain.
Oxychlorure d'étain.
Chlorure de manganèse.
— de calcium.
— de cuivre.
Bichlorure ammoniacal d'étain.
Chlorure de chaux à 105°.
Bleu de Prusse commun en pâte.
Potasse factice.
Pâte orange (sous-chromate de plomb).
Sulfure de sodium et d'antimoine.

ne coûte plus aujourd'hui que 6 fr. le kilog. — Lyon avait encore à montrer tous les produits que MM. Coignet père et fils savent obtenir des os et des rognures de peaux, dans les deux vastes usines qu'ils exploitent avec tant de succès depuis 1818. Nous avons vu, dans leur collection, du sous-phosphate de chaux d'une blancheur éblouissante, pour la fabrication de la porcelaine dite *anglaise* et des cristaux opaques.

Marseille exposait les sulfates de soude, de magnésie, de potasse, les chlorures de potassium et de magnésium, le carbonate de potasse, la magnésie, que MM. Agard et Prat savent extraire des eaux-mères des marais salants de Berre et de Rassuen, par les procédés que M. le professeur Balard a su rendre pratiques, et dont le premier il a entrevu toute la portée pour l'avenir industriel des salines du Midi.

Dieuze, Saint-Gobain, les forges de Framont, avaient aussi de riches collections de produits chimiques pour les usages industriels.

MM. Cournerie, à Cherbourg, La Gilardais frères, de Vannes, Tissier aîné, au Conquet (Finistère), rivalisaient entre eux pour les produits provenant de l'exploitation des varechs. Cette exploitation occupe, sur les côtes de Bretagne et de Normandie, pendant une grande partie de l'année, trois à quatre mille familles. Elle consiste à rassembler les varechs, pour en opérer l'incinération et en livrer les cendres à l'industrie, sous le nom de soudes de varechs. Ces soudes, habilement traitées dans les usines dont nous venons de citer les chefs, fournissent au commerce : de l'iode, de l'iodure de potassium, du brôme et des brômures, du chlorure de potassium, du sulfate de potasse, et enfin des quantités considérables de sel marin. Tout cela est consommé par les photographes, les fabricants d'alun et les verriers. Les trois établissements en question donnent lieu à une main-d'œuvre d'autant plus précieuse pour les populations, qu'il sont situés dans des contrées où il n'existe pas d'autres établissements industriels. Voilà encore une industrie sortie de pied en cap des laboratoires. Courtois a découvert l'iode en 1811, Gay-Lussac en a fait l'histoire chimique complète en 1813, puis les industriels sont arrivés pour appliquer en grand ce que la science avait si bien décrit.

La même chose est arrivée pour le phosphore et les allumettes chimiques. Disons ici, qu'en 1838, le phosphore ordinaire ou blanc valait 24 fr. le kilog.; depuis 1840, grâce à MM. Coignet, de Lyon, il ne vaut plus que 5 fr. 50. Son principal emploi, comme on sait, c'est de rendre subitement inflammables les petites bûchettes qu'on appelle *allumettes à friction*. On en consomme, pour cette seule application, plus de 50,000 kilog. par an, en France. Mais le phosphore ordinaire possède une si grande combustibilité, que son maniement offre une foule de dangers. Un chimiste de Vienne, Schroetter, a trouvé, en 1849, le moyen de produire, en grand et économiquement, le *phosphore rouge* ou *amorphe*, qui n'est qu'un état allotropique du phosphore ordinaire, mais sous lequel ce corps simple jouit de propriétés toutes nouvelles et bien précieuses. Ainsi, il est rouge de cochenille, opaque, cassant, friable, fusible seulement à 250°, au lieu de 44, ne s'enflammant qu'à 200°, insoluble dans les corps gras, les alcalis, le suc gastrique; sans émanations à la température ordinaire, sans odeur fétide, sans danger de nécrose pour les ouvriers qui le préparent et qui l'emploient; sans effets délétères en raison de son insolubilité et de son peu de combustibilité, puisque MM. Bussy, Chevallier, Lassaigne, Raynal, Orfila neveu et Rigout, ont pu le faire manger impunément à des chiens, à doses énormes de 5 à 50 grammes, alors que le phosphore blanc cause rapidement la mort à la dose de quelques décigrammes.

C'est en soumettant le phosphore ordinaire, pendant plusieurs heures, à la température de 230 à 250°, dans une atmosphère d'acide carbonique, qu'on produit cette singulière modification. Le brevet de M. Schroetter est devenu la propriété de M. Allbright, manufacturier à Birmingham, qui en a cédé l'exploitation pour la France à MM. Coignet.

Au moyen d'un nouveau fourneau s'alimentant de lui-même et se maintenant pendant toute l'opération à une température déterminée, ces habiles industriels de Lyon ont tellement perfectionné la préparation, d'abord irrégulière et incertaine, de ce produit, qu'ils transforment facilement, à la fois, plusieurs centaines de kilogrammes de phosphore ordinaire en phosphore rouge, de manière à suffire à tous les besoins de la consommation nationale et étrangère.

Un chimiste français, M. Camaille, encouragé par MM. Coignet, avait complètement réussi à substituer, avec de grands avantages et une innocuité absolue, le phosphore rouge au phosphore blanc dans la fabrication des allumettes chimiques, et il avait ainsi fait disparaître la cause d'un grand nombre de ces incendies qui désolent nos villes et nos campagnes depuis l'emploi des allumettes à friction. Il opérait à froid; il avait remplacé le soufre par un corps nouveau, brûlant sans odeur ni fumée; ces nouvelles allumettes procuraient, sans explosion, un feu sûr et vif; elles ne pouvaient plus donner lieu à des empoisonnements nés de l'imprudence ou médités par le crime.

Un chimiste allemand, dont nous avons oublié le nom, a apporté à l'exposition une solution incomparablement meilleure de cet important problème; il fractionne, en quelque sorte, l'allumette; il ne donne au bois que la pâte au chlorate de potasse, incapable de s'enflammer seule; il dépose sur le fond de la boîte le phosphore amorphe, qui n'est plus un poison, et qui ne s'enflammera qu'au contact; le danger est alors entièrement ou presque entièrement conjuré.

Nous n'avons pas besoin de nous disculper du temps passé à parler de ce qui concerne une industrie en apparence aussi peu importante que celle des allumettes. Sans doute, pour les gens du monde qui ne voient pas au fond des choses, en fait de sciences et d'industrie, bien entendu, ces petits bouts de bois, dont on vend plusieurs centaines pour un sou, n'ont pas de valeur. Mais ceux qui se rendent compte de la masse des capitaux et du nombre d'ouvriers employés à leur confection, comprennent très bien que cette fabrication a des conséquences immenses pour la richesse générale d'un pays, car, tout est lié : travail et consommation. N'en est-il pas de même de ces autres produits vulgaires, qu'on peut appeler des *riens*, tels, par exemple, que les épingles, les petits couteaux dits *eustaches*, les boutons, les aiguilles, les agrafes, les ferrets de lacets, les pipes, les joujoux d'enfants, les verroteries, les guimbardes, etc.? Nous ne savons qui a dit, avec grande raison, que le livre qui traiterait de l'importance du commerce des *riens*, et de l'influence de la mode sur l'industrie, serait, assurément, un des plus curieux et des plus instructifs qu'on pût faire et lire. Toutes les industries, quelque chétives qu'elles paraissent, méritent donc, à un titre égal, l'intérêt et les égards, puisqu'elles contribuent toutes, pour une part relative, à l'amélioration et aux jouissances des masses.

Avant d'abandonner les produits chimiques de nature minérale, il ne sera peut-être pas sans intérêt de parler

Aluminium.

quelque peu, en particulier, du nouveau métal qui, depuis un an, a le privilége de fixer d'une manière toute spéciale l'attention des savants et des économistes. Ce métal, c'est l'*aluminium*, mille fois plus répandu que le fer, le cuivre, l'or et l'argent à la surface du globe, puisqu'il fait la base de ces argiles qui entrent dans la constitution de toutes les terres arables et qui forment, à peu près dans tous les pays de moyenne et de récente formation géologique, des couches, amas ou dépôts plus ou moins épais, plus ou moins abondants. Retirer un métal précieux de terres aussi communes, n'est-ce pas là encore un de ces prodiges que la chimie seule sait produire et dont la fréquente répétition depuis un demi-siècle commence à ne plus trop émouvoir notre curiosité !

Jusqu'en 1854, ce que les chimistes avaient regardé comme le métal de l'alumine n'était qu'une poudre grise, ressemblant à la poussière de platine, prenant seulement le brillant métallique sous le brunissoir, mais dans tous les cas contenant un mélange d'aluminium, de platine et de chlorure double d'aluminium et de potassium ; ce mélange, obtenu pour la première fois en 1827 par le chimiste allemand Wohler, avait donc usurpé une place qui ne lui appartenait pas dans la liste des métaux purs. C'est ce que M. Sainte-Claire-Deville, jeune et savant professeur de chimie à l'Ecole normale, a reconnu en répétant avec soin le procédé d'extraction suivi par le chimiste allemand, et en soumettant à des épreuves variées le soi-disant métal trouvé par ce dernier. Evitant les causes d'erreur de son devancier, M. Deville est parvenu à obtenir l'aluminium véritable, et a ainsi découvert, on peut parler de la sorte, un métal nouveau, pouvant être placé, par ses propriétés, au rang des métaux utiles, avec le fer, le cuivre, l'étain, le zinc et l'argent.

Effectivement, l'aluminium, qui a presque la blancheur

et l'éclat de l'argent, est inaltérable dans l'air sec ou humide; il ne noircit pas par le contact de l'hydrogène sulfuré; il est inattaquable par l'eau à toute espèce de température; il se prête merveilleusement à toutes les opérations mécaniques, à l'étirage, à la filière et au laminoir; ses fils possèdent une ténacité remarquable; il fond à une chaleur modérée, et, sous ce rapport, il est intermédiaire entre le zinc et l'argent. Sa dureté, lorsqu'il a été fondu et simplement refroidi, est à peu près celle de l'argent vierge, mais lorsqu'il a été soumis à l'action du marteau ou du laminoir, il prend l'aspect du fer, acquiert beaucoup plus de dureté, devient élastique et rend par le choc le son du fer. Sa densité, exprimée par 2, 56, est à peine supérieure à celle du verre; aussi, lorsqu'on soulève un lingot d'aluminium, est-on stupéfait de son excessive légèreté, et a-t-on peine à se persuader qu'on a un véritable métal entre les mains. Ce qui n'est pas moins précieux, c'est sa résistance assez grande à l'action des acides, des alcalis et de tous les agents qui attaquent plus ou moins facilement les autres métaux usuels. Il forme avec le cuivre des alliages blancs, légers et très durs; 1/10e de cuivre lui donne la propriété de prendre un très beau poli; avec 1/4 de cuivre, il devient plus dur que le bronze et n'est attaqué que difficilement par la lime. Il s'allie également bien avec le fer, l'argent et le platine.

Cet ensemble de propriétés fait donc de l'aluminium un rival heureux de l'argent, et son introduction dans l'économie domestique sera un progrès immense au point de vue de l'hygiène, puisque, se substituant au cuivre, à l'étain et au zinc pour la confection des ustensiles employés aux préparations alimentaires ou à la vente des aliments et des boissons, il conjurera, par son innocuité, les dangers incessants dont la santé publique est menacée par suite de l'altérabilité des métaux précédents dont tous les composés sont plus ou moins vénéneux.

Vienne maintenant un procédé métallurgique qui réduise la production de l'aluminium à un prix notablement inférieur à celui de l'argent, et le nouveau métal recevra immédiatement de nombreuses et importantes applications dans l'industrie, dans les travaux du bâtiment, dans les laboratoires et dans l'économie domestique Jusqu'ici, malheureusement, malgré les courageux efforts de M. Deville, le problème de la fabrication à bon marché de l'aluminium n'est pas encore résolu, et il n'y a pas lieu d'en être trop surpris, quand on réfléchit qu'il y a dix-huit mois à peine que cet intéressant métal est connu ! L'impatience avec laquelle on attend de toutes parts la réalisation des magnifiques espérances que cette belle découverte a fait concevoir, témoigne de l'intérêt que prend actuellement le public à ce qui porte en soi un cachet d'originalité et d'utilité, et prouve aussi combien on a une haute idée des ressources fécondes de la science. Encore un peu, et cette impatience sera satisfaite, car voilà l'industrie manufacturière qui s'empare de la question.

Une Société, dont fait partie un de nos principaux fabricants de soude, et qui est dirigée par un des élèves de M. Deville, s'est formée à Rouen en vue de la production de l'aluminium, et, au commencement de cette année, nous avons vu des lingots de ce métal, bien autrement volumineux que ceux que le public admirait en 1855 dans la rotonde du Panorama. L'industrie, éclairée par la science, marche vite de nos jours, et il est certain que, dans un avenir prochain, le prix du kilogramme d'aluminium descendra, non pas à 10 et même à 5 fr , comme l'avançait dernièrement un savant chimiste parisien, mais à des limites acceptables pour le commerce.

Ce qui maintient jusqu'ici le prix du nouveau métal à un taux encore bien supérieur à celui de l'argent, c'est la nécessité de convertir l'alumine pure, préparée exprès, en chlorure d'aluminium, puis de recourir à l'intervention du sodium pour isoler le radical de ce dernier composé. Sans doute, grâce à M. Deville, le prix du sodium est singulièrement réduit de ce qu'il était naguère, puisque, de 800 fr. à 1,000 qu'il valait en 1853, il ne coûte plus aujourd'hui que 10 fr.! C'est là un fait d'une portée incalculable, et pour la science et pour l'industrie, car l'une et l'autre sont appelées à profiter largement des propriétés de cet agent puissant. Mais, néanmoins, cette longue série d'opérations par lesquelles il faut passer avant d'avoir le métal de l'alumine, mettra longtemps obstacle au bas prix de ce dernier.

Une heureuse idée du savant chimiste prussien, H. Rose, ne sera pas sans influence sur le résultat pratique que nous espérons; c'est la substitution, au chlorure d'aluminium artificiel, de la *Cryolite*, minéral très abondant au Groënland, et que le commerce apporte maintenant à Berlin en masses considérables. Ce fluorure double d'aluminium et de sodium naturel, étant fortement chauffé dans un creuset de porcelaine avec du sodium, abandonne son aluminium en gros globules qu'il est facile de réunir en un seul culot par une nouvelle fusion.

Lorsque des hommes d'une haute valeur scientifique, lorsque des industriels éclairés se préoccupent des mêmes recherches, soutenus les uns et les autres par les sympathies publiques et par les encouragements libéraux du Gouvernement, on peut être sûr que le résultat cherché ne tardera pas à se produire. Avec la croyance au progrès, avec la foi dans le travail, qui est le caractère dominant de notre époque, il n'y a vraiment plus de problème insoluble, plus de difficultés insurmontables, il n'y a plus rien d'impossible !

Produits chimiques organiques.

Si, maintenant, nous jetons un coup d'œil sur les produits organiques qui servent spécialement dans nos fabriques, nous trouvons, en première ligne :

A. Les amidons, fécules, leïocomes, dextrine, gommeline, qui servent au gommage des tissus et à l'épaississement des mordants et des couleurs. Ici, nous avons à signaler les bons produits envoyés par M. Steinbach, du Petit-Quevilly ;

B. Les gélatines et colles-fortes dont les applications sont si variées, et qui ne comptaient pas moins de trente exposants pour la France, dont deux pour Rouen, MM. Grenet et Bocquet. Disons que cette industrie a fait de grands progrès, à en juger par ces beaux spécimens de gélatine incolore et colorée, parfaitement transparente, exposés par les maisons Grenet, d'Enfer et Pitoux. D'excellentes colles-fortes avaient été fabriquées avec des cuirs avariés, des débris et des rognures de cuirs ou de peaux sans emploi jusqu'alors. Les étrangers ne nous ont rien offert de supérieur à ce que l'on fait en France.

C. Le blanc d'œuf, converti en *albumine sèche*, est aujourd'hui un article commercial d'une haute importance par suite de l'usage fréquent qu'en font les doreurs sur bois, sur cuir, sur papier et sur étoffes, les marchands de vin, mais surtout les imprimeurs d'indiennes. Ces derniers en consomment énormément pour faire adhérer aux tissus les couleurs insolubles qu'on y superpose, telles que le charbon, le bleu d'outre-mer, les oxydes de fer et de chrôme, les ocres, toutes les laques végétales, en un mot, qu'on délaie dans une solution de cette albumine avant d'en faire l'application. Il suffit alors de chauffer la toile pour que l'albumine, en se coagulant, fasse perdre à la couleur à laquelle elle est associée le pouvoir de se dissoudre dans l'eau.

De beaux échantillons d'albumine de blancs d'œufs en petites écailles jaunâtres, étaient exposés par Mme veuve Cornu et M. Deschaux, d'Annonay (Ardèche), MM. Barbier et Defay, de Paris, M. Hirsch, de Pilsen en Bohême, M. Mosselman, de Carentan (Manche). Ce dernier, qui, à la tête d'une puissante association, a donné une nouvelle vie commerciale et industrielle au département de la Manche, en ajoutant des bateaux-postes aux canaux, organisant l'exportation régulière, à jours fixes, des produits normands pour l'Angleterre, et en établissant, à Southampton, deux marchés par semaine de bestiaux tirés des herbages de Normandie, a trouvé le moyen de conserver parfaitement le blanc d'œuf à l'état glaireux, comme aussi le jaune dans son état de mollesse. Disons ici que cette autre partie de l'œuf n'est pas seulement un aliment précieux; c'est aussi un agent industriel, consommé, à l'état frais, par les chamoiseurs, les mégissiers, les teinturiers en peaux, les relieurs, les vernisseurs, les peintres, les pâtissiers, etc. L'altérabilité du jaune d'œuf est si grande qu'il en résulte des inconvénients très fâcheux et de tous les jours pour les industriels assujettis à son emploi. M. Mosselman, qui envoie des millions d'œufs en Angleterre, était dans une position éminemment favorable pour entreprendre et multiplier les essais en vue de la conservation des jaunes, et il est parvenu à les convertir en une matière durable, ne variant pas dans sa valeur, et pouvant n'être employée qu'au fur et à mesure des besoins du consommateur. Son moyen est très simple, puisqu'il consiste dans l'addition, au jaune délayé dans une certaine quantité d'eau, de sulfite neutre de soude, dans la proportion de 5 p. 0/0, au plus, du poids du liquide. Nous nous sommes assurés que le jaune d'œuf, après six mois de conservation, avait gardé sa limpidité, sa couleur, et n'exhalait aucune odeur. Les placements importants de jaune que fait M. Mosselman, en Angleterre, prouvent que ses efforts ont eu un résultat pratique qui deviendra un véritable bienfait pour l'industrie.

L'albumine des œufs étant encore d'un prix assez élevé, nous avons examiné avec intérêt un bel échantillon d'albumine extraite du sang, exposé par M. Boyer, de Paris. Il n'était pas très facile de décolorer le sérum du sang. Nous avons assisté, à Rouen, il y a trois ans, à de nombreux essais tentés pour résoudre ce problème, par M. Roard, et ce n'est pas sans peine que ce chimiste y était parvenu. M. Boyer est arrivé au même résultat; seulement, nous ignorons si son albumine est livrée à des prix inférieurs à ceux de l'albumine des œufs, ce qui devrait être, car le sang des abattoirs n'a pas une grande valeur, et on peut s'en procurer tous les jours d'énormes quantités.

D. Plusieurs industriels du midi de la France, de Gênes, de la Lombardie, de Venise, d'Illyrie, de Portugal, du Wurtemberg, ont envoyé de beaux échantillons d'acide tartrique et de crème de tartre. L'Algérie, Lisbonne, Palerme, la Guyane française ont expédié de l'acide citrique et du citrate de chaux.

Matières tinctoriales. — Les matières tinctoriales nous ont offert, comme on le pense bien, un grand intérêt. Il en est venu de tous les pays et sous tous les états, en nature, en poudre, en extrait. Les Colonies anglaises, les deux Guyanes, les diverses régions de l'Amérique du Sud, nos colonies françaises, l'Océanie avaient surtout, sous ce rapport, de grandes richesses. Nous citerons ici quelques-unes de celles qui, jusqu'à ce jour, étaient inconnues ou fort peu connues en Europe.

Ainsi, nous avons vu en grande masse le *rouge indien* de la Guyane anglaise, ou *chica*, principe colorant extrait des feuilles du *bignonia chica* ;

Les fruits de l'*hibiscus populeus* de la Martinique, propres à la teinture en rouge ;

L'écorce et l'extrait de *casuarina* de nos établissements français de l'Inde.

La Dalécarlie nous a envoyé du sumac fait avec les feuilles du raisin d'ours, *arbutus uva-ursi*, *L.* ;

La Prusse Rhénane, une substance tinctoriale bleue, nommée *cœlein*, avec laquelle on avait teint des tissus en une assez belle nuance.

Il y avait des indigos de Cayor et de Bambouck (Sénégal), de Tunis, de la Guyane française, de l'Egypte ; du safranum de cette dernière région, et la Guyane nous montrait à côté du rocou, la *bixine* de M. Dumontel, pâte épurée, bien plus riche en principe colorant que le rocou ordinaire, et que nous avons fait connaître, il y a quelques années, dans nos ateliers de Rouen (1).

Nous avons vu un *extrait de noix de galle*, préparé à Ratisbonne, dont nous ignorons la valeur ; de l'*extrait de châtaignier* de l'Isère et de Lyon, affecté à la teinture des soies ; des *extraits de knoppern* de la Hongrie, dont on fait usage pour tanner, et pour obtenir, dans les imprimeries et teintureries d'Allemagne, des nuances fauves, grises et noires. Le knoppern est une excroissance qui

---

(1) *Précis des Travaux de l'Académie de Rouen* pour l'année 1851, page 101.

envahit la cupule des glands du chêne ordinaire, notamment dans les pays chauds ; elle est commune dans les forêts de la Hongrie, de la Styrie, de la Croatie, de l'Esclavonie, de la Natolie, du Piémont.

La Hongrie avait encore expédié des boules de guéde ou pastel, qu'on n'emploie presque plus chez nous.

Les extraits et carmins d'orseille, les carmins de cochenille et d'indigo, les carmins de safranum en liquide, en pâte, en belles paillettes, les laques carminées, une grande variété de laques à base d'alumine, pour teinture et impression, des cachous préparés, des extraits et décoctions concentrées de presque tous les bois tinctoriaux, étaient en abondance. Nous mentionnerons surtout avec éloges, pour ce dernier genre de produits, les expositions de M. Varillat, de Rouen, de la maison Meissonnier, de Paris, de M. Michel, de Puteaux, de M. Barre, de Nimes, de MM. Pommier, de Paris et d'Alexandria en Ecosse, de MM. Gilmour et Roberts, de Glascow, de MM. Haremaker, Buis et Ce, de Zaandyk (Hollande septentrionale), etc.

Nous avons vu des garances, des garancines et fleur de garance de la Zélande, de la Silésie, de la Prusse rhénane, de l'Espagne, du Portugal, de l'Algérie. Le comtat d'Avignon n'avait que cinq exposants, l'Alsace un seul pour cette belle matière tinctoriale et ses dérivés ; l'Auvergne n'en avait pas un seul, elle qui, depuis une dizaine d'années, livre au commerce des alizaris, des garances et des garancines si estimés ; nous ne nous expliquons pas cette abstention des habiles fabricants français. M. Castellan, d'Avignon, avait envoyé un extrait de garance en pâte liquide et en poudre, qu'il a nommé *rubérine*, et qu'il propose comme couleur d'application. MM. S. Pincoffs et Ce, de Manchester, avaient exposé des garancés violets d'une superbe nuance, obtenus avec leur *alizarine commerciale*, qui a surtout pour mérite de fournir, avec nos eaux calcaires, des nuances violettes magnifiques pour lesquelles il n'y a nul besoin d'avivages. Jusqu'ici, à cause de nos eaux et de la nécessité de donner des avivages dispendieux à nos garancés, il nous était impossible d'obtenir les beaux violets de l'Alsace. *L'alizarine commerciale* de Pincoffs et Schunck nous permettra donc de rivaliser avec succès, sous ce rapport, avec les habiles indienneurs du Haut-Rhin. Il est à regretter qu'on ne puisse obtenir avec elle les autres nuances fondamentales de la garance.

Dans la vitrine de M. Robiquet, nous avons admiré de bien beaux cristaux d'*alizarine pure*, cette belle matière colorante rouge de la garance que Robiquet père a isolée, le premier, il y a 29 ans. Le même chimiste avait exposé, à côté, les divers produits colorants qu'il a su préparer avec le suc d'aloès, à savoir : l'*aloétine*, le chrysammate et le picrate de potasse. Il avait également de l'*indigotine* bien cristallisée.

La chimie a fourni, dans ces derniers temps, à la teinture, trois nouvelles substances colorantes dont on commence à tirer parti, à savoir :

L'*acide chrysammique* obtenu par la réaction de l'acide nitrique sur l'aloès, et qui donne un beau jaune sur soie, comme l'attestent les écheveaux exposés par M. Van Rooyen, d'Utrecht ;

L'*acide picrique*, découvert dès 1788, par Hausmann, mais qui n'a été utilisé qu'en 1849, par M. Guinon, de Lyon, pour produire des jaunes tendres de toutes nuances sur soie ; on le fabrique avec économie au moyen du traitement par l'acide nitrique de l'huile de houille ;

Enfin, l'*alloxane*, principe dérivé de l'acide urique et qu'on crée de toutes pièces en mettant digérer, dans l'acide nitrique froid, le guano ou les excréments de serpents. Ce principe incolore a, comme la matière colorable de l'orseille, la propriété de se transformer en une belle couleur rouge, nommée *murexide*, sous l'influence de la chaleur et des vapeurs ammoniacales. M. Saac, le premier, a songé à faire l'application de ce fait la coloration de la laine pour remplacer, dans nombre de cas, la cochenille si chère, et M. Greber, de Sainte-Marie-aux-Mines, a exposé des écheveaux teints en rouge ponceau ou rouge de *murexide*.

Produits tinctoriaux de l'Algérie.

La riche collection de l'Algérie nous a offert une série de matières tinctoriales, dont notre industrie ne tardera pas à profiter. Il nous paraît intéressant de consigner ici, avec quelques détails, l'état actuel de la production, sous ce rapport, de notre importante colonie.

L'une des matières les plus chères, c'est la cochenille, dont la France importe annuellement près de 230,000 kil., ce qui représente une valeur de plus de 3,346,000 fr. Sa culture a été introduite en Algérie, en 1831, par M. Simonnet. Ce jeune chimiste français transporta de Valence (Espagne), à Alger, quelques pieds de nopals, chargés d'insectes, qu'il renouvela au moyen d'éducations annuelles. En 1842, il fit don d'une certaine quantité de nopals au directeur de la pépinière centrale, qui en a lui-même approvisionné tous les éducateurs. Ceux-ci sont aujourd'hui au nombre de sept, dans la province d'Alger. M. Boyer est le premier colon qui ait entrepris, sur une grande échelle, cette industrie agricole. En 1853, on comptait déjà quatorze nopaleries, contenant 61,500 plants. — La cochenille algérienne est de très bonne qualité; la variété dite *zaccatilla* diffère fort peu des belles sortes de zaccatillas de Honduras et des Canaries; celle dite *mestèque* égale les meilleures du Mexique et même de Honduras, et peut se classer comme la bonne qualité des

Canaries. — L'Administration achète aux colons le kilog. de ces cochenilles au prix de 15 fr. Il n'est pas douteux que, faite avec soin et discernement, cette culture ne prenne une grande extension, et que la qualité du produit ne s'améliore; ce sera une ressource importante pour les colons, qui sont à peu près assurés d'un revenu net de 1,500 à 2,000 fr. par hectare.

Un autre insecte colorant dont les indigènes se servent depuis longtemps pour la teinture en rouge de leurs étoffes, en guise de cochenille, dont ils connaissent peu l'emploi, c'est le kermès, qui vit sur une espèce de chêne (*quercus coccifer*, L.), fort répandue dans les provinces d'Alger et d'Oran. Ni l'arbre ni l'insecte ne sont l'objet d'aucune culture. On récolte ce dernier au mois de juin. L'Algérie en exporte annuellement 2,000 kil. environ, qui, au prix officiel de 9 fr., représentent une valeur de 18,000 fr. En 1853, la France a importé 2,689 kil. de kermès, d'une valeur de 60,732 fr. Il y avait dans la collection Algérienne de beaux échantillons fournis par cinq Arabes et un colon français.

Parmi les plantes tinctoriales que l'Algérie possède ou commence à cultiver, nous citerons principalement la garance, l'indigo, le carthame, les lichens de l'orseille, le safran, le pastel, le tournesol, la gaude, le henné, le sumac, la noix de galle, etc.

La garance est, on le sait, le pivot de la teinture en rouge grand teint. Les cultures de l'Alsace, du comtat d'Avignon, de la Provence, du Languedoc et de l'Auvergne sont loin de suffire aux besoins du commerce et de la consommation de la France, puisque, en 1853, on a importé :

1° 1,664,750 kil. d'alizari, représentant 749,142 fr., et

en grande partie destinés à l'exportation, sous forme de poudre;

2° 41,679 kil. d'alizari pour le commerce spécial, et valant 87,478 fr.;

3° 3,917 kil. de garance moulue pour la consommation intérieure, valant 4,309 fr.;

En tout, 1,710 346 kil., valant 840,929 fr.

L'Algérie pourra aisément suffire un jour à toute cette fourniture, qui se partage entre les pays suivants, dans l'ordre d'importance : Deux-Siciles, Turquie, Zollverein, Autriche, Etats-Barbaresques, Toscane, Pays-Bas. Et en effet, la garance réussit parfaitement sur tous les points de la colonie, où sa culture prend chaque année, depuis 1848, de grands développements. Cette extension rapide s'explique par la faveur qui a accueilli cette nouvelle production dans toutes les expériences auxquelles elle a été soumise : Sociétés savantes, manufacturiers, hommes spéciaux, tous ont été unanimes à reconnaître que les garances algériennes égalent les meilleures espèces employées par l'industrie, et peuvent remplacer avec avantage celles que l'insuffisance des récoltes en France oblige à tirer de l'étranger.

La Chambre consultative des arts et manufactures de Louviers qui déjà, dans une première expérience, avait constaté la supériorité des garances algériennes, a recommencé dernièrement l'épreuve dans des conditions qui ne laissent aucun doute sur les résultats de son examen. Dans ce but, elle a fait venir de trois localités diverses de la Colonie des produits recueillis, en quelque sorte, au hasard parmi ceux qui ont été récoltés par les colons en 1854. Cette seconde épreuve a été très satisfaisante. Employées comparativement avec des garances d'Alsace, d'Avignon et de Chypre, les garances d'Afrique ont soutenu dignement leur réputation, et un lot envoyé de la province d'Oran a été notamment classé en tête de tous les autres produits similaires.

Nous avons vu, dans le palais de l'Industrie, des échantillons des draps teints à Louviers au moyen de ces diverses garances, et nous avons ratifié pleinement les conclusions du rapport officiel de la Chambre consultative.

Ce qui a contribué à propager la culture de la plante précieuse dont nous parlons dans les trois provinces de l'Algérie, ce sont les encouragements offerts par l'Administration. Elle a acheté et distribué gratuitement de la graine. Dans la province d'Oran, une somme de 19,000 fr. a été distribuée en primes, l'année dernière. La Chambre de commerce d'Alger a fondé, de son côté, dès 1853, des concours de garance. Dans les expositions provinciales, des récompenses sont accordées aux plus beaux produits. Enfin l'Administration s'est appliquée à mettre les producteurs algériens en relations directes avec les fabricants du nord et du nord-ouest de la France.

Il y a donc tout lieu de penser que, dans un avenir très prochain, les alizaris et garances de l'Algérie entreront, pour une part très notable, dans les approvisionnements de nos ateliers de teinture et d'impression.

Il y aurait un égal intérêt à voir se fonder, dans notre colonie, des indigoteries. Son climat convient parfaitement à la végétation des diverses espèces d'indigotiers, puisque, d'une part, ces plantes sont cultivées depuis longtemps dans les régions de Tunis et de Tripoli, et que, de l'autre, les expériences faites à la Pépinière centrale d'Alger et au Jardin d'acclimatation de Biskara ont parfaitement réussi. Nous avons vu des échantillons d'indigos argenté, anil, tinctorial de 1852. De récentes expériences autorisent aussi à espérer que l'*eupatorium tinctorium*, cultivé à la Pépinière centrale, deviendra le rival des indigotiers pour la production du bleu indigo. Le *polygonum tinctorium* de Chine est aussi essayé dans ce but à la Pépinière centrale. Toutes ces tentatives, qui auront prochainement, sans doute, une heureuse conclusion pratique, sont justifiées par ce fait qu'en 1853, la France a importé, pour sa consommation, 1,004,368 kilog. d'indigo, qui valent, aux prix de 18, 17 et 12 fr. le kilog., suivant les qualités, 16,802,591 francs

Nous avons vu aussi avec satisfaction, par les produits exposés dans l'annexe, que la culture du carthame ou *safranum* commence à se répandre dans les provinces d'Oran et d'Alger. Son introduction ne date que de 1845 ; en 1852, la récolte fut évaluée à 200 kilog. de matière tinctoriale marchande, et à 700 kilog. de graines dont on peut retirer de l'huile. La France consomme annuellement 140.000 kilog. environ de carthame, ce qui représente une valeur de 336,000 francs.

Les lichens tinctoriaux qui fournissent l'orseille, dont la France consomme chaque année pour plus d'un million de francs ; le safran, dont on importe pour plus de 120,000 fr.; la maurelle ou tournesol, la gaude, le pastel, la noix de galle, le sumac et les écorces astringentes, ne sont encore l'objet d'aucune exploitation régulière, mais seraient susceptibles de devenir des articles importants de commerce. Une école de sumacs a été fondée à la Pépinière centrale, au moyen de plants venus de Sicile. Les deux espèces de sumacs indigènes que possède l'Algérie, à savoir : le sumac tezera (*rhus pentaphyllum*, Desf.) et le sumac des corroyeurs (*rhus coriaria*, L.,) sont employés par les Arabes pour la préparation et la teinture des cuirs dits *maroquins*. La colonie, si riche en chênes verts, pourrait facilement concourir à la fourniture de la noix de galle, dont on importe en France pour 662,705 fr.

Nous avons vu un échantillon de matière colorante extraite de l'écorce de grenade, pour teindre en noir, envoyé par M. Mouton, colon de Milianah, puis du garou et une plante nommée *melghatia*, venant de la province d'Oran, qui servent à la teinture en jaune. Il y avait aussi de nombreux spécimens de *henné* (*Lawsonia inermis*, L), plante propre à l'Afrique et à tout l'Orient. Ses feuilles, réduites en poudre et délayées dans l'eau sous la consistance d'une pâte, colorent fortement en rouge orangé brun les parties du corps sur lesquelles on les applique. En Algérie, les femmes se teignent ainsi les mains, les doigts, les ongles, les pieds, les orteils. On en teint aussi la queue et la crinière, le dos et les jambes des chevaux Cette substance tinctoriale, qui est assez riche en tannin, pourrait remplacer, jusqu'à un certain point, le cachou. M. Tabourin, professeur de chimie à l'École vétérinaire de Lyon, a pris un brevet d'invention pour l'application du henné à la teinture en noir.

Bains de teinture de M. Kurtz.

Nous ne quitterons pas les matières tinctoriales sans dire quelques mots des produits pour la teinture directe des tissus, présentée par M. Kurtz, de Déville. Ces produits, destinés à teindre la laine, la soie et le coton en toutes nuances, aussi solidement que par les procédés ordinaires, n'ont pas encore reçu la sanction d'expériences manufacturières effectuées sur une large échelle. L'inventeur se propose de prendre des brevets au moment où il aura trouvé à s'associer à quelques industriels pour l'exploitation de ses nouveaux procédés. En l'absence de tout renseignement positif sur la valeur économique de ces procédés, dans l'ignorance complète de l'avenir qui peut leur être réservé, nous dirons que, des essais entrepris l'année dernière, par les membres du Comité des arts scientifiques du jury de Rouen, il résulte ceci :

1° Avec la *poudre rose* de M. Kurtz, on a obtenu sur laine, et sans l'emploi d'aucun mordant, un écarlate d'une grande richesse et très solide. Les alcalis n'ont que peu d'influence sur la couleur qui reprend d'ailleurs sa vivacité première après un passage en acide faible ;

2° Une autre *matière solide brune* a donné sur laine et sur soie, sans l'emploi de mordants et d'acides, la couleur rouge foncée des laques et du kermès ;

Les matières servant à ces teintures sont presque entièrement solubles dans l'eau et peuvent être utilisées jusqu'à épuisement complet des bains Il suffit, en effet, lorsque les nuances ne sont plus assez nourries, d'ajouter une petite quantité du produit pour arriver à la couleur désirée ;

3° Des liquides particuliers, renfermés dans des flacons, servent à la teinture en rouge de sappan, en rouge et en violet de campêche. Ces teintes sont obtenues sur coton mordancé à l'avance ; mais encore ici M. Kurtz ne fournit aucune indication sur la nature de ses mordants. Les nuances obtenues sont très brillantes et très nourries. Les mêmes faits se produisent avec une espèce d'extrait de quercitron.

Que conclure de tout ceci ? Y a-t-il un progrès accompli ? Rien ne le prouve encore, car dans les bonnes teintureries on obtient d'aussi belles couleurs que celles préparées avec les produits inconnus de M. Kurtz. Et, d'ailleurs, quel est leur prix de revient, quelle économie apportent-ils, peut-on se les procurer en quantité suffisante pour les besoins industriels ?

A ces différentes questions, l'inventeur, sans fixer des chiffres précis, répond que ses produits doivent procurer aux teinturiers une économie notable par rapport aux procédés habituels, et qu'il se fait fort d'en livrer toutes les quantités qu'on lui demandera.

Nous n'avons eu aucun moyen de contrôler ces assertions, et nous en laissons toute la responsabilité à leur auteur.

Déjà, en 1851, à l'exposition universelle de Londres, M. Kurtz avait exposé ces mêmes produits, qu'il prétend avoir perfectionnés depuis, et le Comité, chargé de leur examen, lui a fait accorder une médaille de bronze. Le jury de l'Exposition universelle de Paris s'est montré plus réservé. Nous ferons comme lui, nous contentant d'avoir signalé aux industriels que cela peut intéresser les prétentions de M. Kurtz à une invention.

Caoutchouc et Gutta-Percha.

Lorsqu'en 1753, La Condamine envoyait du Pérou en France la singulière substance qu'on appela d'abord, par une fausse appréciation de sa nature, *gomme élastique*, et qu'on nomme aujourd'hui *caoutchouc*, le célèbre mathématicien français était loin de se douter des innombrables et précieux emplois qu'elle recevrait un siècle après son introduction en Europe. Ils sont tels, en effet, qu'on en importe aujourd'hui, tant de l'Amérique-Méridionale que des Indes-Orientales, pour plusieurs millions de francs.

C'est surtout depuis que Thomas Hancock a découvert (en 1845) les moyens de rendre permanente à toutes les températures l'élasticité naturelle du caoutchouc, qu'aucune limite ne peut être asssignée aux services que ce principe hydrocarboné peut rendre à l'économie domestique et aux arts industriels. Ces moyens consistent à y combiner 12 à 15 p. 100 de soufre tout au plus. On en fait alors ce qu'on désigne sous le nom fort impropre de *caoutchouc vulcanisé.* Tout récemment, M. Goodyear, de New-York, a encore agrandi le champ des applications, en convertissant ce dernier, si extensible et si mou, en un produit dur et rigide comme le marbre, pouvant acquérir un beau poli et se prêter à toutes les formes qu'on donne habituellement au buffle et à l'ébène.

Au milieu des nombreux objets en caoutchouc ordinaire et en caoutchouc vulcanisé dont les galeries de l'exposition étaient si richement garnies, notamment dans les compartiments assignés à la France, à l'Angleterre, aux États-Unis d'Amérique, à la Prusse et à la Belgique, ce qui nous a paru le plus neuf et le plus curieux, c'est la brillante exhibition de la Compagnie américaine qui exploite le procédé de M. Goodyear, procédé fort simple, du reste, puisqu'il consiste uniquement à combiner au caoutchouc, réduit en pâte par une chaleur de 150 degrés, le cinquième environ de son poids de soufre. Le mélange acquiert ainsi une dureté telle qu'on peut en faire des crosses de fusil, des manches de couteau, des meubles, des instruments de musique, des candélabres, des molettes à imprimer, des mesures métriques, des bobines et navettes, des peignes à tisser, des planches pour doubler les navires, etc.

Le caoutchouc n'a de rival, sous cette dernière forme, que la *gutta-percha*, principe organique fort analogue, mais provenant d'un arbre bien différent de ceux qui fournissent la première substance. Ce sont les Anglais qui, en 1842, ont découvert l'origine de ce nouveau carbure d'hydrogène, et c'est des indigènes de Singapore qu'ils ont appris à en tirer parti pour remplacer le cuir, le bois et les métaux dans la confection de ces mille articles d'économie domestique qui multiplient les commodités de la vie.

Au nombre des exposants qui ont offert des spécimens variés de la gutta-percha travaillée, nous ne devons pas oublier notre concitoyen M. Bouchard, qui a su, en combinant la gutta-percha au caoutchouc, produire une foule d'objets fort utiles auxquels conviennent une fermeté plus grande et une extensibilité moindre que celles du caoutchouc. Mentionnons aussi MM. Bickford-Davey-Chanu et Ce, des Chartreux près Rouen, qui garantissent de toute humidité leurs fusées de mine, en les recouvrant d'une couche mince de gutta-percha, si bien qu'elles peuvent brûler sous l'eau aussi facilement que dans les terrains secs.

Cuirs et Peaux préparées. Les diverses industries qui s'occupent de travailler les peaux d'animaux pour les mettre à l'abri de la corruption qui envahit si rapidement les matières organiques, et pour les rendre propres aux différents usages auxquels elles sont employées, constituent une des sources les plus importantes de la richesse nationale, puisque, d'après les évaluations d'un des hommes les plus compétents sur cette question, M. Fauler, le mouvement des capitaux engagés est, annuellement, de 300 millions de francs. L'exportation des cuirs vernis, des cuirs mous pour tiges de bottes, des maroquins, des gants, des ouvrages de sellerie, est énorme et justifie notre supériorité en ces genres de produits.

Jamais plus belle exhibition de peaux préparées et de cuirs n'avait eu lieu. Le palais de l'Industrie ne renfermait pas moins de 450 exposants de tous les pays, et sur ce nombre 240 étaient Français. Il y avait 41 Autrichiens, 29 Anglais, 27 Prussiens, 21 Belges, 13 Suisses, 10 Hessois ; les autres nationalités n'étaient représentées que par quelques unités. La maison Plummer, de Pont-Audemer, a soutenu son ancienne réputation. Notre département avait 6 exposants, à savoir : 2 de Saint-Saëns, 1 de Neufchâtel, 2 de Caudebec, pour cuirs forts, et 1 de Rouen. Nous croyons devoir donner quelques renseignements sur ce dernier, en raison de sa spécialité.

M. Domer, l'industriel dont nous voulons parler, n'est pas précisément tanneur ; il est plutôt préparateur de cuirs divers à l'usage de l'industrie. Ainsi, il achète des cuirs imparfaitement tannés et bruts, qu'il plonge durant plusieurs jours dans des bains de sa composition, tenus à une température de 18 à 20°, pour en perfectionner le tannage ; il les travaille ensuite et les approprie, suivant leur nature et leur qualité, aux divers genres de produits qu'il veut confectionner. Ce sont des croupons pour cardes à laine et à coton, pour châssis de lithographes, pour courroies, des plaques en cuir mixte de veau et de mouton, des cuirs pour rouleaux de lithographes, des peaux pour filatures, des capotes non vernies pour voitures, etc. Tous ces objets sont d'excellente préparation et trouvent de faciles débouchés tant à Rouen qu'au dehors (1).

---

(1) La tannerie est une industrie fort ancienne dans notre département. Blangy pourrait revendiquer l'avantage de l'avoir le premier exercée en grand. De vieux papiers de famille, des aveux passés avec le comté d'Eu et Penthièvre, en 1381 et 1386, relatent, en effet, que Blangy possédait alors le *Moulin aux Armures* (en souvenir d'une bataille où Laurent, évêque d'Eu, commandait, contre les Saxons envahisseurs, les vassaux de la Bresle), moulin qui existe encore aujourd'hui à usage de fabrication de tan. Les mêmes actes montrent aussi que dans cette bourgade, alors ceinte de fossés et de murailles, et possédant fortin avancé, il existait plusieurs tanneries et corroyeries payant le cens au Comte et à l'Évêque. Il y avait notamment trois familles de tanneurs, les Carton, les Richebraque, les Coussin, dont la réputation était grande, et dont les descendants sont devenus notaires, avocats, juges, etc. — Ce serait donc probablement de Blangy, que serait partie l'impulsion des progrès de cette ancienne et utile industrie. Il y a encore, du reste, une douzaine de tanneries ordinaires, dont les produits sont consommés dans le département et qui ne laissent pas que d'être assez importants.

(Renseignements communiqués par M. De Lérue, membre de la Société.)

La belle et intéressante industrie du papier, cet agent éminemment civilisateur, puisqu'il concourt à la circulation des idées et à la vulgarisation des sciences et des lettres, mérite de nous arrêter quelques instants.

Papier et Papiers peints.

C'est en Angleterre, puis en France, qu'elle a pris le plus de développements. Viennent ensuite, mais à une grande distance, les Etats du Zollverein, l'Autriche, la Suisse, la Russie, la Suède, la Saxe. L'Angleterre, ou plutôt la Grande-Bretagne, a 403 machines et 400 cuves qui transforment annuellement 92 millions de kilogrammes de chiffons et une quantité inconnue de vieux cordages, de toiles d'emballage et autres matières filamenteuses, en 80 millions de kilogrammes de papier de toutes sortes. Dans ce pays, la fabrication est établie sur un pied colossal. En France, une papeterie de 2 machines est considérée comme un grand établissement; dans la Grande-Bretagne, il y en a qui occupent 12 et même 14 ou 15 machines.

Chez nous, il y a 210 machines et 250 cuves qui livrent annuellement au commerce 42 millions de kilogrammes de papier, en opérant sur 63 millions de kilog. de chiffons. Si nous produisons moitié moins que nos voisins d'Outre-Manche, en revanche nous avons sur eux une supériorité incontestable quant à la qualité des produits. La principale raison en est que chez nous le linge de chanvre et de lin est d'un emploi bien plus étendu, et que par conséquent la matière première de la fabrication du papier est meilleure qu'en Angleterre, où domine l'usage du coton pour l'habillement. C'est pour obvier à cet inconvénient que, dans ce dernier pays, on ajoute aux chiffons de coton, élément dominant, les débris de cordages de chanvre et de diverses plantes textiles; mais la pâte provenant de ce mélange, n'a ni le corps, ni le nerf, ni l'homogénéité, ni la douceur de celle qui est presqu'en totalité constituée par le lin.

Le remplacement des cuves anciennes par les machines s'est fait, en France, d'une manière très rapide, puisqu'il n'y avait en 1827 que 4 machines et 12 seulement en 1834. C'est à partir de 1837 que le nombre s'en est subitement accru. C'est à la même époque que commence le malaise de la papeterie; c'est alors que les prix de vente ont fléchi, que les prix d'achat des chiffons ont augmenté, et depuis, le mal n'a fait que grandir; aujourd'hui, il est tel, qu'il n'y aurait que de prompts remèdes qui pourraient empêcher la ruine de l'importante industrie dont nous parlons.

Parmi les causes qui ont contribué à cette triste position, on peut citer, au dire des gens compétents : la centralisation administrative, l'état de marasme où se trouve la librairie depuis une quinzaine d'années, la publication par les journaux des ouvrages des auteurs à la mode, enfin les impôts beaucoup trop lourds.

La centralisation administrative enlève une grande ressource aux papeteries de province. Jusque vers 1848, chaque administration faisait faire ses imprimés où bon lui semblait; chacune donnait, naturellement, à imprimer dans la localité, cette masse de registres, d'états, de formules dont notre bureaucratie fait si abondante litière; il n'en est plus ainsi. Ces imprimés viennent des grandes maisons de Paris qui, il faut bien le reconnaître, livrent mieux, plus régulièrement et généralement à des prix moindres; les fabricants de province ne peuvent plus continuer ces fournitures, qui étaient pour eux un fonds de travail, qu'en faisant des sacrifices sur les prix et en payant des frais de transport considérables; la plupart y ont renoncé, sans que cette perte ait été compensée par un autre débouché.

La contrefaçon belge a été pour beaucoup aussi dans les causes qui, depuis vingt-cinq ans, ont fait décliner la librairie française, et par suite sa consommation en papier.

Avant la publication, par les journaux, des ouvrages des écrivains à la mode, on lisait ces ouvrages en volumes, et il n'y avait pas de cabinet de lecture qui se dispensât de les acheter. Le nombre de ces ouvrages est très considérable ; on les imprimait à plusieurs milliers d'exemplaires. Qu'on réduise seulement au quart ce qui s'imprime actuellement, et l'on trouvera que, sous ce rapport, la librairie a dû notablement s'en ressentir et la consommation du papier diminuer sensiblement.

Il n'y a presque pas de pays où les produits de la papeterie française ne trouvent leur placement, car ils sont réellement supérieurs en qualité à ceux de ces mêmes pays. L'exposition de 1855, en permettant d'établir une comparaison générale et sur une grande échelle, a pleinement confirmé cette assertion. Néanmoins, l'exportation a été sans cesse en diminuant ; d'une part, parce que des droits très forts ont été établis contre nos papiers dans certains États, notamment en Allemagne, et d'autre part, par la faute des envoyeurs qui ont cru que, pour l'exportation, tout était bon, et qui n'ont expédié que les sortes dont on ne pouvait se défaire en France. C'est là, en général, la mauvaise habitude du commerce français, pour tous les genres de produits, et c'est ce qui amène presque partout l'expulsion de nos articles d'exportation. Que de fois n'avons-nous pas entendu dire à nos expéditeurs à qui nous reprochions la qualité douteuse de leurs envois : « *C'est assez bon pour l'étranger !* .... » Le Gouvernement n'a cessé de recommander à nos négociants de se conformer principalement au goût et aux usages des pays avec lesquels on veut établir des relations ; mais c'est ce qu'on n'a jamais fait et ce qu'on ne fait pas encore, au moins généralement.

Ce qui a encore contribué au malaise actuel de la papeterie, c'est la concurrence mal entendue que les fabricants se font entre eux, c'est la production aveugle qui produit sans savoir si elle aura le placement de ses produits. C'est donc plutôt le désordre introduit dans la production par un accroissement trop subit, que l'accroissement lui-même, qui a fait tout le mal. Il faudrait pouvoir organiser la production. Les heureux résultats obtenus par suite de l'entente et de l'accord qui existent depuis plusieurs années entre les fabricants des départements de l'Est, pour arriver à régulariser les prix d'achat des matières premières qui leur sont nécessaires, démontrent tout ce qu'on peut attendre de la généralisation d'une mesure si utile et si sage. Pourquoi aussi ne pas supprimer entièrement le travail du dimanche? Cette interruption, en elle-même si salutaire et si morale pour la classe ouvrière, permettrait au fabricant de veiller à l'entretien de son matériel et diminuerait d'une manière notable l'encombrement de la production.

Bien des réflexions qui précèdent ne sont-elles pas applicables à nos principales industries locales, filature, teinture, impression des tissus? C'est ce qui nous a entraîné, presque à notre insu, à les présenter ici, à propos du papier.

La rareté toujours croissante des chiffons donne de l'intérêt aux recherches entreprises pour trouver de nouvelles matières filamenteuses plus communes et moins chères. Depuis vingt-cinq ans, on a essayé une foule de plantes ou de débris végétaux, mais jusqu'ici on n'a obtenu que des produits inférieurs, si ce n'est avec la paille, qui fournit actuellement du papier très blanc et nerveux. Dans le palais de l'exposition, nous avons vu du carton et du papier de bois, exposés par M. Ballande-Fougedoire, de Thiers (Puy-de-Dôme), du papier fait avec l'enveloppe des bulbes du safran, par M. Vergnaud Romagnesi, d'Orléans, un autre fabriqué avec le chiendent, par M. de Maeyer de Boom (Anvers), du papier de tourbe et du papier de soie d'Angleterre, du papier d'*agavé*, un papier mixte d'agavé et de coton de Lisbonne, du papier de *gnaphalium* envoyé du Canada. Les colonies anglaises de l'Inde avaient, parmi leurs curieux produits, des papiers faits avec le bambou, les fibres du *jute* ou *chanvre du Bengale*, les feuilles du *pandanus odoratissimus*; l'Australie montrait de la moelle de tiges de maïs propre à la même fabrication.

Mais ce qui nous a surtout intéressé, ce sont les produits des nombreux exposants prussiens, produits non moins remarquables par leur belle qualité que par leur bas prix, ainsi que ceux des fabricants wurtembergeois, notamment de M. Voelter fils, à Heïdenheim. Ce dernier offrait à nos regards deux collections de ses papiers : les uns fabriqués avec du bois, des chiffons et des déchets de filature, les autres avec de la paille et des chiffons, et de la paille seule. Ces papiers attestent, par leur bonne qualité, les grands avantages de l'emploi de ces matières. Nous avons principalement admiré un papier d'emballage glacé, dit *anglais*, recherché pour l'emballage du fil et des articles métalliques, à cause de sa solidité et de sa consistance ; ce papier brun, coté 1 fr. 25 le kilogr., est fabriqué avec 85 0/0 de chiffons bruts et 15 0|0 de bois de sapin.

Les colons de l'Algérie pourraient fournir à nos papeteries de France plusieurs matières filamenteuses, à l'état de mi-pâte, qui entreraient parfaitement dans la confection du papier et du carton. Telles sont principalement diverses espèces de graminées (*Lygœum spartum, Stipa tenacissima, S. gigantea, S. barbata*), que les Arabes désignent sous le nom commun d'*halfa* ou *alfa*, passé dans notre langue; une autre sorte de graminée, non moins abondante que les précédentes, l'*Arundo festucoïdes* de Desfontaines, nommée *dis* par les indigènes du Sahara; l'agavé d'Amérique ou *aloès*, presque aussi répandu en Afrique que le cactus, le *Yucca* d'Amérique, dont cinq ou six espèces ont été introduites en Algérie et y croissent aussi bien que dans leur pays d'origine, l'*Abaca* ou bananier à cordes (*Musa textilis*, Perr.), le bananier alimentaire (*M. paradisiaca*, L.), la mauve textile (*Abutilon indicum*), le chanvre ordinaire, enfin le palmier nain (*Chamærops humilis*, L.) MM. Zuber et Rieder, de Mulhouse, ont fait, avec les feuilles de cette dernière plante, du papier d'assez bonne qualité pour l'emballage. La production du palmier nain, en Algérie, peut être considérée comme illimitée tant ce végétal abonde à peu près partout. Son exploitation par les colons, pour la sparterie, la corderie et le tissage, est devenue une industrie régulièrement constituée en quelques endroits, notamment à Chéragas. Le quintal métrique revient au plus à 2 fr.

Notre département possédait, il y a une trentaine d'années, un certain nombre d'usines qui exploitaient les chiffons; aujourd'hui, c'est à peine si l'on pourrait en compter jusqu'à trois! et cependant notre localité offre de grandes ressources pour ce genre d'industrie. Rouen, le Havre, Dieppe, Fécamp, ont des fabriques, des ports de mer qui fourniraient en abondance des chiffons et des cordages. C'est une mine inépuisable qu'on aurait sous la main, tandis que l'on vient chaque jour chercher ces matières pour les transporter à de grandes distances.

Une autre fabrication semble avoir également sa place marquée dans notre pays ; nous voulons parler de celle des papiers peints. N'est-elle pas de la même famille que celle des toiles peintes? Nos établissements d'indiennes possèdent d'habiles chimistes, d'excellents dessinateurs, des ouvriers tout façonnés à ce genre de travail, qui trouveraient dans cette belle industrie une nouvelle application pour leurs talents et leur activité.

Nous engageons vivement la Société d'Emulation, du Commerce et de l'Industrie, à attirer l'attention du public sur ce point ; ce serait un service éminent pour tous que cette importation dans nos contrées. L'Alsace en fournit un exemple qui ne laisse pas surgir le doute.

L'art des papiers peints nous vient de Chine, comme celui des toiles peintes nous vient de l'Inde. C'est vers 1746 que cette industrie s'est établie en Angleterre ; ce n'est que vers 1780, environ, qu'elle a été introduite en France par les nommés Arthur et Robert, et c'est beaucoup plus tard qu'elle s'est répandue dans les autres États de l'Europe. C'est en France et en Angleterre qu'elle a été amenée surtout au point de perfection où nous la voyons aujourd'hui. Les galeries de l'exposition, en offrant de nombreux points de comparaison, ont mis en pleine évidence la supériorité incontestable des fabricants de Paris, de Mulhouse et de la Grande-Bretagne.

Depuis peu d'années, l'impression au cylindre en relief, à beaucoup de couleurs, jointe au fonçage et au satinage mécaniques, est venue donner une nouvelle impulsion, ou mieux, une nouvelle direction à la confection du papier peint. Ces derniers progrès ont pris naissance dans l'Amérique du Nord et en Angleterre, où le haut prix de la main-d'œuvre force de remplacer les bras par la vapeur. A Manchester, l'établissement des frères Potter, fait usage de machines qui impriment 15 couleurs à la fois; aussi, avec 8 machines de ce genre, cet établissement produit, à lui seul, 8 à 10 mille rouleaux par jour, c'est-à-dire plus que toutes les fabriques de Londres réunies.

M. Jean Zuber, de Mulhouse, comptait, en 1851, que l'industrie du papier peint employait, tant en Europe qu'aux Etats-Unis, 3,160 tables d'impression, 120 machines à imprimer, foncer et satiner, 12,000 ouvriers, 240 chevaux de force, et produisait annuellement 23,300,000 rouleaux, ayant ensemble une valeur de 33,500,000 fr.

Cartons. — Nous avons vu, surtout dans les compartiments de la France, de l'Autriche, de la Prusse, de l'Angleterre, de beaux échantillons de cartons et de cartes. Mais ce que nous avons surtout admiré, ce sont les mille objets d'ornement et d'ameublement, tables, nécessaires, etc., qu'on confectionne, surtout en Angleterre, avec le carton.

Carton-Pierre. — En France, on a fait usage de cette matière pour former des ornements sculptés, dès le règne de François Ier. Aujourd'hui, on emploie pour cette destination, dans la décoration des théâtres et des appartements, une pâte plus dure que le carton, qu'on appelle *carton-pâte*, *carton-pierre*, imaginée à la fin du siècle dernier par un nommé Patou, d'autres disent par un nommé Gardeur. Cette sorte de cartonnage est formée avec de la pâte de papier qu'on additionne de craie et d'argile, détrempées avec une solution de gélatine. C'est avec ce mélange, en consistance convenable, qu'on forme, en le plaçant dans des moules en bronze huilés, et par compression, des objets façonnés qu'on sèche d'abord à l'air, puis à l'étuve. On les recouvre ensuite d'une couche d'huile siccative; on fait sécher de nouveau ; on peut alors donner à ces objets moulés, à l'aide de la peinture, tous les tons de couleur qu'on veut avoir, ou les recouvrir de feuilles d'or ou d'argent.

C'est principalement à Paris que l'on confectionne en carton-pierre ces jolies garnitures de glaces, de tableaux, ces médaillons, ces moulures et ornements sculptés, ces panneaux, qui jouent maintenant un si grand rôle dans la décoration des appartements, même les plus somptueux. Nous devons citer, à cette occasion, avec éloges, MM. Hubert, Benier frères, Hardouin, Crozet, Boucarut, Cruchet, de Paris, et M Jackson, de Londres.

De la pâte à papier durcie, et changée pour ainsi dire en pierre, à la poussière d'os, d'ivoire ou de bois, convertie en une matière aussi résistante que le marbre ou l'ébène, la transition est toute naturelle. Disons donc ici que M. Meyer, de Hambourg, a exposé sous le nom de *bois-marbre*, un produit nouveau pour la décoration et l'ameublement, qui n'est autre chose que le résultat de l'agglutination, par le moyen d'un mastic particulier, de la sciure de bois, de la râpure d'ivoire ou de la poussière d'os, objets sans aucune valeur jusqu'alors, et qui acquièrent, par l'heureuse idée de M. Meyer, une importance assez considérable. Le mélange, avant sa solidification, reçoit par le moulage ou le coulage toutes les formes imaginables, puis, une fois durci, on lui donne toutes sortes de nuances de manière à imiter les marbres, les bronzes, les bois, et on lui communique un beau poli. Nous avons vu des meubles et une foule d'objets confectionnés avec cette nouvelle matière plastique, qui ne manquaient pas d'un certain effet, et qui trouveront certainement leur place dans nos demeures même les plus luxueuses, car aujourd'hui plus que jamais, on peut bien dire, à propos de la décoration intérieure de nos habitations, que tout ce

Bois-Marbre.

qui brille n'est pas or. C'est là un des résultats les plus marqués de ce génie industriel moderne, qui est si habile à tout transformer.

N'est-ce pas lui encore qui nous a appris le moyen bien simple d'imprimer un cachet de vétusté aux meubles et aux sculptures modernes. Il ne s'agit que de les soumettre au contact des vapeurs ammoniacales humides, qui ont pour effet de réagir sur le bois en fonçant la couleur de sa surface. Ainsi, un objet en chêne neuf acquiert, par une courte exposition à ces vapeurs, l'aspect qu'il aurait en restant exposé pendant longtemps à l'air. Entrez dans la plupart de nos fermes, et vous y verrez des bahuts, des armoires en chêne d'une teinte si foncée qu'elle en paraît noire; il est évident que cela est dû au voisinage des étables, à l'aérage défectueux, qui entretiennent, dans l'atmosphère des chambres d'habitation, des vapeurs ammoniacales.

Bois colorés par injection. Conservation des bois.

N'en dirons-nous pas autant des procédés ingénieux à l'aide desquels Bréant, Payne, Moll et surtout le docteur Boucherie sont parvenus à métamorphoser les bois tendres et les plus communs en matériaux pour ainsi dire indestructibles et pourvus de teintes variées qui permettent de les employer à la confection des meubles précieux ? Cette dernière industrie, toute française, a pris dans ces dernières années une importance telle, en raison des produits que lui demandent les chemins de fer et la télégraphie électrique, qu'il est difficile de prévoir jusqu'où s'arrêteront ses développements. Lorsqu'on apprend que l'importation des bois de toute sorte s'élève chez nous au chiffre annuel de 28 millions de francs, et que pour le seul entretien des voies de fer établies, il faut 20 millions de traverses en chênes, qui devront être renouvelées en totalité tous les dix ans, ce qui entraîne une dépense décennale de 130 millions de francs, on comprend combien le traitement des bois tendres ou blancs par la méthode scientifique du docteur Boucherie a d'avenir et doit rendre de services à notre économie forestière.

Les agents conservateurs qu'on emploie dans cette méthode ingénieuse sont des substances salines, et notamment du pyrolignite de fer brut, toujours chargé de créosote et de goudron, qui assurent tous deux la conservation des bois. On introduit ces liquides dans les conduits capillaires du tissu et jusqu'au centre des pièces les plus épaisses et les plus compactes, tantôt en profitant de l'aspiration vitale des arbres eux-mêmes, tantôt par simple filtration ou déplacement. Les bois les plus légers ne sont pas ceux qui se laissent pénétrer le plus facilement, ainsi qu'on serait disposé à le croire. Le peuplier, par exemple, résiste beaucoup plus que le hêtre, le charme et le saule bien plus que le poirier, l'érable et le platane. En associant au pyrolignite de fer, qui annihile les causes de destruction intérieures en se substituant à la sève chargée de principes albumineux si altérables, du chlorure de calcium ou de l'eau mère des marais salants, on maintient dans les bois une souplesse remarquable ; ils restent élastiques et flexibles ; ils conservent leur forme sans se fendre, et sont préservés de tous les effets qu'on observe sur les bois naturels exposés à l'air.

Dans l'exposition de M. Boucherie on voyait des traverses de chemin de fer avec leurs coussinets qui, après huit années de service, étaient aussi saines que si elles n'avaient pas été mises en terre. Ces traverses étaient en charme, hêtre, aune, bouleau, pin. Le meilleur chêne, dans son état naturel, serait en pleine décomposition au bout de quelques années. On voyait encore des poteaux de lignes télégraphiques, retirés après neuf années de service, et n'offrant aucune apparence d'altération. Ces faits sont parfaitement concluants en faveur du procédé de M. Boucherie.

Lorsque les liquides conservateurs sont naturellement colorés, ou lorsqu'ils peuvent produire des colorations, en agissant sur les principes propres au bois, ils lui donnent, tout en le rendant inaltérable, des qualités dont les arts de luxe peuvent profiter. C'est ainsi, en effet, que le platane injecté avec du pyrolignite de fer, prend des teintes très recherchées dans l'ébénisterie. En faisant succéder à ce sel, déjà introduit dans un bois, une dissolution de matière tannante, on produit de l'encre dans la masse du tissu et on le teint de la sorte en bleu noir ou en bleu gris. Lorsqu'on veut colorer en bleu de Prusse, on injecte d'abord un sel de fer, et ensuite une solution de prussiate de potasse.

MM. Renard-Perrin, les premiers, ont introduit dans les bois toutes les teintures et l'alunage appliqués depuis longtemps aux étoffes. Le rocou, la garance, l'orseille, le bois de Campêche ou de Brésil donnent les nuances diverses de rouge et de violet ; le tournesol, l'indigo ou le campêche avec le nitrate de cuivre fournissent des colorations bleues, le vert est obtenu au moyen de l'acétate de cuivre ; l'action successive de la noix de galle et de la couperose produit le noir. Enfin, on peut effectuer des décolorations partielles dans la masse du bois, de manière à imiter les effets des bois naturellement veinés : il suffit de faire pénétrer successivement dans le tissu du charme, par exemple, d'abord une solution de soude à un quart de degré, puis de l'eau, puis une solution de chlorure de chaux, et enfin de l'eau aiguisée d'acide chlorhydrique. Le bois ainsi blanchi intérieurement sert aux imitations de l'ivoire dans des incrustations d'ébénisterie.

On voit que, grâce à MM. Boucherie et Renard-Perrin,

la conservation et la coloration des bois sont devenues une industrie des plus curieuses et des plus importantes, tant pour les objets d'un emploi général que pour ceux de luxe. Cette industrie est réellement scientifique, et démontre, une fois de plus, tout le parti qu'on peut retirer des données théoriques bien comprises.

Ivoirerie.

Bien que le travail de l'ivoire ne rentre pas dans les arts chimiques, nous ne pouvons cependant omettre cette industrie artistique qui donne à notre ville de Dieppe une supériorité si marqué. L'exposition de 1855 a montré de nouveau que nos sculpteurs normands l'emportent de beaucoup sur ceux de Paris, de l'Oise, du Jura, qui avaient envoyé des objets similaires. Quatorze ivoiriers de Dieppe avaient dans leurs vitrines de gracieux spécimens de ces articles variés qui s'exportent dans le monde entier. L'art de découper l'ivoire a atteint son apogée, mais il reste encore à faire pour le tour et la tabletterie.

Parmi les artistes marchands qui figuraient honorablement dans le palais de l'Industrie, nous citerons MM. Blard, Brunel, Carpentier, Graillon, Hue, Onin, Sac-Epée et Saillot, tous de Dieppe. On admirait leurs rondes-bosses et bas-reliefs, et surtout leurs Christs sculptés. Malheureusement pour nos compatriotes, l'Espagne a beaucoup diminué ses demandes; l'introduction de l'ivoire végétal, d'un prix si inférieur au morfil, la perfection du travail de l'os et de la corne, ont singulièrement contribué à ralentir la consommation d'un grand nombre d'objets d'ivoire tourné ou sculpté, et il est vrai de dire que depuis une quinzaine d'années l'ivoirerie de Dieppe, de Paris et d'ailleurs est dans une phase de décadence. Tout le monde maintenant veut du luxe, mais du luxe à bon marché; le véritable ivoire, trop cher pour bien des bourses, est remplacé par des substances plus communes qui en ont l'apparence. C'est la même cause qui a fait accepter avec tant d'empressement le plaqué d'argent, puis plus récemment l'orfévrerie d'Elkington et de Christofle. Devons-nous blâmer ces tendances? Si l'artiste dit oui, l'économiste dira non, car tous deux n'envisagent pas la question au même point de vue, et chacun a d'excellents motifs à faire valoir en faveur de son opinion. Nous les laisserons se débattre, en nous bornant à la simple constatation d'un fait.

Céramique.

Nous devons maintenant parler d'une des industries que la science a le plus servie et le plus profondément transformée dans le cours des derniers siècles. C'est l'art du potier, ou, comme on le dit aujourd'hui, *la céramique*, qui comprend les pâtes les plus communes dont on fait les briques, les tuiles, les carreaux, les terrines et les cruchons de grès, les faïences, jusqu'aux pâtes les plus fines et les plus dures qu'on décore de délicieuses peintures et d'ornements en or, et dont on fabrique ces objets de luxe qui portent le nom de *porcelaine*.

L'exposition de 1855 offrait de nombreux spécimens de toutes ces variétés de produits céramiques; mais notre localité n'y était représentée que par M. Duplessy, du Havre, qui avait envoyé des briques pour polir les métaux, et par M. Bigot, de Forges-les-Eaux, qui montrait divers articles de faïences brune, blanche et peinte, de qualité fort commune. Les temps sont bien changés sous ce rapport; il y a un siècle, Rouen eût pu s'y faire remarquer pour ses belles faïences de toutes couleurs marquées à la fleur de lis, qui avaient une réputation universelle. Un centre de fabrication s'était formé, vers 1660, à Rouen et dans les environs, et luttait, jusque vers la fin du dernier siècle avec les faïences de Nevers et de Saint-Cloud. Ce furent les pièces sorties des fabriques de Rouen qui furent privilégiées pour le service de Louis XIV, lorsque ce monarque se défit, vers 1713, de son argenterie. Il y a plus, les premières porcelaines fabriquées en Europe furent faites à Rouen, au faubourg Saint-Sever, dans l'atelier de Louis Poterat, sieur de Saint-Etienne, en 1673 (1).

Eh bien ! de cette industrie si florissante il ne reste plus rien ; nous avons vu s'éteindre le dernier four à faïence de M. Amédée Lambert, il y a quelques années, et il n'est pas présumable que jamais de nouveaux fours s'allument, bien que dans tout le département il y ait d'abondants gîtes d'argiles plastiques excellentes. La faïence fine ou anglaise et les porcelaines, par leur supériorité en tous genres, ont détrôné la faïence commune italienne ou émaillée, et bientôt on ne retrouvera plus d'articles de ce genre que dans les musées et les collections d'amateurs.

Parlons donc des produits des établissements de la Seine, de Seine-et-Oise, de Seine-et-Marne, du Cher, d'Indre-et-Loir, du Nord, de la Meurthe et de la Haute-Vienne, qui sont restés maîtres du terrain.

Si, sous le rapport de la beauté de la pâte, de la bonne cuisson, de la vivacité des couleurs, de la transparence du vernis, de la brillante exécution des peintures et des ornements, la faïencerie et la porcelaine françaises n'ont rien à envier aux autres nations, notamment à l'Autriche, à la Prusse, à la Saxe, à l'Angleterre, en revanche nos fabricants auraient à rechercher pourquoi l'Allemagne produit à des prix si bas, et à imiter des Anglais ces modèles heureux qui, sans manquer d'une certaine élégance, se pré-

---

(1) *Voir* à cet égard une intéressante Notice de M. Pottier, intitulée : *Origine de la porcelaine d'Europe* (*Revue de Rouen*, 1847, t. I, p. 89).

tent si bien à tous les usages et introduisent dans les ménages les plus pauvres un luxe de confortable entièrement inconnu chez nous. Il n'y a que dans les hôtels de l'autre côté du détroit qu'on voit ces larges cuvettes, ces bains-de-pieds en porcelaine décorée, ces seaux à couvercles, ces mille ustensiles de toilette qui sont, en France, si mesquins, si étriqués, si peu commodes dans leur emploi. Jusque dans les plus petites choses, on remarque chez les industriels anglais cette entente des dispositions favorables au service journalier; ainsi, au lieu de ces théières et bouillottes au col droit qui déversent si mal le liquide qu'elles renferment, nous voyons dans ces mêmes ustensiles de fabrication anglaise des cols arrondis, des ouvertures si bien placées qu'on est assuré à l'avance de ne pas se brûler les doigts. Dans la plupart de nos produits de la céramique usuelle, nous avons encore conservé en France les formes raides, les lignes droites que l'école de David a fait prévaloir dans tout ce qui dépend du dessin et de la plastique. Qu'on compare, sans aucune prévention, les poteries des meilleures fabriques de Limoges et de Paris avec les poteries du Staffordshire, et on n'hésitera pas à reconnaître que ces dernières sont supérieures sous le rapport de la bonne confection, des formes commodes et du bon marché.

Nous avons cependant de très bons ouvriers et d'excellentes terres pour la fabrication de nos faïences et poteries. Toutefois, à l'exception de quelques grandes manufactures exportant de remarquables produits, nos fabriques ne desservent guère que le cercle qui les environne, et s'obstinent à perpétuer le genre qu'elles ont adopté de prime-abord, sans trop consulter les goûts et la commodité des consommateurs.

Nous ne pourrions, sans injustice, passer sous silence la très intéressante collection de M. Gosse qui, depuis

1848, dirige la manufacture de porcelaine de Bayeux. Etablie depuis 1810 par M. J. Langlois, à qui l'on doit la découverte du kaolin des Pieux (non loin de Cherbourg), cette fabrique s'est attachée, dès l'origine, à produire des pâtes solides et résistant au feu.

La manufacture de Bayeux a acquis depuis longtemps la juste réputation de faire une porcelaine qui est un peu moins blanche, mais plus vitreuse que les autres et qui a, par cela même, la qualité de supporter sans altération l'action d'une forte chaleur, et sans fracture ni fêlure, les changements de température qui se présentent dans les usages domestiques.

A l'exception de quelques imitations du Japon, imitations auxquelles se prête convenablement la teinte bleuâtre de la pâte, la manufacture de Bayeux se borne maintenant à la production des articles de chimie (cornues, tubes, capsules, etc.) et des vases servant aux usages domestiques. Ses articles de chimie sont tellement appréciés que leur fabrication absorbe au moins le tiers de l'activité de la fabrique, et ils laissent tellement derrière eux, sous le rapport de la qualité, de la grandeur et surtout du peu d'épaisseur, les produits similaires des manufactures d'Orchamps, de Berlin et de Florence, que leur exportation se fait en grand en Espagne, en Suisse, en Italie et en Angleterre. Les porcelaines de ménage sont d'une telle solidité que, dans toute la Basse-Normandie, elles sont devenues d'un emploi général, d'autant plus qu'elles ne sont pas plus chères, et qu'elles sont véritablement bien supérieures par la qualité à celles de Limoges. Nous ne saurions trop en recommander l'usage.

Chaque jour, l'art du potier fait des emprunts à la science, et voilà pourquoi la qualité de ses produits a toujours été en s'améliorant. L'un des plus nouveaux est le procédé fort ingénieux au moyen duquel les potiers anglais épurent leur pâte. Qu'on nous permette de l'indiquer en peu de mots.

Il y a, dans le Newcastle, de nombreuses et importantes fabriques de poteries et de faïences situées sur les rivières de la Tyne, de la Wear, et de la Tees. Leurs produits sont inférieurs à ceux du Staffordshire, quoique beaux encore. Les matières employées pour la fabrication de la pâte sont le silex du comté de Sussex, le feldspath du Cornwal et les argiles du Sturbridge et de Poole. Ces matières, et le silex surtout, contiennent des particules de fer qui altèrent la blancheur de la pâte. On avait tenté, sans succès, des moyens de l'épurer. La science, comme toujours, est venue au secours de l'industrie, et a montré comment il était possible, à l'aide d'aimants artificiels, d'enlever ces particules ferrugineuses en suspension dans la pâte. Voici comment on opère :

Après la préparation et le mélange des diverses terres qui entrent dans la composition de la pâte, et avant l'évaporation qui la réduit à l'état convenable pour être travaillée, lorsqu'elle n'est encore qu'une crème épaisse, on fait passer cette pâte dans un tube qui est traversé par un certain nombre de barres de fer aimantées et contournées en fer à cheval. On sait la propriété de l'aimant ; il agit, et de temps en temps on enlève ces barres, que l'on trouve chargées, surtout aux angles, d'une quantité de petites paillettes de fer à l'état métallique. La pâte, ainsi épurée d'un élément étranger, acquiert une blancheur qui donne plus de prix aux produits. La fabrication s'enrichit de conquêtes faites partout ; que nos potiers essayent.

Si la faïence commune à vernis stannifère a été peu à peu abandonnée par la classe moyenne à cause de la promptitude avec laquelle son émail se détériore et se fendille, il serait bien à désirer que la poterie commune vernissée au plomb, dont le peuple des villes et des campagnes fait un usage continuel, à cause de son prix extrêmement bas, fût également remplacée par une poterie ou des vases moins insalubres. En effet, le vernis plombifère est peu durable ; il s'altère avec une déplorable facilité sous l'influence des acides, des corps gras, des aliments salés. Pour en acquérir la preuve, il suffit d'examiner les vases qui ont servi pendant quelque temps ; on trouve le vernis de leur surface interne plus ou moins détruit. Or, le plomb de ce vernis est passé dans les aliments, et il devient ainsi une cause permanente d'accidents nerveux, de crampes musculaires, de névralgies faciales, de gastralgies, souvent même d'empoisonnements aigus dont on ignore presque toujours la véritable cause.

A cet égard, voici ce que nous écrivions en 1849 :

« Ne serait-il pas possible, sans augmenter sensiblement le prix, de changer la composition de ce vernis métallique, de manière à le rendre inattaquable par les acides végétaux, les corps gras, le sel de cuisine, et par conséquent sans danger dans les usages domestiques ?

« Cette importante question a déjà occupé, à plusieurs reprises, les corps savants ; ainsi, elle fut mise au concours, en 1779, par l'Académie de Besançon ; en 1780, par la Société Patriotique de Milan ; en 1785, par l'Académie des Sciences de Toulouse ; en 1798, par l'Institut national. Tout récemment, la Société industrielle du grand duché de Hesse a fait examiner la poterie vernissée des frères Hardtmuth, de Vienne, qui ont substitué au vernis plombifère un vernis composé uniquement de borax, de felspath et d'argile. Ces poteries sont parfaitement salubres, mais elles sont plus chères que la poterie ancienne ; or, c'est là ce qui empêchera le peuple de les adopter. On fait aussi, depuis quelque temps, des vases de cuisine en fonte émaillée, mais le prix en est encore plus élevé (1). »

Nous avons retrouvé, à l'exposition de 1855, des batteries de cuisine et autres ustensiles de ménage, en fonte étamée, en fer étamé, en fer battu, en fer émaillé, notamment dans les compartiments de l'Autriche, de la Belgique, de la Prusse et de l'Angleterre. Un seul industriel de Paris, M. Budy, a présenté des objets en fonte étamée. Il est évident que tous ces ustensiles sont bien préférables à nos mauvaises poteries vernissées, mais, comme nous le disions en 1849, le prix en est de beaucoup supérieur; et, cependant, en calculant bien, il y aurait encore économie à les adopter, car, en raison de leur nature, ils sont presque inusables.

« La découverte d'un vernis exempt de plomb et pas plus coûteux que le mauvais vernis plombifère, ajoutions-nous en 1849, est une question qui intéresse à un si haut degré la santé publique, qu'il serait du devoir du Gouvernement de s'en préoccuper, et de proposer des prix d'une grande valeur pour ceux qui résoudraient complètement le problème. En 1810, Napoléon accordait une somme de 100,000 fr. et le titre de membre de la Légion d'honneur au chimiste Proust, qui indiqua un procédé très simple pour isoler le sucre du raisin; il donnait 40,000 fr. au sieur Fouques, qui trouva le moyen de blanchir ce sucre. En 1811, pour favoriser Biberel, qui avait découvert un étamage plus solide pour les vases de cuivre, il donnait l'ordre aux intendants de sa maison de confier à cet industriel tous les étamages qui y devien-

---

(1) J. Girardin. — *Inconvénients de l'usage des poteries grossières et vernissées, etc.* (*Mélanges d'agriculture, d'économie rurale publique et des sciences physiques appliquées.* T. II, p. 346).

draient nécessaires. C'est par de tels encouragements qu'on provoque et qu'on récompense les inventions utiles. Au point où en est arrivée la question, grâce aux essais des frères Hardtmuth, il n'y a plus que quelques pas à faire; c'est au Gouvernement à stimuler le zèle des chimistes et des industriels, et, en moins d'un an, nous en sommes convaincus, toutes les difficultés seront surmontées (1). »

Avant d'abandonner la céramique, nous avons encore à signaler les briques creuses dont M. Borie a eu l'heureuse idée, il y a quelques années, de doter l'art du bâtiment.

Les briques creuses sont aux briques pleines ce que le fer creux est au fer plein. La matière, répartie avec méthode dans l'un et l'autre cas, permet d'en réduire le poids, sans diminuer la solidité définitive de la pièce, ou de composer des pièces qui, sous le même volume et le même poids, offrent une solidité supérieure.

Une qualité de plus caractérise la brique creuse. Dans la brique ordinaire, la partie centrale difficilement atteinte par la chaleur, n'arrive à un degré de cuisson moyenne suffisante, qu'autant que la température est portée au point de vitrifier l'extérieur, autrement l'intérieur de la pâte, formée d'une matière très peu conductrice, reste à l'état *cru*. Dans la brique creuse, l'air chaud du four pénétrant dans l'intérieur aussi bien qu'il entoure l'extérieur, la cuisson est égale partout, ce qui rend les différents points de la masse aussi résistants, aussi tenaces les uns que les autres.

Pour les mêmes raisons, la brique creuse sèche facilement et plus promptement; elle exige, en définitive,

---

(1) J. Girardin. — *Loco citato*, p. 348.

moins de combustible, soit pour la sécher au séchoir d'hiver, soit pour la cuire.

Les qualités spéciales du système sont, en outre, la plus grande imperméabilité au son, au froid, à l'humidité, et la légèreté des constructions. Tous ces avantages sont bien compris des constructeurs parisiens qui font maintenant une énorme consommation des briques creuses de M. Borie.

<small>Silicatisation des pierres, etc.</small>

Ce qui précède nous amène tout naturellement à parler des ingénieux procédés qu'emploie M. le professeur Kuhlmann, de Lille, pour durcir les pierres à bâtir, le plâtre, et pour fixer des matières colorantes à la surface des pierres, du verre, des métaux, du papier et des tissus.

Le savant chimiste a été amené à ces importantes découvertes par l'affinité de la chaux pour la silice. En délayant cette matière alcaline ou de la craie en poudre dans une solution de silicate de potasse, il obtient un mastic durcissant au contact de l'air. La craie en morceaux, ou en pâte artificielle, étant plongée dans la même liqueur, puis exposée à l'air, perd sa texture poreuse, devient compacte et acquiert une dureté excessive. Le rôle de l'air, dans ce cas, est de séparer, par son acide carbonique, une partie de la silice du silicate, et cette silice, en présence d'une suffisante quantité de carbonate de chaux, passe à l'état de silicate de chaux.

Cette transformation remarquable des calcaires tendres et poreux en pierres dures, a été nommée par M. Kuhlmann, *silicatisation*. On comprend facilement l'immense parti que l'art de bâtir peut en retirer. Des ornements inaltérables à l'humidité, et d'une grande dureté, peuvent être obtenus à des prix peu élevés, et, dans beaucoup de cas, un badigeonnage, fait avec une dissolution de silicate de potasse, peut servir à préserver d'une altération ultérieure d'anciens monuments construits en calcaire tendre; ce même badigeonnage peut devenir d'une application générale dans les contrées où, comme en Champagne, la craie forme presque l'unique matière applicable aux constructions. Sous le ciel humide et brumeux de la Normandie, de Rouen, en particulier, où la pierre calcaire est si promptement attaquée par les agents atmosphériques, la méthode de M. Kuhlmann rendrait aussi d'éminents services. Un essai de silicatisation a été tenté tout dernièrement par M. Desmarets, l'habile architecte du département, pour préserver de toute dégradation le bel écusson sculpté qui décore la porte d'honneur de l'hôtel des Sociétés savantes (ancien palais de la Présidence, rue Saint-Lô). Nous aurons donc constamment sous les yeux une preuve de l'efficacité des procédés dont il est ici question. Ils ont été aussi appliqués à la consolidation des nouveaux travaux du Louvre.

Dans l'opération de la silicatisation, certaines pierres restent trop blanches, alors que certains calcaires ferrugineux prennent une nuance trop sombre. Dans le premier cas, on remédie à l'inconvénient en faisant usage du silicate double de potasse et de manganèse; dans le second, en mélangeant au silicate simple de potasse un peu de sulfate de baryte artificiel, qui entre en combinaison avec le silicate de chaux formé.

Pour remplir les joints, M. Kuhlmann emploie un mortier obtenu avec du silicate de potasse et de la pierre calcaire, le tout réduit en poudre fine avant son emploi et appliqué à l'état de pâte liquide.

Tout en cherchant à donner aux pierres silicatisées les nuances destinées à mettre en harmonie les diverses parties d'une construction, soumises à la silicatisation, avec celles qui n'ont pas subi cette opération, M. Kuhlmann a été conduit à soumettre les pierres à une véritable teinture en les imprégnant d'abord de certains sels métalliques, pour ensuite y déterminer, comme dans les procédés de M. Boucherie pour la coloration des bois, des précipitations de composés colorés. Ainsi, en imprégnant les pierres de sels de plomb ou de cuivre, et les passant ensuite dans un sulfure soluble, on obtient des nuances grises, noires ou brunes Avec les sulfates métalliques à oxydes insolubles, il se forme des oxydes métalliques qui pénètrent à une assez grande profondeur en combinaison intime avec le sulfate de chaux qui s'est formé. Si les oxydes de ces sulfates sont colorés, on obtient de très belles teintes sans l'emploi d'aucun autre agent. En tout cas, on augmente la dureté de ces pierres teintes en les silicatisant.

M. Kuhlmann, en poursuivant ces recherches si intéressantes, a reconnu que d'autres substances, telles que le chromate de plomb, la céruse, le chromate de chaux, la plupart des carbonates insolubles, etc., possèdent, comme la chaux, la propriété d'absorber l'acide silicique. Ces faits l'ont conduit à la peinture sur pierre, sur verre, sur métaux, sur porcelaine, sur bois, etc. Son procédé consiste à délayer la matière colorante dans du silicate de potasse et à l'appliquer au pinceau sur la surface à peindre.

Parmi les substances colorantes, il en est qui, telles que la céruse, l'oxyde de zinc, se combinent instantanément avec la silice et acquièrent une dureté si prononcée, qu'il est impossible de les employer sans l'addition d'un autre corps ayant pour but de retarder cette action; le sulfate de baryte est celui qui réussit le mieux dans ce cas.

La peinture s'effectue mieux sur les pierres silicatisées ; celles qui ne l'ont pas été absorbent trop la couleur, ce qui empêche la netteté des contours et appauvrit les nuances.

Les bois à tissu blanc et serré, tels que le frêne, le charme, etc., se prêtent mieux que tous autres à recevoir la peinture. Pour rendre celle-ci plus adhérente à leur surface, on les enduit d'une légère couche de craie délayée dans de la colle ou fixée par un peu de silicate alcalin.

Sur les métaux, le verre, la porcelaine, la peinture siliceuse est très adhérente, si l'on a évité leur contact avec l'eau pendant quelque temps. Sur verre, les couleurs ont une demi-transparence qui permet de les utiliser dans la construction des vitraux.

M. Kuhlmann a encore appliqué ses procédés à la fabrication des papiers peints, à l'impression typographique, à celle des étoffes, à la dorure, etc. La manière d'opérer diffère très peu du mode habituel pour chacun de ces cas. Avec le silicate de potasse, on fixe facilement sur les tissus l'or, l'argent en poudre ou en feuilles, l'outre-mer, et les autres substances insolubles pour lesquelles on a employé jusqu'ici l'albumine.

On obtient une encre noire, presque indestructible, en délayant du charbon très divisé dans du silicate de potasse, ou en saturant de silice le résidu provenant de la réaction de la potasse sur le cuir. En mêlant une décoction de cochenille avec du silicate de potasse, on a une encre rouge qui résiste longtemps au chlore et aux alcalis.

Une dernière découverte de M. Kuhlmann à signaler, c'est ce qu'il appelle la *fluosilicatisation des pierres*. Craignant que la potasse, qui devient libre dans la silicatisation des pierres, ne finisse par éprouver la nitrification, (bien que, depuis 1841, des pierres silicatisées n'aient fourni aucune trace de salpêtre), et pour éviter, en employant la soude, les efflorescences que celle-ci provoque, le savant professeur de Lille a eu l'idée d'enchaîner la potasse dans une combinaison tout-à-fait insoluble au moyen de l'acide hydrofluosilicique. Pour cela, après la silicatisation des pierres tendres et poreuses, il les imprègne d'une dissolution de plus en plus forte de cet acide, ce qui donne lieu à un fluosilicate de potasse insoluble, et prévient la formation ultérieure du salpêtre, aussi bien que toute humectation

M. Kuhlmann a organisé, dans ses usines du département du Nord, la fabrication du silicate de potasse avec assez d'économie et sur une assez grande échelle pour permettre bientôt à chaque architecte d'effectuer la silicatisation à un prix qui ne dépassera pas 1 fr. par mètre carré de surface.

On a pu voir, dans les galeries du palais de l'Industrie, de très curieux échantillons de pierres silicatisées, colorées et peintes, et des autres produits préparés d'après les nouveaux procédés dont nous avons cru devoir parler avec quelques détails, en raison de l'usage général qui peut en être fait.

Verrerie.
L'art du verrier, presque aussi ancien que celui du potier, n'a pas été moins bien représenté à l'exposition que ce dernier; depuis les bouteilles les plus communes en verre vert, jusqu'aux cristaux et aux glaces les plus splendides, jusqu'aux vitraux chargés des plus brillantes couleurs, toutes les nombreuses variétés de la verrerie et de la cristallerie ont eu de nombreux spécimens, et on a pu juger de l'état avancé de cette industrie, à laquelle les sciences chimiques ont indiqué constamment des

substances nouvelles à utiliser, et des méthodes de plus en plus rationnelles pour le mélange des matières premières.

Pour les verres ordinaires à bouteilles et à vitres, la France n'a rien à apprendre des autres nations européennes. Pour les objets de luxe, la Bohême ne nous a pas paru être à la hauteur de son ancienne réputation, surtout en comparant ses produits avec les similaires de France et d'Angleterre. Le cristal est toujours d'une grande légèreté et d'une pureté excessive, qualité qu'il doit à sa composition chimique; mais il est généralement mal doré. Ce défaut provient de la qualité du verre qui ne peut supporter que très difficilement le degré de chaleur nécessaire pour obtenir une bonne dorure.

Les fabricants de Bohême ont inventé, depuis peu de temps, un genre qu'ils appellent *craquelé*, et qui reproduit, d'une manière fort heureuse, les mille caprices des arabesques que la gelée fait apparaître, en hiver, sur les vitres de nos habitations. Mais le reproche principal que l'on peut adresser à la verrerie de Bohême, c'est de pécher souvent par le goût dans le choix des formes et dans la composition des ornements. La cause en est probablement dans la manière dont s'opère le travail. L'ouvrier cristallier des fabriques allemandes est presque toujours un paysan qui cultive la terre pendant la belle saison, ne fréquente l'usine qu'en hiver, et souvent même travaille chez lui. C'est à ce moment, qu'aidé de sa femme et de sa famille, il polit spécialement ces brillantes pendeloques qui firent longtemps le désespoir des fabriques étrangères par leur perfection et leur bon marché relatifs. Aujourd'hui, les salaires sont tombés si bas, que les graveurs habiles, dont l'industrie réclame un travail suivi, gagnent à peine de quoi vivre.

Pour les grands cristaux, on ne fait pas plus beau véritablement que les fabriques de Baccarat, de Saint-Louis et de Clichy ; celles-ci se sont surpassées par la hardiesse de leurs œuvres, la finesse des détails, la délicatesse des compositions. Pour les glaces et les phares, la première place appartient sans conteste à la France ; les commandes qui viennent journellement du dehors, en sont une preuve irrécusable.

Notre département n'a que des verreries à bouteilles, à gobeleterie et à vitres, dans la forêt d'Eu, mais deux seulement, celles du Laniel et de Bezancourt, ont envoyé quelques-uns de leurs produits Il est à regretter que la verrerie de Varimpré qui livre 90 000 bouteilles par mois, celles de la Grande-Vallée et de Romesnil qui fabriquent de la verroterie, de la gobeleterie et du verre à vitres, dit *en manchons*, suivant la méthode de Bohême, se soient abstenues de montrer leur habileté. Les verreries de l'Orne, au nombre de 4, n'avaient pas négligé d'exposer leurs verres pour la table, l'éclairage, la chimie, leurs flacons moulés, etc.

Les gens du monde qui croient encore, sur la foi d'écrivains superficiels et mal renseignés, que le secret de la peinture sur verre a été perdu pendant plusieurs siècles, et que nos peintres-verriers modernes ne sont point encore parvenus, malgré leurs laborieuses recherches, à pratiquer cet art avec l'habileté des artistes des xive, xve et xvie siècles, ont dû être frappés, en parcourant le palais de l'Industrie, de voir autant et d'aussi délicieuses verrières venues de tous les points de la France : de Périgueux, du Mans, de Tours, d'Angers, de Strasbourg, de Saint-Quentin, de Dinan, d'Avignon, du Mesnil-Saint-Firmin, de Saint-Galmier (Loire), de Seignelay (Yonne), d'Evreux, sans compter les 12 maisons de Paris qui avaient exhibé leurs richesses en ce genre. La vérité est que les artistes n'ont jamais manqué à l'art, mais que les commandes ont longtemps manqué aux artistes. Depuis qu'elles sont revenues, et que non-seulement nos églises, mais nos châteaux et nos demeures même modestes, ont repris l'habitude de se parer de ce luxe gracieux, l'industrie du peintre-verrier est en pleine prospérité. Notre ville, depuis 1846, a aussi sa petite manufacture de vitraux peints, et déjà bien des églises du département sont ornées de ses produits. La Société d'Emulation a rendu justice aux talents de M. Bernard qui a fait refleurir chez nous cet art tout exceptionnel, qui exige tant de connaissances théoriques et de ressources dans l'exécution matérielle. — Disons, en terminant, que nos artistes français sont très supérieurs, pour les couleurs et la correction de leurs dessins, aux artistes étrangers.

Applications de l'Électricité et de la Lumière.
Si, en suivant les procédés découverts par nos pères, nous faisons aussi bien, et même mieux qu'eux dans toutes les directions de l'art et de l'industrie, d'un autre côté, nous savons employer des agents naturels dont ils ne soupçonnaient pas la puissance : témoin l'électricité et la lumière, dont nous devons énumérer rapidement les innombrables applications.

Déjà la lumière dessine et compose des tableaux, l'électricité grave et fait de la statuaire ; déjà la première donne la couleur, la deuxième la forme ; l'électricité transmet, en outre, la pensée sur tous les points du monde dans un temps inappréciable ; de plus, elle crée la lumière et nous permet d'atteindre à des températures que nos plus puissants appareils calorifiques ne peuvent produire. C'est aux physiciens et aux chimistes que nous sommes redevables de ces résultats inespérés ; toutefois, soyons justes envers l'industrie, car elle a concouru largement pour sa part à leur manifestation. A cette occasion, il nous revient à la pensée quelques réflexions d'un habile écrivain, et nous ne pouvons résister au désir d'en faire apprécier ici la justesse :

« Que serait-ce, en vérité, que la science sans l'industrie ? Une âme, c'est beaucoup ; mais une âme sans corps. Il ne suffit pas que le génie découvre, calcule et affirme, il faut que l'industrie vienne réaliser sa découverte, prouver l'excellence de ses calculs, faire de son affirmation une vérité palpable ; enfin, donner un corps visible et tangible à sa pensée.

Ampère, causant avec ses élèves, leur disait un jour, il y a quinze ou vingt ans : « Vous verrez bientôt deux « hommes se transmettre leur pensée, d'Angleterre en « France, en quelques instants. ».... Un de ses auditeurs sourit et lui demanda pourquoi, si la science pouvait opérer ce miracle, elle ne le réalisait pas tout de suite ? Ampère secoua la tête et répondit tranquillement : « La « science invente, l'industrie exécute, et il n'y a personne « encore qui puisse faire un câble traversant le détroit. »

« L'industrie a entendu cet appel ; le câble a été fait, immergé au fond de l'eau, et la pensée, plus rapide que le vent, vole aujourd'hui d'une rive à l'autre ; le même fil qui la transmet porte une étincelle qui peut allumer un canon, mais ce n'est plus le canon qui détruit et qui tue, c'est le canon de la civilisation, dont le bruit annonce la conquête pacifique de la science et de l'industrie » (1).

Voyons successivement ce que le palais de l'Industrie nous a offert de plus intéressant en 1855. Nous n'avons plus ici à nous occuper des applications de l'électricité à la mécanique, à la transmission des nouvelles, à l'éclairage et à la caloricité, puisqu'il en a été question dans le cha-

---

(1) Kauffmann. — *La Poésie dans l'Industrie.* Revue de Paris, 15 juillet 1853, p. 321.

pitre précédent. Ce qu'il nous reste à mentionner ici, ce sont deux industries presque artistiques, dont l'agent essentiel est le courant électrique, et qu'on nomme *galvanoplastie* et *dorure galvanique*.

La *galvanoplastie*, ou l'art de superposer les métaux par voie de réactions électro-chimiques, est née en 1837, dans les mains de Daniell, de De la Rive, de Spencer et de Jacobi. Elle débuta par reproduire des médailles, des planches de cuivre gravées; mais bientôt, par les soins de M. Murray, de Londres, et de M. Bocquillon, de Paris, qui introduisirent les premiers l'usage de la plombagine qui rend tous les corps bons conducteurs, elle put produire des effets moins restreints. A partir de 1846, grâce à l'heureuse idée qu'on eut de recourir à la gutta-percha, on put mouler tous les objets, les reproduire en cuivre avec autant de netteté que les originaux, et à un nombre illimité d'exemplaires.

1. Galvanoplastie.

L'exposition de 1855 nous a montré de magnifiques productions de cet art scientifique si curieux, qui, au moyen de bains convenablement préparés, dore, argente, cuivre, platine, en pellicule, en plaque, en masse compacte à volonté. Suivant le temps pendant lequel on laisse agir l'électricité de la pile, on ne dépose qu'une couche métallique aussi mince qu'une feuille de papier dans un moule creux, ou bien on le remplit complètement de métal sans y laisser aucun vide. C'est ainsi qu'on obtient des plaques de cuivre pur parfaitement planes pour les graveurs en taille-douce, comme aussi des vases sculptés, des meubles à bas-reliefs bronzés, des statues, de la véritable plastique enfin.

Nous devons mentionner d'une manière toute particulière MM. Gueyton, Lefèvre, Zier et Lenoir pour la France, MM. Elkington et Mason pour l'Angleterre, M. De Kress pour l'Allemagne, qui, par le bon goût, l'élégance, les dimensions et l'heureux choix des innombrables objets d'art sortant de leurs ateliers, se sont placés sans conteste à la tête des galvanoplastes. Sous le rapport du volume, ce qui n'excluait pas la perfection, la palme appartient à MM. Elkington et Mason, de Birmingham, qui reproduisent avec une étonnante facilité des statues entières, des bustes de grandeur naturelle, des fontaines monumentales. Pour la finesse et le goût, rien de plus remarquable que les bas-reliefs de MM. De Kress, Gueyton et Lefèvre.

M. Hulot, de Paris, est aussi un très habile galvanoplaste. Outre de beaux spécimens de billets de banque, de timbres-postes tirés à plusieurs millions d'exemplaires, et ses clichés si parfaits, on peut dire que, dans le modelage et la reproduction des gravures, il a atteint les dernières limites de l'art.

Un autre praticien consommé, M. Coblence, reproduit une page portant une vignette et un texte imprimé de telle manière qu'on peut les tirer à l'impression comme un stéréotype, réduisant ainsi la reproduction d'un ouvrage à figures intercalées au même degré de facilité que la typographie ordinaire.

Aujourd'hui, du reste, la galvanoplastie fournit à l'industrie des pièces d'un volume et d'un poids considérables. D'immenses tuyaux de conduite, des rouleaux pour l'impression des étoffes, et ici nous devons citer, en tête des plus habiles en ce genre de travail, M. Bentz, de Déville-lès-Rouen, des chaînes de marine de grande force, des cornières en fonte, des clous de doublage, des candélabres immenses, de hautes grilles, sont reproduits en cuivre, métal bien moins altérable que le fer ou la fonte; on va plus loin encore, puisque maintenant de grandes planches, de celles même qui constituent le bordage des vaisseaux, sont doublées d'une épaisseur de cuivre de la plus parfaite régularité et d'une adhérence complète, à l'aide de petits clous de cuivre incrustés dans le bois, et dont la tête se noie dans le dépôt galvanoplastique. De sorte que le doublage des navires en bois n'est plus actuellement qu'une des dépendances de la galvanoplastie ; pour celui des navires en fer, c'est encore plus simple, mais bien plus grandiose, puisque le navire tout construit étant mis dans une cale à flot, on l'entoure d'un bain galvanoplastique, et l'on fait agir la pile, qui se charge de l'opération. Qu'on ne croie pas que ce soit là de l'exagération ; l'usine d'Auteuil, de MM. Oudry et Levret, administrera la preuve de ce que nous avançons. Les Anglais et les Américains n'ont donc plus le privilége de la hardiesse dans les entreprises industrielles.

Si nous en revenons aux travaux d'art, aux objets d'ornement, aux articles de bijouterie, nous dirons que tout ce qu'on peut demander sans risque à la galvanoplastie, on ne s'avise plus aujourd'hui de l'exécuter par les anciens procédés du feu et de la fusion, qui tourmentent les moules et ne permettent pas d'arriver à un fini aussi grand. Ajoutons qu'il y a évidemment, dans la plupart des cas, réalisation d'une économie notable.

C'est avec satisfaction que nous avons retrouvé la planche reproduite, il y a quelques années, par M. Philippe, de Rouen ; elle l'emportait sur toutes les autres par son épaisseur et la douceur de son grain.

Mentionnons une merveilleuse application de la force électrique, qui pourra probablement créer un nouveau genre d'industrie ; c'est ce que l'on désigne sous le nom de *galvanographie*. Voici en quoi elle consiste :

Sur une lame de zinc ou d'étain bien polie, on dessine avec le crayon lithographique, puis on plonge la lame dans un bain de sulfate de cuivre, en l'attachant au pôle négatif d'une pile en activité. Le cuivre se dépose bientôt sur toutes les parties du zinc qui ne sont pas recouvertes d'encre, et finit par passer pardessus les traits, mais en respectant leur épaisseur. On a, par ce moyen, en quelques jours, sans aucune peine, et avec une admirable exactitude, la gravure en creux du dessin. Une fois la planche de cuivre séparée de la lame de zinc, il suffit d'encrer par les procédés typographiques ordinaires pour pouvoir tirer des épreuves de cette planche. Le panorama de Vienne, par M. L. Auer, directeur de l'imprimerie impériale, est le plus beau spécimen de ce genre que nous ayons vu.

Jusque dans ces derniers temps, les reproductions galvanoplastiques s'effectuaient en cuivre. Aujourd'hui, en Angleterre, à Vienne et à Berlin, on fait des objets d'art de grandes dimensions en argent par le même moyen; c'est là une branche nouvelle pour l'orfévrerie dont les produits, réservés jusqu'ici aux gens riches, pourront se répandre dans les maisons bourgeoises, et contribuer ainsi à vulgariser les notions du goût. Le magnifique bas-relief exposé par M. Woollgold, de Berlin, le vase sculpté et le bouclier en argent oxydé dus à M. Schuch, de Vienne, montraient, par le fini de leur travail, à quel degré de perfection on est arrivé, à l'étranger, dans cette partie de l'industrie artistique.

B. Dorure et argenture galvaniques.

Il ne faut pas confondre la galvanoplastie d'argent avec l'argenture galvanique. Dans le premier cas, en effet, l'objet reproduit est en argent pur, précipité par le courant électrique et sous une épaisseur que rien ne limite. Dans le second cas, c'est tout simplement de l'argent en couche mince déposé à la surface d'un métal quelconque, du cuivre, généralement, qu'on parvient ainsi à rendre inaltérable au contact de l'air. On conçoit facilement que, par ce dernier moyen, il est facile d'obtenir à plus bas prix une foule d'objets d'art, des ustensiles d'usage domestique, pouvant remplacer avantageusement les mêmes objets en métaux précieux. Ce qu'on fait pour l'argent, on le fait aussi pour l'or : aussi maintenant le vermeil, le plaqué d'or et d'argent se trouvent-ils peu à peu dépossédés au grand profit de la classe moyenne.

La première idée de la dorure et de l'argenture au moyen de la pile appartient incontestablement au savant professeur M. de la Rive, de Genève, mais c'est notre compatriote l'ingénieur Perrot, de Rouen, qui a su tout d'abord la mettre en œuvre avec une rare perfection, longtemps avant MM. de Ruolz et Elkington, qui seuls cependant ont profité de tous les avantages de cette brillante invention (1).

En 1855, M. Christofle, pour la France ; M. Elkington, pour l'Angleterre, ont dignement représenté cette industrie, qui a produit une heureuse révolution dans l'art de la dorure et de l'argenture. La couleur de l'or et de l'argent, déposés en couches minces sur les objets exposés par ces deux habiles industriels, est telle qu'il serait bien impossible, à celui qui ne serait pas prévenu, de ne pas croire que ce qu'il a sous les yeux n'est point de l'or et de l'argent massifs. Le service de cent couverts fait pour l'Empereur par M. Christofle est d'une richesse et d'une élégance incomparables.

Ce n'est pas seulement au point de vue de l'économie qu'il faut s'applaudir de voir les nouveaux procédés substitués aux anciens. Un avantage plus inappréciable, c'est

---

(1) Voir, à cet égard, ma communication à l'Académie des sciences de Rouen, le 21 janvier 1841 *Revue de Rouen*, 9e année, 1er semestre, p 96.)

la salubrité introduite dans une industrie qui moissonnait ses agents par milliers. On sait, en effet, que pour dorer le cuivre, le laiton ou l'argent par l'ancienne méthode, il fallait dissoudre l'or dans le mercure, puis chasser celui-ci par la chaleur, ce qui maintenait constamment, dans l'atmosphère des ateliers, des vapeurs mercurielles. Or, celles-ci sont tellement dangereuses que peu d'ouvriers pouvaient résister plus de quelques années à leur action. Dieu merci, avec les procédés électro-chimiques, si simples, que M. Christofle a si habilement industrialisés, rien de pareil n'est plus à craindre ; aussi peut-on dire avec raison qu'en cette circonstance, comme dans tant d'autres d'ailleurs, la science est venue véritablement au secours de l'humanité.

Un pas de plus a été fait tout récemment dans l'art de recouvrir les métaux les uns par les autres au moyen de la pile. M. de Ruolz a trouvé le moyen de précipiter immédiatement sur le fer de véritables alliages métalliques, tels que le bronze et le laiton, fait que la théorie n'aurait osé espérer. C'est en soumettant au courant galvanique des bains contenant, en proportions convenables, des dissolutions de sels d'étain et de cuivre, ou de zinc et de cuivre, qu'on arrive à ces merveilleux résultats ; les deux métaux dissous, en se rencontrant au moment de leur précipitation, se combinent ensemble, et s'attachent au fer sous la forme de bronze ou de laiton.

Ces procédés sont actuellement exploités en grand tant en France qu'en Angleterre, et fournissent à l'industrie une foule d'objets de première nécessité. Nous avons vu avec infiniment d'intérêt les nombreux produits en ce genre exposés par M. Bernard, de Paris.

C. Daguerréotypie, Photographie. Si, pour la télégraphie électrique, nous n'avons pu citer le nom de l'inventeur, l'univers entier sait parfaitement que c'est à Niepce et à Daguerre que l'on doit rapporter l'honneur de la découverte de la fixation des images dans la chambre noire.

Niepce fait ses premiers essais en 1813.

En 1829, Niepce et Daguerre s'associent pour travailler en commun au perfectionnement de l'invention du premier. Bientôt ils découvrent que les vapeurs d'iode, appliquées sur une lame d'argent, rendent cette dernière susceptible de reproduire les images de la chambre noire ; mais ces images ne peuvent être exposées à la lumière sans noircir complètement et instantanément. Ils en étaient là de leurs travaux, lorsque le 5 juillet 1833, la mort surprend le pauvre Niepce. Daguerre poursuit ses recherches ; il a l'heureuse idée d'essayer les vapeurs du mercure pour faire apparaître l'image nette et bien détachée du fond ; dès lors, le succès est certain, et six ans après la mort de son coassocié, c'est-à-dire en 1839, Daguerre publie ses procédés, qui sont encore aujourd'hui la base de la photographie sur plaque métallique.

Depuis cette époque, bien des perfectionnements ont été apportés dans cet art. Résumons-les brièvement dans l'ordre chronologique :

En 1841, Talbot, en Angleterre, emploie le *papier humide*, innovation des plus heureuses qui permet, avec une seule épreuve faite d'après nature, de reproduire des centaines d'exemplaires de l'objet photographié une fois. Mais le grain du papier nuit considérablement au fini et au modelé du dessin.

En 1848, Niepce de Saint-Victor, neveu du premier inventeur, obvie à cet inconvénient en employant l'albumine chargée d'iodure de potassium et étendue sur une glace bien polie Par ce procédé, les épreuves sont si nettes qu'elles sont quelquefois sèches et dures dans les contours.

18

Un peu plus tard, M. Legray se sert de papier ciré, et M. Baldus du papier gélatiné.

Enfin, en 1851, M. Archer, de Londres, fait savoir que le collodion, convenablement préparé, lui donne d'excellents résultats.

Tels sont, en définitive, les quatre procédés différens dont disposent aujourd'hui les photographes, à savoir : la *Daguerréotypie* ou la photographie sur plaque ou plaqué d'argent ; la *Talbotypie*, ou la photographie sur papier ; la *Niepçotypie*, ou la photographie sur verre albuminé ; l'*Archerotypie*, ou la photographie sur collodion. Tous ont leurs inconvénients et leurs avantages, suivant le climat, l'état ordinaire du ciel, et les circonstances dans lesquelles on doit opérer. Le miroitage des plaques, l'inconvénient de ne donner qu'une seule image, et encore une image renversée, ont, toutefois, fait abandonner peu à peu la *daguerréotypie* proprement dite, depuis surtout que les trois derniers modes de reproduction ont été amenés au point de perfection où nous les voyons aujourd'hui.

Tous les objets en photographie exposés en 1855 peuvent être ramenés à quatre divisions :

1° *Photographie appliquée à la science.* M. Louis Rousseau, aide-naturaliste au Jardin des plantes de Paris, nous a montré de très curieux spécimens de ce genre : Un ver intestinal, vu entier, puis ouvert ; quelques portraits de races étrangères, destinés à faire partie d'un album comprenant toutes les races humaines, font entrevoir les ressources que les sciences naturelles tireront un jour de la photographie.

Quelques beaux essais de gravure héliographique par le procédé Niepce, nous ont donné un peu d'espoir pour la solution complète du problème.

M. Bertsch, Français aussi, a exposé de curieuses photographies de petits insectes, amplifiés à un diamètre considérable à l'aide d'un microscope particulier.

En Angleterre, le révérend Kingsley a obtenu d'aussi beaux résultats du même genre.

Le docteur Diamond, autre amateur anglais, a envoyé plusieurs portraits d'aliénés vraiment remarquables.

M. Bernond, de Florence, s'est exercé à reproduire, sur plaqué d'argent, des animaux vivants.

Le comte de Montizon a obtenu de plus belles épreuves encore, malgré l'indocilité de ses modèles.

2° *Photographie artistique.* Cette partie est, sans contredit, la plus nombreuse. C'est là surtout qu'on peut apprécier l'habileté de nos photographes modernes. Les plus grandes épreuves appartiennent à la France ; citons, en première ligne, MM. Baldus, Bisson frères et Martens, puis M. le comte Aguado, M. André Giroux, M. Fortier, etc.

Il faudrait bien des pages pour décrire les merveilleuses épreuves stéréoscopiques de M. Ferrier. Grâce à cet instrument, le *stéréoscope*, qui donne aux lignes du dessin le relief de la nature, on peut chez soi visiter toutes les parties du monde, et, certes, l'illusion est complète.

Les artistes anglais nous ont offert des preuves nombreuses de leurs talents. MM. Alinazi frères, de Florence, M. le docteur Lorent, de Venise, M. Michiel, de Cologne, rivalisent avec les précédents.

3° *Photographie de portraits.* Bien que de fort belles épreuves aient été exposées par plusieurs photographes français, et notamment par MM. Mayer, Pierson, Mulnier, Nadar et Le Gray, cependant la première place appartient incontestablement à M. Hanfstængl, de Munich. Il est impossible de rencontrer dans un portrait plus de pureté et d'harmonie dans les lignes, plus de vigueur dans l'expression. Tout le monde admirait, avec juste raison, le magnifique portrait de l'illustre chimiste Liebig.

Les artistes de la Belgique et de l'Angleterre n'ont offert que des épreuves coloriées d'un fort médiocre mérite.

Mais ce qui nous a émerveillés, dans cette partie de l'exposition, ce sont les portraits vus au stéréoscope. C'est assurément la seule manière de faire reproduire ses traits ; on ne meurt pas pour ceux à qui l'on a été cher.

4° *Photographie appliquée à la gravure et à la lithographie.* Nous n'avons ici que des essais à signaler. Déjà, depuis plusieurs années, on a cherché à transporter sur métal et sur pierre les traits si légers d'une épreuve photographique, afin de pouvoir en tirer des gravures sur cuivre ou sur acier, ou des épreuves lithographiques sur pierre. Dans le premier cas, on a recours à la galvanoplastie; aussi, sous une gravure ainsi obtenue, lisait-on : *dessiné par la lumière et gravé par l'électricité.* MM. Louis Rousseau et Ruffet se sont spécialement occupés de ce mode de reproduction. Dans le second cas, MM. Lemercier, Lerebours, Barreswill et Davanne, d'une part, puis MM. Belloc et Jacott, ont réuni leurs efforts pour réaliser le problème de ce qu'on appelle la *photo-lithographie.* Leurs résultats sont fort beaux, mais jusqu'ici leurs procédés ne paraissent pas industriels. Le plus fort est fait cependant, un immense progrès est accompli ; ce qui reste à trouver n'est plus qu'une question de temps.

On a aussi essayé d'obtenir directement sur bois des dessins photographiques, afin que le graveur n'ait plus qu'à l'inciser. Déjà, depuis longtemps, M. Martin, de Versailles, avait travaillé dans cette direction ; mais ce n'est réellement que le révérend Saint-Vincent Beechey, en Angleterre, qui a rendu le procédé pratique ; les dessins sur bois préparés par lui ont pu être gravés avec la plus grande facilité par la main de l'artiste.

Comme applications de la photographie, nous devons encore citer les belles épreuves de MM. Soulier et Clouzard, de Paris, destinées à faire des vitraux ; enfin les épreuves photographiques, vitrifiées sur émail ou porcelaine, de MM. Bulot et Cattin.

Nous ne terminerons pas cette énumération des prodiges créés par l'intervention de ces agens mystérieux, qu'on appelle ÉLECTRICITÉ, LUMIÈRE, sans adresser nos sincères remercîments à M. Grimaux, ancien préparateur des cours de chimie de notre ville, aussi habile artiste que savant consciencieux, qui nous a singulièrement aidés dans l'examen et l'appréciation des nombreux objets dont il vient d'être question.

Conservation des matières alimentaires.

S'il est une question qui mérite de fixer l'attention des esprits sérieux, c'est, sans contredit, celle des subsistances ou des matières alimentaires, c'est-à-dire de ces substances absolument nécessaires à l'entretien de la vie des hommes et des animaux domestiques.

Un des traits caractéristiques de l'exposition universelle de 1855 sera incontestablement cette préoccupation d'augmenter l'approvisionnement des populations européennes en matières utiles pouvant améliorer l'alimentation, préoccupation qui s'est traduite sous mille formes. La France paraît destinée à garder la plus belle part de cette initiative et de succès dans cette belle et utile industrie. Depuis Appert, qui est le point de départ de toutes les expériences entreprises dans cette direction, on n'a guère fait, en effet, que perfectionner ; on s'est efforcé de rendre moins coûteux les excellents procédés qu'il a imaginés, et de les étendre à toutes les substances susceptibles d'altérations spontanées, mais on a très peu innové. Voyons rapidement ce qui a été fait de mieux sous ce rapport.

Nous ne mentionnons pas ici les nombreuses substances alimentaires que chaque contrée a envoyées, et qui sont depuis longtemps dans le commerce, telles que les blés, les farines, les diverses fécules exotiques, les cafés, les thés, les cacaos et chocolats, les sucres, les vins, etc., qui ne nous offrent qu'un pur intérêt de curiosité. Nous ne voulons nous attacher qu'aux produits très altérables conservés par des moyens artificiels, et qui nous paraissent susceptibles de contribuer à maintenir l'équilibre entre la consommation et la production.

Parlons d'abord des aliments végétaux.

a. Conservation des légumes.

L'usage des légumes herbacés dans l'alimentation de l'homme a de grands avantages ; seuls, ils ne pourraient évidemment nourrir suffisamment ; mais associés en justes proportions au pain, à la viande, ils permettent de varier les formes, la consistance, la saveur des aliments, de rendre la nourriture plus agréable, en introduisant d'ailleurs des principes sucrés, aromatiques, azotés et salins dans la ration alimentaire.

Les effets utiles des légumes herbacés se montrent surtout dans leur application au régime des équipages de la marine. On a reconnu que les gens de mer peuvent se maintenir en bonne santé lorsqu'ils ont des légumes frais à leur disposition, tandis que, lorsqu'ils en sont privés durant une longue traversée, ils deviennent sujets à des affections spéciales, et notamment au scorbut.

Il était donc de la plus haute importance de trouver des moyens commodes et sûrs de pouvoir conserver les légumes avec toutes leurs qualités, sans recourir ni au sel, ni au vinaigre, ni à la dessiccation dans des fours, qui en changent toujours le goût, sans recourir même au procédé d'Appert, qui en rend le prix beaucoup trop élevé.

M. Masson, jardinier en chef de la Société d'Horticulture de Paris, a résolu le premier le problème, et ses procédés, exploités maintenant par la maison Chollet et Ce, fournit à nos armées de terre et de mer des cargaisons entières de légumes frais.

Ces procédés sont très simples. Après l'épluchage ordinaire, les légumes sont soumis à une prompte dessiccation par des courants d'air chauffés assez modérément (à 35°) pour éviter de coaguler l'albumine et de changer la saveur et la couleur des plantes, puis ils sont comprimés à l'aide d'une puissante presse hydraulique.

Les légumes, ainsi desséchés et comprimés, sont livrés en tablettes enveloppées d'une feuille mince d'étain pour les approvisionnements de ménage. Pour le transport et l'embarquement, on les enveloppe de papier collé et on les met dans des caisses de ferblanc. Ces tablettes pèsent chacune 500 gr., et peuvent fournir vingt rations. Dans un mètre cube, on peut embarquer 25,000 rations pesant chacune 25 gr., et représentant 200 gr. de légumes frais.

Les procédés de M. Masson s'appliquent à tous les légumes verts, aux racines, aux tubercules et même aux fruits. Il suffit d'immerger dans l'eau froide ou tiède la ration sèche, durant cinq ou six heures, pour que les légumes reprennent leur volume, leur aspect, leur couleur. On les soumet alors à la cuisson selon les procédés habituels.

Des expériences nombreuses, faites par la marine, tant en France qu'à l'étranger, et relatées dans des rapports officiels, constatent la qualité et la parfaite conservation des produits après quatre années d'embarquement.

Depuis 1853, la maison Morel-Fatio et Cᵉ exploite un autre procédé de conservation, imaginé par Gannal, et qui diffère de la méthode de M. Masson en ce que les matières organiques gardent tous leurs caractères, forme et couleur. Les expériences faites à Brest et en Amérique semblent démontrer que la variété et la saveur des légumes conservés par MM. Morel Fatio les feraient préférer indubitablement par les marins, qu'ils cuisent en moins de temps, avec moins d'eau, et par conséquent avec moins de combustible. Leurs juliennes échaudées paraissent supérieures aux juliennes desséchées par le procédé Masson. Il en est de même des pommes de terre. Mais il paraît que les choux desséchés de ce dernier valent beaucoup mieux que ceux de la maison Morel-Fatio.

Dans tous les cas, les deux maisons livrent maintenant au commerce des quantités énormes de légumes frais conservés. Le développement de l'industrie créée par elles sera favorable à l'introduction des grandes cultures maraîchères dans les campagnes, et contribuera à multiplier l'emploi en toute saison des aliments végétaux.

Nous avons retrouvé à l'exposition les conserves de criste-marine préparées par M. Viau, d'Harfleur, dont il a été question dans le sein de la Société, en 1849. Tout le monde sait que cette plante gracieuse, le *salicornia herbacea* des botanistes, couvre de ses tiges charnues tous les sables de nos grèves improductives, et que déjà depuis longtemps on en fait usage comme condiment stomachique dans le vinaigre. Cuite à l'eau, elle vaut les légumes cultivés, surtout les haricots verts, et en y associant un peu de beurre, elle forme un excellent plat de maigre ; au jus, à l'huile, à la maître-d'hôtel, elle serait acceptable dans un restaurant de premier ordre. Nous en avons mangé avec plaisir, et nous pouvons affirmer que cet aliment est tout aussi tendre et savoureux que les haricots verts, dont il rappelle le goût à s'y méprendre. Nous savons que les équipages du Havre s'en approvisionnent pour leurs voyages de long-cours.

Les pâtes alimentaires à la façon d'Italie nous ont offert de nombreux échantillons d'une excellente fabrication. Gênes, Florence, Livourne, Pontedera, étaient surtout largement représentées. Il y a trente ans, la fabrication des pâtes n'était presque rien en France; on l'essayait timidement en Auvergne, dans le Midi, en Corse; mais nul n'avait songé à détrôner l'Italie ou à lui disputer son monopole séculaire et universel. Aujourd'hui, l'Italie est complètement vaincue par la France. Sur tous les points de l'Empire, on fabrique, en effet, des semoules, des vermicelles, des macaronis, des lazagnes, qui ne laissent rien à désirer; nous en avons vu de Bordeaux, de Toulon, d'Avignon, de Bastia, de Lectoure, d'Albi, de Clermont-Ferrand, de Lyon, d'Orléans, de Meaux, de Paris, de Barville, de Colmar, de Rennes, de Cambrai, de Persan (Seine-et-Oise), de Sainte-Memmie (Marne). En 1837, on importait en France près d'un million de kilog. de pâtes d'Italie; en 1850, quoique la consommation des pâtes ait presque décuplé, le chiffre des importations s'est élevé à peine à 50,000 kilog. La fabrication napolitaine, autrefois si renommée et si puissante, n'a pu écouler parmi nous que 11,000 kilog.; et, chose bien significative, elle s'est abstenue de paraître à l'exposition.

b. Pâtes alimentaires.

C'est avec les blés durs et glacés qu'on confectionne toutes ces pâtes alimentaires. La quantité de ces blés, convertis annuellement en semoules pour cette industrie, a atteint, en 1853, le chiffre de 400,000 hectolitres. Les blés de la Limagne d'Auvergne rivalisent avec ceux d'Italie pour cette fabrication; aussi, grâce à M. Magnin, de Clermont-Ferrand, qui a su le premier les exploiter avec intelligence, l'Auvergne a conquis le monopole de la vente des semoules. Aucune vitrine de l'exposition ne nous a présenté des pâtes aussi belles que celles de M. Magnin; c'est évidemment le grand maître de ce genre de fabrication.

c. Gluten granulé. Pain de gluten.
Un peu plus loin, était le gluten granulé de MM. Véron, Roy et Berger, de Poitiers, et de M. Martin et Ce, de Paris; nous n'insistons pas sur cette matière alimentaire, puisque l'un de nous en a parlé à la fin de l'année dernière (1). Les maisons Pavard, Terrier, Martin de Paris, et Durand, de Toulouse, montraient des échantillons de pain de gluten, dont l'emploi améliore le régime alimentaire dans certains troubles des fonctions digestives, notamment dans le diabète sucré, où l'usage des féculents est si nuisible. Ce pain de gluten, que les médecins ordonnent si fréquemment de nos jours, ne coûte que 70 cent. les 500 grammes.

d. Conservation des viandes.
Nous ne parlerons pas de tous les procédés mis en pratique ou essayés récemment pour la conservation des viandes. Ce serait beaucoup trop long, et d'ailleurs une expérience suffisante n'a pas encore été faite pour juger la valeur de toutes les méthodes nouvelles. Nous ne signalerons ici que celles d'entre elles qui nous paraissent avoir de l'avenir. Nous passons sous silence, et pour cause, les viandes salées de l'Amérique et du Canada, qui sont à peu

---

(1) J. Girardin. — Sur le pain mixte de blé et de riz. — Valeur du riz comme aliment, et réflexions générales sur l'alimentation. (*Travaux de la Société libre d'Emulation du Commerce et de l'Industrie.* Rouen, 1856, p. 51.)

près abandonnées chez nous. Nous avons surtout distingué les produits de M. Marle et C⁰, de Paris, et de M. Lamy, de Clermont-Ferrand. Leurs procédés sont très différents.

Dans le système de conservation des viandes de M. Marle et Cᵉ, après avoir écorché l'animal sans le souffler, afin de ne pas introduire d'air dans les tissus, on désarticule les membres, sans les couper, puis on expose les morceaux au-dessus d'un foyer ardent pour en éliminer l'air, chasser la plus grande partie de l'eau interposée, détruire les ferments ; enfin, on les enrobe de gélatine préparée avec soin pour les soustraire à l'action des agents extérieurs. Le bain de gélatine est maintenu à la température de 80° ; on y plonge les viandes au moyen d'un fil de fer, et on les y maintient pendant cinq ou six minutes ; on les suspend ensuite à l'air libre dans un endroit couvert. — Dans cet état, on peut les conserver sans aucune altération pendant plusieurs mois, mais pour rendre la conservation beaucoup plus longue, surtout quand elles doivent être envoyées au loin, on tanne la gélatine d'enveloppe, en plongeant les viandes enrobées dans une légère dissolution de tannin (20 grammes à peu près pour 5 ou 6 litres d'eau) ; quelques secondes d'immersion suffisent pour rendre la gélatine imputrescible ; on retire les morceaux et on les fait sécher à l'air. Pour les expédier, on les enfouit dans des caisses au milieu de tan ou de sciure de liége, ou même seulement de varechs.

Nous avons dégusté de ces viandes qui avaient un an de conservation ; elles étaient en parfait état et avaient un bon goût de viande fraîche ; l'enveloppe extérieure n'avait nullement souffert, et elle était si dure qu'on ne pouvait la déchirer qu'en la faisant craquer comme une feuille de parchemin. C'est le savant et spirituel M. Jobard, de Bruxelles, qui a donné l'idée de tanner cette enveloppe de gélatine, pour la mettre complètement à l'abri de l'action des agents atmosphériques.

L'établissement dirigé par M. Marle, ancien élève de l'Ecole centrale, est à Grenelle ; il a des succursales à Tanger, à Constantine, à la Plata. Des viandes envoyées de Grenelle ont franchi l'équateur et sont arrivées parfaitement saines à Buénos-Ayres.

Tout semble donc indiquer que le procédé de M. Marle résout complètement le problème, et qu'il est susceptible d'une exploitation régulière en grand. Les Amériques, l'Algérie, pourront en tirer un immense parti pour envoyer en Europe ces masses de viande qui y sont annuellement perdues.

Le procédé qu'emploie M. Lamy repose sur des principes tout différents de ceux dont il vient d'être question. Les viandes sont renfermées, à l'état frais et sans avoir subi aucune préparation, dans des caisses de ferblanc. On neutralise l'action des matières fermentescibles par une atmosphère de gaz acide sulfureux, et pour empêcher ce gaz de passer à l'état d'acide sulfurique, on introduit, dans le double fond des boîtes, une dissolution alcaline de protoxyde de fer, ou de protosulfate de fer saturé de deutoxyde d'azote, chargée d'absorber l'oxygène de l'air qui se trouve inévitablement dans les boîtes.

Tant que les viandes restent dans ces conditions, elles conservent toutes leurs propriétés ; mais dès qu'on les met à l'air, elles reprennent leur altérabilité primitive. Aussi, on ne doit les sortir de l'intérieur des boîtes qu'au moment de les faire cuire.

Les viandes ne doivent point avoir été soufflées, autrement l'air renfermé dans le tissu de la viande, au moins à la surface, agit sur le gaz sulfureux, et produit ainsi un peu d'acide sulfurique qui reste, et communique une saveur aigrelette aux viandes cuites ; dans ce cas encore, la saveur du gaz sulfureux persiste légèrement, même après la cuisson, ce qui n'arrive jamais lorsqu'on opère sur des viandes non soufflées.

A la fin de l'année dernière, M. Lamy ayant envoyé à l'un de nous une boîte contenant un gigot conservé par son procédé, nous avons pu constater qu'après deux mois de séjour dans la boîte, le gigot avait toutes les apparences d'une viande fraîche ; après sa cuisson, opérée à la méthode ordinaire, il nous a paru de bonne qualité, et ne nous a présenté qu'une légère saveur acidule, non désagréable toutefois, circonstance due à ce que M. Lamy, étant alors à Paris, n'avait pu agir que sur un mouton soufflé ; à Paris, comme on sait, on ne trouve que de la viande soufflée. A Clermont-Ferrand, où M. Lamy a établi son usine, il est à l'abri de cet inconvénient.

Nous avons vu, dans la vitrine de cet exposant, des gigots conservés depuis cinq et dix ans, des perdrix avec leurs entrailles et leurs plumes, un superbe chevreuil gardé déjà depuis deux ans, de beaux poissons, turbot, saumon, brochet, puis des fruits charnus si altérables de leur nature, tels que pêches, abricots, prunes, raisins, poires, des choux-fleurs avec leur couleur et leur rigidité naturelles, des betteraves entières et coupées, du jus de betterave, de la levure de bière, du lait. Tout cela était dans un parfait état de conservation.

Les procédés de M. Lamy ont donc de la valeur ; ils n'ajoutent qu'une dépense insignifiante au prix de la substance conservée, 10 cent., par exemple, pour 1 kil. de viande ou par litre de lait. Nous devons dire que l'idée de faire servir le gaz sulfureux à la conservation des matières végétales et animales, n'est pas nouvelle. Bien longtemps avant M. Lamy, Mathieu de Dombasle et Braconnot en avaient tiré parti pour conserver intacts les pulpes de betteraves et les légumes herbacés. Mais M. Lamy a perfectionné et généralisé l'emploi de cet agent, si éminemment antiseptique.

La *Compagnie alimentaire de Buénos-Ayres*, constituée pour conserver, par des procédés tenus secrets, les chairs des grands troupeaux de l'Amérique méridionale, avait exposé des viandes en morceaux, des tablettes et des biscuits de viande, sur lesquels nous n'avons pu porter aucun jugement, n'ayant pas été à même de les déguster.

M. Fastier, qui a si habilement perfectionné les procédés d'Appert dans ces derniers temps, avait de belles conserves de bœuf dans sa gélatine. La modification capitale introduite dans ces procédés, consiste à chauffer les vases qui renferment les viandes, dans un bain-marie contenant du sel, ou un mélange de sel et de sucre, de façon à ce que la température puisse être élevée à 110°. Il résulte de là qu'il s'établit une véritable ébullition dans les vases conservateurs ; la vapeur d'eau qui s'en échappe entraîne avec elle l'air qui se trouve ainsi expulsé. On verse alors dans les vases, pendant l'ébullition, par l'ouverture restée libre, une certaine quantité du liquide qui doit baigner les matières à conserver, puis on ferme hermétiquement cette ouverture en soudant à l'étain une petite rondelle de ferblanc.

e. Biscuit-Viande.   Une préparation fort substantielle, destinée principalement aux équipages de marine et aux voyageurs qui ont à franchir de longues distances dans des régions peu peuplées, c'est ce qu'on appelle le *meat-biscuit* ou *biscuit-viande*, imaginé par Gail-Borden, du Texas. Quelques mots sur ce sujet ne paraîtront pas inutiles.

Au Texas, on opère sur une échelle importante, ainsi qu'il suit : on dépèce des bœufs par morceaux, on met ceux-ci dans de grandes chaudières avec assez d'eau pour les recouvrir, on sale modérément et l'on fait bouillir longtemps de manière à épuiser la viande le plus possible. On sépare ensuite le bouillon, on le dégraisse, puis on le concentre au point de l'amener à la consistance d'un sirop. On y incorpore alors assez de farine de blé pour en former une pâte ferme qu'on étend sous le rouleau ; on découpe cette pâte sous la forme des biscuits d'embarquement ; on les cuit et on les dessèche au four.

Le *meat-biscuit* est donc une sorte de gâteau plat, sec, inodore, cassant, susceptible d'une très longue conservation. La meilleure manière de le consommer, consiste à le faire bouillir pendant vingt-cinq à trente minutes dans vingt à trente fois son poids d'eau, après y avoir ajouté du sel et des condiments. On obtient ainsi une soupe savoureuse et très nutritive.

150 grammes de ce biscuit, ce qui est la ration d'un matelot américain, représentent 180 gr. de pain ordinaire et 31 gr. d'extrait sec de bouillon. Ce n'est, tout au plus, que le quart de la ration de pain et de viande nécessaire à un homme supportant les fatigues des voyages ou du travail.

Dans le courant de l'année dernière, l'Académie des sciences a été appelée à examiner un *biscuit-viande*, préparé par M. Callamand, avec de la farine de pur froment, de la viande cuite et des légumes. Ce biscuit renferme, sur 100 parties en poids, 83 parties des principes du biscuit ordinaire de la marine et 17 parties de viande sèche, avec graisse et assaisonnement. Avec 250 gr. de ce biscuit, on prépare une soupe analogue à celle qu'on obtiendrait avec du biscuit ordinaire trempé dans un bouillon gras, mais contenant de plus toute la chair cuite à laquelle le bouillon doit ses qualités. Le biscuit-viande de M. Callamand est donc supérieur, pour la valeur nutritive, au *meat-biscuit* américain.

Dans le biscuit-viande exposé par la Compagnie alimentaire de Buénos-Ayres, ce serait de la chair fraîche qui serait associée aux principes farineux des autres biscuits. Nous ne savons quelle est la composition du *biscuit-viande* fabriqué par la maison Vaillant et Ce, de Paris, ni celle du *biscuit-bœuf* de M. le baron de Beurmann, de Paris.

f. Conservation du lait.

Le lait, cet aliment si complet et si bien approprié à notre organisation, nous a été montré, dans les galeries de l'exposition, à trois états différents de conservation, à savoir : *solidifié*, en tablettes et en poudre, par M. Dupuy, du Havre, et M. Fadeuilhe de Londres ; *fortement concentré*, par M. Martin de Lignac, de la Creuse, et dans sa *fluidité habituelle*, par M. Mabru, de Paris. L'importance qui s'attache à ce liquide réparateur et agréable, explique les nombreuses tentatives faites depuis un demi-siècle pour arriver à retarder son altération spontanée. Appert, le premier, le fit évaporer et concentrer avant de le soumettre à son procédé ; il y ajoutait des jaunes d'œufs. Mais il est difficile de prévenir, durant un voyage prolongé, l'agglomération partielle de la substance grasse, et le lait, dans ce cas, privé d'une partie notable de ses globules butyreux, ressemble au lait écrêmé. — Depuis, Braconnot, Grimaud et Calais, de Villeneuve, Robinet, Lesson, ont indiqué des moyens de réduire le lait en tablettes, en pâtes sucrées ou bien en sirop. M. de Lignac fait également concentrer le lait dans des bassines larges et peu profondes ; il y ajoute du sucre, et lorsqu'on veut en faire usage, il faut ajouter, à ce lait concentré, une quantité d'eau à peu près égale à celle qui a été soustraite par l'évaporation.

Tous ces procédés ont l'inconvénient d'altérer ou de modifier plus ou moins la saveur et les caractères du lait, sans toutefois le mettre à l'abri d'une foule d'avaries.

M. Mabru, chimiste de Paris, a mieux réussi que ses devanciers, puisque sans le concentrer, sans y ajouter aucune substance étrangère, il conserve le lait tel qu'il sort, pour ainsi dire, des mamelles de la vache. Son procédé consiste à le faire chauffer, jusqu'à la température d'environ 80°, et refroidir ensuite dans des boîtes ou bouteilles métalliques ouvertes, mais en le maintenant à l'abri du contact de l'air pendant ces opérations Une fois qu'il ne reste plus d'air dans le lait ni dans les bouteilles, qu'il n'y a aucun espace vide dans celles-ci et dans le tube rétréci qui les surmonte, on ferme hermétiquement ce dernier, et dès lors le liquide est complètement à l'abri de toutes les influences extérieures qui pourraient l'altérer. Ce qu'il y a de certain, c'est que du lait conservé ainsi par M. Mabru depuis deux ans, et envoyé au Brésil, a été trouvé dans un parfait état d'intégrité et de fraîcheur à son retour. Nous avons constaté nous-mêmes, dans une séance de la Société libre d'Emulation, du Commerce et de l'Industrie (19 mars 1856), l'excellence du procédé de M. Mabru, en ouvrant une boîte qui renfermait du lait depuis le mois d'octobre 1854. L'Académie des sciences, puis la Société d'encouragement, ont témoigné, par les récompenses qu'elles ont accordées à ce chimiste, que toutes les conditions nécessaires à la bonne conservation du lait ont été remplies par lui. Nos équipages de marine, les voyageurs, sont désormais assurés de pouvoir, en tous lieux, en toutes saisons, dans tous les temps, profiter des immenses ressources qu'offre le lait pour rendre l'alimentation plus variée, plus salubre et par conséquent plus efficace.

<small>Alcool extrait de divers végétaux.</small> Depuis plusieurs années, la maladie de la vigne a singulièrement diminué la production des vins, et, par suite, tous les produits qui en dérivent, mais notamment l'*alcool*, sont arrivés à des prix excessivement élevés. L'usage malheureusement si répandu de l'eau-de-vie, les nombreux emplois du *trois-six* dans l'industrie, ont souffert de ce renchérissement, et alors, de tous les côtés, on s'est ingénié à découvrir de nouveaux moyens de procréer l'alcool. C'est aux plantes sucrées, puis aux plantes féculentes qu'on a eu naturellement recours, puisque c'est par une suite de transformations chimiques, fort simples du reste, de la fécule en sucre, et du sucre en esprit-de-vin, qu'on parvient à faire naître ce liquide spiritueux.

De toutes les matières végétales pouvant conduire à ce résultat, la betterave est celle qui a offert chez nous le plus d'avantages, et tout le monde sait qu'aujourd'hui de nombreuses usines produisent de l'alcool qui, s'il n'a pas toutes les qualités de l'alcool de vin, a néanmoins les propriétés essentielles de ce liquide, et peut le remplacer dans la plupart des cas.

Nous avons vu, dans les galeries de l'exposition, les preuves de cette préoccupation à utiliser une foule de substances végétales, jusqu'alors négligées, à la production de l'alcool. Ainsi, il nous est venu de l'Algérie de l'alcool de dattes, de figues douces, de figues de Barbarie, de racine d'asphodèle; de la Guyane française, de l'eau-de-vie de mangues; de l'île de la Réunion, des eaux-de-vie de manioc, de bibasse, de jamrosa, de pommes de terre; de l'Esclavonie, de l'eau-de-vie de prunes; de la Bohême, de cette même eau-de-vie, ainsi que des trois-six de mélasse et de maïs. La Corse nous a envoyé de l'esprit d'asphodèle; Berlin, des alcools de seigle, de froment, de maïs, de sarrasin, de châtaignes, de pommes de terre; le département du Jura, de l'eau-de-vie de gentiane; celui de l'Hérault, de l'eau-de-vie de mûres blanches; celui de l'Aisne, du trois-six de topinambours; ceux du Var et de la Marne, de l'alcool et du rhum de sorgho à sucre; enfin, celui du Nord, de l'alcool de mélasse.

La plupart de ces produits ont un cachet spécial qui n'en permettrait pas l'emploi comme boisson, mais tous rendraient certainement de bons services industriels, et en se substituant, sous ce dernier rapport, à l'alcool de vin, laisseraient disponible, pour la fabrication de l'eau-de-vie potable, la production en esprit des brûleries du Midi. Reste la question de prix de revient; elle ne pourra être résolue que par des expériences en grand. Toujours est-il que ces nombreuses recherches faites, en vue de suppléer au manque d'alcool du vin, ont un intérêt réel, et qu'elles apprennent les ressources que chaque région peut fournir à ses habitants.

Il serait, sans doute, fort heureux pour l'humanité qu'on ne connût point l'alcool, puisque son usage entraîne tant de désordres et de calamités. Mais, enfin, puisque la science nous en a dotés, et que l'habitude a fait, pour ainsi dire, de son emploi une nécessité, il est utile, économiquement parlant, de savoir tous les moyens de le créer, afin que son prix se maintienne dans des limites raisonnables, et qu'il continue à figurer au nombre des articles qui entretiennent le commerce d'échange entre les nations.

§ III.

INDUSTRIE TEXTILE.

La fabrication des tissus occupe, sans contredit, la plus large place dans le champ de l'activité manufacturière. Elle est le centre, la clef de voûte d'une foule d'autres industries ; la plupart participent de sa vie ; quand elle s'arrête, beaucoup sont frappées au cœur : les sciences, les arts, s'excitent à l'envi pour lui fournir ses combustibles, ses métaux, ses machines, ses produits chimiques, ses couleurs, ses dessins ; la marine va chercher pour elle, à tous les points du globe, ses laines, ses cotons, ses bois de teinture. Il n'y a pas d'exagération à dire que le cinquième de la population, en France, est intéressé à la production des tissus. Par l'importance du capital qu'elle met en mouvement, par la somme de besoins qu'elle satisfait, on peut la mettre au premier rang des générateurs de la richesse.

Notre examen portera sur les fils et tissus de laine, de soie, de chanvre, de lin et de coton.

Ainsi que nous l'avons fait remarquer plus haut, nous nous trouvons arrêtés par un embarras sérieux : malgré les instances réitérées de la commission, presque aucun article ne portait l'indication de son prix de vente. MM. les Commissionnaires ont vu, dans cette mesure, un préjudice pour leurs intérêts ; grâce à leurs instances, l'exposition est restée purement industrielle. Notre appréciation commerciale, au lieu d'avoir pour base une donnée officielle et authentique, ne reposera que sur les renseignements que nous avons pu nous procurer, mais qui sont puisés à des sources respectables et dont nous garantissons l'exactitude.

Nous n'aurions pas à nous appesantir sur ce point, si nous n'avions qu'à examiner les produits des manufactures nationales de la Savonnerie, de Beauvais ou des Gobelins. Ces établissements sont, avant tout, destinés à former des artistes et des ouvriers de premier mérite ; leurs articles sont autant de chefs-d'œuvre qui réalisent l'idéal, et pour lesquels on a prodigué tout ce que l'homme peut donner : le temps, la patience, l'art, la science et l'argent. Ce ne sont à proprement parler que des modèles, des types admirables, créés en vue de stimuler l'industrie privée, mais qui n'ont aucune valeur commerciale régulièrement établie.

Nos observations porteront d'abord sur l'industrie la plus ancienne, celle qui met en œuvre la laine. Son origine n'a pas de date ; elle est contemporaine de la formation des premières sociétés. Pour défendre son corps contre les intempéries de l'air, l'homme dut commencer par se vêtir de la peau des bêtes qui servaient à sa nourriture ; de là, à faire un tissu avec la toison de la brebis, il n'y avait qu'un pas. Quoi qu'il en soit, nous ne rechercherons pas les titres de noblesse du tissage de la laine, ils sont inscrits à chaque page des plus anciens livres du monde. Nous voulons simplement faire apprécier l'état actuel de cette industrie.

On distingue les étoffes de laine en trois grandes catégories : celle des tissus foulés et drapés, celle des tissus légers et ras non foulés, et celle des tissus mixtes où la laine se trouve alliée à d'autres matières.

Tapis. Avant de nous occuper de la draperie, disons un mot des tapis. On fait remonter l'introduction de ce genre de fabrication en France à l'époque de l'invasion des Sarrasins, vers le VIIe ou VIIIe siècle. Après leur défaite, quelques débris de ces hordes s'établirent dans les montagnes de la Creuse, et y pratiquèrent l'industrie des tapis à l'aide des mêmes procédés employés encore aujourd'hui sous la tente des Bédouins asiatiques. Depuis cette époque, on a profondément modifié le mode de tissage ; mais les données sont restées les mêmes. De la Creuse, cette fabrication s'est répandue par toute l'Europe ; en France, nous la trouvons à Amiens, à Abbeville, à Tourcoing, à Tours, à Bordeaux, à Beauvais, à Nîmes et à Paris ; en Angleterre, à Kidderminster (comté de Worcester), à Halifax (comté d'York) ; en Belgique, à Tournai ; en Prusse, à Berlin ; en Autriche, à Vienne ; en Hollande, à Delft, à Breda, etc.

L'exposition possède une riche collection de tapis, disséminés dans toutes les parties du palais, et variant d'une manière heureuse la décoration intérieure.

Les tapis français laissent bien loin derrière eux leurs concurrents ; sur ce point, il y a unanimité. Nulle part ailleurs, on ne rencontre, au même degré de perfection, la qualité du tissu, la richesse du coloris, l'harmonie des nuances, en même temps que la composition artistique des dessins. Faisons abstraction des chefs-d'œuvre des Gobelins et de Beauvais, tableaux inimitables, ne citons ni le Christ après la Descente de Croix, ni la Chasse de Beauvais, et disons, avec tous les critiques, que les tapis d'Aubusson et de Tourcoing sont des types irréprochables de bon goût.

Malheureusement, cette fabrication est restée, chez nous, une industrie de luxe. Sans perdre son caractère artistique, peut-être pourrait-elle se prêter un peu plus aux besoins de la consommation ; ou plutôt, à côté de ce que nous avons, n'y aurait-il pas place pour une production à des prix inférieurs ? Bien que le commerce des tapis ait pris un certain développement depuis quelques années, son chiffre s'étant élevé de 7 à 10 millions de francs, cependant il y aurait beaucoup à faire sous ce rapport ; la richesse nationale et l'hygiène publique y trouveraient leur avantage. C'est ce que les fabricants anglais ont parfaitement compris ; leur production est au moins trois fois plus considérable que la nôtre. Ils sont arrivés à ce résultat par différents moyens dont nous signalerons quelques-uns en passant. L'Angleterre a délaissé depuis longtemps le tissage à la main, ainsi qu'il se pratique en France ; au lieu d'être disséminée sur une foule de points, et pratiquée sur l'échelle la plus modeste, comme à Amiens, Abbeville, etc., cette industrie s'est concentrée dans quelques ateliers, où toutes les opérations se font mécaniquement ; condition essentielle pour l'économie de la fabrication. Loin de se préoccuper de la perfection et de la beauté absolue, les efforts des fabricants anglais ne tendent qu'au bon marché. L'exposition britannique possédait des spécimens fort intéressants faits en vue de ce résultat ; c'étaient des tapis dans lesquels on avait remplacé les effets du métier à la Jacquart par une impression appliquée sur la chaîne. Assurément, ce procédé est loin de produire des dessins aussi beaux, aussi parfaits que ceux obtenus par l'ancien système; la netteté des contours, l'intensité des fonds laissent beaucoup à désirer; mais nous devons reconnaître que l'idée est ingénieuse et susceptible de grands perfectionnements. Au moyen de cette préparation de la chaîne, on supprime les frais de mise en carte; les métiers ordinaires suffisent au travail, et l'on arrive à tisser jusqu'à vingt mètres de moquette par jour, au lieu de trois que fournit habituellement la Jacquart. Nous verrions avec bonheur notre département faire quelque tentative dans ce sens du bon marché; nous possédons tous les éléments nécessaires : soit que nous fassions sur le métier Jacquart des choses simples, sobres de couleurs, ou bien que nous prenions le procédé d'impression anglaise, en donnant les difficultés à résoudre à nos coloristes, à nos dessinateurs, à nos imprimeurs, nul doute que nous parviendrons à combler cette lacune si apparente dans l'industrie française.

Vienne, Berlin, la Belgique possédaient de beaux échantillons; mais ce n'était généralement que la reproduction de nos types; nos fabricants ont pu reconnaître de véritables contrefaçons. La Hollande, seule, présentait une innovation, par l'emploi exclusif du poil de vache dans la confection du tissu. Si ce genre de tapis n'est pas très brillant, il est du moins d'une grande solidité et surtout très bon marché.

Parmi les tapis d'Orient, nous devons placer en première ligne ceux venant de l'Inde; ceux de la Turquie doivent être classés après. C'est toujours le même mode de fabrication; comme toujours aussi, les couleurs y sont groupées et fondues avec ce sentiment particulier des contrastes qui caractérise les Orientaux.

Nous signalerons en passant l'immense supériorité des cachemires parisiens, aussi bien que des châles de laine de Lyon et de Nîmes, admirable industrie qui n'a son égale dans aucun pays pour le bon goût et l'entente des nuances. Les châles de Vienne ont un toucher agréable, et leurs prix sont bien inférieurs aux nôtres; ils doivent ces avantages à la beauté et au bon marché des laines de Moravie et de Hongrie. Les fabricants de Vienne, ainsi que ceux de la Grande-Bretagne, n'ont aucune création qui leur soit propre; ils visent constamment à la contrefaçon des genres parisiens, et ils y arrivent à travers des écarts et des faux pas nombreux dans la voie du bon goût.

<small>Châles cachemires.</small>

Nous n'avons aucunement la prétention de produire une étude approfondie de la riche industrie de Reims; nous confessons que cette tâche est tout-à-fait en dehors de notre compétence. Cependant, nous constaterons que cette importante production, qui figure dans le commerce pour le chiffre de 75 à 80 millions de francs, ne cesse de poursuivre sa marche ascendante dans la voie du progrès. Les fabriques de Rochdale, en Angleterre, établissent des flanelles à des prix bien inférieurs aux nôtres; mais aussi leurs tissus et leurs laines sont tellement grossiers qu'ils ne peuvent convenir qu'aux matelots, et que des tentatives faites en France, dans les mêmes conditions, ont été repoussées par la consommation. Pour les qualités supérieures, les flanelles de Reims n'ont pas de rivales; les officiers de l'armée anglaise, en Crimée, en ont consommé de grandes quantités, et les préféraient à celles de leurs pays.

<small>Reims.</small>

Les mérinos de Reims ont conservé leur supériorité bien connue, pour leur souplesse et leur régularité incomparable.

M. Vigoureux avait exposé quelques échantillons d'un nouveau mode d'impression en relief. Ce procédé est des plus intéressants, en ce qu'il peut s'appliquer, dit-on, à toute espèce d'étoffes. Les tissus sont placés entre deux plaques ou cartons, découpés suivant les dessins que l'on veut obtenir. On met l'une des plaques en contact avec un courant de vapeur, sous une pression suffisante pour que toute la pile en soit pénétrée ; l'étoffe s'imbibe et devient plus souple ; on la soumet ensuite à l'action d'une presse hydraulique. La compression fait entrer l'étoffe dans les trous figurant les dessins, et, grâce à l'action préalable de la vapeur, le tissu reçoit une empreinte ineffaçable. Nous avons vu des mérinos traités par ce procédé, soit en écru, soit après la teinture, que l'on avait déposés pendant quatre heures dans une chaudière d'eau bouillante, ils en étaient sortis avec leurs dessins parfaitement conservés. Si l'on imprime avec une seule couleur un mérinos soumis à cette préparation, il en résulte des effets de double teinte assez curieux ; si cette même étoffe est teinte unicolore, l'on obtient des imitations de broché parfaitement accusées. Ce procédé est une véritable invention, car il diffère entièrement des anciens gaufrages.

Roubaix.   Après avoir vu Reims, nous passons naturellement à la fabrique de Roubaix. Celle-ci est une émanation de la première, mais avec un caractère bien différent : à Reims, c'est la prudence, la circonspection ; on s'y attache de préférence aux articles de fondation, les flanelles et le mérinos sont la base immuable ; les tartans, les piqués et quelques autres articles ne sont que des accessoires ; — à Roubaix, c'est l'invention, la création, c'est le mouvement incessant ; nulle part, ailleurs, on ne dépense autant d'imagination, on ne fait preuve d'autant d'audace ; c'est une industrie en ébullition perpétuelle ; elle prend partout, tous les éléments lui sont bons ; elle se les assimile et sait en faire sortir un composé nouveau ; elle sait marier la soie à la laine, la laine au coton, le coton au lin, et produire des combinaisons nouvelles ou des imitations des étoffes de Reims et des soieries de Lyon. Cette fécondité, qu'on pourrait appeler exubérante, jette parfois le commerce de cette place dans une fluctuation dangereuse : il n'est pas rare de voir un article en pleine vogue, frappé tout-à-coup de discrédit par une imitation plus économique, descendre subitement de 25 et 30 0/0 la cote de ses prix.

La ville de Roubaix a entraîné Tourcoing dans son cercle d'action, elle en a fait son satellite. Cette dernière participe à sa vie, en lui fournissant ses laines filées. C'est un des plus jeunes districts industriels de France ; sa prospérité date à peine de vingt-cinq ans. Ce fut vers 1830 que les Roubaisiens s'emparèrent de la fabrication du stoff, que M. Auber, de Rouen, venait d'introduire en France. A partir de ce moment, leur fortune grandit rapidement, et aujourd'hui leurs produits ne le cèdent en rien aux similaires de Stradford et d'Halifax ; ils leur sont même supérieurs dans les qualités riches : les orléans, les satins de Chine, les stoffs, les piqués, les gilets, les étoffes à pantalon, les reps, les damas de laine, sont d'une exécution irréprochable, et répondent parfaitement aux besoins de la classe moyenne.

Nous ne conseillerons pas à nos fabricants de rouenneries de se livrer aux évolutions aventureuses de l'industrie roubaisienne ; mais nous pensons qu'il est une place intermédiaire entre Reims et Roubaix, qui conviendrait parfaitement aux aptitudes, au goût et aux moyens de nos compatriotes : l'invention, chez nous, a moins de fougue, le commerce y repousse les témérités, il aime la prudence et la circonspection, et, par cela même, il inspire plus de confiance. Cette observation, que nous hasardons en passant, nous est inspirée par les tentatives heureuses faites par quelques-uns de nos fabricants : MM. Gilles, Coquatrix et Boulanger, Auderieux et Chardon, etc., nous donnent la mesure de ce que nous pouvons tenter en gilets piqués et en étoffes de fantaisie.

Nous devons constater, en passant, la beauté incomparable des mérinos de la maison Paturle-Lupin, et qui trouvent leur débouché dans chaque partie du globe. Cette manufacture est peut-être la plus importante du monde, puisqu'elle n'occupe pas moins de quatorze à quinze mille ouvriers pour le peignage, la filature et le tissage des mérinos.

Draperie.

Notre examen va porter maintenant sur un point de l'exposition fort intéressant pour nous, sur la draperie, l'une des industries les plus importantes de la France, et qui fait la gloire et la fortune d'Elbeuf, l'industrieuse cité, à laquelle tant de liens de confraternité et d'intérêts commerciaux nous rattachent.

Il est difficile, au degré de perfection où en sont arrivés tous les pays dans le tissage et les apprêts, de comparer les draps unis des diverses provenances autrement que par les prix, et encore faut-il distinguer entre les sortes communes et les qualités fines. Pour ces dernières, le prix ne peut avoir qu'une importance secondaire ; quand on songe que, dans un vêtement coûtant 110 ou 120 fr, le drap ne figure, tout au plus, que pour un tiers ou un quart de la valeur totale.

Les draps étrangers ont des mérites spéciaux qui les distinguent plus particulièrement. L'Autriche, la Prusse et la Saxe doivent la souplesse et le moelleux de leurs tissus à la qualité tout exceptionnelle de leurs laines. L'Augleterre, qui possède les belles toisons de Southdown, de Dishley, de Lincoln, etc., sans compter celles de l'Australie qu'elle reçoit de première main, fait des produits de premier ordre.

Ce sont les fabriques de Bohême et de Moravie qui ont accompli relativement le plus de progrès, depuis l'exposition de 1851. Les fabricants saxons, ceux de la Silésie et de la Westphalie avaient des échantillons qui accusaient des pas notables vers la perfection.

L'Angleterre était représentée par quelques maisons de Leeds, de Hundersfield et de Trowbridge; leur étalage assez restreint ne pouvait donner une idée complète de la draperie britannique, et quoique remarquable sous différents rapports, ces spécimens étaient loin d'avoir l'importance que comporte cette fabrication.

La ville de Verviers prouvait, par sa collection, que la Belgique occupe un rang élevé dans ce genre de travail, surtout relativement à la puissance de production.

Si l'on veut établir un parallèle entre ces diverses draperies et assigner la place qui revient à celles de France, on peut dire, sans conteste et de l'aveu des étrangers, que notre fabrication doit être mise au premier rang; la qualité est quelquefois égalée, jamais surpassée. Sous le rapport des nuances, nous n'avons pas de rivaux; la pureté et la régularité des tons de nos teintures en laine sont incomparables. Chez nos concurrents étrangers, les couleurs sont souvent fausses, inégales ou ternes. Quant à la nouveauté, il suffit de dire que les Anglais, les Allemands les Belges, ne font autre chose que de reproduire nos dispositions. Cet hommage, rendu au bon goût de nos manufacturiers, peut être très flatteur pour eux; mais, à coup sûr, qu'ils s'en passeraient volontiers.

Il y a peu d'années encore, on ne tissait à l'étranger et en France que des draps lisses et unis, lorsqu'en 1834, M. Bonjean, de Sédan, imagina de marier sur une même étoffe les diverses nuances entr'elles dans une certaine mesure, à l'aide de procédés mécaniques nouveaux. L'idée était féconde, le domaine de la draperie devint illimité comme celui de de la mode. Aujourd'hui, les trois-quarts de notre fabrication consistent en étoffes-fantaisie croisées.

La fabrication du drap a plusieurs centres qui, tous, se distinguent par des qualités singulières. Souvent, il a suffi de l'impulsion donnée par un seul homme pour qu'un district sortît de ses habitudes traditionnelles, et la direction une fois marquée, l'essor ne s'est plus arrêté. C'est ainsi que MM. Bonjean et Elisée Montagnac, à Sédan ; V. Grandin et Th. Chennevière, à Elbeuf ; Dietsch et Kuntzer, à Bischerviller, et R. Houlès, à Mazamet, ont su entraîner, par leur exemple, chaque groupe dont ils faisaient partie ; explorateurs infatigables, ils ont abordé l'inconnu, et leur pays s'est enrichi de leurs conquêtes.

Sédan se livre de préférence aux qualités supérieures, tant en uni qu'en fantaisie. Chacun connaît l'antique réputation des draps noirs de cette fabrique qui s'est maintenue jusqu'à nos jours à la même hauteur. MM. Cunin-Gridaine, Bacot, Bertèche et Chesnon, Bonjean, sont des noms bien connus dans le commerce européen.

La fabrique d'Elbeuf, pour les draps unis, arrive à peu près au même prix que Sédan ; mais, pour la nouveauté, elle peut être considérée comme ressortant en moyenne dans la proportion de 14 fr. à 17 fr. Cette fabrication est le champ parcouru de préférence par les Elbeuviens. Nulle part on ne subit au même degré l'empire de la mode et les caprices du goût public. Aussi, quelle variété dans les dessins, dans les combinaisons des diverses matières !

M. Chennevière mélange, marie la soie tantôt dans le corps du fil, tantôt il emploie les deux matières en fils distincts ; il file et il tisse des poils de rat musqué, de castor, de vigogne, et même les filaments qui fixent certains mollusques aux roches marines ; ces tentatives, ces innovations sont couronnées par un éclatant succès. Citer M. Ch. Flavigny, un nom qui date dans l'industrie depuis 1672, et qui s'est perpétué de père en fils jusqu'à nos jours ; citer MM. Dumor-Masson, Legrix et Bruyant, Morel Beer, Lefort et Vauquelin, etc, c'est rendre hommage au talent et à la supériorité de nos compatriotes.

L'activité des fabricants de Vire s'est portée particulièrement vers les draperies unies, et leur qualité distinctive est dans une fabrication soignée, consciencieuse ; c'est une concurrence qui s'adresse aux sortes moyennes d'Elbeuf.

Lisieux n'a aucune analogie avec les deux villes que nous venons de visiter ; son travail porte principalement sur les tissus gros et communs, appelés frocs, et qui trouvent leurs débouchés en Basse-Normandie et en Bretagne.

L'ancienne manufacture royale d'Abbeville, fondée par Colbert, figurait honorablement à côté de ses puissantes rivales, et la qualité de sa draperie constatait le mérite de M. Randoing.

La principale branche de travail de Bischwiller consiste en draps légers appelés *Zéphyrs*, destinés à la toilette des femmes. Le mérite principal de cette draperie est dans le bas prix. Aucune fabrique ne peut lutter avec l'Alsace pour cet article.

Les différents groupes que nous venons de visiter ont pour caractère principal, l'activité, la fécondité dans l'invention. Maintenant nous allons aborder une région où la mise en œuvre a résisté, en partie, à l'entraînement de l'industrie moderne, à part une ou deux exceptions. Romorantin ne fabrique que l'étoffe lisse, rien en fantaisie ; toutefois, disons que MM. Normant frères varient leur production en faisant des draps ordinaires, draps de billard, de voitures, de livrée, etc.

Abordons le Tarn et l'Hérault. Mazamet, en absorbant la ville de Castres, l'a entraînée dans son orbite, comme Elbeuf a absorbé et entraîné Louviers. Sa fabrication occupait une place distinguée dans l'exposition. Cette ville, que l'on a qualifiée de l'Elbeuf du Midi, a pris une notable extension depuis quelques années ; son chiffre de dix millions d'affaires est bien loin sans doute des 70 millions que représente la fabrication Elbeuvienne ; mais comparé à ce que font Lodève et Bédarieux, il a une certaine importance. Mazamet se livre aux articles bon marché ; ses nouveautés, imitées d'Elbeuf, se vendent à Paris sous l'étiquette de cette dernière et au prix de 8 à 9 francs ; tromperie condamnable sans doute, mais qui peut donner la mesure du mérite des étoffes de Mazamet. On y fait encore des draps légers pour femmes et pour la confection des casquettes ; ce dernier article surtout est fort important.

Bédarieux a fait également quelques tentatives dans la nouveauté ; mais son article principal est le drap léger à couleurs vives et voyantes, et destiné au commerce des échelles du Levant. Tout près de là, on voyait la draperie noire de Carcassonne, restée stationnaire sous tous les rapports depuis nombre d'années. Lodève se livre spécialement aux fournitures militaires.

Vienne, dans le Dauphiné, qui, dit-on, travaillait déjà la laine au temps des Romains, s'attache à la nouveauté très ordinaire et très bon marché ; elle y parvient au moyen du procédé appelé *défilochage* ; voici en quoi consiste cette opération : au moyen d'une machine à *défilocher*, on fait une espèce de charpie avec les vieux chiffons de drap ; ce produit est mélangé avec de la laine neuve et prend le nom de *renaissance*. Disons que les tissus obtenus par ce procédé sont très durs au toucher et peu solides.

Nous avons constaté que notre belle draperie Elbeuvienne était supérieure pour la qualité du tissu, pour les couleurs et le bon goût des dessins, à tout ce que font l'Angleterre, la Prusse, la Saxe et l'Autriche. Sous ce rapport, nous avons un avantage incontestable. Mais si la comparaison porte sur les prix de vente de la marchandise, l'avantage revient à nos concurrents étrangers. Il importe de connaître les causes qui motivent cette différence ; nous allons essayer d'en signaler quelques-unes.

L'Angleterre se procure son outillage et ses combustibles relativement à très bon marché. Elle possède, en outre, de très belles toisons indigènes, et de plus, elle a l'avantage d'obtenir en droiture ses laines d'Australie. De leur côté, les fabriques de Prusse, de Saxe, d'Autriche, ont sous leur main, autour d'elles, les plus belles toisons du monde. Elbeuf, au contraire, achète ses houilles et ses machines à un taux fort élevé ; il lui faut, en outre, aller chercher ses laines au loin, en Russie, en Allemagne, en Australie, à Buénos-Ayres, etc., ce qui nécessite des frais de transports fort onéreux. Ajoutons encore un droit d'entrée de 24 francs, droit dont la répétition se fait au moyen du drawback, lorsque la marchandise est exportée, mais qui distrait cependant une partie considérable du capital du fabricant, et se traduit en définitive en une perte d'intérêt qui ne pèse ni sur le producteur allemand ni sur le producteur anglais.

Pour le salaire des ouvriers, l'Angleterre seule a des prix au niveau des nôtres ; mais, en Bohême et en Moravie, les femmes gagnent de 10 à 15 centimes par jour ; les manœuvres de 70 à 80 cent. ; les fileurs et les tisseurs de 1 fr. 25 c. à 1 fr. 30 c., et travaillent treize heures et treize heures et demie. A Elbeuf, on suit rigoureusement les prescriptions du décret du 3 mars 1848, et la journée ne dépasse jamais douze heures ; les femmes, suivant leur habileté ou le genre de travail, gagnent de 1 fr. 25 c. à 2 fr. ; les hommes de journée, de 2 fr. à 3 fr. ; les fileurs et les tisseurs, de 3 à 4 francs.

Sous le rapport commercial avec l'étranger, la fabrique d'Elbeuf est loin d'être dans de bonnes conditions, tandis que les Belges et les Anglais possèdent des compagnies, des maisons puissantes ayant des comptoirs sur les points principaux où se fait l'exportation ; les fabricants français voient leurs produits passer à travers plusieurs mains intermédiaires, qui les grèvent d'une foule de frais et de bénéfices surélevant d'autant le prix de vente.

Tels sont les principaux obstacles qui font qu'Elbeuf, malgré sa supériorité reconnue, incontestée, se trouve entravé dans ses débouchés au dehors.

Est-il possible de les faire entièrement disparaître ? non : de les atténuer ? oui, en combattant les avanges naturels des concurrents étrangers par l'invention, la création de nouveaux genres, de nouveaux procédés. Quant à la puissance du capital et de l'outillage, le temps seul et une sage protection peuvent nous permettre d'édifier ces éléments de la force et de la prépondérance des fabricants belges ou anglais.

Soieries. Nous n'avons aucunement le désir de nous faire l'historien de l'industrie séricole ; mais en voyant les admirables étoffes de Lyon, les rubans de Saint-Etienne, où la vivacité des couleurs lutte de perfection avec la beauté du tissu, la disposition, le bon goût et l'ordonnance harmonieuse des dessins, nous ne pouvions nous empêcher de reporter notre esprit vers les siècles passés, et de nous rappeler que Rouen a tenu un rang élevé dans la fabrication des soieries.

Ce fut en l'an 1130, que Roger, roi de Sicile, neveu de Robert Guiscard, le Normand, revenant des croisades, fit la conquête de la Morée ; il transporta de Thèbes, d'Athènes, de Corinthe, des ouvriers en étoffes de soie et les établit en Sicile et en Calabre.

Vers 1274, Grégoire X, ayant obtenu de Philippe-le-Hardi la cession du comtat Venaissin, fit planter des mûriers, et venir de Sicile, de Naples et de Luques des fileurs et des tisserands.

Peu après, vers la fin du xiiie siècle, cette industrie passe d'abord à Nîmes, puis à Lyon, puis à Paris, puis à Tours.

C'est vers le commencement du xvie siècle que l'on constate l'établissement de la fabrication des étoffes de soie à Rouen ; elle s'y soutint assez florissante jusque vers le milieu du dernier siècle, époque à laquelle elle disparut totalement.

Voilà donc environ un siècle que le travail de la soie a cessé dans notre ville, après y avoir eu près de trois cents ans de prospérité. Aujourd'hui, cette matière si favorable aux combinaisons du tisserand, y fait de nouveau son apparition. Ainsi que nous l'avons fait remarquer à propos de l'exposition de Roubaix, plusieurs maisons de Rouen commencent à faire usage de la soie, en la faisant entrer comme accessoire dans certains articles ; l'exemple est bon et sera imité. Un de nos meilleurs teinturiers, M Guéroult, a eu l'idée d'essayer la teinture de cette matière ; nous avons pu constater le plein succès de ses efforts. Ce dernier point est fort important et très significatif. En effet il arrive souvent qu'en soumettant le tissu aux derniers apprêts, les couleurs se ternissent et perdent leur éclat ; c'est alors qu'il importe que le tisseur, le teinturier et l'apprêteur soient en présence, afin que la combinaison des fils, le choix des nuances soient établis de manière à supporter l'apprêt nécessaire. Une fabrique qui n'a pas sous la main tous les éléments de son travail, n'arrivera jamais au même degré de perfection qu'atteindra son concurrent placé dans ces conditions.

Lin.
Depuis l'invention de Philippe de Girard, la filature du lin a marché rapidement ; elle possède bien près de deux millions et demi de broches en Europe, et donne une production approchant de 500 millions de francs L'Angleterre occupe le premier rang dans cette industrie ; la France vient ensuite, et possède à peu près 500,000 broches, environ le cinquième de la totalité. A côté de la filature mécanique, figure une production très importante à la main, tant en Bretagne qu'à Valenciennes, où la machine n'a pas encore pu aborder les numéros extra pour batiste.

La Flandre française possède les trois cinquièmes des broches, soit 300,000 ; le surplus se répartit, la majeure partie, sur la Normandie, le reste sur quelques autres points.

L'Irlande est le grand centre de l'industrie linière en Angleterre ; la terre s'y prête admirablement à la culture de la plante, et la population misérable de cette contrée y tisse les toiles à des conditions de salaire incroyables, qui condamnent le malheureux ouvrier, ainsi que sa famille, à mourir de faim. Mais aussi, Belfaast fournit les toiles de lin à des prix qui rendent la concurrence impossible dans tout autre pays.

La Belgique possède de beaux établissements ; le plus vaste est celui de la Lys, à Gand ; il ne renferme pas moins de 36,000 broches.

Il est presqu'impossible de signaler une suprématie marquée parmi les fils de lin. MM. Doulers et Agache, de Lille, Fauquet-Lemaître, de la Seine-Inférieure, Kramsta (Prusse), Verstraëte frères, de Lille, avaient tous des produits remarquables.

Le tissage mécanique est encore peu répandu; les maisons Delloye-Lelièvre, de Cambrai ; Laniel frères, de Vimoutiers ; Scrive frères, de Lille, exposaient de bonnes toiles et d'une exécution irréprochable. Le tissage à la main était représenté par M. Cohin, qui fait les deux genres ; par M. Fournet et MM. Lambert frères, de Lisieux, par la Société Linière du Finistère, etc.

Le linge damassé a réalisé de grands progrès depuis qu'on a utilisé le métier Jacquart pour ce genre de travail ; dans cette spécialité, on peut citer en premier M. Féray d'Essonne, ensuite M. Grassot, de Lyon ; Casse, de Lille ; Tournier, de Pau, etc.

Chanvre. Le chanvre pour tissu se traite au moyen des mêmes procédés que le lin ; mais son emploi principal, et peut-être le plus utile, se trouve dans la confection des cordages. Nous en avons vu des rouleaux énormes envoyés par MM. Merlié, Lefèvre et C⁰, du Havre, et Leclerc frères, d'Angers.

Essais de tissus nouveaux. A côté de ces tissus, obtenus au moyen de matières employées depuis l'origine de leur fabrication, viennent se placer des étoffes dans lesquelles on a fait entrer des filaments d'un usage encore peu répandu. Dundee, en Ecosse, file le *phormium* ; MM. Bocquet et C⁰ travaillent également cette matière dans leur établissement d'Ailly-sur-Somme. Nous avons vu des tapis en *jute*, des coutils en *china-grass*, des toiles en *chanvre* de *Manille*, en fil d'*aloès*, des essais de tissus d'herbe, d'écorce de mûrier, d'ormeau, de poil de lapin, etc.

Ces diverses tentatives sont, assurément, fort intéressantes, et demanderaient un examen approfondi ; mais, en pareille circonstance, l'expérience seule fait distinguer le bon du mauvais ; car souvent il faut écarter vingt chimères pour une conquête sérieuse.

Dentelles. Avant d'arriver aux articles de coton, nous jetterons un coup-d'œil sur les dentelles ; leur contexture réclamant tantôt le lin, tantôt le coton ou la soie, elles nous serviront naturellement de transition.

Dans notre aperçu général, nous avions signalé, au milieu du transept, la vitrine appartenant à M. Lefebure, comme renfermant une riche collection de dentelles. Cette partie de l'exposition a le privilége d'attirer les regards de toutes les dames. C'est que la dentelle est, peut-être, l'œuvre la plus gracieuse de l'industrie textile ; parfois on l'a délaissée pour la passementerie ou tout autre ornement ; mais c'était pour revenir à elle avec une faveur plus marquée et en agrandissant son domaine. Pour l'observateur, pour l'économiste, cet article est digne d'un intérêt tout spécial.

En effet, au milieu des transformations que l'industrie moderne a fait subir au travail, la dentelle seule n'a éprouvé aucune modification. Partout ailleurs, là où il fallait un déploiement de force musculaire considérable et continu, la machine est venue apporter sa poitrine et ses bras de fer ; il n'a plus suffi que d'en surveiller les fonctions. De là, une révolution dans l'organisation des ateliers. Pour bien des cas, dans les tissages, par exemple, la femme touchant un salaire moindre est venue se substituer à l'homme.

Est-ce un bien, est-ce un mal? C'est ce que nous allons examiner.

L'action de la machine est incessante, et l'intérêt de l'industrie exige qu'elle fonctionne sans interruption ; si la journée est de douze heures, l'ouvrière devra donc rester à son métier pendant la durée de ce travail. Une fois entrée à l'atelier, elle devra renoncer à s'occuper des soins du ménage ; si elle est mère, elle devra confier à d'autres la surveillance de ses enfants.

La vie de famille sera donc atteinte dans ce qu'elle a de plus intime.

Si les enfants deviennent nombreux, la mère se voit dans la nécessité d'abandonner l'atelier, et comme les machines et la centralisation manufacturière ont fait disparaître, presqu'en totalité, les dévidages, les bobinages, tous ces mille détails industriels qui s'exécutaient autrefois à domicile avec le concours des femmes, il en est résulté que c'est au moment où les charges se multiplient et pèsent le plus sur le ménage, que la somme des salaires vient à diminuer, et que, sur le père seul, repose la satisfaction des besoins de la mère et des enfants.

Notre département, à la fois industriel, maritime et agricole, réclame donc, plus que tout autre, l'introduction ou la propagation d'industries s'exerçant à domicile. La fabrication de la dentelle est une des plus importantes qui puissent répondre à ce besoin : elle se prête merveilleusement à la vie de famille et à la vie des champs, puisqu'on peut l'interrompre et la reprendre à volonté. Ce travail est du petit nombre de ceux que l'homme n'ait pas accaparé ou que les machines n'aient pu effectuer ; il est resté exclusivement le partage des femmes. La Belgique et la Saxe emploient quelquefois des jeunes garçons ; mais c'est une exception. En tout cas, c'est le plus rémunérateur que nous connaissions.

La France tient le premier rang dans cette industrie pour la beauté des produits, pour l'importance de la production et le nombre de bras qu'elle occupe. Le chiffre commercial des dentelles françaises s'élève au moins à 70 millions de francs ; il égale à lui seul tout ce que donnent les autres pays producteurs. Il est facile d'apprécier la part faite à la main-d'œuvre dans ce chiffre de 70 millions, quand on songe que la matière employée ne figure que pour 7 à 10 0/0 de la valeur totale. L'Auvergne occupe de 130 à 140,000 ouvrières, la Normandie 100,000, le Nord et les Vosges de 60 à 70,000.

Loin de s'amoindrir, cette production a gagné en importance ; elle suit les évolutions du luxe et de la richesse. Au lieu de vieillir, la dentelle est comme les vieux bijoux, les années lui donnent une certaine valeur artistique ; jusqu'à son dernier lambeau elle sert de parure ; l'emploi seul se modifie.

L'invention des tissus à mailles, à réseaux, etc., remonte à la plus haute antiquité ; Roland de la Platière l'attribue aux Phrygiens. Parmi les peuples modernes, la Belgique et l'Italie se disputent l'invention du point de dentelles. Il est impossible de dire à quelle époque remonte l'introduction de ce genre de travail chez nous. Nous voyons qu'en 1463, Edouard IV d'Angleterre prohibe les dentelles de Venise, de Flandre et *de France*. Cette industrie était déjà considérable, lorsque Colbert, en 1665, lui donna un nouvel élan en établissant des fabriques de point de Venise à Alençon, et, plus tard, à Auxerre et à Argentan. Grâce à la prohibition, la nouvelle industrie prospéra, grandit tellement, qu'elle finit par surpasser et effacer ses modèles. Bientôt, on délaissa les points de

Venise, de Gênes, de Bruxelles et d'Angleterre, pour le *point de France*

Pendant tout le xviii⁰ siècle, cette fabrication fut très florissante au Havre, à Harfleur, Bolbec, Eu, Fécamp et Dieppe, et arriva à employer jusqu'à 25,000 ouvrières. A cette époque, presque toutes les femmes et les filles des marins et des pêcheurs trouvaient dans cette industrie une occupation lucrative. Les dentelles de ces villes étaient, en général, assez communes; mais comme elles se recommandaient par une grande solidité, elles étaient appréciées à Paris, et recherchées pour l'exportation en Allemagne et en Espagne. On y faisait de tous les genres, du point clair et double, de la guipure, et une espèce de Valenciennes, d'abord très épaisse, puis d'un réseau mince, à losanges, appelée *point de Dieppe*.

La ville de Dieppe seule, avec le village de Saint-Nicolas-d'Aliermont, occupait plus de 4,000 ouvrières.

La révolution de 89 porta un coup funeste à la dentelle; on comprend que le luxe étant sa vie, les familles nobles, seules en possession de la richesse, devaient, en tombant, l'entraîner dans leur ruine; elle disparut presqu'entièrement de notre département, et c'est à peine si l'on retrouverait aujourd'hui quelques octogénaires possédant les anciennes traditions de notre dentellerie haut-normande.

La condition d'être de cette industrie veut, qu'une fois entrée dans un pays, elle y reste forcément, exclusivement; c'est un art qui se fait traditionnel dans les familles: l'aïeule transmet à la toute petite-fille certaine façon spéciale, certain tour de main singulier qu'elle tient elle-même de sa propre aïeule. Nous l'avouons, ce n'est pas sans une espèce de vénération qu'il nous est arrivé de contempler le métier, le vieux *carreau* de la dentellière, comme on l'appelle, transmis de génération en génération ; nous aimions à voir cet antique extrait de naissance qui environne le carton où se trouve le dessin : ce vieux chiffon de damas de soie, de lampas ou de toile d'Orange à fleurs, débris vénérable de quelque robe de châtelaine.

Les différents genres de dentelles françaises peuvent se classer géographiquement ; chaque contrée a sa spécialité ; l'œil du connaisseur peut seul saisir certains caractères particuliers qui sont propres aux divers groupes. On distingue d'abord les dentelles de Valenciennes dont le centre principal est à Bailleul (Nord), mais dont la fabrication a plus d'importance en Belgique ; ensuite viennent les dentelles de Flandre qui se vendent à Lille ; de Picardie que l'on achète à Arras ; des Vosges, que l'on va chercher à Mirecourt ; les dentelles du Puy, les plus anciennes de France, et celles de Chantilly qui ont conservé leur réputation Européenne pour leur fini irréprochable.

Mais, pour la beauté, la perfection, le goût et la nouveauté des dessins, la première place est due aux dentelles de Normandie. Et parmi celles-ci, mettons en première ligne le *point d'Alençon* ou *point de France*.

La dentelle d'Alençon est, sans contredit, la plus riche du monde ; c'est la seule en France qui ne se fasse pas aux fuseaux sur le carreau. Elle est entièrement travaillée à la main, sur un parchemin, avec une aiguille et une petite pince. C'est la seule qui soit exclusivement fabriquée en fil de lin, et qui emploie du crin pour l'entourage des jours.

La dentellerie du Calvados est celle qui manifeste la vie la plus active ; elle s'est approprié le genre de Chantilly et d'Alençon, en leur donnant un cachet nouveau sous le rapport du style des dessins. Bayeux possède la spécialité des grandes pièces en fil de lin pour robes, châles et autres. Caen et sa banlieue livrent au commerce intérieur et à l'exportation, une quantité énorme de dentelles et de blondes.

Si l'industrie de Caen est la plus florissante de toutes, elle doit cet avantage à plusieurs causes que nous devons signaler : d'abord à l'esprit entreprenant et plein d'initiative de ses fabricants qui, les premiers, sont sortis des vieilles routines et des dessins traditionnels ; ils sont devenus créateurs, on les a copiés, signe incontestable de leur supériorité. En outre l'aptitude extraordinaire et exceptionnelle des ouvrières de cette région, à passer alternativement du travail de la dentelle à celui de la blonde, a fait éviter l'encombrement, en permettant de varier à volonté la nature des produits et l'assortiment du négociant.

A la suite de ses puissantes émules, vient se placer bien modestement l'Ecole-Manufacture de dentelles de Dieppe. Cette institution si utile, au point de vue de la morale, est parfaitement dans les idées que la Société d'Emulation, du Commerce et de l'Industrie s'efforce de développer ; elle répond complètement à l'une de ses plus constantes préoccupations.

Nous n'essaierons pas de retracer l'historique de cet établissement, nous n'aurions d'ailleurs qu'à renvoyer le lecteur à l'intéressant rapport fait à la Société, en 1842, par notre honorable collègue, M. Vingtrinier.

« L'Ecole-Manufacture de dentelles de Dieppe, dit le
« rapporteur, a été créée en 1826 par une société de per-
« sonnes charitables, qui ont eu pour but de régénérer à
« Dieppe une industrie autrefois considérable, et de pro-
« curer par là des moyens d'existence et d'éducation à de
« pauvres enfants, pour les arracher ainsi à la mendicité
« et aux désordres qui en sont la suite. »

Adoptant les conclusions de son rapporteur, notre Société décerna, le 6 juin, une médaille d'or à l'établissement de Dieppe.

Depuis cette époque, l'Ecole n'a cessé de répondre à sa mission, au moyen de ses propres ressources, des dons de la charité et des souscriptions.

Le 6 avril 1854, un décret impérial élève l'Ecole au rang d'établissement d'utilité publique ; en même temps, la munificence impériale lui fait don de 40,000 fr. sans autre condition que d'agrandir ses locaux.

La commission administrative s'est mise hardiment à l'œuvre, aussi les dépenses ont-elles excédé de beaucoup ses moyens, et malgré l'attribution d'un legs de 20,000 fr., il faut qu'elle se crée de nouvelles ressources. Une décision ministérielle vient de l'autoriser à ouvrir une loterie de 110,000 fr. ; elle espère, avec le produit, établir :

1° Un orphelinat développé sur de plus larges bases ;

2° Des classes en aussi grand nombre et aussi spacieuses que les besoins de la population pourront l'exiger ;

3° Un dispensaire pour le traitement de la teigne ;

4° Enfin, une salle d'asile pour la partie ouest de la ville.

Comme on le voit, c'est une œuvre complète, armée de toutes pièces pour combattre la misère et les plaies démoralisatrices qui en découlent. Hommage et reconnaissance aux personnes de bien qui ont pris sous leur patronage une entreprise aussi chrétienne.

Au point de vue industriel, voici quelle est la position actuelle de l'Ecole et les résultats qu'elle a obtenus :

Elle emploie 350 ouvrières à peu près, toutes occupées, depuis la plus jeune, (environ 4 ans), en même temps à l'atelier qu'à la classe d'instruction primaire ;

Savoir :

33 orphelines, dont 24 occupées à la dentelle et 9 à la couture. Ces orphelines, entretenues, nourries et logées dans la maison, forment une classe d'élite, dans laquelle on peut trouver des surveillantes et sous-maîtresses, soit pour la maison, soit pour d'autres établissements du même genre.

310 élèves externes, dont 110 occupées à la dentelle, 50 à la couture, 150 au tricot, parmi ces dernières, 42 petits enfants.

Au dehors, la maison occupe 80 ouvrières.

La fabrication annuelle représente un chiffre de 15 à 16,000 fr. ; l'atelier de couture produit environ 2,000 fr., et le tricot, classe d'enfants tout jeunes, 200 fr. Il faut ajouter à ce total la production assez importante que les ouvrières du dehors livrent directement au commerce.

Les dentelles se vendent, en général, dans l'établissement, pendant la saison des bains ; quelques parties sont expédiées à Paris. Cette production est fort minime, sans doute, mais il ne faut pas perdre de vue qu'il ne s'agit que d'une école, et que ce n'est aucunement une entreprise commerciale. Cependant, les spécimens de l'exposition universelle ne manquaient pas de mérite, et pouvaient se placer à côté des similaires de Valenciennes. C'est ainsi que l'a compris le jury en décernant :

1° Une médaille de première classe à l'Ecole ;

2° 3 médailles de deuxième classe, à trois ouvrières de la maison : Mlles Duharnay et Lanné, et Mlle Vanderwift, contre-maîtresse.

Si nous nous sommes appesantis sur ces détails, c'est que cet établissement est digne du plus haut intérêt aussi bien au point de vue de la morale que de l'hygiène, car cette industrie est favorable à la santé des ouvrières et à leur moralité.

Elle est favorable à la santé, en ce sens qu'elle n'entasse pas les femmes ni les jeunes filles dans les ateliers, et qu'elle les oblige à une propreté continuelle et absolue. Elle est morale, puisqu'elle s'exerce au sein du foyer domestique, concurremment avec les travaux de la maison.

Au point de vue purement industriel, l'Ecole de Dieppe a créé de précieux éléments, sur lesquels il est bon d'attirer l'attention du commerce.

Que faut-il maintenant ? Qu'un homme capable et entreprenant fasse, pour la dentellerie de Dieppe, ce que M. Lefebure a fait pour celle du Calvados et ce qu'ont fait MM. Videcoq et Simon pour celle d'Alençon ; qu'il lui donne l'impulsion, qu'il lui indique la voie à suivre, et nous verrons notre département doté, à tout jamais, d'une industrie lucrative et utile pour les femmes et les filles de nos marins, de nos tisserands et de nos ouvriers de manufacture.

Nous appelons de tous nos vœux la création, à Rouen, d'une semblable institution. C'est surtout aux dames de Rouen que nous nous adressons ; à elles dont la bienfaisance est inépuisable et la charité infatigable, lorsqu'il s'agit de venir en aide aux malheureux. Nous leur devons des salles d'asile et des crèches ; mais ces établissements ne sont que des palliatifs à un mal profond. En prenant sous leur patronage la renaissance de la dentellerie, elles feront beaucoup plus, car, en rendant la mère à son enfant, elles détruiront le mal dans la racine. En refaisant le foyer de la famille, elles reconstitueront la famille elle-même.

Arrivons maintenant aux tissus de coton, matière si modeste en apparence, mais qui sert cependant de base à la puissance de plusieurs nations, et qui porte peut-être en germe la prépondérance de quelques autres.

Cotons.

En laissant de côté ces considérations, nous pouvons dire, sans être accusés d'exagération, que le coton est l'article le plus considérable de l'exposition, par l'importance des capitaux, le nombre de bras, les intérêts multiples qui se rattachent à sa mise en œuvre.

Nous sommes loin de l'année 1532, époque à laquelle les passementiers de Rouen obtinrent des lettres-patentes les autorisant à filer et tisser le coton. Assurément que les *quarante passementiers, les premiers inventifs et besognant les futaines frangées et velues, fil et coton*, ne soupçonnaient aucunement l'avenir réservé à leur invention.

Les Américains se rappellent également, avec un orgueilleux sourire, qu'en 1609, on publia un livre destiné à faire connaître les ressources du Nouveau-Monde, et que l'auteur avança cette énormité, excessive alors, qu'un jour l'Amérique pourrait produire autant de coton qu'il s'en récoltait sur le littoral de la Méditerranée.

Ce fut seulement vers la fin du dernier siècle, que la culture de cette plante prit une certaine importance en Amérique. En 1747, sept balles seulement furent expédiées de Charlestown en Europe, et, lorsqu'en 1784, le même port envoya, en Angleterre, soixante-et-onze balles nouvelles, environ huit à neuf mille kilogrammes, la cargaison fut saisie comme contrebande, sous prétexte qu'il était tout-à-fait impossible que l'Amérique eût produit *une si grande masse de coton*

En 1791, le total des exportations des Etats-Unis était d'environ 86,000 kil.;

En 1795, il s'éleva à 3 millions;

En 1820, il atteint 80 millions;

En 1850, 448 millions;

En 1853, 587 millions, évalués à 600 millions de francs.

La consommation européenne, en outre des envois américains, a pris encore 31 millions à l'Egypte; 30 millions aux Indes-Orientales; 25 millions au Brésil, et, à quelques autres contrées, 6 millions; ce qui fait en total, pour l'année 1853, 679 millions.

Nous n'avons donc pas tort de dire que le coton est peut-être l'élément le plus considérable de travail. Et si l'on considère que la matière brute est au moins quadruplée par la fabrication, on arrive au chiffre énorme de 3 milliards, jetés dans le commerce, et vivifiant un monde innombrable, depuis le planteur jusqu'à l'échoppier et le colporteur.

Et ce n'est pas tout encore : la Chine en récolte environ 65 millions de kil.; les Indes en produisent des quantités incalculables, mais la plus grande partie est utilisée sur place par les indigènes ou consacrée aux échanges avec les contrées voisines, et particulièrement avec le Céleste-Empire.

La consommation européenne se répartit ainsi :

L'Angleterre, 375 millions de kil., filés par 18 millions de broches.

La France, 77 millions de kilog., filés par 5 millions de broches.

Les Etats-Unis, 121 millions, par 5 millions et demi de broches.

Et les autres pays, 112 millions, qui se répartissent à chacun selon son importance.

Avant d'arriver aux mains du consommateur à l'état de tissu, le coton subit plusieurs transformations : la filature, le tissage en fil écru ou teint et l'impression.

L'Angleterre et la France, dans des proportions différentes, ont une supériorité bien tranchée sur leurs concurrents pour ce genre de travail ; l'une et l'autre produisent à peu près, au même degré de perfection, les filés depuis les numéros les plus bas jusqu'aux numéros les plus élevés. Avant d'aller plus loin, reconnaissons que la filature du Royaume-Uni possède un avantage marqué sur la nôtre, sous le rapport du prix de revient ; pendant ces dernières années, le n° 34 anglais, correspondant au n° 28 français, valait à Manchester 2 fr. 20 c. le kil. ; à Rouen, 3 fr. 10 c : soit 40 pour cent de différence.

Plus tard, nous rechercherons les causes de cette différence si considérable. Les Américains s'appliquent principalement aux gros numéros, en vue de produire des marchandises lourdes et épaisses : Lowell, le principal centre de cette industrie, tisse presqu'exclusivement des calicots, revenant à 4 et 6 1/2 les cent yards ; soit environ 21 1/5 à 34 centimes 1/2 le mètre. Ce sont des étoffes rustiques destinées à la classe pauvre, ou plutôt aux peuples demi-barbares de l'Asie. D'ailleurs, cette préférence est motivée par une cause toute naturelle : les Américains ayant la matière première sous la main, plus ils font entrer de coton dans le tissu, plus ils ont d'avantages sur leurs concurrents européens, qui ont contre eux la différence des frais de transport sur la laine brute pour aller, et le prix de retour sur la chose fabriquée.

La Suisse, autant pour profiter de certains avantages naturels, que pour balancer les inconvénients de sa position méditerranéenne, travaille plus particulièrement les numéros fins.

La Belgique, riche en métaux et en charbon, se livre de préférence aux numéros bas.

Les autres pays, en raison de leur degré moindre d'avancement dans l'outillage, travaillent plus particulièrement les numéros moyens et bas.

En Angleterre, Manchester et Glascow sont les principaux centres de l'industrie cotonnière.

En Suisse, les cantons de Saint-Gall, d'Appenzell et d'Argovie se livrent à cette fabrication. L'exportation y est estimée à 40 millions de francs.

La France compte quatre groupes : la Flandre, la Normandie, l'Alsace et la Vendée. Le premier comprend Lille, Saint-Quentin ; quoique bien éloigné de ce centre, nous y rattacherons Tarare, en raison de la nature de sa fabrication. Le second se compose de Rouen, de Bolbec, et s'étend jusqu'à Flers, dans la Basse-Normandie. Le troisième comprend le Haut et le Bas-Rhin et une partie de l'ancienne Lorraine. Enfin au quatrième, se rattachent Cholet, Laval et les filatures de Nantes.

Sous le rapport de l'importance, nous devons placer en tête la Normandie : sur les 5 millions de broches, elle en possède 2 millions ; sur les 77 millions de matières venant au Havre, elle en consomme 32.

Ces diverses circonscriptions ont des spécialités bien tranchées : la Normandie s'attache de préférence aux articles communs ou de grande consommation ; c'est la fabrique du pauvre ; ses débouchés s'étendent à nos colonies et notamment à l'Afrique française.

Lille, Saint-Quentin et Tarare, à cause de la finesse de leurs produits, consomment beaucoup moins de matière. L'Alsace cherche dans le travail plus fini, plus compliqué, la compensation de ses longs transports.

La Vendée se rapproche plus de la fabrication normande que des autres.

Filature. Nous ne suivrons pas la marche progressive de la filature mécanique, depuis Richard Arkwright, James Hargreawes, jusqu'à Samuel Crampton qui combina les deux systèmes de ses devanciers. Disons seulement qu'en 1806 nous filions à peine le n° 60, et qu'aujourd'hui nous sommes parvenus aux numéros les plus élevés.

La filature normande était dignement représentée dans le Palais de l'exposition, et elle y a tenu honorablement sa place; ses représentants étaient: MM. Fauquet-Lemaître, Delamarre-Deboutteville, Pouyer-Quertier fils, Léveillé, Davillier, Vaussard, Delavigne, etc. Pour les filés ordinaires et fins, la France a remporté de nombreux succès sous les noms de MM. Mallet frères, Cox, de Lille; Motte Bossut, de Roubaix; Arpin, de Saint-Quentin; Féray, d'Essonne, et de presque tous les filateurs de Mulhouse.

A l'étranger, citons M. Houldsworth, de Manchester, J. Brook et frères, de Hundersfield; Wieland, Schmid et C⁵, de Zurich, et la Société de Pottendorf en Autriche.

Tissage. Dans le tissage, on constate naturellement les mêmes démarcations, le second est la résultante du premier :

L'Angleterre et la France marchent sur la même ligne pour la perfection; Lille rivalise avec Manchester et Nothingham. Toutefois, nous possédons une supériorité marquée dans la fabrication des Tarlatanes; l'Angleterre ne faisant que des Organdis, elle est notre tributaire pour cet article. Tarare et la Suisse se disputent l'article brodé et broché. Pour la Normandie, elle ne peut être, à proprement parler, mise en parallèle avec aucun pays ; les tissus qu'elle fabrique, le compte 30 et l'Algérie, ses longottes et ses cretonnes n'ayant pas de similaires réels ailleurs. Barcelone seule fabrique notre calicot, c^{te} 30, mais avec des résultats bien inférieurs. Cependant, sous le rapport du prix, nous pouvons admettre, aussi bien que pour le calicot d'Alsace, une différence d'environ 33 0/0 en plus dans nos prix coûtants, comparés à ceux de l'Angleterre.

Cotons teints en fil. Avant de nous occuper de l'impression, disons un mot de la teinture du coton en fil.

La teinture du coton est une des plus anciennes industries de Rouen et l'une des plus considérables par le grand nombre d'ouvriers qu'elle emploie. Bien qu'elle ne travaille, en grande partie, qu'à façon, elle donne cependant lieu à des transactions importantes.

Il faudrait l'érudition de notre savant collègue, M. J. Girardin, pour qu'il nous fût possible de tracer l'histoire philosophique de la teinture du coton en France, et raconter les luttes que l'indigo, la garance, le campêche (le *paolo campechio* des Espagnols) eurent à soutenir contre les préjugés et la routine, avant de prendre droit de cité dans notre bonne ville de Rouen.

Les noms de *Rouge des Indes*, *Rouge Turc*, *Rouge Andrinople*, nous indiquent l'origine de cette admirable couleur et les diverses stations qu'elle dut faire avant d'arriver jusqu'à nous. Gabriel Gervais, l'un des fondateurs de la Société du Commerce et de l'Industrie, dit, dans les intéressants mémoires que possèdent nos archives, que vers 1750 où 1760, des ouvriers grecs importèrent chez nous le procédé indien. Mais bientôt après, Fesquet, Dharistoi, Palfresne, Delafolie, Arvers, Saint-Evron et une foule d'autres perfectionnèrent tellement les données primordiales, en inventant les chambres chaudes et les avivages, que le rouge de Rouen surpassa de beaucoup, en vivacité, celui de Smyrne, d'Andrinople et des Indes. A partir de cette époque, nous devînmes maîtres des tissus de coton teint, et le monde leur donna le nom de *Rouenneries*. Cette fabrication se développa et grandit successivement et arriva enfin au degré où nous la voyons aujourd'hui. Reconnaissons-le, la Rouennerie est restée stationnaire depuis quelques années : tandis que toutes les autres branches de l'activité normande n'ont cessé d'absorber à leur profit une partie des débouchés où leurs concurrents régnaient sans partage, elle a laissé envahir une partie de son terrain par ses rivales. Plus tard nous aurons occasion de nous appesantir sur ce sujet.

Comme nous l'avons dit, la teinture ne travaille en grande partie qu'à façon ; elle obéit donc à l'impulsion du tissage. La teinturerie rouennaise n'a pas cessé d'être à la hauteur des événements ; elle a suivi toutes les évolutions de la fabrique ; elle n'a cessé de répondre à ses besoins, et la faute n'est pas à elle si des consommateurs nouveaux ont surgi à Roanne, à Armentières et à Thisy. Lorsque le coton seul ne suffit plus aux combinaisons du tissu, elle aborda hardiment la teinture de la laine, et l'on sait avec quel succès. L'initiative ne lui a pas manqué : que de nuances nouvelles n'a-t-elle pas produites? Dernièrement n'a-t-elle pas trouvé le moyen d'appliquer l'outremer à la coloration du coton? Aujourd'hui, MM. Quenet frères ne font-ils pas le bleu de France aussi bien que celui de Paris, sinon mieux? Un autre, M. Guéroult, ajoute à sa teinture de laine celle de la soie, et, du même coup, se place à côté des teinturiers de Paris et de Lyon, et renoue la vieille tradition interrompue depuis un siècle.

L'exposition a prouvé que notre assertion est vraie de tous points : si Bar-le-Duc fait des rouges aussi beaux que les nôtres, si l'Angleterre nous égale en bien des circonstances, au moins personne ne nous surpasse, et nous dominons les produits de Prusse et d'Autriche. Pour s'en convaincre, il suffisait d'examiner l'étalage de M. Delamare, composé d'une série de nuances petit-teint, de chinés et de fondus sur laine et sur coton ; à côté, se faisaient remarquer les couleurs grand-teint de M. J. Lenormand ; puis la série de rouges, de roses, de Paillacas, de violets, de fleurs de pêcher de M. F Legras et fils, ainsi que l'assortiment complet de M. Lecœur fils, composé de bleu-indigo, de toutes les teintes que donne la garance, et d'une série de couleurs petit-teint. MM. Cronier père et fils, en outre des tissus unis pour doublure, se distinguaient principalement par leurs calicots, imitant le cuir et la basane qui servent à la reliure. Ce produit n'a pas d'égal en France et il rivalise avec ce que font de mieux, en ce genre, les apprêteurs anglais, s'il ne les surpasse déjà. Quoi qu'il en soit, c'est l'aspect du maroquin ; l'illusion est complète. Ce procédé a tout simplement fait une révolution en librairie, puisqu'il permet de recouvrir un in-12, d'une manière solide et élégante, avec la faible dépense de 6 à 7 centimes.

Blanchiment. La Normandie tenait dignement son rang dans le blanchiment des tissus de coton : à côté de Wesserling, de M. E. Seillière, des Vosges, venaient se placer M. Davillier, de Gisors, et Mme Heutte-Selot, de Bapeaume-lès-Rouen ; cette dernière surtout exhibait des apprêts de piqué, genre anglais, de brillantés et de coutils qui pouvaient figurer avantageusement auprès des similaires d'Outre-Manche.

Indiennes. Si la ville de Rouen fut le berceau de l'industrie cotonnière en France ; si, la première, elle introduisit la teinture du rouge des Indes, et la perfectionna au point d'en faire un article riche et complet, écrasant par son éclat le type primitif, Rouen fut moins hospitalier pour la fabrication de l'indienne.

Déjà, depuis longtemps, on fabriquait des toiles peintes à Marseille, Nantes, Orange, Angers, Corbeil, Sèvres, etc., et Rouen les repoussait de toutes ses forces : les corporations des merciers, des passementiers, des toiliers, des tapissiers de Rouen, de Saint-Gervais et de Darnétal s'étaient réunies pour combattre et repousser cette fabrication.

Ce fut en 1758 qu'Abraham Frey, de Genève, venant de Corbeil, frappa le premier coup de planche dans la vallée de Bondeville. Bientôt après, Abraham Pouchet, de Bolbec, vint s'établir auprès de lui, et c'est alors qu'un arrêt du conseil d'Etat, confirmé par lettres patentes du roi, en date du 5 septembre 1759, autorisa définitivement la fabrication de l'indienne à Rouen. A partir de ce jour, cette industrie fut enracinée sur notre territoire, qui devint l'un des principaux centres de cette fabrication.

Cependant cette belle industrie, si riche et si puissante aujourd'hui dans notre pays, eut encore à vaincre de nombreuses difficultés. Avant qu'elle ne prît entièrement son essor, il fallut deux grandes révolutions : l'une politique, qui l'affranchît à jamais des jurandes et des maîtrises, l'autre scientifique, qui fit connaître les lois occultes de la matière. La révolution de 1789 et les découvertes de l'immortel Lavoisier sont les véritables générateurs de cette industrie.

A ces obstacles majeurs, venaient se joindre des difficultés de détail. Les premières indiennes étaient imprimées à la main ; pendant longtemps on employait, à cet effet, des ouvriers que l'on faisait venir de loin ; ceux-ci, par leurs exigences, par leurs prétentions de toutes sortes, paralysaient la fabrication. Ainsi, ils avaient pour habitude d'aller passer la belle saison dans leur pays et, par conséquent, de restreindre la fabrication par des chômages prolongés. Le seul remède à cet abus eût été de former des ouvriers indigènes ; mais les anciens s'y refusaient et ne laissaient séjourner qui que ce fût dans les ateliers. Ce ne fut qu'à la longue, que les enfants qui leur servaient d'aides parvinrent, à leur insu, à apprendre leur métier et à former ainsi un noyau d'imprimeurs rouennais. A partir de ce moment, on vit s'établir successivement MM. Gabory, Torcat et Long, Heutte et Vimeux, Bapeaume et Coquatrix, Barbet, Rouff, etc.

L'introduction du rouleau à une couleur fut un grand pas pour l'indienne rouennaise.

Cependant il existait en Angleterre, en Alsace et à Paris, des machines plus parfaites que celles que possédaient alors nos fabricants, et qui permettaient d'obtenir des résultats bien plus complets ; mais le prix d'achat de ces appareils était tellement élevé et les ressources des fabricants si limitées, qu'il est probable que cette industrie serait restée longtemps encore stationnaire, lorsque M. Perrot, de Rouen, inventa, en 1834, la machine qui porte son nom. La *Perrotine* coûtait six fois moins qu'un rouleau, elle pouvait imprimer simultanément trois et quatre couleurs. Comme assortiment de gravure, il suffisait d'avoir quelques planches en bois revenant à une cinquantaine de francs chaque, au lieu de ce matériel de cylindres en cuivre que nécessite la machine à rouleau, et qui exige une dépense de 80 ou de 100,000 f. Il fut possible dès lors d'établir des marchandises à des prix inférieurs, en multipliant la production et en réduisant les frais de main-d'œuvre.

Quelque temps après, M. Chappey créa sa machine imitée du rouleau de l'ingénieur anglais Gadd et de M. A. Kœchlin, de Mulhouse, et compléta, pour notre pays, la série des appareils de la belle et grande fabrication.

Vers la même époque, Robiquet et Colin trouvaient la garancine, que Lagier et Thomas, d'Avignon, mirent les premiers dans le commerce. Cet événement eut une grande influence pour la prospérité de notre indienne. Avec l'aide de ce produit, MM., Girard, Schlumberger-Rouff, H. Barbet, etc. fabriquèrent un article vraiment complet, et en firent un genre essentiellement rouennais.

D'autres procédés vinrent successivement agrandir le champ de notre industrie : l'impression à la *planche-plate*, la disposition de la planche dite *quatre-coups*, et surtout la fabrication des *rongeants-enlevages*, bleu, vert ou puce, ont fait une véritable révolution en amenant la toile peinte au degré de supériorité où nous la voyons aujourd'hui. Il en est résulté un genre type imité et copié par toute l'Europe.

Cette dernière phase du travail du coton ne peut être appréciée aux mêmes points de vue que celles qui précèdent. En outre de sa valeur intrinsèque, qui n'est que secondaire, le calicot imprimé, ou indienne, en a une autre tout-à-fait arbitraire, et que l'on peut appeler artistique. Ici la science et l'art se donnent la main : le dessinateur et le chimiste recherchent, le premier, l'harmonie des couleurs et des lignes, le second, la vivacité et la pureté du coloris, suivant le goût ou la mode.

Le goût, la mode, qui pourrait les définir? où se trouve le code qui les régit? Tantôt la mode veut des lignes droites, puis elle préfère la ligne courbe ; elle décide que le bleu est la couleur par excellence ; plus tard c'est le vert, ou bien le rouge. Quoi qu'il en soit, la France commande et gouverne dans cet empire du caprice et de la fantaisie, et le monde entier se soumet à ses arrêts. De même qu'en littérature, les Anglais, les Espagnols, les Américains traduisent, copient, imitent nos romans, nos pièces de théâtre ; de même aussi, en industrie, ils sont toujours attentifs à ce que nous fabriquons pour imiter et copier nos dessins.

Les étoffes façonnées ou imprimées se divisent en deux catégories principales : la première, d'effet simple, n'affectant de formes ni de couleurs susceptibles de vieillir, s'appelle *consommation;* la seconde, au contraire, vise à l'effet, elle a des dispositions saillantes, elle n'a aucune règle fixe, se renouvelle et se transforme sans cesse; on l'appelle *nouveauté* ou *fantaisie.* Les populations du nord préfèrent la consommation ; plus on avance vers le Midi de l'Europe, plus les habitants recherchent la fantaisie. Toutes les fabrications se rattachent à chacune de ces catégories, et chaque contrée se livre de préférence à l'une ou à l'autre, en raison de son aptitude ou des avantages de sa position pour chaque genre de travail.

Les Anglais ayant le combustible à très bas prix, recherchent la fabrication de l'uni et des genres de consommation; en un mot, tout ce qui peut convenir aux masses. Leurs indiennes violet-savonné sont très bien faites. Leurs fantaisies, quand elles ne sont pas copiées des nôtres, n'accusent aucun sentiment du beau : les lignes, les couleurs se heurtent et forment un ensemble des plus choquants. La main-d'œuvre étant fort chère, les Anglais font peu d'impressions à la main. Pour ce genre de fabrication, ils ont essayé de remplacer par les machines ce qui ne peut être remplacé. Les hommes du métier ont beaucoup admiré un véritable tour de force, c'étaient une mousseline laine et une indienne de M. John Monteith de Glascow, imprimées simultanément à huit couleurs ; l'exécution en est parfaite, la machine a fonctionné admirablement; mais le résultat définitif est loin d'être irréprochable. L'appareil ne peut servir que pour les couleurs-vapeurs, et n'est d'aucune utilité pour les nuances bon teint; une machine à quatre couleurs donne mieux. En effet, le bon teint qui ne s'obtient qu'au moyen de la garance, n'a que quatre tons principaux : rouge, violet, marron et cachou; que l'on double ces nuances par leurs dérivés, l'on aura bien huit tons différents, mais rien de mieux qu'avec le concours des quatre principales. Si, au contraire l'on imprime des couleurs-vapeurs, on obtiendra une plus grande variété; mais nous savons que bien des nuances, en raison des éléments qui les composent, réagissent sur certaines autres, et réciproquement. Aussi, dans cette pièce dont le fond était bleu avec des colonnes style cachemire, enluminées de noir, de puce, de vert, de rouge, de rose, de jaune et de violet, on pouvait constater que si le bleu, le vert et le noir étaient assez beaux, le puce, le rouge, le rose, le jaune et le violet avaient souffert du contact ou du voisinage des trois premières. Les meubles Perse, obtenus par le même moyen, sont sujets aux mêmes inconvénients.

M. John Black et Ce avait un grand assortiment de foulards de coton, imprimés à six et sept couleurs. A part un rouge vapeur, pour lequel les Anglais ont un avantage sur nous en raison du bon marché de la cochenille et des lack-dies, toute cette fabrication était bien inférieure à ce qui se fait généralement à Rouen, et notamment chez M. H. Barbet.

Le foulard de coton a pris un développement considérable; sa consommation grandit tous les jours, et nulle part, ni en Angleterre, ni en Suisse, ni en Allemagne, nous n'avons rien vu qui pût soutenir la comparaison avec la fabrication rouennaise, pour le dessin et la couleur;

les foulards de M. Barbet, notamment, n'ont pas de rivaux susceptibles d'être mis en parallèle pour la pureté du coloris et la netteté de l'exécution.

Les rouges Andrinople, d'Angleterre sont beaux, quoique inférieurs à ceux de M. Steiner, d'Alsace ; leur ton accuse un reflet ponceau un peu dur, au lieu de cette belle teinte cerise-vif qui caractérise le rouge de France ; on peut adresser le même reproche au rouge Andrinople qui se fait en Suisse ; M. H. Monteith, M. Alexander et Ce, M. Sterling et Ce possédaient de belles choses dans cet article. Nous avons remarqué un véritable tour de force de fabrication : c'était un fond blanc rongé à la presse écossaise, ne réservant que quelques mouches fort espacées ; ni M. Steiner, ni les Suisses n'ont exposé rien d'aussi extraordinaire.

Mais l'article pour lequel l'Angleterre n'a pas de rivaux, c'est le velours de coton uni et imprimé ; c'est le brillant le moelleux de la soie ; Amiens est bien loin de cette perfection.

L'Autriche a des impressions fort belles, notamment celles de M. Dormizer, de Prague, et celles de M. F. Leitenberger, à Cosmanos ; c'est la reproduction des types français, principalement de ceux d'Alsace et un peu de ceux de Rouen. Ce que l'on remarquait surtout, c'était un bleu vapeur prussiate, d'une vivacité et d'une pureté extraordinaires. La fabrique Dormizer avait exposé une indienne garancée dans laquelle figurait un bleu bon teint ; l'idée n'est pas nouvelle et l'application n'a pas de chance de succès, surtout aujourd'hui que l'outremer artificiel se vend à si bas prix.

La Prusse mérite notre attention ; elle avait apporté des étoffes d'une fabrication neuve ; ainsi M. Gerhard, de Berlin,

M. Lambertz de Gladbach, exposaient des tissus imprimés, jaspés, tirés à poil et intitulés castors, peluches ou calmoucs ; c'est une étoffe bien faite et surtout d'un grand bon marché.

Nous avons dit plus haut que chaque pays se livrait au genre d'industrie pour lequel sa position géographique ou d'autres avantages naturels lui donnaient plus d'aptitude ; nous disons plus, cette loi est applicable aux provinces d'un même pays. Nulle part cette vérité n'est plus frappante que chez nous : l'Alsace possède les cours d'eau des Vosges, elle file et tisse de préférence les tissus fins ; le travail de main est relativement bon marché, elle s'appliquera de préférence aux articles pour lesquels il faut beaucoup de main-d'œuvre. La perfection, le fini par la complication sont tout à son avantage : aux quatre couleurs qu'elle imprime avec la machine, elle ajoutera cinq et six couleurs à la main.

Rouen, au contraire, n'a que des moteurs à vapeur, il est port de mer, il a le marché aux cotons à sa porte, Rouen préférera filer les gros numéros, ceux qui demandent moins de torsion, qui s'appliquent à des tissus lourds où le métier peut battre un grand nombre de coups, sans risque de casser le fil, et, par suite employer plus de matière et fournir davantage en volume et en poids. Le salaire de l'imprimeur est très élevé, Rouen ne fera que des articles sans complication, presque tous terminés d'un seul coup avec la machine. Toute tentative en dehors de ces conditions a été infructueuse.

L'industrie de l'Alsace possède un véritable caractère français : c'est le fini quand même, c'est le beau absolu ; celle de Rouen, si elle n'avait un style qui lui est propre et véritablement original, pourrait plutôt être comparée à la fabrication anglaise.

On reprochera à l'indienne normande de pêcher par le goût. Cette objection est vraie, nous en acceptons l'évidence ; cherchons-en la cause, et voyons s'il faut attribuer ce résultat aux créateurs du genre, et en faire peser la faute sur eux.

Le bon fabricant, et les Anglais nous donnent de précieuses leçons à cet égard, doit avant tout interroger le goût de son consommateur, il subit sa loi ; vouloir réagir sur ce point, c'est s'attaquer à l'impossible. Chaque climat, chaque région a ses exigences : les Orientaux aiment les tons chauds, brillants, en harmonie avec la nature qui les environne ; le Flamand préfère les couleurs froides comme ses brouillards ; le Breton, des nuances pâles comme ses bruyères. D'un autre côté, l'éducation artistique de certaines classes modifie, perfectionne le goût ; la richesse lui permet d'être mobile et capricieux. Or, Rouen s'applique à satisfaire les besoins des pauvres paysans de la Bretagne et des populations ouvrières de la Flandre, de l'Alsace, de la Basse-Normandie, etc. Mulhouse, au contraire, travaille pour les classes riches, pour Paris plus particulièrement. Telles sont les raisons, les conditions d'être qui motivent la direction inverse des industries alsacienne et normande ; à chacune sa part, son champ d'action. A Rouen, le commerce doit dominer l'industrie ; à Mulhouse, le commerce ne prospère qu'en raison de la supériorité de la fabrication et du bon goût du produit. Ceci admis, nous disons que l'une et l'autre ont parfaitement compris leur rôle : l'indienne rouennaise est loin de flatter l'œil de l'artiste ; mais aussi nulle part on n'a mieux le sentiment des contrastes, des oppositions de tons et de lignes ; aux yeux du fabricant, il n'existe pas d'impression plus nette, plus fortement accusée ; nulle part ces quatre nuances fondamentales, le violet, le rouge, le puce, le cachou ne sont plus pures et plus chaudes. L'Alsace, de son côté, a marché hardiment, courageusement dans sa voie : la Société industrielle de Mulhouse a stimulé l'émulation, elle s'est appliquée à vulgariser la science en même temps que l'art du dessin. Aussi chaque année, nos émules et nos maîtres reculent-ils les limites de la perfection La fabrique de Mulhouse et la fabrique de Rouen, chacune dans sa sphère, occupent le premier rang ; ces deux centres sont bien les initiateurs dans leurs genres : les copies, les imitations, les contrefaçons, constatées dans chaque étalage de l'exposition, confirment notre assertion de tous points

Maintenant, citer les noms de MM. Kœchlin, Dolfus-Mieg, Steinbach, Steiner, Gros-Odier, Schwartz et tant d'autres, c'est constater autant de succès, c'est nommer les prototypes des industries similaires du monde. Le pinceau n'a pas de plus belles couleurs que les indiennes de MM. Gros Odier, Kœchlin et Hartmann. Les meubles de MM. Schwartz, Hugueni, Thiéry-Mieg sont de véritables tableaux. Si nous les comparons avec ce que l'Angleterre fait de mieux dans le même genre, c'est là surtout qu'il nous est facile de saisir l'avantage de l'Alsace, et d'apprécier l'habileté avec laquelle elle sait en tirer parti. Au lieu de cette ligne sèche, dure, anguleuse, que produit inévitablement la machine anglaise, l'impression à la main, par ses irrégularités, résultat inévitable du travail de l'homme, semble donner aux fleurs, à leur feuillage, quelque chose de la variété de la nature ; on croit retrouver la touche de l'artiste qui a jeté la première idée sur le papier.

L'indienne rouennaise était dignement représentée par les premiers et les plus capables ; MM H. Barbet, Girard, Hazard, Rhem, Fauquet et Risler, Edeline, A. Raupp, Lamy-Godard, Daliphard, H. Pimont, Stackler, n'ont rencontré de rivaux dans aucun autre pays pour les articles de consommation ou de fantaisie. MM. Speiser et Picard, dessinateurs ; MM Bentz et Carliez, graveurs, ont prouvé que si

Rouen avait le mérite de faire de belles marchandises, il avait aussi le talent de créer lui-même ses genres et ses dessins. La décision du jury et les récompenses décernées sont la preuve que nos paroles ne peuvent être attribuées à une opinion trop bien prévenue en faveur de nos concitoyens.

Nous sommes arrivés au terme de notre revue et de notre analyse. Assurément, bien des points, qui n'ont été qu'effleurés, auraient mérité un examen approfondi ; bien des noms également ont été omis ; nous ne l'ignorons pas : ce n'est pas injustice ni indifférence de notre part, les limites assignées à ce travail nous ont souvent condamnés à nous restreindre malgré nous. On voudra donc nous pardonner ces omissions involontaires.

Nous allons maintenant aborder quelques considérations qui, selon nous, découlent de ce qui précède et en sont le complément,

Aujourd'hui que ce grand tournoi de l'émulation est terminé, chacun en a rapporté de précieuses leçons qui tourneront au profit de la grande famille humaine ; lutte pacifique, féconde, d'où le vaincu est sorti avec la résolution d'égaler le vainqueur, et celui-ci avec le désir de se surpasser lui-même. Pas une nation qui ne soit venue, apportant un progrès quelconque, une conquête nouvelle. L'Angleterre, comme toujours, a manifesté cette vigueur, cette audace qui la caractérisent. L'Autriche, la Prusse et le reste de l'Allemagne se sont placées au rang des premiers et des plus habiles ; la Belgique et la Suisse ont persévéré dans leur industrie d'imitation et d'à-peu-près ; la Suède, le Danemark nous ont apporté des produits que nous ne soupçonnions pas chez eux ; l'Espagne, le Portugal ont fait des progrès notables dans la fabrication du coton. Partout se révèlent une activité, une énergie qui promettent de grandes choses pour l'avenir. S'il est des retardataires, si l'Italie méridionale, la Grèce et la Turquie sommeillent, espérons que l'exemple de leurs voisins, que le souffle qui anime ce grand siècle, viendront un jour les réveiller. Plusieurs sont venus avec une invention, une découverte, une de ces conquêtes qui sont un point de départ vers d'autres horizons : l'Angleterre construit le *Britannia*, une ville flottante de 30,000 tonneaux ; le Piémont possède le métier Bonelli ; l'Autriche la Galvanoplastie appliquée aux arts d'imitation, et la France montre l'Aluminium.

La Presse étrangère, en prenant constamment nos produits comme point de comparaison ; le témoignage du jury composé des représentants de tous les pays, constatent la supériorité de la France dans toutes les branches du travail. Sur ce vaste champ de l'activité, nous avons planté hardiment notre drapeau, et, sur tous les points, nous avons remporté une victoire incontestée. La Seine-Inférieure a mérité plusieurs grandes médailles d'honneur, et chacun de ses fabricants a obtenu une récompense ; son industrie sage, logique, accuse partout sa raison d'être ; ses diverses branches sont en progrès : construction des machines, filature, tissage, impression, fabrication de produits chimiques ; toutes se développent, toutes grandissent ; une seule, malheureusement, semble être en décadence, ou, tout au moins, rester stationnaire, et c'est la plus nationale de toutes, puisqu'elle emprunte son nom à notre pays même, la *Rouennerie*.

Grâce à des notes que nous a communiquées notre ancien collègue M. A. Lecointe, il nous est permis de faire connaître l'état actuel de cette fabrication, les causes qui l'ont amenée à ce degré d'infériorité relative, et d'indiquer les moyens qui pourraient la faire sortir de cette situation.

<small>Rouenneries.</small>

Avant d'aborder un sujet aussi délicat, nous devons faire une observation ; il ne peut entrer dans la pensée de personne que nous ayons l'intention de froisser ou de blesser qui que ce soit. Historien des évènements, notre critique ne porte que sur les faits, et ne s'adresse qu'aux choses et non aux individus. Liés d'amitié avec plusieurs fabricants de rouenneries, nous connaissons trop la loyauté et la droiture de leur caractère pour qu'il nous soit venu à l'esprit de faire peser sur aucun, un seul moment, la plus petite accusation. Notre mobile repose dans la solidarité des diverses industries de notre pays, et notre but est de chercher la vérité, en vue d'être utile aux intérêts de la grande famille normande.

Cette réserve établie, nous continuons :

En 1815, on comptait à Rouen, 1,500 fabricants. En 1842, le chiffre était réduit à 330, et aujourd'hui, c'est à peine s'il en reste 190. On peut objecter que la production actuelle est au moins égale à celle de 1815 ; mais en acceptant cette assertion fort contestable, n'est-ce pas une décadence réelle que de rester stationnaire, alors que tout grandit, tout progresse et se développe autour de nous ? Au lieu de vouloir dissimuler le mal, ne vaut-il pas mieux l'aborder en face et chercher le remède ; c'est ce que nous allons essayer.

Nous devons le reconnaître, la rouennerie a eu à lutter contre de redoutables adversaires : l'indienne, la mousseline-laine ayant à leur disposition des nuances plus riches, plus vives, pouvant varier à l'infini leurs formes et leurs dessins. En outre, Reims, Amiens, Roubaix avec leurs tissus laine pure et laine mélangée de coton, de fil ou même de soie, établis à des prix très bas, grâce aux procédés mécaniques, sont parvenus à séduire l'acheteur au détriment de la cotonnade.

Cependant la rouennerie a ses débouchés spéciaux, elle a bien sa classe d'acheteurs à part, et la preuve, c'est que Rouanne, Thisy, Armentières, etc., se sont livrés à cette fabrication, la développent de plus en plus, et réalisent de beaux bénéfices.

Pourquoi donc cette émigration ? pourquoi cet état prospère d'un côté et cette décadence de l'autre ? C'est ce que nous allons examiner.

La fabrique de rouenneries a pour intermédiaire commercial, entre elle et le consommateur, le commissionnaire, agent anonyme relativement au conditionnement de la marchandise; son rôle n'est pas de se préoccuper des difficultés ou des conditions de la fabrication ; tous ses efforts sont tendus vers l'abaissement des prix, et le problème qu'il pose sans cesse devant le fabricant est constamment celui du bon marché.

Le prix de revient de la rouennerie repose sur cinq points principaux : la qualité du coton, la qualité du teint, la force, la largeur du tissu, et, enfin, la main-d'œuvre. Les limites de l'économie sont donc fort restreintes ; lorsqu'elles sont épuisées, il ne reste plus que la fraude pour ressource.

Le fabricant rouennais sollicité, entraîné par les intermédiaires, séduit par l'appât d'une production plus abondante, menacé de sa ruine d'ailleurs, s'est vu forcé de modifier la qualité de son tissu : il a employé moins de matière, diminué les largeurs, remplacé les couleurs bon teint par les demi-teint ou faux-teint. Il en est résulté que l'article a été déconsidéré, puis délaissé. La faute ne peut lui en être imputée ; car son acheteur a la marchandise sous les yeux, il peut en saisir presque toujours les modifications ; quelle quelle soit, elle a toujours son emploi particulier. La fraude ne réside que dans la dénomination ou dans la substitution du type secondaire au type primitif ; c'est donc sur l'intermédiaire qu'elle doit retomber.

Malgré l'abaissement de prix obtenu à l'aide de ces modifications, les exigences ne s'arrêtent pas, elles augmentent de plus en plus, au point de ne laisser aucune rémunération quelconque. C'est alors que le fabricant en vient à commettre la faute la plus capitale, celle qui a pour résultat de paralyser un des principaux débouchés et de tuer l'industrie dans sa production même. Cette faute, c'est d'abaisser les salaires par toutes les voies, en donnant à tisser des chaînes plus longues pour le même prix que les plus courtes; en imposant ses cotons plus fins aux mêmes conditions que les gros numéros; puis enfin, tout en augmentant la longueur des chaînes et les difficultés de l'exécution, à diminuer le prix de façon.

La conséquence de tout cela a été que la longueur des chaînes s'est trouvée tellement démesurée, que le tisserand s'est vu dans l'impossibilité de faire une étoffe régulière ; puis voyant que, malgré tous ses efforts, son état ne pouvait non-seulement faire vivre sa famille, mais encore le nourrir lui-même, il s'est dégoûté de son travail, et il n'a plus livré que des marchandises sales et remplies de défauts. Ajoutons encore à toutes ces causes la négligence des facteurs de fabriques qui, n'ayant pour but unique que de rechercher la main-d'œuvre au plus bas prix possible, ne se préoccupaient nullement des aptitudes de l'ouvrier, la dernière victime de cet état de choses déplorables, et lui faisaient payer, par des rabais sur sa façon, les fautes souvent involontaires qu'il avait commises.

Si bien que la fabrique de rouenneries en est venue à cette position étrange de vendre difficilement ses produits en même temps qu'elle trouve difficilement à les faire fabriquer.

Voilà la situation triste et vraie, le maître et l'ouvrier victimes l'un et l'autre d'un système faux et funeste : le premier marchant à sa ruine, et l'autre puisant dans la misère des sentiments de haine et de défiance contre l'instrument passif de cet état de choses.

N'est-il pas à désirer qu'il soit apporté un prompt remède à une situation si fâcheuse ?

Déjà la législation, en réglementant le bobinage et le tissage, est venue introduire une précieuse amélioration : le fabricant n'ayant plus intérêt à donner de chaîne d'une longueur démesurée, l'ouvrier a pu la monter droite et serrée sur son ensouple, et tisser régulièrement. C'est un premier pas, mais ce n'est pas assez : il est de toute nécessité d'augmenter le salaire du facteur, afin d'en exiger une surveillance plus active ; il faut surtout augmenter le salaire de l'ouvrier, afin qu'il prenne goût à son état et qu'il puisse livrer des produits bien conditionnés.

Mais surtout il faut que le fabricant ait le courage de fermer l'oreille aux suggestions des intermédiaires : que la marchandise soit livrée au consommateur pour ce qu'elle est réellement ; que l'on abandonne ces dénominations fausses et mensongères de 3/4, de 7/8, de 5/4, etc., qui ne sont que des causes de déceptions pour l'acheteur éloigné. Alors, seulement, on reprendra confiance en la rouennerie, et cette industrie ne tardera pas à reconquérir le rang élevé auquel elle a droit de prétendre.

D'ailleurs, qui peut empêcher le fabricant de porter la concurrence sur le terrain de ses compétiteurs ? N'oublions pas que c'est à Rouen que les premiers Stoffs français ont été tissés ; que nous nous sommes laissés enlever cet article qui est devenu le point de départ de la fortune prodigieuse de Roubaix. Pourquoi n'aborderait-on pas les étoffes mélangées de laine ou de soie? ou bien encore ne pourrait-on revenir à d'anciens genres délaissés par nous sans aucun motif : la passementerie, les velours et la bonneterie, tous articles avantageux, d'une consommation importante, que nous faisions autrefois et que d'autres villes ont accaparés? Déjà plusieurs fabricants ont fait des tentatives dans ce sens ; le succès qui est venu couronner leurs efforts, doit être un encouragement pour leurs voisins.

Pour bien faire apprécier l'importance de la fabrication des rouenneries, M. Lecointe a dressé un tableau qui nous fait connaître approximativement le nombre de bras qu'elle occupe, le chiffre de sa production et le capital qu'elle fait mouvoir.

TABLEAU statistique de la fabrique de rouenneries en 1855.

Les fabricants peuvent être divisés en trois classes, savoir :

CLASSE de fabricants.	NOMBRE de fabricants.	NOMBRE d'ouvriers occupés par fabricants.	TOTAL d'ouvriers par fabricants.	NOMBRE de pièces fabriquées.
1re.	30	400	12,000	240,000
2e.	110	150	16.500	330,000
3e.	50	30	1,500	30,000
Totaux.	190		30,000	600,000

600,000 pièces, pesant environ 6 millions de kilog., représentent environ 39 millions de francs (1).

On compte, en outre, à Rouen, 40 établissements avec tissage mécanique, occupant environ 7 500 ouvriers sur 10,000 métiers, et produisant annuellement, à peu près, 875,000 pièces, pesant environ 4,375,000 kilog., représentant près de 21 millions de francs.

Enfin, on compte encore, dans le pays de Caux, 180 fabricants occupant environ 10,800 ouvriers, et dans la contrée du Neubourg, 120 fabricants occupant à peu près 4 800 ouvriers, soit ensemble 300 fabricants occupant 15,600 ouvriers, qui produisent annuellement à peu près 312 000 pièces, représentant environ 3,200,000 kil., estimés approximativement à 20,000,000 de fr., soit au total :

	NOMBRE de fabricants.	OUVRIERS occupés.	NOMBRE de pièces fabriquées.	VALEUR approximative des pièces.
Rouen...	190	30,000	600,000	39 000,000
Mécanique.	40	7,500	875,000	21,000,000
Campagne.	300	15,600	312,000	20 000,000
Total....	530	53,100	1,787,000	80,000,000

(1) La fabrication de Rouen employant généralement des cotons plus fins aujourdhui qu'en 1852, et plus de lamés et de soie, la moyenne du prix par kil. doit être plus élevée qu'à cette époque ; nous la comptons ici à 6 fr. 50 par kil. toute fabriquée.

Toutes ces marchandises peuvent être divisées d'après les catégories suivantes :

DÉNOMINATION des GENRES.	NOMBRE de pièces.	VALEURS approximatives.
Rouenneries proprem^t dites.	300,000	18,500,000
Fantaisies	150,000	9,500,800
Ménages et siamoises	125,000	6,750,000
Retords et jaspés.........	60,000	3,250,000
Croisés et coutils	75,000	3,750,000
Mouchoirs..	105,000	5,250,000
Châles coton et laine-coton.	32,000	2,500,000
Calicots et toiles de coton...	950,000	22,500,000
Toiles de fil.............	20,000	1,500,000
Gilets.................	25,000	2,500,000
Nouveautés	45,000	4,000,000
TOTAL.........	1,787,000	80,000,000

En présence de chiffres d'une si haute signification, nous nous associons à M. Lecointe pour déplorer qu'une industrie si riche ait pu péricliter un instant ; mais nous avons foi dans l'énergie et l'intelligence de nos compatriotes, et nous sommes convaincus qu'il suffit de signaler le mal, de démontrer que la voie suivie jusqu'à ce jour est mauvaise, pour qu'aussitôt l'on change de direction. Déjà l'exemple est donné, et le bon exemple est le meilleur des préceptes.

Nous avons avancé que les fabricants anglais établissaient leurs articles à des prix inférieurs aux nôtres : 40 0/0 environ pour la filature, 33 à 35 0/0 pour le tissage. En ce qui concerne l'indienne, la valeur étant en raison de la solidité du teint et du mérite des dessins, l'appréciation en est difficile ; les Anglais, d'ailleurs, ne faisant que peu d'articles similaires aux nôtres. Si cependant l'on veut faire abstraction du mérite de l'invention, de cette valeur arbitraire, indéfinissable qui procède de la disposition des formes, de la combinaison des couleurs, et ne tenir compte que de la valeur intrinsèque, les Anglais ont encore l'avantage sur nous pour le bon marché.

Ce point capital, essentiel pour les articles de consommation, demande à être examiné attentivement. Beaucoup de personnes qui ne voient que le résultat définitif, ignorant les causes majeures de ce surenchérissement, arrivent naturellement à rejeter la faute de cette infériorité sur l'industriel français, l'accusant d'impuissance ou tout au moins d'apathie ; d'autres même l'accusent d'exiger des bénéfices exorbitants à l'abri de son monopole. Ces reproches sont graves et demandent qu'on y réponde. Nous allons, en conséquence, essayer d'établir la position respective des fabricants anglais et français, et signaler les charges et les avantages inhérents à chacun d'eux. Nous ne nous occuperons que des trois industries, filature, tissage et impression :

1° Depuis l'admirable invention de James Watt, la vapeur est l'agent principal de la force motrice ; la location des chutes d'eau étant en raison de la force produite, comparée à la même force de vapeur, on peut dire que la vapeur est l'agent exclusif de la force motrice.

La force sera donc en raison du prix de la houille ;

2° La filature, le tissage, consomment une énorme quantité de fer pour la construction de leurs machines ; l'indienne, en outre du fer de ses machines, a besoin d'un grand nombre de cylindres en cuivre pour ses impressions. La production du fer, du cuivre, ne se fait qu'au moyen d'une dépense de charbon, équivalant à près de 50 0/0 du produit.

Le prix de ces métaux sera donc en raison du prix du combustible ;

3° Les produits chimiques ne se fabriquent qu'avec le concours de la chaleur ou même en faisant entrer le charbon dans leur combinaison. Leur prix devra donc être encore en raison du prix de la houille.

Or, un vingtième de la superficie totale de l'Angleterre est composée de terrains houilliers. Toute la partie moyenne et inférieure de la vallée de la Clyde, rivière qui traverse Glascow, n'est qu'une immense couche de houille et de minerai de fer. Les deux bassins houilliers des environs de Manchester embrassent une étendue de 272 milles carrés, et l'on a calculé qu'ils peuvent alimenter la consommation actuelle du Comté pendant trois mille ans. Aussi, le prix moyen du charbon, à Rochdale, à Accrington et à Glascow, est de 8,75 à 9 fr. la tonne. A Wigan, dans le Lancashire, on brûle de la poussière de charbon, mêlée de terre noire tourbeuse, qui ne coûte que 2 fr. 50 le tonneau.

En France, depuis quatre ans, le charbon, rendu à domicile, revient à 35 ou 40 fr.

Il résulte de là :

1° Qu'une filature coûte à établir 25 fr. de la broche en Angleterre, et 50 fr. en France. De sorte qu'en admettant que l'on veuille construire une filature de 20,000 broches, un tissage et une indiennerie en proportion, il faudra dépenser, en Angleterre, 1,250,000 fr., en France, 2.500,000 fr. ; ou, si l'on veut, le capital employé d'après notre taux commercial de 6 0/0, coûtera dans la proportion de 6 à 12 0/0, soit une charge annuelle d'intérêts de 75,000 fr. contre une de 150,000 fr. ; .

2° Que la production de vapeur pour la force motrice, pour le chauffage, le parage, les teintures, ainsi que la production du gaz à éclairer, coûtent quatre fois et demi plus en France qu'en Angleterre ;

3° En ce qui concerne les produits chimiques, voici un tableau comparatif établissant le cours moyen des produits dans l'un et l'autre pays. Ce tarif a été adressé à la Société industrielle de Mulhouse, en 1853 :

		Angleterre.	France.
Alun,	les 100 kil.	27 25	25 »
Chlorate de potasse,	—	369 60	435 »
Chromate de potasse,	—	155 90	334 »
Nitrate de plomb,	—	75 05	165 »
Acide sulfurique,	—	17 30	19 »
Acide oxalique,	—	196 35	350 »
Sel d'oseille,	—	346 50	500 »
Potasse,	—	79 35	96 »
Prussiate de potasse,	—	334 95	305 »
Prussiate rouge de potasse,	—	658 35	600 »
Sel ammoniac,	—	109 10	140 »
Acide muriatique,	—	11 55	17 »
Acide tartrique,	—	492 50	400 »
Acétate de plomb blanc,	—	94 25	150 »
Sel d'étain,	—	179 »	200 »

D'après la moyenne de ces prix, on voit que ces divers articles sont d'environ 20 0/0 d'un prix plus élevé en France qu'en Angleterre.

Les cotons en laine coûtent généralement un peu moins cher à Liverpool qu'au Havre, environ 5 0/0, à cause de certains avantages particuliers au port anglais. De plus, il faut ajouter le droit d'entrée en France, qui est de 24 fr. par 100 kilog. Chez nos voisins, le coton entre franc de tous droits.

Tels sont les avantages naturels que donne la position géographique et géologique du pays, et contre lesquels tous nos efforts sont infructueux ; il en est d'autres qui découlent de ceux-ci, et qui ne sont pas moins d'une grande importance.

Le bon marché des métaux et de la houille, en Angleterre, permet au manufacturier de se pourvoir de puissantes machines ; de sorte que, tout en rétribuant mieux l'ouvrier, on obtient une fabrication plus économique, par suite de la production plus abondante que donnent ces appareils. L'accumulation des capitaux est si puissante et la dépense comparée au résultat est si peu importante, que le fabricant anglais peut aisément se permettre, sans crainte d'être accusé de témérité, d'encourager toute invention ou d'adopter tout appareil qui promet certains avantages dans l'économie du travail. Chez nous, au contraire, le capital est tellement fractionné et l'expérimentation est si coûteuse, que, sur dix fabricants novateurs, hardis ou entreprenants, huit succombent avant d'avoir atteint le but.

C'est principalement dans l'indienne qu'il est facile de constater l'énorme différence dans le prix de revient de la chose fabriquée. Il faut en chercher la cause non-seulement dans les machines ou dans les arrangements mécaniques, mais aussi dans la simplification, dans la distribution et la division du travail. C'est en vain que l'on chercherait un pareil résultat chez nous : il faut, pour cela, les immenses débouchés commerciaux de l'Angleterre, afin qu'il soit possible d'établir les grandes spécialités qui distinguent son industrie.

Il n'est pas rare de voir des fabriques colossales ayant dix-huit à vingt machines et imprimant toute l'année, sans interruption, les mêmes genres, les mêmes dessins et les mêmes couleurs, et donnant comme résultat une production journalière de plus de 200,000 mètres. Chez nous, au contraire, afin de pouvoir alimenter un établissement, l'on est forcé d'aborder une infinité de genres, nécessitant des frais de gravures considérables, et dont les changements et les alternatives sont autant de dépenses qui grossissent les frais généraux, se répartissant sur une production moitié moindre.

Ajoutons encore que le taux de l'argent est généralement moins élevé à Londres qu'à Paris.

En résumé, il ressort de ce qui précède, qu'en France, comparativement à l'Angleterre :

1° L'outillage, l'installation et l'entretien coûtent *deux fois plus;*

2° Le combustible, *quatre fois et demi de plus;*

3° Les cotons en laine, *dix-huit pour cent de plus;*

4° Les produits chimiques, *vingt pour cent de plus;*

5° La main-d'œuvre, *trente-cinq pour cent de plus.*

Pour bien faire apprécier quelle est la portée de ces charges sur le prix coûtant des marchandises, supposons une opération de 200 pièces d'indiennes garancine, sur calicot compte 30 ; chaque pièce ayant 100 mètres de longueur sur 0,70 de largeur ; pesant, l'une 9 kil. 10, soit pour la totalité 1,820 kil. Le prix actuel de vente, en fabrique, est, pour la bonne qualité, de 0,58 cent. le mètre, par conséquent pour la totalité : 11,600 fr.

	Angleterre.	France.
Pour 1,820 kil. de tissus, à raison de 7 0/0 déchet en filé, plus 3 0/0 déchet en tissu, il faut 2,002 kilog. laines acquittant en droits.	» »	480 48
Pour filer la chaîne n° 25 et la tissure n° 30, une consommation de charbon de 3,350 kil., par 1,000 kil., soit 6,097. Angleterre 9 fr., France 40 fr.	54 87	243 88
Pour tisser 1,820 kil. compte 30, il faut en charbon 3,300 k. par 1,000 k., soit 6,006 kil.	54 05	240 24
Pour les opérations de teinture de 200 pièces indiennes, moyenne 40 kil. par pièce, soit en total 8,000 kil. . .	72 »	320 »
	178 92	1284 60
Ajoutons : frais de matériel, d'achat et d'entretien, dans la proportion de	100 »	200 »
— Produits chimiques, dans la proportion de	100 »	120 »
— Main-d'œuvre	100 »	135 »
— Différence d'achat des cotons et intérêt d'argent. .	100 »	108 »

Nous n'indiquons-là que les charges apparentes, palpables ; mais qui peut dire la portée des tarifs ou droits acquittés par les matières premières ? Si l'on récapitule les sommes versées au trésor par les houilles, les cotons, les laines, les indigos, les huiles, les chanvres, etc., on arrive à la somme énorme de plus de 150 millions par année. Il est vrai que cette somme se trouve remboursée par le consommateur français ou par l'Etat, au moyen du drawback, lorsque la marchandise vient à sortir de notre territoire. Mais, cependant, le manufacturier est toujours tenu de faire cette avance au trésor; c'est toujours une somme énorme distraite de son capital mouvant, qui énerve et paralyse d'autant ses moyens d'action Si l'on réfléchit que la marchandise met au moins une année à traverser toutes les phases de la fabrication : filature, tissage, teinture ou impression; si l'on y ajoute le séjour qu'elle fait dans les magasins après chaque transformation, depuis le négociant qui vend les matières premières jusqu'au détaillant de l'étoffe fabriquée, il est incontestable que l'on trouvera plus de dix-huit mois avant que le commerce et l'industrie ne se trouvent remboursés par le consommateur de l'avance de 150 millions, pour une année, ou 225 millions pour dix-huit mois, qu'ils ont faite à l'Etat.

Les Anglais et les Suisses sont affranchis de toutes ces charges.

Si demain, un décret, une loi quelconque, intervertissant les rôles, venait annoncer que le Gouvernement fera, désormais, au commerce et à l'industrie, un prêt de 225 millions, pendant dix-huit mois, gratuitement, sans aucun intérêt, on crierait au privilège, à la dilapidation, et, cependant, ce ne serait que la contre-partie de ce qui existe aujourd'hui.

Nous laissons tout homme de bonne foi tirer la conclusion. Pour nous, nous n'hésitons pas à dire que la rémunération du manufacturier français se trouve bien au-dessous de celle du manufacturier anglais.

CONSIDÉRATIONS ÉCONOMIQUES

A PROPOS DE L'EXPOSITION

SUR

L'INDUSTRIE ET LE COMMERCE DE LA FRANCE,

PAR M. CORDIER.

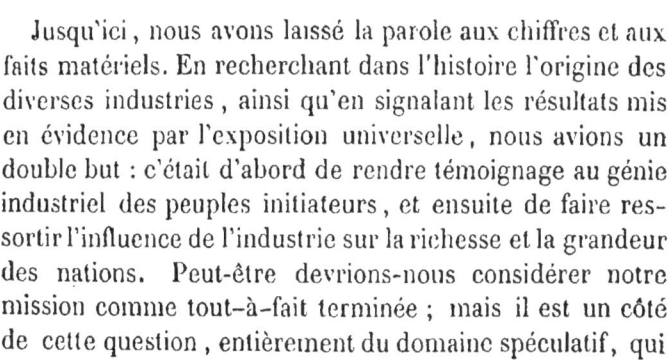

Jusqu'ici, nous avons laissé la parole aux chiffres et aux faits matériels. En recherchant dans l'histoire l'origine des diverses industries, ainsi qu'en signalant les résultats mis en évidence par l'exposition universelle, nous avions un double but : c'était d'abord de rendre témoignage au génie industriel des peuples initiateurs, et ensuite de faire ressortir l'influence de l'industrie sur la richesse et la grandeur des nations. Peut-être devrions-nous considérer notre mission comme tout-à-fait terminée ; mais il est un côté de cette question, entièrement du domaine spéculatif, qui mérite aussi notre attention.

Depuis plusieurs années, s'agitent d'ardentes controverses qui jettent l'anxiété dans l'esprit de quiconque travaille, et de ceux qui ont engagé leur fortune et leur avenir sur la foi des traités antérieurs. Il n'est pas un intérêt qui ne soit menacé dans sa base ; aussi l'indifférence n'est-elle permise à personne. C'est à ce titre que nous osons produire quelques observations.

Il est du devoir du rapporteur de déclarer, avant tout, qu'il doit l'honneur de cette tâche à la bienveillance de ses deux collègues, et que c'est en son propre nom et sous sa responsabilité personnelle qu'il ose aborder un si grave sujet.

Peut-être ferions-nous mieux de garder le silence que de compromettre une cause si majeure par notre insuffisance : nos antagonistes ont pour eux le talent, l'esprit exclusif des hommes à théories, et l'ardeur que donne le prosélytisme. Pour nous, hommes de labeur, nous ignorons les subtilités du langage et de la dissertation ; notre théorie résulte de l'expérience acquise derrière le comptoir et dans l'atelier ; nous voyons le fait, nous en cherchons la cause, et nous tâchons d'en déduire les conséquences. Nos seules armes sont donc une conviction profonde et un patriotisme sincère.

Nous n'essaierons pas de relever tous les arguments employés contre nous ; ce serait dépasser les limites assignées à ce travail, et d'ailleurs nos forces n'y suffiraient pas. Notre prétention se borne simplement à mettre en relief certains côtés de la question souvent négligés, et qui, cependant, méritent d'être pris en considération.

Nous repoussons les principes radicaux et absolus ; nous ne sommes pas de ceux qui disent : périsse le monde plutôt qu'un principe. Mais nous disons : avant de prononcer, tenez compte des *temps*, des *lieux*, et, par-dessus tout, des *nationalités*.

Quoi que vous puissiez faire, vous ne parviendrez jamais à détruire l'esprit des nationalités, et si vous y arriviez, ce serait un des plus grands malheurs de l'humanité, car c'est la source des plus grandes et des plus nobles choses ; ce sentiment est aussi puissant que le sentiment de la famille, il a dans le cœur de l'homme les mêmes racines que l'amour paternel et l'amour filial.

Lorsque nous avons établi le parallèle des tissus anglais et français, nous n'avons pas hésité à confesser notre infériorité relative sous le rapport du prix de revient ; nous pensons en avoir suffisamment indiqué les causes. Doit-on en conclure que notre industrie textile n'ait pas sa raison d'être, qu'elle soit une plante parasite et de serre chaude, suivant l'expression de nos antagonistes, et enfin qu'elle soit condamnée à disparaître ? Nous n'exagérons rien, car d'après les chiffres posés, si vous ouvrez nos frontières aux produits étrangers, ce n'est pas un duel que vous aurez, ce sera une condamnation à mort ou tout au moins une nouvelle révocation de l'édit de Nantes. Cette fois vous ne décréterez pas seulement le bannissement de 300,000 individus, vous les compterez par millions comme dans les émigrations Irlandaises et Allemandes. Vos ouvriers ont-ils une autre alternative ? Non : car lorsque vous nous dites que ces hommes viendront à se créer des occupations dans les industries *plus indigènes*, dans l'agriculture, par exemple, vous n'ignorez pas qu'en outre des chômages forcés des travaux agricoles, cette grande industrie a déjà plus de bras qu'il ne lui en faut, et que cette situation ne pourra que s'aggraver par l'introduction des machines. Une pareille réponse ne peut être sérieuse ; elle nous rappelle cette atroce plaisanterie de sir Hudson-Lowe répondant à son prisonnier qui se plaignait de manquer d'ombrage sous le soleil meurtrier de Saint-Hélène : « Général, si nous manquons d'arbres, nous en ferons planter ! »

Cependant si cette industrie n'a pas sa raison d'être, il

faut avouer que c'est une des plus prodigieuses erreurs que l'humanité ait connues ; car non-seulement la France, mais l'Espagne, l'Allemagne, la Russie, l'Autriche, les Etats-Unis qui se trouvent dans des conditions analogues à la nôtre, l'ont partagée ; bien plus, ils la défendent avec un redoublement d'énergie. Il est pardonnable de se tromper en si nombreuse société et de suivre une voie adoptée par tant de gouvernements renommés pour leur sagesse, par tant de millions d'hommes si haut placés dans la civilisation. C'est que tous ont bien compris qu'il est une richesse plus durable et plus féconde que celle qu'apportaient naguère les Galions Espagnols et cette richesse s'appelle LE TRAVAIL : c'est la source intarissable, c'est le trésor inépuisable, et tous le défendent et le défendront contre les attaques et les envahissements du dehors.

Il y a des siècles que le bon sens a dit : *travail c'est richesse.*

Mais, à notre tour, nous disons : il importe à la sécurité d'une grande nation d'avoir une industrie complète en même temps qu'une agriculture capable de la nourrir ; il faut que l'une et l'autre répondent à tous ses besoins ; là reposent sa force et son indépendance : l'agriculture crée les populations vigoureuses qui font les vaillantes armées ; l'industrie peut seule alimenter et faire vivre une grande marine. Si nous n'avions pas d'agriculture, nous devrions la créer n'importe à quel prix, puis la protéger, la défendre ; notre devoir est d'en faire autant pour l'industrie, l'une et l'autre sont solidaires. Appuyé sur ces deux puissantes bases, un peuple est inébranlable ; on ne dicte jamais de conditions à celui qui peut se passer des autres. En un mot, cette situation est celle de la France.

Nous ne manquons pas d'exemples pour démontrer la vérité de ce que nous avançons ; l'histoire nous en fournit à chaque page. Carthage succomba parce qu'elle n'était que marchande ; n'ayant pas de territoire, elle n'avait pour sa défense que des soldats étrangers et mercenaires. Venise, qui certes a joué un grand rôle, est tombée par les mêmes causes aussi bien que la Hollande. Forts de cette expérience du passé, nous osons dire : l'Angleterre, malgré sa puissance formidable, malgré ses trésors, est loin d'être dans des conditions de sécurité absolue ; l'avenir est gros d'orages pour elle. Elle peut jeter le défi à toutes les industries du monde en ouvrant ses ports à tous les pavillons ; l'Angleterre a cinq millions de ses habitants qui attendent, même dans les années d'abondance, leur nourriture du continent voisin !

Il est vrai que l'on nous fait voir dans l'avenir les chemins de fer, la navigation à vapeur, la télégraphie électrique, supprimant les frontières et amenant la fusion des nationalités. Beaux rêves, rêves d'âmes généreuses et honnêtes, mais rêves impossibles ; ces admirables inventions modifieront les rapports des hommes entre eux, mais elles ne supprimeront pas les passions. Consultez tous les traités, vous n'y voyez qu'un seul mot, la clé de voûte de tout, l'*Intérêt* : l'intérêt d'homme à homme, de famille à famille, de ville à ville, de peuple à peuple ; l'un est limité par l'autre. Or, partout où il y aura deux intérêts en présence, il y aura hostilité. Vous pouvez établir une solidarité momentanée entre deux, entre trois ; jamais entre tous, jamais permanente ; c'est une des conditions du progrès. Il y aura toujours quelque part une question d'Orient Quoi que l'on fasse, il faudra toujours distinguer entre la théorie et la pratique ; les chemins de fer et le télégraphe électrique, en supprimant les distances, ne feront pas plus la solidarité des peuples que le Christianisme n'a fait la fraternité des hommes.

Si nous en voulons une preuve, jetons les yeux vers

l'autre côté de l'Atlantique et voyons l'avenir qui s'y prépare.

Ce n'est pas sans une certaine préoccupation, sans une anxiété sérieuse, que l'Angleterre observe les Américains. Les Anglo-Saxons d'Amérique tiennent de leurs pères d'Europe leurs mêmes appétits, leurs mêmes convoitises; ils ont la même audace avec plus de témérité; ils ont la même soif d'envahissement et marchent droit au but par toutes les voies, par tous les moyens. Ils ont supprimé la guerre au canon et l'ont remplacée par la conquête à l'intrigue, à la corruption, et qui s'appelle l'annexion. Munis de ce procédé, munis de cet arsenal de vices ou de vertus, si l'on veut, ils ont annexé le Texas, puis la Californie; ils s'agitent pour annexer le Canada, la province de Sonora, et tout le Mexique et Cuba, jusqu'à ce qu'ils soient devenus les seuls occupants de leur vaste continent, jusqu'à ce qu'ils soient parvenus à l'isthme de Panama, et qu'ils tiennent dans leurs mains la clef des deux Océans.

Figurez-vous ce peuple assis au centre du monde, comme l'araignée au milieu de sa toile; ayant derrière lui, dans le nord, ses puissantes usines; dans le sud, ses cotons, ses mines de fer, de cuivre, d'or et d'argent; partout ses immenses forêts et ses fleuves; avec ses ports sur le Pacifique et l'Atlantique, avec ses flottes sur toutes les mers; ayant, par sa position géographique, une avance incalculable de navigation sur toutes les marines de l'Europe, de 15, de 20 jours, d'un mois, soit pour la côte d'Afrique, pour Singapour, le Callao, Shangaï, le Japon, etc. A ce moment, et il n'est peut-être pas éloigné, connaissant l'avidité de ce peuple qui double sa population en vingt-cinq ans, est-ce trop de supposer qu'il puisse avoir l'idée de monopoliser l'industrie à son profit? Déjà les Américains ont accaparé la fourniture des gros tissus de pacotille pour la Chine et l'Afrique, en attendant mieux ; qui peut les empêcher de frapper le coton d'un droit à la sortie et par ce moyen, d'abattre d'un seul coup la concurrence étrangère ? Peut-être nous accusera-t-on d'exagération et de paradoxe ; mais c'est encore par des faits et des exemples pris dans le passé que nous voulons appuyer notre hypothèse.

Les Florentins tiraient leur fortune du travail de la soie et de la draperie, les Vénitiens de la soierie, des dentelles et de la cristallerie, les Hollandais de la toile et de la draperie ; un jour vint où Edouard IV, en Angleterre, Colbert, en France, défendirent l'entrée de ces produits et créèrent en même temps des fabriques de draps, de toiles, de glaces, de dentelles et de soieries, et la prospérité de Florence, de Venise et de la Hollande s'est évanouie.

L'Angleterre elle-même n'a-t-elle pas condamné à mort la fabrication des étoffes de coton dans l'Inde !

Ceci établi, est-ce trop de supposer que les Anglais et les Américains, ayant tant de points de contact, par conséquent tant d'intérêts hostiles, en viendront forcément à un conflit ? Que fera alors l'Angleterre qui, sur une population de trente millions d'habitants, en a plus de vingt qui ne vivent que par l'industrie ?

La même objection peut s'adresser à nous dans de moindres proportions ; nous allons essayer d'y répondre.

Quoi qu'on en puisse dire, la France a parfaitement compris le rôle qui lui convenait : sa sagesse, sa prévoyance instinctive, autant que les nécessités naturelles lui ont fait sentir la pondération et les limites qui devaient être assignées à ces deux grandes forces : l'Industrie et l'Agriculture. Au lieu de chercher la quantité, nous avons cherché la perfection ; tous les efforts de nos savants, de nos professeurs, de nos inventeurs, sont tournés vers ce but ; pas une branche d'industrie qui n'ait trouvé un perfectionnement, accompli un progrès ; les expositions générales de Londres et de Paris le prouvent suffisamment. Aussi sommes-nous portés à nous applaudir de notre infériorité relative pour le chiffre de la production, plutôt qu'à la regretter ; car le commerce français, limité comme il l'est, appuyé sur la Banque de France, institution de crédit inébranlable, peut défier toutes les vicissitudes, toutes les perturbations politiques du dedans comme de l'extérieur ; il peut souffrir, mais il ne peut être détruit. Tandis que le commerce et la Banque d'Angleterre nous produisent l'effet d'un édifice colossal, reposant sur une base d'argile qui peut croûler au premier jour, et dont la chute sera un véritable cataclysme.

Nous n'envions rien à cette grande nation, notre voisine, citée si souvent comme terme de comparaison ; pas plus que nous ne portons envie aux Etats-Unis, à cette étrange promiscuité de toutes les religions, de toutes les sectes et de toutes les morales, qui prononce haut le mot de liberté, et qui a soin de conserver l'esclavage, et qui ne sait réprimer ni flétrir la banqueroute.

Nous avons dit plus haut qu'il pouvait arriver un jour où les Américains viendraient à frapper un droit à la sortie sur le coton, ou même à se le réserver exclusivement. En laissant de côté cette dernière supposition, comme trop exagérée, il peut arriver, par suite de la guerre, que le coton vienne à manquer en Europe. Un pareil état de choses serait une véritable calamité, et déjà des esprits sérieux ont recherché le moyen de parer à un semblable accident. Les Anglais ont bien l'Inde ; mais l'apathie des indigènes et l'absence de la population Européenne qui seule pourrait faire adopter les bonnes méthodes, ont été cause que, jusqu'à ce jour, il n'a été possible d'obtenir que des matières de mauvaise qualité et surtout fort malpropres, et par conséquent d'un emploi difficile et restreint. L'Australie se prête parfaitement à la culture du coton, mais l'insuffisance de la population maintient les salaires à un taux trop élevé pour qu'il soit possible, quant à présent, de songer à cette production. D'un autre côté, il est permis de se demander quel est l'avenir réservé à cette société Australienne, qui renferme dans son sein tant d'éléments dissolvants que lui ont légué les anciens et les nouveaux convicts, pères de ce monde naissant? Cette population s'agite sans cesse dans un milieu de mauvaises passions et suscite constamment des difficultés à la métropole.

Quoi qu'il en soit, l'Angleterre fera tous les efforts possibles pour triompher de ces obstacles, soit par l'introduction des travailleurs chinois, soit par tout autre moyen.

Pour nous, nous avons l'Algérie à nos portes, et nous croyons à son avenir pour la production cotonnière. Bien des objections ont été mises en avant : d'abord on a contesté la possibilité d'une culture régulière; il est acquis, aujourd'hui, que toutes les sortes prospèrent sur le sol algérien, depuis le Sea-Island jusqu'aux espèces les plus ordinaires. Reste à observer celles qui conviennent le mieux. Mais l'obstacle le plus sérieux, est celui-ci : on suppose que le prix de la main-d'œuvre ne permettra jamais de lutter contre les Américains qui emploient des esclaves, ni contre l'Egypte qui se sert du Fellah. Assurément, la journée du noir représente, pour le planteur américain, un prix de revient fort modique; ce prix se résume dans le décompte des frais de nourriture, d'habitation, de surveillance, de maladie ; mais si on y ajoute l'intérêt du capital, placé sur la tête de l'esclave et les pertes d'hommes qui doivent peser sur l'ensemble de la valeur personnelle de l'exploitation, ce prix de revient doit s'accroître sensiblement. De même, si le travail du Fellah égyptien coûte peu, il est aussi fort peu productif, en raison de l'état rudimentaire des cultures.

Le Khammès algérien ayant les mêmes mœurs que son coreligionnaire du Levant, peut, comme lui, produire à bon marché ; juxtaposé au cultivateur européen, il finira par en adopter les méthodes, et il devra en même temps faire mieux, et plus, que le Fellah. Il devra, en tout cas, produire aussi bien que le nègre américain, lequel n'est pas un agent intelligent, par la raison que son travail ne lui profite pas directement.

Le seul écueil que nous ayons à éviter, c'est l'impatience et le découragement. Nous attendons avec confiance, en songeant qu'il y a soixante ans à peine, les Américains n'exportaient qu'une quantité à peu près égale à celle récoltée en ce moment en Algérie, et que, depuis cette époque, la quantité exportée est devenue *sept mille fois* plus forte. Le Gouvernement encourage et stimule cette culture par tous les moyens ; tous les sacrifices faits dans ce sens seront remboursés un jour au centuple ; il ne faut plus que de la persévérance.

Nous croyons avoir fait sentir que l'industrie manufacturière avait sa raison d'être chez nous, qu'elle est nécessaire, indispensable, qu'elle importe à la force, à la prépondérance, à l'existence d'une grande nation aussi bien que l'agriculture ; que toutes deux sont les sources de sa prospérité, de sa richesse pendant la paix, et ses remparts en temps de guerre. Une nation ressemble à une place forte ; elle ouvre ses portes aux étrangers, elle commerce avec eux ; ceux-ci la respectent ou la craignent, ce qui est souvent la même chose, suivant qu'ils savent ses greniers remplis de provisions et ses arsenaux garnis de munitions. Nous devons donc défendre notre agriculture et notre industrie comme le Palladium de notre nationalité.

Cependant, lorsque nous réclamons, avant tout, le privilége exclusif de notre marché intérieur; lorsque nous demandons *cette muraille de Chine à nos frontières*, pour employer encore une de ces métaphores favorites de nos antagonistes, doit-on en conclure que nous devions nous renfermer dans cet échange, dans cette unique circulation qui va du centre à la circonférence et de la circonférence au centre? Non, nous devons rechercher aussi les débouchés extérieurs; mais des débouchés solides, durables, en rapport avec notre condition d'être, que ne puisse ruiner la concurrence étrangère, cette concurrence calamiteuse que nous repoussons parce qu'elle s'alimente souvent par le trop plein d'une production exubérante, ou par la liquidation forcée d'une de ces crises comme l'Angleterre en a vu en 1816, 1819, 1829 et 1841. Ces débouchés solides, les Colonies seules peuvent nous les procurer. Ici encore nous sommes fidèles à notre principe : une colonie, c'est la ramification de la métropole, ce sont les mêmes goûts, les mêmes sentiments, c'est le même dévoûment au même drapeau: les enfants y travaillent les yeux tournés vers la ruche maternelle. C'est le seul cas où la solidarité des intérêts soit possible. Nous disons plus, c'est le seul genre d'échanges possible dans l'avenir; déjà les faits viennent vérifier notre assertion.

Tous les peuples d'Europe ont établi la prohibition, ou tout au moins des droits prohibitifs en faveur de l'industrie de leurs nationaux : l'Autriche, la Prusse, tout le Zollveirein, la Russie, etc., ne reçoivent plus les articles anglais; sur tous les points se multiplient les filatures, les tissages et les établissements d'impression ; chacun veut se réserver les profits du travail. Aussi voyez la conséquence : la Grande-Bretagne s'est rejetée sur l'Asie, sur l'Afrique ; elle frappe à toutes les portes, elle envoie ses missionnaires vers toutes les régions, munis de bibles et de ballots ; elle fait des traités d'alliance offensive et défensive avec tous les rois, roitelets, scheiks, sultans, etc. ; elle a recours aux conquêtes, aux annexions ; elle voudrait annexer le commerce de l'Europe, et pour cela elle prodigue l'or à la presse, elle achète les journaux, elle paie des avocats dans toutes les langues ; telle feuille touche 150,000 fr., telle autre 100,000, d'autres plus, d'autres moins, suivant l'importance. Mais toutes ces combinaisons, tous ces efforts, ne peuvent avoir que des succès éphémères : le bon sens des gouvernements d'Europe suffit pour repousser l'envahissement de l'industrie anglaise; partout ailleurs il y a la compétition américaine ; c'est le blocus universel, et si la lutte se soutient à chances égales, elle sera en tout cas meurtrière. Le seul beau côté de la situation anglaise, le seul que sa sagesse doive s'appliquer à développer et fortifier, se trouve dans la possession de ses innombrables colonies.

Sous ce rapport, la France était riche, il y a un siècle, c'est avec un douloureux souvenir que nous nous rappelons combien de beaux établissements nous avons perdus au-delà des mers ; la plupart sont entre les mains de nos bons amis les Anglais, ils nous ont rendu leur amitié ; mais ils ont gardé nos colonies. Nous avons perdu successivement les points principaux que nous avions sur le continent indien ; dans la mer des Indes, les Seychelles et l'Ile de France; en Amérique, l'Acadie et le Cap Breton, le Canada, les rives du Saint-Laurent ; dans la mer des Antilles, la Dominique, Saint-Vincent, la Grenade, Tabago, Sainte-Lucie, Saint-Eustache, Saint-Domingue, surnommée la reine des Antilles.

Malgré tous ces désastres, nous sommes encore les mieux partagés après l'Angleterre. Parmi les colonies essentiellement vouées à la culture et à l'exploitation de la richesse du sol, nous avons : la Martinique avec une population de 125 mille habitants, la Guadeloupe avec 130 mille habitants, la Réunion, avec 105,000 ; d'autres sont plutôt des établissements commerciaux, comme le Sénégal et les comptoirs de l'Inde ; quelques-uns sont des points de ravitaillement comme Taïti, Mayotte et Sainte-Marie de Madagascar ; ou des stations pour nos bâteaux pêcheurs, comme Saint-Pierre et Miquelon ; un, est affecté à la sécurité morale du pays, la Guyane. En ce qui concerne la Nouvelle-Calédonie, il est impossible de prévoir quels avantages nous pourrons tirer de cette conquête encore trop récente ; enfin, le plus important de nos établissements coloniaux, l'Algérie, si riche du présent, encore plus riche d'avenir, à deux journées de nos côtes, peut nous dédommager de tous les revers du passé.

Depuis quelques années, l'activité commerciale s'est portée vers le Sénégal ; on comprend sous cette dénomination plusieurs points ou comptoirs disséminés sur la côte, et dont le point extrême est à près de 800 lieues de Saint-Louis : d'abord nous avons Gorée, en face du Cap-Vert ; le comptoir d'Albréda, à l'embouchure du fleuve de Gambie, le fort de Sédhiou, dans la Casamance, à soixante lieues au sud de Gorée ; les comptoirs du Grand-Bassam et d'Assim, sur la côte d'Or, 300 lieues plus au sud encore ; et enfin le comptoir du Gabon. Les objets d'échange sont principalement la gomme et les substances oléagineuses. Il est difficile d'apprécier le chiffre d'habitants sur lequel s'exerce notre influence ; pour le Sénégal proprement dit, on l'estime à plus de 800,000.

Tout cet ensemble de possessions peut offrir un aliment précieux à l'activité de nos marins. Sur ce chiffre, nous sommes forcés de relever encore de graves erreurs commises par nos adversaires. C'est surtout à propos de la marine que nous réclamons le privilége en faveur de notre pavillon national. Il est impossible à nos navires de soutenir la concurrence contre les marines anglaise et américaines ; nous allons essayer d'en indiquer les causes.

Beaucoup de personnes attribuent notre infériorité à la cherté des matériaux de construction, dont notre pays est assez dépourvu. Assurément il serait fort à désirer que nos bâtiments coûtassent moins cher de façon ; mais ici, comme sur bien d'autres points, on a exagéré la portée ; qu'on en juge : un navire de 500 tonneaux, construit en France, coûte en temps ordinaire environ 200,000 fr. ; sur ce prix, la différence du coût du fer, du bois, représente une somme de 15,000 fr. La charge qu'impose ce capital à raison de 5 0|0, donne une différence de 750 fr. par an. Qu'est-ce qu'une charge de 750 fr. pour un navire dont les frais d'armement s'élèvent annuellement à 60 ou 70,000 fr. et dont les revenus varient depuis 200,000 fr. dans les bonnes années, jusqu'à 40,000 dans les mauvaises.

Peut-on, en présence de ce faible chiffre de 750 fr. accuser notre système prohibitif d'être la cause de notre infériorité maritime. Non, pour qu'un pays ait la prétention de se faire le courtier maritime des autres contrées, il faut avant tout qu'il soit riche en produits encombrants, afin de composer des cargaisons nombreuses et régulières. Là est surtout notre infériorité ; sur les 6 à 700,000 tonneaux dont se composent les transports de notre navigation, moins de 200,000 représentent les vins, les tissus et quelques autres articles peu encombrants de leur nature. Quant à nos sels et à nos céréales, ils ne sortent guère des mers d'Europe, tandis que les Américains se procurent, sur leur propre sol, des cotons, des bois, des céréales en abondance ; tandis que les Anglais assurent à leurs flottes marchandes deux millions de tonneaux de houille, 500,000 tonneaux exportés de tissus, dont la fabrication correspond aux 1,200,000 balles importées.

« Reconnaissons-le, dit M. l'amiral Bouët-Willaumez,
« à qui nous empruntons ces détails, oui, les tarifs protec-
« teurs sont encore nécessaires à notre flotte de commerce,
« si l'on veut maintenir et le chiffre de ses armements et
« celui de son personnel marin ; or, parmi ces tarifs, le
« contrat colonial figure en première ligne. Que nos offi-
« ciers ne l'oublient pas, le chiffre actuel de notre marine
« marchande n'est que suffisant pour alimenter le recrute-
« ment de notre flotte de guerre ; qu'ils ne séparent donc,
« dans leur pensée, ni la marine militaire, ni la marine
« marchande, ni le système colonial. Notre puissance na-
« vale est un édifice dont la marine militaire est la clé de
« voûte, comme la flotte marchande en est la base. Quant
« à notre système colonial, on a vu quelle influence il peut
« exercer sur les destinées de l'une et de l'autre ; les faits
« démontrent assez clairement combien il importe de le
« maintenir, et nous croyons inutile de rien ajouter à cet
« imposant témoignage. »

Cependant, lorsque nous essayons de répondre aux attaques dirigées contre le commerce, l'industrie et la marine de notre pays, et, en particulier, de notre département, nous sommes loin de prétendre que tout soit pour le mieux et qu'il ne reste rien à faire. Nous sommes aussi ennemis des routines qui paralysent que des témérités subversives. L'institution des nombreuses Sociétés savantes de notre ville, la polémique même de la presse départementale, le développement de toutes les branches de l'industrie, les grands travaux accomplis dans le cours de la Seine et dans nos ports maritimes, accusent l'activité des esprits et la vie qui anime toutes les branches du travail dans nos contrées. Pendant la courte période de cinq années, bien des changements se sont opérés, plusieurs progrès se sont réalisés. Notre Société peut revendiquer une noble part dans l'accomplissement de cette œuvre du progrès. Suivant la mission qu'elle s'est donnée, elle a constamment les regards tournés vers ce grand mouvement des intelligences qui se fait dans l'univers, et dès qu'une invention, une découverte se produisent, elle s'empresse de les signaler. Bien des fois elle a réclamé près de l'autorité des modifications et des améliorations, et M. le Préfet, toujours attentif et dévoué aux intérêts de notre pays, s'est empressé de réaliser tout ce qui était possible. C'est encore pour obéir à cette mission que nous allons hasarder quelques observations concernant les intérêts divers qui nous occupent.

Bien des fois nous avons entendu exprimer le regret et nous l'avons exprimé nous-mêmes, que Rouen fût dans l'impossibilité de faire des exportations de tissus de coton chez les peuples voisins. Nous croyons avoir suffisamment indiqué les causes qui nous font obstacle. L'Alsace est plus favorisée que nous sous ce rapport, et il est facile d'en donner la raison : en outre de sa supériorité incontestable de fabrication qui fait rechercher ses produits par toutes les nations du monde, elle possède un autre avantage qui ressort du genre même auquel elle se livre. En effet, dans les pays où domine le régime protecteur, les droits frappent en raison du poids de la marchandise : il résulte de là que si l'on présente à la frontière de l'un des Etats du Zollveirein, par exemple, une balle de rouenneries, composée de 20 pièces de 100 mètres, pesant ensemble 200 kilog. et représentant une valeur d'environ 1,000 à 1,200 fr., le droit d'entrée sera, à raison de 8 fr. par kilogramme, de 1,600 fr. Soit, par mètre, 0 fr. 80 c., sur un produit dont le prix moyen d'achat est de 55 à 60 c.

Si, au contraire l'expédition se compose de Tarlatanes ou de Jaconats imprimés à cinq ou six couleurs, dont le poids est d'environ 20 grammes par mètre, soit 2 kil. par 100 mètres, il est évident que le droit sera cinq fois moins élevé, puisque le poids représente cinq fois plus de tissu ; de plus, l'article par sa finesse et la complication des couleurs, représentant une valeur quadruple, il en résultera en définitive que le droit sera vingt fois moindre pour l'étoffe d'Alsace que pour celle de Rouen.

Nous ne nous appesantirons pas sur ces difficultés insurmontables, puisqu'elles ressortent de la nature même de notre genre d'industrie. Mais il est des inconvénients de détail auxquels nous ne faisons pas attention, et qui cependant ont de l'importance ; il suffit de les signaler pour qu'il soit possible de les faire disparaître, s'il en était besoin. Les étrangers nous reprochent notamment deux défauts majeurs dans nos opérations commerciales : d'abord la longueur excessive de nos pièces, ensuite l'habitude que nous avons de vendre au mètre. La trop grande longueur des pièces a l'inconvénient de rendre l'assortiment difficile ; la vente au mètre occasionne une complication de détails qui emporte une perte de temps considérable, nécessitant un personnel nombreux, et, en définitive, qui se traduit par une augmentation de frais généraux. Les Anglais disent : *times is money*, le temps est une monnaie ; pour faire un million d'affaires, chez nous, il faut dix commis ; chez eux, il suffit de deux employés. Il serait donc à désirer que l'unité de vente se rapportât à la longueur de la pièce anglaise, qui est d'environ 22 à 24 mètres.

La position géographique de la ville de Rouen est une des plus avantageuses pour le commerce et l'industrie : à moitié chemin de Paris à la mer, au sommet de la Seine maritime, trois lignes de chemins de fer se réunissent pour la traverser avant de se diriger vers la Capitale ; la contrée qui l'environne est une des plus fertiles de France, et fournit abondamment la nourriture à sa nombreuse population ouvrière. Rouen pourrait être à la fois plus que Liverpool et Manchester. Mais la nature lui a refusé l'élément essentiel de toute grandeur maritime et industrielle : le charbon. Cependant les chemins de fer de Dieppe, de Fécamp et du Havre pourraient atténuer une partie de ce désavantage, si les grandes sociétés qui exploitent ces lignes, mettaient un peu plus leur monopole au service des intérêts généraux du pays et un peu moins au service de leurs bénéfices immédiats. Mais si les chemins de fer mettent à trop haut prix la rapidité et les facilités de leurs transports, nous avons la Seine, cette magnifique artère qui appartient à tout le monde, et qui transporte gratuitement les fardeaux les plus lourds et les plus encombrants. C'est la modérateur naturel des exigences du privilége ; c'est le seule concurrence possible à ces énormes associations de capitaux.

Nous venons de prononcer le mot qui résume l'expression de toute force dans le présent et dans l'avenir. L'association des capitaux peut seule entreprendre des opérations sur une assez vaste échelle, et supprimer ou amoindrir les innombrables frais de détail qui grèvent la marchandise ; elle seule peut centupler le chiffre des affaires sur lequel se repartissent les dépenses inévitables qui figurent sous le nom de frais généraux.

C'est là ce que demande notre collègue, M. Bien; il voudrait, à Rouen, une société maritime. Notre ville possède des éléments nombreux de succès pour une pareille entreprise. S'il ne nous est pas possible de songer à la grande navigation des clippers de 1,500 et de 2,000 tonneaux, nous pouvons aisément prendre place pour la navigation qui se dirige vers l'Algérie et le reste de la Méditerranée, la Mer-Noire, la côte occidentale d'Afrique et le Canada.

Il est vrai qu'en outre de son port, Rouen possède un champ immense par son activité : l'industrie et le commerce absorbant des capitaux considérables, il n'est pas étonnant que les esprits aient une tendance à manifester de l'hésitation et de la timidité pour les entreprises maritimes; cette défiance, d'ailleurs, s'étant accrue de l'insuccès des tentatives faites en vue d'organiser la navigation à vapeur, dont le résultat définitif a été ruineux pour les actionnaires ou bailleurs de fonds. Aussi, M. Bien ne vous demande pas une de ces sociétés à l'américaine, ayant pour but d'organiser de véritables flottes marchandes, et réclamant 15 à 20 millions de capital; mais une entreprise modeste dans ses proportions, comme l'entendrait un sage père de famille, est tout ce qu'il faudrait. Les transports ne manqueraient pas. Pour n'en citer qu'un, prenons pour exemple l'approvisionnement des charbons.

Les besoins du pays réclament annuellement de 150 à 200 mille tonneaux de houilles. Pendant plusieurs années, l'Angleterre a eu, en grande partie, le monopole de cet approvisionnement, et ce combustible nous arrivait à quai presqu'exclusivement par navires anglais; le reste était transporté par le chemin de fer de Dieppe. Tout ce qui vient par la voie fluviale est souvent condamné à attendre sept ou huit jours le permis de débarquer ou la place à quai. En outre, ces charbons sont déchargés à dos d'hommes, et remaniés deux et trois fois avant d'arriver au consommateur. Il en résulte une charge énorme de frais provenant de la perte de temps et de la main-d'œuvre multipliée, et, comme conséquence dernière, un fret fort élevé, en raison du peu de voyages effectués.

Au lieu de cet état de choses, voici ce que conseille M. Bien :

D'abord, il préfère de beaucoup les navires à voiles aux bateaux à vapeur, par cette raison que ces derniers ont contre eux les frais d'assurances, d'entretien, de chauffage, d'accidents nombreux inhérents à cette navigation. De plus, la provision de combustible absorbe une place considérable, qui pourrait être utilisée au profit de la cargaison productive.

On parle d'acheter des navires anglais, bretons ou américains : ceux-ci coûtent, il est vrai, un tiers ou un quart moins cher que les nôtres, et c'est beaucoup ; mais, au bout de deux ou de trois ans, il leur faut des réparations qui s'élèvent de 25 à 35 % du prix d'acquisition, et jamais ls ne sont faits aussi bien ni aussi solides que ceux qui sortent de nos chantiers du Havre ou de Rouen. Aussi, disent les marins, les navires normands sont comme le drap d'Elbeuf et la toile de Rouen ; c'est inusable. Profitant de ces bonnes traditions qui ne sont pas effacées, la société maritime devrait créer un chantier muni d'un dock, avoir des charpentiers et des marins de choix. Il suffirait de construire d'abord deux navires, afin d'en juger les qualités et les défauts ; l'expérience une fois acquise, on pourrait en établir d'autres, exactement et constamment sur le même modèle ; de manière à ce que les objets d'inventaire pussent servir à tous les bâtiments de la même division ; avantage que les Américains, les Anglais et les Hollandais ont parfaitement compris et mis en pratique, et qu'on a constamment négligé chez nous.

Il est de toute nécessité d'avoir un dock de carénage

pour réparer et visiter principalement les navires à hélice de 7 à 800 tonneaux, au lieu de ces anciennes cales, qui ne permettent ni de construire, ni de faire promptement les réparations. Cette installation serait une des principales sources de bénéfices. Chacun se rappelle l'accident arrivé à un navire à hélice de notre port, qui fut contraint de venir décharger à Rouen, puis forcé de descendre au Havre, dont le port est si encombré et les moyens de réparation si limités, que ce bâtiment se vit à la veille d'aller se faire réparer en Angleterre.

Cet essai de construction, suffisamment étudié au moyen des deux navires, on pourrait les vendre tout gréés ou les affecter au transport des charbons, ou à toute autre navigation.

Pour que l'organisation soit complète et puisse offrir toutes les garanties d'avenir possibles, la société devra établir un dépôt et des magasins dans l'île du Petit-Guay, avec un pont tournant. Dans cet entrepôt, les marchandises devront être débarquées au moyen d'une mécanique dont le travail ne serait pas susceptible d'interruption, et dont l'emploi diminuerait de moitié les frais de mise à terre. Au lieu des sept ou huit jours habituels, il suffirait de vingt-quatre heures. Par ce moyen, ces mêmes navires bien commandés, munis d'hommes au voyage, au lieu de marins au mois, fourniraient au moins dix voyages par an.

L'autorité municipale, dans sa sollicitude pour ses administrés et les divers intérêts du pays, accorde des subventions aux écoles, aux théâtres, aux éleveurs de chevaux et de bétail, à toutes les branches de l'agriculture ; qu'elle fasse aussi quelque chose pour la marine. Quelques mille francs distribués en prime à ceux qui présenteraient les navires les mieux construits et ayant fait les plus grands voyages, parcouru le plus de kilomètres mesurés sur la carte, et pendant l'année, ne seraient-ils pas bien gagnés et bien mérités ? Car, en outre de ce que le charbon offert à meilleur compte serait un avantage direct pour l'industrie, on aurait créé du travail pour une centaine d'ouvriers de toutes classes; on aurait employé nos bois, si recherchés des Anglais, dans la Picardie, malgré le droit de 25 f. par stère, et nous aurions mis en circulation un capital dont les opérations se renouvellent plusieurs fois en une année, et vivifié une foule d'industries dont l'alimentation est essentiellement maritime.

Jamais époque n'eut plus d'opportunité : nous ne sommes plus au temps où nous avions 30,000 marins prisonniers en Ecosse, nos vaisseaux capturés ou coulés, et 600,000 soldats aux prises avec les nations du continent. Nous ne reverrons plus ces jours néfastes où la guerre rendait périlleux le trajet du Havre à Honfleur. A cette époque de triste mémoire, notre marine et nos armateurs durent fatalement tomber. Les jours sont passés où l'Angleterre jalouse ne pouvait souffrir sur les mers d'autre pavillon que le sien. Aujourd'hui la parole du prisonnier de Sainte-Hélène s'est réalisée : « L'Océan, c'est le champ de tout « le monde. » L'Angleterre est notre amie ; elle vient à nous ; elle nous tend la main ; elle a besoin de notre appui ; son commerce de l'Inde est menacé par la Russie, par la Perse, par l'Amérique, et bientôt, peut-être, par nous, à l'Isthme de Suez. Nous devons donc nous hâter ; nous devons prendre rang ; tout s'agite, tout se meut ; nous avons les moyens, les éléments ; à nous de les mettre en œuvre. Rester dans l'inaction, c'est abdiquer ; se condamner à l'immobilité, c'est manquer à l'avenir qui s'ouvre, avenir plus beau, plus grand, plus riche que jamais. Aujourd'hui, le gouvernement met *cent millions* au service du drainage ; espérons que la marine ne sera pas oubliée.

Nous aurions voulu faire passer dans tous les esprits la

conviction dont est pénétré notre collègue : quand on rencontre une chaleur d'âme et un patriotisme comme ceux qui animent M. Bien, on regrette de n'en être que le faible interprète.

Cette combinaison n'est pas une de ces idées vagues et indéfinies que l'on jette au hasard; notre collègue a eu soin d'appuyer son plan par des chiffres, et il nous paraît frappant sous le rapport de l'exécution et des résultats probables; nous sommes heureux de le transcrire ici :

*Formation d'une Société maritime Rouennaise, au capital d'*UN MILLION*, par actions de 100 fr., moitié comptant Les intérêts garantis à 4 °/₀ par la ville ou le Gouvernement.*

DÉPENSES :

Un pont sur l'île du Petit-Guay, avec accessoires..........................	50,000 f.	»
Un dock avec accessoires sur les îles Rollet........................	500,000	»
Deux navires modèles de 300 tonneaux chaque.............................	200,000	»
Fonds de réserve et frais imprévus...	250,000	«
	1,000,000 f.	»

Revenus nets approximatifs du péage sur le pont tournant...........................	10,000 f.	»
Revenu du dock de carène, à raison de 0 f. 50 le tonneau, et par jour, soit 300 tonneaux pendant 300 jours.....	45,000	»
A *reporter*...........	55,000 f.	»

Report	55,000 f. »
Revenu des deux navires naviguant au charbon, à huit voyages par an, le fret à 20 f. le tonneau, soit 96,000 f. déduisant les 2,3 pour frais généraux, reste	32,000 »
Intérêts du capital.	40,000 »
	127,000 »
Intérêts de la somme dépensée, environ 800,000 f.	32,000 »
Bénéfice net	95,000 »

Si, au lieu d'avoir dans le dock de carénage des navires de 300 tonneaux en réparation, ou deux petits de 150, ce qui revient au même, on avait des vapeurs à hélice de 1,000 à 1,200 tonneaux, qu'on juge du bénéfice énorme que procurerait le dock.

Nul plus que nous n'appelera de ses vœux la réalisation de toute combinaison en vue de développer les éléments de richesse maritime que possède la ville de Rouen. Mais, en attendant, en ce qui concerne le charbon, nous nous demandons, et tout le monde se demande s'il n'y a pas quelque chose autre à faire ? Nous voudrions qu'un des grands corps de notre département, soit le Conseil général, soit les Chambres de commerce ou les sociétés savantes, suivant que leurs attributions le leur permettent, prissent en main, ou sous leur patronage, l'œuvre de la recherche de la houille. Puisque, malheureusement, il est établi par la science que le territoire de notre département ne recèle aucun gisement houiller, pourquoi ne ferait-on pas des recherches dans les départements limitrophes ? Avec une légère contribution proportionnelle, consentie par les patentés, il serait facile de pourvoir aux nécessités de cette importante question.

Nous verrions avec bonheur la formation d'une société composée de savants, d'ingénieurs, d'hommes spéciaux, ayant mission de discuter, d'apprécier, de juger tous les plans, toutes les idées qui ont rapport à la matière.

Qu'il soit accordé une récompense à quiconque révèlera l'existence d'un gisement.

Ces gisements reconnus comme existants ou probables, qu'il soit fait des sondages nécessaires au moyen des fonds recueillis.

Là, doivent se borner les soins et l'intervention de la société ; l'intérêt privé fera le reste.

Le charbon aujourd'hui, c'est le pain de l'industrie : sans charbon pas de métallurgie, pas de produits chimiques, pas de filature, pas de tissage, pas d'impression; donner le charbon à notre industrie, c'est lui donner la force, la prépondérance ; c'est agrandir les revenus du pays ; c'est augmenter doublement le bien-être de tous, en permettant d'abaisser le prix vénal de la chose fabriquée tout en facilitant l'augmentation des salaires. Tout ce que l'on fera en vue de ce résultat sera donc au profit de la richesse publique. Si nous n'avons pas de charbon normand, tâchons au moins de nous rendre le plus accessible possible celui des autres pays, en rendant les transports plus rapides et moins onéreux. Si, par exemple, on pouvait affranchir la batellerie des droits de péage que prélèvent à chaque pas les canaux, n'est-il pas évident que le combustible nous arriverait à bien meilleur compte, soit du nord de la France ou de la Belgique? On trouvera peut-être cette prétention exorbitante ; nous répondrons que les routes de terre sont à tout le monde ; pourquoi ne ferait-on pas pour les canaux ce que nous faisons pour les grandes routes?

Enfin, si nous voulons que l'industrie normande persévère dans sa marche ascendante, si nous voulons qu'elle atteigne au niveau des plus habiles, dans la construction des machines, aussi bien que dans les constructions navales, nous devons faire un dernier effort pour arriver à la réalisation d'un projet, depuis trop longtemps à l'état de discussion ; il est indispensable que nous ayons une *Ecole professionnelle départementale.* Tandis que nous perdons un temps précieux en débats stériles, d'autres marchent et déjà leurs œuvres se dressent devant nous comme un reproche, une accusation d'impuissance. Nous avons vu à l'exposition la belle machine de trente chevaux, construite par les élèves de l'école d'Aix ; un pareil résultat, après une année à peine d'existence, parle assez haut. Nous possédons de précieux éléments, nos constructeurs se sont signalés par d'éclatants succès, mais leurs efforts seront longtemps paralysés, et la construction des machines aura de la peine à atteindre au rang de ses puissantes rivales d'Alsace et d'Angleterre, tant qu'elle n'aura pas une pépinière où recruter ses ajusteurs et ses contre-maîtres. Avec une école professionnelle, nous chassons la routine et le tâtonnement et nous les remplaçons par la méthode et le progrès. Si, au contraire, nous persistons dans nos errements du passé, nous nous condamnons à l'état stationnaire, ou même à la décadence. Il faut choisir : monter ou tomber.

Voyez encore ce que fait la société du Palais de cristal : elle a voulu que les bénéfices résultant de l'entreprise fussent employés en faveur du développement de l'industrie. Aussi l'institution de Marlborough-House s'applique-t-elle à former le goût, à vulgariser la science et l'art, en confectionnant des modèles, qu'elle livre au prix de la matière brute. Il est facile de prévoir les résultats d'une institution aussi patriotique, déjà ; sur bien des points, on a pu constater en Angleterre une amélioration sensible dans le choix des formes et des dessins, où ces deux conditions sont essentielles.

Il est encore une création que notre Société a réclamée maintes fois, dont l'utilité pour le perfectionnement de nos industries ne laisse pas le moindre doute ; nous voulons parler de l'établissement d'un *Musée industriel*. Il est impossible de dire de quelle importance serait une semblable galerie pour le fabricant qui donne l'impulsion, pour le dessinateur, le graveur et le modeleur qui exécutent. Que l'on n'oublie pas que l'art plastique prend ses inspirations à toutes les sources ; en outre de la nature, qui est le livre par excellence, toutes les branches de l'art industriel empruntent les unes aux autres leurs créations spéciales, se les approprient et savent en faire un composé nouveau.

Faisons appel à l'abnégation et au patriotisme ; faisons taire les rivalités si puériles, quand on les compare à l'importance du but à atteindre, et qu'il ne soit pas dit que nous avons été les ennemis du bien de notre pays.

Là se bornent les quelques observations que nous avions à produire ; nous eussions désiré que cette tache eût été dévolue à une plume mieux exercée. Quand la patrie est menacée, chacun lui doit secours et dévoûment, depuis le plus grand jusqu'au plus humble : or, nous sommes profondément convaincus que la théorie du libre-échange est un grand danger pour notre pays, que son admission serait une véritable calamité. Il y a danger, car nos adversaires ont pour eux le talent, ils ont surtout cette éloquence, ces formules radicales qui ne manquent jamais de frapper les imaginations en France ; dans ce pays qui s'intitule le plus spirituel du monde, et qui, dans son ardeur à chercher la perfection, dans cette fougue irrésistible qui le pousse sans cesse en avant, délaisse quelquefois la vérité qui date de dix siècles pour le sophisme éclos de la veille.

On nous dit : mais vous, industriels, n'est-ce pas votre intérêt personnel qui vous pousse à manifester ce zèle et cette ardeur ? Qui donc nous défendra si nous nous montrons indifférents pour notre cause ? Et d'ailleurs notre cause n'est elle pas celle de tout le monde, elle est inséparable de celle de la marine et de l'agriculture ; tout se tient, tout s'enchaîne ; l'apologue des *Membres* et de l'*Estomac* est vieux comme le monde.

A ceux-là qui nous attaquent nous ne demandons qu'impartialité et justice. Que de fois n'avons-nous pas entendu des accusations portées inconsidérément contre le commerce et l'industrie de notre pays, et que de fois n'avons-nous pas constaté la prévention et l'injustice dirigées contre nous ? Du reste, c'est un côté curieux de l'esprit humain : tandis que nos publicistes nous attaquent et nous accusent, les étrangers nous proposent comme exemple à suivre.

Oui, nous pensons que ces économistes se font les promoteurs d'un système dangereux et funeste ; ils se trompent aussi bien que les politiques, lorsqu'ils nous disent que les mêmes lois sont applicables à toutes les latitudes et à tous les climats. Comment admettre la réciprocité entre des peuples de constitutions et de mœurs si différentes ? Les conditions du travail peuvent-elles être les mêmes, lorsque, chez les uns, il n'y a de fêtes que le dimanche, tandis que, chez les autres, la moitié de l'année se compose de fêtes chômées ? lorsque ceux-ci conservent l'esclavage et que les autres le repoussent? lorsque le droit d'aînesse, chez les Anglais, le droit de servage chez les Russes, remettent la richesse entre les mains d'un petit nombre; tandis que chez nous, l'égalité est le besoin, la loi et le terme de toutes les aspirations?

En vérité, que sont donc ces lois, ces institutions qui font, que malgré quatre révolutions, malgré deux invasions, malgré toutes ces calamités qui auraient tué dix autres nations des plus vivaces, nous nous trouvions en tout et partout les premiers à la tête?

Eh bien! nous le disons, nous industriels et agriculteurs, nous nous sentons heureux et fiers d'être régis par cette économie qui fait la France si riche, si prospère et si puissante.

On commet une bien grave erreur, lorsque, prenant l'Angleterre pour terme de comparaison, pour modèle enfin, on nous la présente comme un reproche vivant. Nous sommes loin de chercher à rabaisser le mérite de la Grande-Bretagne; si elle a de grandes qualités, elle a de bien grands défauts; nous croyons, qu'en général, cette grandeur, cette puissance sont plus souvent une illusion qu'une réalité. Laissons de côté la dernière page d'histoire, écrite d'hier seulement; qu'est-ce donc que cette économie si vantée de l'Angleterre?

Elle pressure la moitié du globe, et ne peut, à ce prix, faire vivre trente millions d'hommes, sans que la moitié de ce nombre ne soit couvert de haillons et n'ait pour exister que le pain de l'assistance des Work-Houses.

Quel est donc ce régime, ce bien être qui contraint sa population à s'exiler?

La misère seule chasse du sol natal, et la France est le pays qui fournit le moins d'émigrants.

Qu'est-ce donc que cette grande capitale qui s'appelle Londres, dont la population représente le douzième de l'Angleterre, et dont la vie moyenne, suivant le *Morning-Chronicle*, ne dépasse pas cinq années !

Oui, le peuple Anglais est un grand peuple qui a su se donner de belles institutions, de grandes libertés ; mais il lui manque la plus précieuse de toutes, la liberté de la terre. Quoiqu'on en puisse dire, cette accessibilité à la propriété du sol, est la sauvegarde et la force de la France.

Cette liberté anglaise n'est qu'un mensonge ; là où il n'y a pas d'égalité, il n'y a pas de liberté : un pays où la primogéniture constitue un privilége, où la loi consacre la spoliation des cadets au profit des aînés, est le pays de l'oppression et de l'injustice.

La loi civile française, notre plus belle conquête, c'est la loi de Dieu ; elle ne connaît ni aînés, ni cadets ; tous les enfants d'un même père sont égaux.

La loi anglaise fait, de l'aristocratie, un vampire qui absorbe la substance du reste de la nation.

D'un côté, quelques milliers de familles possédant des fortunes fabuleuses ; de l'autre, des millions d'hommes plongés dans la misère la plus horrible, maudissant leur patrie et mourant de cette maladie que connaissent seuls les Anglais, et qu'ils appellent *starvetion*.

Le libre-échange ne veut assurément pas nous livrer en pâture à cette Aristocratie.

Le système britannique actuel n'est autre chose que le communisme, restreint au profit de quelques-uns.

Qui donc est dans le vrai, de celui qui n'a jamais assez de pain pour ses nombreux affamés, ou de celui qui se trouve souvent en mesure d'en fournir aux étrangers ?

De celui qui n'a qu'une occupation : se débarrasser de ses habitants, ou de celui qui ne cherche qu'à multiplier le nombre de ses citoyens et qui a du travail pour tous les bras ?

Maintenant, par sollicitude pour les intérêts généraux, on nous dit : à l'abri des droits protecteurs, vous vous endormirez, vous ne progresserez pas, vous vous ensevelirez dans une apathie dangereuse pour tous ; il vous faut le fouet de la concurrence étrangère ; c'est l'aiguillon, c'est le seul stimulant qui puisse vous faire avancer. Ces craintes seraient fondées, si la France était une de ces petites principautés d'Allemagne, qui ne possédaient qu'une petite filature, qu'un petit tissage, une seule usine d'une industrie quelconque, dont l'action se renfermait dans un cercle des plus restreints avant l'établissement du Zollveirein ; mais il nous semble que le nombre des concurrents est assez nombreux, que la compétition et la lutte sont assez acharnées pour fournir le mouvement nécessaire au progrès.

Regardez plutôt, et voyez : cinq années se sont à peine écoulées depuis le dernier grand concours ; chaque chose a subi une modification, un perfectionnement, une transformation ; pas une idée de perdue, une idée nouvelle en appelle une autre ; jamais un seul pas en arrière, toujours en avant ; de nouvelles combinaisons ont surgi, l'invention d'hier a vieilli ; elle est remplacée. Et malgré tous les obstacles, toutes les difficultés, voyez ce que nous sommes : tout simplement les premiers pour l'invention et la perfection.

Ce ne sont donc ni l'émulation, ni le bon vouloir, ni le dévoûment, ni la capacité qui nous manquent. La France de 1856 est bien l'héritière de Pascal qui créa le baromètre ; de Papin qui inventa la machine à vapeur ; de

Lavoisier le père de la chimie; de Vaucanson et de Jacquart, Ph. de Girard, de Fresnel, d'Edouard Adam, de Ternaux, de Josué Heilmann, et de tant d'autres hommes de génie appréciés ou méconnus pendant leur vie.

Reste cette accusation d'infériorité dans le bon marché ou plutôt dans le prix de revient : nous avons fait connaître l'obstacle matériel qui nous empêchait d'arriver au niveau de nos concurrents. Cependant, qu'on nous permette de dire qu'il nous est plus facile d'avoir un jour le charbon, ou de remplacer le charbon, qu'il n'est possible aux Anglais de remplacer le soleil qui fait mûrir le raisin.

Laissons de côté, une fois pour toutes, ces dénominations d'industries parasites, car il n'en existe pas, il n'en est pas une qui ne crée une richesse, qui ne rende au centuple ce qu'on lui donne ; une pareille accusation repose sur un mensonge.

Etrange parasite, après tout, que cette industrie qui achète le droit d'enrichir la France, d'agrandir sa renommée au prix d'une rente annuelle de 150 millions !

Apportez-nous plutôt le concours de vos lumières, de vos riches intelligences, et vous ferez une œuvre patriotique. N'effrayez pas ces hommes occupés du matin au soir, d'un bout de l'année à l'autre, le laboureur à sa charrue, le forgeron à son enclume, le constructeur à son chantier, le filateur et le tisserand à leur métier ; car ce sont eux qui produisent le blé, qui pétrissent le fer, qui confectionnent les vêtements, qui construisent les vaisseaux de ces vaillantes armées qui portent si haut le nom de la France.

Il y a longtemps qu'un illustre économiste anglais a dit : « Le travail c'est la richesse ; la science, c'est le pouvoir. » Nous avons la science, ne tuez pas notre travail en jetant dans les esprits le trouble et l'inquiétude qui paralysent l'essor des grandes entreprises ; et, si un jour, dominée par les craintes et l'anxiété que vous faites sans cesse planer sur elle, l'industrie française, hésitant dans sa marche, venait à descendre du rang élevé qu'elle a conquis, craignez d'avoir à regretter, trop tard, de vous être faits, à votre insu, l'écho des intérêts ennemis de la grandeur et de la prospérité de la France.

APPENDICE.

DOCUMENTS STATISTIQUES

SUR

L'EXPOSITION UNIVERSELLE DE 1855.

Nous avons pensé qu'il serait utile de réunir ici bien des documents statistiques qu'il sera plus tard fort difficile de se procurer. Nous nous faisons un devoir de déclarer que l'assistance de M. DE LÉRUE, chef de la division à la Préfecture, nous a été fort précieuse sous ce rapport.

J. GIRARDIN.

I.

TABLEAU

Contenant le Résumé des Expositions industrielles françaises, depuis l'origine.

OUVERTURES.		Durée. NOMBRE DE JOURS.	LIEU DE L'EXPOSITION (A PARIS).	NOMBRE	
JOURS ET MOIS.	ANNÉES.			des Exposants.	des récompenses.
3 dern⁵ j⁵ compr⁵.	1798 (an VI).	3	Champ-de-Mars...	110	23
5 jours complém⁵.	1801 (an IX).	6	Louvre.........	229	80
Idem.........	1802 (an X.).	7	Idem.........	540	254
Idem.........	1806.........	24	Espl. des Invalides.	1,422	610
25 Août.........	1819.........	35	Louvre.........	1,662	869
Idem.........	1823.........	50	Idem.........	1,642	1,091
1ᵉʳ Août.........	1827.........	62	Idem.........	1,695	1,254
1ᵉʳ Mai.........	1834.........	60	Pl. de la Concorde.	2,447	1,785
Idem.........	1839.........	60	Champs-Elysées...	3,281	2,305
Idem.........	1844.........	60	Idem.........	3,960	3,253
1ᵉʳ Juin.........	1849.........	60	Idem.........	plus de 4,000	3,738

II.

EXPOSITION UNIVERSELLE DE LONDRES (1851).

LISTE des Exposants de la Seine-Inférieure.

NOMS DES EXPOSANTS.	LEUR DOMICILE.	OBJETS EXPOSÉS.	RÉCOMPENSES. CROIX.	MÉDAILLES. 1re Cl.	2e Cl.	3a Cl.
Bataille (Victor)	Blangy	Produits chimiques	»	»	»	»
Baudouin (A.-P.)	Rouen	Peinture email	»	»	»	»
Blais (Louis) fils, Letellier et Cie	Gonfreville-l'Orcher	Cordages pr la marine	»	»	»	»
Chennevière (Théodore)	Elbeuf	Draperie	Officier.	»	»	»
David	Havre	Trenil	»	»	»	»
Denis (Amand)	N.-D.-de-Bondeville	Cotons teints	»	»	1	»
Dorcy (Jules)	Ecrainville	Machine et système d'éclairage	»	»	»	»
Dubus aîné	Rouen	Cylindres à émeri	»	»	1	»
Dupré (Jean François)	Forges-les-Eaux	Produits minéraux	»	»	»	»
Durand, Boucourt et Pitard	Rouen	Sucres et gelées de fruits	»	»	»	»
Fauquet-Lemaître (P.)	Bolbec	Fils et tissus	»	»	»	»
Fromage (Lucien)	Darnétal	Machine à tisser, presse calcographique	»	»	»	»
Gannery (Victor)	St-Nicolas-d'Aliermont	Chronomètres	»	»	»	»

— 393 —

Gosse de Serlay	Gueures	Papiers	»	»	»	1	
Graillon (Pierre-Adrien)	Dieppe	Sculptures et moulages en terre cuite	Chevalier	»	»	»	
Grenet (Franklin)	Rouen	Colles et gélatines	»	1	»	»	
Guerot (A.)	Elbeuf	Laines teintes	Chevalier	1	»	1	
Huet (veuve Abraham)	Rouen	Tissus de bretelles	»	»	»	»	
Lacroix père et fils	Idem	Machines diverses	»	»	1	»	
Lanure	Havre	Bateau insubmersible	»	»	1	»	
Lethuillier-Pinel	Sotteville-lès-Rouen	Appareils à vapeur	»	»	»	»	
Mabire fils	St-Germain-d'Etables	Céréales	»	»	»	1	
Merlié, Lefebvre et Cie	Ingouville	Hauban, haussière et câbles	Chevalier	»	1	»	
Miroude frères (A. et L.)	Rouen	Cardes	Chevalier	»	1	»	
Nillus (J.)	Graville	Pompe	»	»	»	»	
Nillus (C.-M.)	Idem	Moulin à cylindres pour écraser la canne à sucre	»	»	»	»	
Papavoine et Chatel	Rouen	Machine et cardes	»	»	»	»	
Parnut-Dautresme (Ve) fils et Ce	Elbeuf	Draps	»	»	1	1	
Picard (Elie)	Rouen	Dessins pr indiennes	»	»	»	»	
Picquot (Eugène)	Montville	Cotons filés	»	»	»	»	
Pouyer-Quertier fils (Auguste)	Rouen	Mécanique	»	»	1	»	
Sautreuil fils (Pierre-Augustin)	Fécamp	Machine à raboter	»	»	1	1	
Steinbach (Z.-Z.)	Petit-Quevilly	Amidons	»	»	»	»	
Tellier (Pierre)	Dieppe	Ivoireries	»	»	»	»	
Tricot frères	Rouen	Tissus de cotons teints	»	»	»	»	
		Totaux	4	1	9	4	

III.

EXPOSITION UNIVERSELLE DE PARIS
EN 1855.

Composition des Bureaux des Comités du département de la Seine-Inférieure chargés des travaux préparatoires.

Comités.			Présid., MM.	Secrét., MM.
ROUEN.	1re S^{on}.	*Indust. et Commerce.*	H. Barbet......	Moré.
	2e —	*Arts scientifiques*...	J. Girardin.....	Péron.
	3e —	*Agriculture*........	Curmer........	Marchal.
	4e —	*Mécanique-Architect.*	Lebasteur......	Barre.
	5e —	*Beaux-Arts*........	Court..........	Pottier.
ELBEUF........			M^{eu} Bourdon.....	Poussin.
DIEPPE........			J. Reiset.......	Légal.
HAVRE........			Just Viel.......	Brunet de Baines.
BOLBEC........			Dupray-Lemaitre.	Rondeaux.
NEUFCHATEL....			Mabire........	Semichon.
YVETOT........			Lemarié........	Roussel.

IV.

LISTE DES EXPOSANTS

DE LA SEINE-INFÉRIEURE,

Rangés d'après le système de classification arrêté par l'art. 16 du Règlement général, avec les récompenses décernées par le Jury international.

1ʳᵉ CLASSE. — *Arts des Mines et Métallurgie.*

RÉCOMPENSES.

BICKFORD-DAVEY, CHANU et Cⁱᵉ, à Rouen. — Fusées de sûreté, dites mèches de mineurs.............. *méd. de bronze.*

DECAUX (P.) et LESUEUR (A.), à Forges-les-Eaux. — Terres plastiques réfractaires.............. »

GRESSET (N.), à Quiévrecourt. — Argiles plastiques réfractaires.

ANCEAUME (Fr.), id. — Id. id..... »

LEVARLET (P.-A.), à Neufchâtel. — Id. id..... »

DUPLESSIS, au Havre. — Briques, dites anglaises, pour polir les métaux.............. »

2ᵉ CLASSE. — *Art forestier, Chasse, Pêche et Récolte de produits obtenus sans culture.*

Néant.

3ᵉ CLASSE. — *Agriculture* (y compris toutes les cultures de végétaux et d'animaux).

FENESTRE (St.), à Saint-Aubin de-Crétot. — Blé en gerbes, grains .... *mention honor.*
HELLARD (G.), à Montivilliers. — Pommes de terre. . . . "
MABIRE (L.-Ph.), à Neufchâtel. — Céréales de printemps et d'automne .... *méd. d'argent.*
HOUDEVILLE (Ach.), à Saint-Denis-d'Aclon. — Laines de moutons mérinos .... "
LANGRENAY (F.), à Tôtes. — Froments, avoines. . . . . "
MOCQUERYS (E.), à Rouen. — Insectes, coléoptères, nuisibles et utiles à l'agriculture, l'horticulture et la sylviculture, avec les échantillons des dégats de quelques-uns. .... *mention honor.*

4ᵉ CLASSE. — *Mécanique générale appliquée à l'industrie.*

BUREL (E.), à Rouen. — Valve hermétique pour les gaz et les liquides. .... *mention honor.*
DAVID (L.-Fr.-F.) et Cᵉ, au Havre. —Très fort cabestan virant à l'infini, fortes chaînes de mouillage pour navires. *méd. de bronze.*
LACROIX père et fils, à Rouen. — Machine à vapeur de 40 chevaux, système à balancier, à moyenne pression et deux cylindres .... "
LANGLOIS (A.-Fl.), à Rouen. — Régulateur pour machines à vapeur et pour machines hydrauliques. . . . . "
LÉGAL (J.-V.), à Dieppe. — Générateur à vaporisation instantanée. .... *mention honor.*
LETHUILLIER-PINEL (P.-F.), à Rouen. — Appareils de sûreté pour chaudière à vapeur; appareil magnétique indicateur du niveau de l'eau dans les chaudières. . *méd. de bronze.*
LHEUREUX (P.-Ul.), à Rouen. — Machine à vapeur de 20 chevaux .... *idem.*

	RÉCOMPENSES.
LIMARE (Ed.), au Havre. — Modèle d'appareil à vapeur avec son générateur; chauffage à l'esprit de vin. . . .	»
MAZELINE frères, au Havre. — Machine à vapeur à hélice; chaudière à vapeur; ventilateur à vapeur	»
NAUDIN (L.-St.), à Rouen. — Balance-bascule; pèse-mèche et pèse-fil pour filature.	*mention honor.*
NILLUS (Is.), au Havre. — Pompe d'épuisement; modèle de maître-couple de navire	*méd. de bronze.*
POWELL (Th.), à Rouen. — Machine à vapeur de 30 chevaux.	*Idem.*
SCOTT (Th.), à Rouen. — Machine à vapeur, système Wolf, de 40 chevaux	*Idem.*
THILLAYE (H.-Fr.), à Rouen. — Deux pompes à incendie.	»

5ᵉ CLASSE. — *Mécanique spéciale et Matériel des chemins de fer et des autres modes de transport.*

DARGENT (Arm.), à Yvetot. — Tombereau à cric, à quatre roues et à timon.	»
FROMAGE (L.), à Darnétal. — Spécimen et description de navigation aérienne	»
LAINÉ (Tim.), à Rouen. — Bois cintrés pour voitures . .	»
LERICHE (J.-B.-L.), à Rouen. — Harnais permettant de dételer instantanément	»
ROSSIGNOL (P.) à Fécamp. — Boîte pour roues de voiture . .	»

6ᵉ CLASSE. — *Mécanique spéciale et Matériel des ateliers industriels.*

TIRANT (P.-J.), à Neufchâtel. — Mécanique pour scier la pierre et le marbre	»
SAUTREUIL (P.-A.), à Fécamp. — Appareil à façonner les bordages pour la construction des navires. . . .	*méd. d'argent.*
LEBIGRE (St.-V.), à Montivilliers. — Machine à vapeur pour battre les céréales.	»
GRELLET père et fils, à Rouen. — Blutoirs; machines à nettoyer les grains; moulin; grue de moulin; vis sans fin; poches de tôle, etc., pinces et plombs à plomber; engreneurs; moufles; brouettes.	*mention honor.*

	RÉCOMPENSES.
Hédiart jeune (Is.-H.), à Rouen. — Cylindre en papier pour l'impression des étoffes	méd. de bronze.
Hédiart (J.-B.), à Rouen. — Presse hydaulique	»
Lacroix père et fils, à Rouen. — Machine à lithographier	»
Lheureux (P.-Ul.), à Rouen. — Machine à imprimer les châles et les cravates	»
Michel (P.-Ch.-Ant.), à Rouen. — Machines à bouter les cardes	mention honor.
Minier (L.-P.), à Rouen. — Tour cylindrique; machine à raboter	mention honor.
Normand fils (Ch.-B.), au Havre. — Scieries mécaniques	médaille d'or.
Tulpin aîné, à Rouen. — Hydro-extracteur à vitesse progressive; appareil extracteur mécanique	»
Hellard (G.), à Montivilliers. — Mécanique pour boucher les bouteilles	»
Louquet, à Bosc-le-Hard. — Charrue	»
Megnier) L.-A.), à Aumale. — Semoir; cuisinière à rôtir.	»

7ᵉ Classe. — *Mécanique spéciale et Matériel des manufactures de tissus.*

Beck-Deparrois, à Elbeuf. — Lainerie continue; machines pour friser les draps	méd. de bronze.
Brié (L.), à Elbeuf. — Cardes pour laine, coton, soie et cachemire	mention honor.
Bourdon-Quesney, à Gueures. — Machine à teiller le lin	méd. de bronze.
Chalmin (J.-B.), à Rouen. — Métier à tisser; cannetière	»
Chatel (J.-Ad.), à Elbeuf. — Châsse à tisser	»
Caplain aîné (J.-B.-Cl.), au Petit-Couronne. — Machine à plier les étoffes	méd. de bronze.
Chennevière (Th.), à Elbeuf. — Cardes pour les fils	»
Chesneau (A.-J.)', à Rouen. — Machine à imprimer au rouleau les indiennes à quatre couleurs; machine à couper les racles droits, concaves ou convexes; tondeuse pour les calicots; tour à biaiser	méd. d'argent.
Danery (A.), à Sotteville-lès-Rouen. — Machine à débourrer les cardes à coton	méd. de bronze.
Danguy jeune, à Rouen. — Banc d'étirage pour filature; rot à frotteur	méd. d'argent.

RÉCOMPENSES.

Desplas (H.), à Elbeuf. — Machine à fouler les draps, les tartans, les flanelles, etc.; machine pour la fabrication du cachemire . . . . *méd. de bronze.*

Devret fils (Ch.-Ach.), à Elbeuf. — Modèle de machine à crocheter la laine, machine pour le chinage des fils de laine. . . . . "

Dixon (R.) et Cⁱᵉ, à Sotteville-lès-Rouen. — Cardes . . . *méd. de bronze.*

Dorey (J.-Fr.), à Ecrainville. — Machine à teiller le lin; machine à fabriquer des lames de tissage . . . . *mention honor.*

Dubus aîné (Ch.), à Rouen. — Cylindres à émeri; tambour de carde; meule. . . . . *méd. de bronze.*

Dumoutier (L.), à Elbeuf-sur-Seine. — Métiers à tisser; lisage; châsse à huit boîtes; cheval mécanique . . *mention honor.*

Fleury frères, à Déville. — Couverture de cylindre de pression pour filature de coton . . . . *méd. de bronze.*

Fumière (V.) et Fortin, à Rouen. — Rubans de cardes. . *méd. d'argent.*

Fourcrot (L.), à Rouen. — Nouveau rouleau à émeri . . . "

Gallet et Dubus, à Rouen. — Mull-jenny de 432 broches. *méd. de bronze*

Gruves (L.-V.), à Elbeuf. — Tondeuse transversale des tissus. "

Lacroix père et fils, à Rouen. — Machine à peigner le lin; métier pour fabriquer les tissus façonnés . . . . *méd. de bronze.*

Lecœur (P.-L.), à Rouen. — Carde de grande dimension . "

Lefebvre-Gabriel (Fr.-H.), à Elbeuf. — Feutre fabriqué avec des fils de laine et des fils de lin, propres à remplacer le cuir pour le boutage des cardes. . . *mention honor.*

Lemée (Fr.), à Rouen. — Plaques et rubans de cardes. . . "

Miroude (A. et L.), à Rouen. — Plaques de cardes. . . *méd. d'argent.*

Malteau (A.), à Elbeuf. — Machine à fouler les draps, tartans, flanelles, mérinos, etc.. . . . . *mention honor.*

Morin (A.), à Darnétal. — Métier mécanique pour tisser les façonnés . . . . "

Neveu (Ern.-Ad.), à Malaunay. — Perroquet perfectionné; batteur-étaleur . . . . "

Nicolle (F.) à Yvetot. — Métier à la Jacquard avec compensateur . . . . *méd. de bronze.*

Nicolle père et fils, à Yvetot. — Métier à la Jacquard . . "

Nos d'Argence fils, à Rouen. — Chardons métalliques pour lainage de draps . . . . *méd. d'argent.*

Passieux (J.), à Rouen. — Machines à couvrir les cylindres de pression pour filature . . . . *méd. de bronze.*

Petit-Leclerc (Ch.), à Rouen. — Garnitures de cardes . . *idem.*

	RÉCOMPENSES.
Peyre-Dolgnes et Ce, de Lodèves, à Rouen, chez M. Lacroix. — Machine dite *apprêteuse*, pour laines et tondre les draps, etc. (Ateliers de M. Lacroix.)	»
Potel-Langlois (L.-M.), à Rouen. — Brosses pour parer, par moyens mécaniques, les cartons, les draps et les toiles; brosses pour le peignage des laines, etc.	»
Salles (Fr.), à Gerville. — Machine à teiller le lin. . . .	»
Tulpin aîné, à Rouen. — Machine à métrer et à plier les tissus; modèle d'appareil pour le blanchiment; hydro-extracteur	méd. de bronze.

8e Classe. — *Arts de précision; industrie se rattachant aux sciences et à l'enseignement.*

Burel (E.), à Rouen. — Photomètre perfectionné, ou *parasynoptique* à indicateur instantané.	mention honor.
Bienaymé (M.-H.), à Dieppe. — Montres d'habitacle; quantièmes perpétuels	»
Cailly aîné (L.), à Saint-Nicolas-d'Aliermont. — Mouvements roulants pour horlogerie	mention honor.
Croutte (A.), à Saint-Aubin-le-Cauf. — Pièces détachées d'horlogerie; mouvements; cadres et bornes-pendules; compteur mécanique	idem.
Délépine et Canchy, à Saint-Nicolas-d'Aliermont. — Mouvements d'horlogerie; pièces de voyage; réveil-matin, etc..	méd. de bronze.
Dumas (On.), à Saint-Nicolas-d'Aliermont. — Horlogerie de précision; chronomètres; compteurs; chronomètres de poche.	méd. d'argent.
Farret (J.), à Dieppe. — Régulateurs; pendules	»
Hollingue frères, à Saint-Nicolas-d'Aliermont. — Pendules de voyage; mouvements-roulants pour horlogerie.	mention honor.
Huntzinger (Fr.), au Havre. — Cercles réflecteurs, sextants, octants.	méd. de bronze.
Jacob (J.-A.), à Saint-Nicolas-d'Aliermont. — Chronomètres; pendules astronomiques; compteurs à secondes. .	méd. d'argent.
Maladinsky (Ch.), à Elbeuf. — Pendule-régulateur. . . .	»

	RÉCOMPENSES.
MARTIN frères, à Saint-Nicolas-d'Aliermont. — Objets divers d'horlogerie; mouvements de régulateurs et de pendules; réveil, etc.	méd. de bronze.
THOMAS (V.), à Rouen. — Réveil matin; compensateur applicable aux pendules de cheminée	»
VISSIÈRE (S.), au Havre. — Chronomètres; appareils astronomiques.	méd. d'argent.

9ᵉ CLASSE. — *Industries concernant l'emploi économique de la chaleur, de la lumière et de l'électricité.*

BOURDON-QUESNEY, à Gueures. — Cierges; chandelles à mèches se mouchant d'elles-mêmes.	»
CROPPI (U.), au Havre. — Appareils de chauffage; bouilleur à pression.	mention honor.
PIMONT (P.), à Saint-Léger-du-Bourg-Denis. — Appareil de chauffage.	méd. d'argent.
SAILLARD (L.-N.), au Havre. — Appareils divers pour le chauffage et l'éclairage	»
SCHINER (Arm.), à Dieppe. — Fourneau de cuisine pour grands établissements	»
TULPIN aîné, à Rouen. — Appareil à cuire par la vapeur. . .	»

10ᵉ CLASSE. — *Arts chimiques : Teintureries et Impressions; Industries des papiers, des peaux, des caoutchoucs, etc.*

BOCQUET (H.) et Cᵉ, à Sotteville-lès-Rouen. — Colle forte; gélatine	»
DE LA CRETAZ (S.) fils et gendre, au Havre. — Chromates de potasse et de plomb; oxydes de chrôme; potasse; carbonate de potasse	méd. d'argent.
GRENLT (Vᵉ), à Rouen. — Gélatine	méd. de bronze.

	RÉCOMPENSES.
Hellard (G.), à Montivilliers. — Chlore	»
Malétra et fils au Petit-Quevilly. — Acides sulfurique, chlorydrique, azotique; sels de soude, de fer, de cuivre, de zinc, d'étain; chlorures.	méd. d'argent.
Saillard (L.-N.), au Havre. — Produits chimiques.	»
Fraenkel (J.), à Saint-Aubin-Jouxte-Boulleng. — Bleu d'outre-mer artificiel, 40 à 50 kilog..	»
Varillat (W.-J.-J.), à Rouen. — Extraits solides de bois de teinture	méd. de bronze.
Houssard-Jonquet (J.-L.), à Rouen. — Encres	»
Dupré, à Forges. — Sulfate de fer.	»
Chalmin (J.), à Rouen. — Parfumeries diverses	»
Cuvellier-Seré, à Croisset (Canteleu). — Savons mous à base de potasse; savons durs à base de soude	»
Harel (St.), à Rouen. — Huiles de graines.	»
Grandsire, à Rouen. — Huiles et graisses.	»
Derambure, Maniguet et Cᵉ, à Eu. — Huiles et tourteaux.	»
Lacour (P.-Ed.), aux Chartreux. — Savons	»
Maubec (Pr.-M.), à Elbeuf. — 800 kilog. de savon à base de soude et à base de potasse, pour le foulage.	méd. de bronze.
Rampal (M.), à Rouen. — Savon dit *de Marseille*; modèles et dessins des appareils employés par les savonniers.	Idem.
Croutte (J.-B.), à Dieppe. — Cirages en pots et liquide.	»
Bouchard (E.), à Rouen. — Gutta-percha combiné avec le caoutchouc.	»
Bourguignon (P.), à Rouen. — Chaussures imperméables de gutta-percha.	»
Balatre (Vᵉ Ad.) à Neufchâtel. — Cuir tanné en croûte.	»
Desvaux frères, à Caudebec. — Vaches tannées; cuirs forts.	»
Domer (Am.), à Rouen. — Cuirs..	méd. de bronze.
Drouet (Al.-Em.), à Caudebec. — Cuirs de bœuf; peaux de vache tannées à œuvre.	»
Lecomte (D.), à Saint-Saëns. — Cuirs	»
Lefebvre (F), à Saint-Saëns. — Peaux tannées.	méd. d'argent.
Ball aîné et Cᵉ, à Val-Vernier. — Papiers	méd. de bronze.
Lhurier (P.), à Bolbec. — Papiers; toiles et cartons préparés pour le pastel; papiers et toiles pour le polissage.	»
Wazzal et Cᵉ, à Dieppe. — Papiers goudronnés et autres..	»

	RÉCOMPENSES.
STEINBACH (J. J.), au Petit-Quevilly. — Amidons blancs et grillés, gomme de fécule, dextrine, pour apprêts et épaississage des couleurs d'impression.. . . .	méd. de bronze.
KURTZ (Cl.-A.), à Déville. — Produits chimiques pour la teinture des tissus de soie.	"
CRONIER père et fils, à Rouen (Val-d'Eauplet). — Teintures et apprêts de percalines pour doublures et ameublements.	méd. de bronze.
DELAMARE (A.), à Rouen. — Fils de coton teints et chinés; fils de laines teints, chinés et ombrés	Idem.
GUEROULT (N.), à Rouen. — Cotons et laines teints. . . .	"
LECŒUR fils aîné (P.-S.), à Bapeaume.— Fils de coton teints.	"
LEGRAS-JULIEN (F.) et fils, à Rouen. — Teintures grand teint sur coton	"
LENORMAND (J.), à Rouen. — Fils de coton teints	"
Leveillé (Ch.-Fr.), à Rouen. — Fils de coton teints . . .	méd. d'argent.
LOZEY fils (N.), à Rouen. — Cotons chinés, imprimés et marbrés; tissus imprimés.	"
BARBET (H.) et Cᵉ, à Déville. — Tissus de coton imprimés.	"
EDELINE (Fr.), à Saint-Léger-du-Bourg-Denis. — Tissus de cotons imprimés.	mention honor.
FAUQUET, RISLER et Cᵉ, à Rouen.—Tissus de coton imprimés.	méd. de bronze.
GIRARD et Cᵉ, à Déville.— Tissus de coton imprimés. . . .	méd. d'argent.
HAZARD (N.), à Rouen. — Tissus de coton imprimés . . .	Idem.
LAMY-GODARD frères, à Darnétal.—Tissus de coton imprimés pour cravates et meubles.	méd. de bronze.
PIMONT (H.), à Rouen. — Tissus de coton imprimés. . . .	Idem.
RAUPP (Alb.), à Rouen. — Tissus de coton imprimés. . .	méd. d'argent.
RHEM aîné (J.), à Maromme. — Tissus de coton imprimés.	méd. de bronze.
STACKLER et Cᵉ, à Saint-Aubin-Epinay. — Tissus de coton imprimés.	Idem.

11ᵉ CLASSE. — *Préparation et conservation des substances alimentaires.*

BOUCOURT et PITARD, à Rouen.—Sucre et gelée de pommes; dragées blanches	"
BUCAILLE (P.-Ed.), à Yvetot. — Raisiné; confitures de poires.	"

	RÉCOMPENSES
Dupuy (L.), au Havre. — Lait solidifié	»
Durand (Em.), à Rouen. — Dragées et bonbons ; gelée et sucre de pommes	»
Gevers et Ce, au Havre. — Pains de sucre lumps	méd. de bronze.
Hazard (A.), à Yébleron. — Moutarde fine.	»
Hellard (G.), à Montivilliers. — Cidre.	mention honor.
J. Clerc Kayser et Ce, au Havre. — Pains de sucre	méd. d'argent.
Lecomte (J.-P.), au Havre. — Essence de spruce fir pour préparer une boisson économique	»
Magné (And.), à Rouen. — Sucres de pommes et de cerises ; gelée de pommes et d'oranges	méd. de bronze.
Renon (J.-Pr.), à Rouen. — Cafés torréfiés.	méd. de bronze.
Rondel (Is.-G.), à Caudebec. — Vinaigre ; moutarde . . .	»
Steinbach (J.-J.), à Rouen. — Amidons blancs	mention honor.
Viau (R), à Harfleur. — Conserves de criste-marine. . .	mention honor.

12e Classe. — *Hygiène, Pharmacie, Médecine et Chirurgie.*

Bickford-Davey, Chanu et Ce, à Rouen. — Fusée de sûreté, dites *Mèches de mineur*	méd. de bronze
Cisseville et Marette, à Forges-les-Eaux. — Pastilles et pilules ferrugineuses.	»
Labarraque (Alf.) et Ce, à Graville — Produits chimiques et pharmaceutiques ; produits du quinquina, etc...	méd. d'argent.
Thiessé (P.-A.), à Rouen. — Produits pharmaceutiques ; confiserie	»
Biondetti (R.), à Rouen. — Bandages herniaires ; appareils pour la réduction des fractures	»
Pottier (S.), à Rouen. — Bandage à pelotte mobile ; ceinture ventrale avec tampon, pour soutenir le vagin.	»
Weille (L.), à Rouen. — Instruments de chirurgie dentaire ; dents minérales sans ressorts élastiques et sans crochets..	»
Féron (P.), à Theuville-lès-Maillot. — Bandages herniaires.	mention honor.
Thillard (Ch.-H.-J.), à Rouen. — Appareils pour les bains à domicile.	idem.

13ᵉ CLASSE. — *Marine et Art militaire.*

RÉCOMPENSES.

ABRAHAM, à Dieppe. — Modèle de Clipper. . . . . »
DAVID (L.-Fr.-Fr.), au Havre. — Chaîne de mouillage pour navire; appareil de barre de gouvernail; cabestans pour avant-port et pour navire; modèle d'anneaux. *méd. d'argent.*
GODARD, à Dieppe. — Modèle de navire. . . . . »
LEQUEUX (N.-F.) et LEFEBVRE (L.), à Rouen. — Persienne. . »
LESAUVAGE frères, au Havre. — Poulies de fer galvanisé, avec estrope intérieur . . . . »
BLAIS fils (Louis) et LETELLIER et Cᵉ, au Havre. — Cordages.. *méd. d'argent.*
MERLIÉ, LEFÈVRE et Cᵉ, au Havre. — Gros cordages pour la marine. . . . . *méd. d'or.*
MONTRIGNIER-MONNET (Th.), au Havre. — Loch permanent pour mesurer le sillage des navires. . . . . . *mention honor.*
MONTFER (L.-Fr.), à Tréport. — Machine de cabestan . . »
MOUÉ, au Havre. — Modèle de bateau de sauvetage. . . . *méd. de bronze.*
NILLUS (Ch.-M.), au Havre. — Machine à hélice, de la force de 40 chevaux . . . . *méd. de bronze.*
THALER aîné (G.), au Havre. — Bateau de sauvetage . . . »

14ᵉ CLASSE. — *Constructions civiles.*

CARPENTIER (Hippol.), au Fossé, près Forges les-Eaux. — Pavés vernis pour carrelage d'appartements . . . . *mention honor.*
LE PETIT (L.-Al.), au Havre. — Mortier-pierre pour dallage. »
BUREL (E.) et ELMERING fils, à Rouen. — Charpente de fer et couverture de fonte. . . . . »
DE CONINCK (L.-J.-G.), au Havre. — Dessin et modèle de grenier à conserver les grains. . . . . *méd. de bronze.*
PECQUEUX (N.-F.) et LEFÉBURE (L.), à Rouen. — Persienne. »

15ᵉ CLASSE. — *Industrie des aciers bruts et ouvrés.*

Néant.

16ᵉ CLASSE. — *Fabrication des ouvrages en métaux, d'un travail ordinaire.*

CUBAIN (R.) et Cᵉ, à Rouen. — Cuivres divers. . . . . . *méd. d'argent.*
BASSET (L.-Ch.), à Rouen. — Marteau pour rhabiller les meules de moulins. . . . . »

	RÉCOMPENSES.
Bécaille (T.), à Rouen. — Épi de pignon; crête, fronton, vase en zinc repoussé au marteau.	»
Cuillier (Pr.), à Montivilliers. — Marteau pour le rhabillage des meules.	»
Delabarre aîné (A.), à Rouen. — Châssis-tabatière en fer; Temple mécanique pour un métier; embases en fer repoussé pour poêles; croisées en fer; toit ou couverture en fer; fermeture de boutique en fer, à contre-poids . . .	»
Laubenière (J.), à Rouen. — Cinq enclumes de diverses dimensions; forge portative avec soufflet; grand soufflet.	méd. d'argent.
Marguery (C.), à Rouen. — Pendules de fonte de fer brute, et de fonte bronzée	»

17ᵉ Classe. — *Orfévrerie, Bijouterie, Industrie des bronzes d'art.*

Hébert (St.-V.), à Rouen. — Garniture de comptoir de café, composé de pièces d'orfévrerie, de plaqué sur cristal bleu	»

18ᵉ Classe. — *Industrie de la verrerie et de la céramique.*

Bigot (Ed.), à Forges-les-Eaux. — Divers articles de faïence brune, blanche et peinte	»
Bujon (H.-Ad.), à Rouen. — Plusieurs groupes modelés en terre cuite	»
Bosly (S.-A.), à Bezancourt. — Verreries.	»
Duplessis (L.), au Havre. — Briques pour polir les métaux.	»
Doisy (Al.), au Landel. — Bocaux; flacons moulés; filtre à spirale	mention honor.
Fournot (P.-O.), à Aumale. — Meules à moulin	»

19ᵉ CLASSE. — *Industrie des cotons.*

	RÉCOMPENSES.
La Ville de Rouen. — Ensemble de l'exposition des tissus de coton très variés; bon marché et excellente qualité des produits..	*gr. méd. d'honn.*
Andrieux, à Rouen. — Tissus de coton.	*méd. d'argent.*
Annest (J.-S.), à Rouen. — Tissus de laine et coton, croisé, satiné; écossais pour robes.	*méd. de bronze.*
Baudoin (A.), à St-Paër. — Tissus de coton blanc avec apprêts.	»
Bertel (V.-J.), à Sotteville. — Fils de coton; tissus de coton d'Algérie.	*méd. de bronze.*
Carpentier frères, à Rouen. — Tissus de fil de coton pour pantalons et pour corsets.	*mention honor.*
Chalmin (J.-B.), à Rouen. — Toiles coton façon fil; calicots pour l'impression; toiles coton écrues.	»
Crépet (N.), à Rouen. — Fils de coton d'Amérique; fils de coton d'Algérie.	*méd. de bronze.*
Damiens (A.), à Rouen. — Tissus de coton.	*Idem.*
Debu fils aîné (Ph.), à Eauplet. — Tissus de coton.	*mention honor.*
Delamare-Deboutteville (Fr.), à Fontaine-le-Bourg. — Fils de coton d'Amérique; fils de coton d'Algérie	*méd. d'argent.*
Delavigne (And.-L.), à Malaunay. — Fils de coton	»
Déruque (Ad.), à Notre-Dame-de-Bondeville. — Tissus pour parapluies.	»
Descenétais frères, à Bolbec. — Fils de coton; calicots pour l'exportation; calicot-cretonne	*méd. de bronze.*
Duret, à Rouen. — Fils de coton d'Amérique; fils de coton d'Algérie.	*idem.*
Fauquet-Lemaître (P.-Abr.), à Gruchet-le-Valasse. — Fils de coton; calicots	*méd. d'argent.*
Géraud (B.), à Rouen. — Fils de coton, de couleur, mélangés à la carde	*mention honor.*
Grimaud, à Cany. — Fils de coton	*idem.*
Heutte-Selot (Vᵉ), à Bapeaume. — Piqués apprêtés	*méd. de bronze.*
Hue (J.) et **Bourdon** (P.), à Bolbec. — Mouchoirs de coton	*idem.*
Jore fils aîné (Cl.-Fl.), à Rouen. — Fils de coton d'Amérique; fils de coton d'Algérie	*idem.*
Lalizel aîné (G.), à Barentin. — Fils de coton d'Algérie; fils de coton d'Amérique	»

	RÉCOMPENSES.
LARIBLE (B.), à Tourville-sur-Arques (Sauqueville).—Calicots pour indienne, et cotons d'Agérie.	»
LEBLOND (J.-Is.), à Bolbec. — Mouchoirs de poche . . .	méd. de bronze.
LEGRAND (Th.), à Rouen.—Fils de coton d'Amérique; idem d'Algérie; tissus de coton fabriqués avec ces fils.	méd. de bronze.
LEMAÎTRE (E.), à Bolbec. — Fils de coton.	»
LEMONNIER jeune et fils, à Yvetot. — Tissus de coton; tissus de coton. soie et laine	mention honor.
LE PICARD aîné, à Rouen. — Tissus de coton	méd. de bronze.
LE PICARD jeune, à Bourdainville (Yerville).— Tissus de coton pur fabriqués avec des fils de couleur.	»
LEVAVASSEUR (J.), à Rouen. — Tissus de coton	méd. d'argent.
LÉVEILLÉ (Ch.-F.), à Rouen. — Fils de coton.	»
DE LOYS (J.-F.), à Rouen. — Fils de coton provenant d'Algérie; tissus de coton dit cretonne	méd. de bronze.
MOUTIER-HUET (P.-Ad.), à Bolbec. — Tissus de coton pour mouchoirs de poche	idem
ODÉRIEU (C.) et CHARDON (L.), à Rouen. — Tissus piqués, unis et brochés	méd. d'argent.
PICQUOT fils, à Monville. — Fils de coton d'Amérique et de coton d'Algérie	»
PLANTROU frères, à Oissel. — Cotons filés en écheveaux, en canettes ou bobines, provenant du coton d'Algérie	méd. de bronze.
LEFORT (L.-F.), au G^d-Couronne.—Tulles de coton et de soie.	»
LEMOINE (J.-Th.), à Rouen. — Fils de coton d'Algérie pour tissage à la mécanique	»
LE MARCHAND (J.-L.), au Houlme. — Fils de coton d'Algérie.	»
ROUSÉE (Emm.), à Darnétal. — Calicots fabriqués avec des fils d'Amérique et d'Algérie.	»
ROUSSEL (Al.), à Yvetot. — Tissus de coton pur, unis, croisés et damassés; jaconas	mention honor.
SANSON père et fils et BOBÉE, à Rouen. — Fils de coton d'Algérie; fils de coton d'Amérique	méd. de bronze.
TRICOT frères, à Rouen. — Tissus de coton, fil et laine . .	méd. d'argent.
VAUSSARD (Fr.), à Notre-Dame-de-Bondeville. — Fils de coton; tissus de coton	méd. de bronze.

20e CLASSE. — *Industrie des laines.*

VILLE D'ELBEUF. — Supériorité des draps unis et façonnés.	gr. méd. d'honn.
BARBIER (V.), à Elbeuf. — Draperie	méd. de bronze.

	RÉCOMPENSES.
BEEN (Ad.), à Elbeuf. — Draps lisses de laine étrangère; satins noirs; castors; ouatines; draps pour paletots.	méd. d'argent.
BEER-MOREL, à Elbeuf. — Draps noirs et de couleur; cuirs de laine; draps façonnés pour paletots et pantalons.	idem.
BELLEST (Ad.), à Elbeuf. — Draps noirs et de couleur; draps teints en garance, en bleu et en vert, pour uniformes	idem.
BERBIER frères, à Elbeuf. — Draps; Draps façonnés	»
BOUGIARD et DEBOOS, à Elbeuf. — Tissus de laine pure; tissus de laine et soie pour pantalons et paletots..	»
BRUYANT-DESPLANQUES, à Elbeuf. — Draps façonnés; draps pour billards	méd. de bronze.
CHARRY et LAFFENDEL, à Elbeuf. — Draps fins noirs et de couleur, fabriqués avec des laines d'Allemagne	méd. d'argent.
CHENNEVIÈRE (Th.), à Elbeuf. — Draps unis et façonnés pour pantalons, paletots, gilets et robes; tissus de pure laine, de laine et soie, de laine et bourre de soie; châles, plaids, cache-nez, moires, popelines, valencias, bengales, etc.	»
COQUATRIX (Ir.) et BOULANGER (Esp.), à Rouen. — Tissus de laine et coton; tissus de laine et soie pour robes	méd. d'argent.
COSSE et IMHAUSS, à Elbeuf. — Draps tissus de laine; twines; tissus pour paletots	idem.
DECAUX (Ph.), à Elbeuf. — Draps pour vêtements; draps de troupe	méd. de bronze.
DELARUE (A.) frères, à Elbeuf. — Draps lisses; castors; twines; draps de billard	mention honor.
DUBOC (Al.), à Elbeuf. — Draps de laine pure.	mention honor.
DUMOR-MASSON, à Elbeuf. — Draps fins.	médaille d'or.
DUSSEAUX (V.) et DROUET, à Elbeuf. — Draps lisses; castors; cuirs-laine; satins.	méd. de bronze.
FLAMENT (Ch.) et LAVOISEY, à Elbeuf. — Draps lisses; cuirs-laine; satins	méd. d'argent.
FLAVIGNY (Ch.), à Elbeuf. — Tissus de laine pure, de laine et soie, pour pantalons, paletots et manteaux de femme.	idem.
GODEFROY (Zephirine), à Rouen. — Tableau en tapisserie représentant une chasse au faucon	»

RÉCOMPENSES.

Gasse frères, à Elbeuf. — Draps façonnés et pour paletots. *mention honor.*

Javal (B.) et Neymarck, à Elbeuf. — Draps de toutes couleurs; Draps façonnés pour pantalons et paletots; draps fins; draps de troupe; draps pour l'exportation en Orient. . . . . *méd. de bronze.*

Join-Lambert (Edm.), à Elbeuf. — Draps façonnés pour pantalons et paletots d'hiver et d'été. . . . . . *méd. d'argent.*

Demar (Laurent) et Ce, à Elbeuf. — Tissus façonnés pour pantalons et paletots; drap dit *peau de taupe;* tissus fabriqués avec la laine d'Allemagne et le byssus de pinne-marine mélangés . . . . *méd. d'argent.*

Lefebvre-Garriel, à Elbeuf. — Tissus de laine; feutres de laine pour tentes . . . . *méd. de bronze.*

Lefort et Vauquelin, à Elbeuf. — Draps façonnées pour pantalons. *méd. d'argent.*

Legris (M.) et Bruyant (E.), à Elbeuf. — Draps façonnés. *idem.*

Lemonnier-Chennevière (M.-R.), à Elbeuf. — Draps façonnés pour pantalons, pour vêtements militaires, pour voitures. . . . . *méd. de bronze.*

Lesage-Maille, à Elbeuf. — Draps façonnés d'été et d'hiver; draps pour paletots; castors- . . . . *idem.*

Lormier (N.), à Rouen. — Laines peignées. . . . . . . *mention honor.*

Melion (H) et Ce, à Elbeuf. — Tissus de laines façonnés pour pantalons et paletots . . . . *idem.*

Mignard et Ce, à Elbeuf. — Draps lisses; cuirs de laine, satins; castors; tissus de laine pure pour paletots. *méd. de bronze.*

Osmond (Alph.) et Leroux (Tr.), à Elbeuf. — Draps façonnés et pour paletots, dits *édredons* . . . . . . *mention honor.*

Plantefer-Gariel, à Elbeuf. — Fils pour lisières des draps; draps façonnés . . . . *méd. de bronze.*

Poussin (Al.), à Elbeuf. — Draps façonnés. . . . . . . "

Rivière (Al.), à Elbeuf. — Draps façonnés . . . . . . *mention honor.*

Roulé fils aîné (J.-Alf.), à Elbeuf. — Tissus de laine et soie pour pantalons, gilets et paletots; tissus à relief velouté. . . . . *idem.*

Simon (F.), à Elbeuf. — Tissus façonnés de laine et soie pour pantalons et paletots. . . . . *idem.*

	RÉCOMPENSES.
TERNISIEN (Ant.-Alf.), à Elbeuf. — Draps; draps façonnés de laine pure.	mention honor.
JOUZÉ (Alph.), à Elbeuf. — Draps lisses; draps pour officiers; castors; satins; drap dit *édredon*	méd. de bronze.
VERGNE (A.) et LEJARD, à Elbeuf. — Draps façonnés.	»

21° CLASSE. — *Industrie des soies.*

Néant.

22ᵉ CLASSE. — *Industrie des lins et des chanvres.*

CAUDRON (J.), à Monville. — Cordes; cordes de chanvre, plomb et fer; échelle de corde de chanvre.	»
VAUCHER (J.-G.), à Sassetot-le-Mauconduit. — Toiles de fil de lin.	mention honor.

23ᵉ CLASSE. — *Industrie de la bonneterie, des tapis, de la passementerie, de la broderie et des dentelles.*

HUET (Vᵉ Abraham), à Rouen — Bretelles; tissus pour bretelles.	méd. de bronze.
SAUVAGE et Cᵉ, à Rouen. — Tissus pour bretelles.	méd. d'argent.
STINVILLE (J.-N.), à Rouen. — Tissus pour bretelles; bretelles; passementerie fabriquée avec des cotons d'Algérie.	»
ECOLE D'APPRENTISSAGE DE LA PROVIDENCE, à Dieppe. — Dentelle de fil, point de Valenciennes.	méd. d'argent.
LEFORT (L.-P.), au Grand-Couronne. — Blondes de soie.	idem.

24° CLASSE. — *Industries concernant l'ameublement et la décoration.*

FARJAT (B.), à Rouen. — Décrottoirs de cuir, corde et fil de fer; tapis d'antichambre tressé à jour, en corde	méd. de bronze.

	RÉCOMPENSES.
Fessard (Al.-Améd.), à Rouen. — Cadre noir bruni et or incrusté ; cadre doré, style renaissance ; cadre sculpté, montrant les différentes opérations de la dorure sur bois.	*mention honor.*
Godin (N.-P.), à Rouen. — Billard	*idem.*
Lereffait (L.-Dauph.), à Rouen. — Deux grandes colonnes rampantes guillochées ; table à ouvrage à colonnes torses ; pieds de table cannelés guillochés. . . .	»
Loiret (J.), au Havre. — Colonne en acajou	»
Oueillery (R.), à Rouen. — Châsse de Saint-Hippolyte, en chêne sculpté, style du XIVe siècle.	»
Tisserand (Mde), à Rouen. — Lit complet	»

25e Classe. — *Confection des articles de vêtements ; fabrication des objets de mode et de fantaisie.*

Benard (G.), à Neufchâtel. — Tableau en cheveux. . .	»
Bignan (Fr.-A), à Dieppe. — Objets d'ivoire sculpté. . .	»
Blard (A.), à Dieppe. — Objets d'ivoire sculpté ; rondes-bosses et bas-reliefs	*mention honor.*
Blard (Th.), à Dieppe. — Objets d'ivoire sculpté ; rondes-bosses et bas-reliefs.	*méd. de bronze.*
Brunel (L.-H.-A.), à Dieppe. — Statuettes et autres objets d'ivoire sculpté.	*mention honor.*
Boucher (Ve) et Boussard (P.), à Rouen. — Corsets ; ceinture contre le mal de mer.	»
Carpentier (E), à Dieppe. — Cadre d'ivoire sculpté pour glace de toilette.	
Delahaye (H.), à Dieppe. — Objets d'ivoire sculpté . . .	»
Depoilly (Pr.-J.), à Dieppe. — Objets d'ivoire sculpté . .	*mention honor.*
Duduget (Fr.), à Rouen. — Toupets ; perruques.	*idem.*
Graillon (P.-Adr.) et Graillon (Fr.-Adr.), à Dieppe. — Groupes de terre cuite ; bas-reliefs de cachalot et d'ivoire ; objets divers d'ivoire sculpté.	*méd. de bronze.*
Harang (Am.-Em.), à Rouen. — Chapeaux	»
Hebert (Ve), née Rossalie Farge, à Dieppe. — Objets divers d'ivoire sculpté.	*mention honor.*

	RÉCOMPENSES.
Heu (Ed.), à Dieppe. — Statuettes et autres objets d'ivoire sculpté	mention honor.
Lhurier (P.), à Bolbec. — Toiles et cartons pour pastel . .	idem.
Louvet et Rébulet, à Rouen. — Chemises confectionnées.	idem.
Levasseur, à Dieppe. — Objets d'ivoire	»
Huet (Vᵉ Abraham), à Rouen. — Bretelles confectionnées.	méd. de bronze.
Merma (D.-Cl), à Elbeuf. — Chaussure contre l'humidité..	»
Ouin (M.-Fr.-A.), à Dieppe. — Objets d'ivoire sculpté; rondes-bosses et bas-reliefs.	mention honor.
Ouvrier (Fr.), à Dieppe. — Objets d'ivoire sculpté . . .	idem.
Sac-Épée (Ad.-Arm.), à Dieppe. — Christ d'ivoire sculpté.	idem.
Saillot (L.-J.-B.), à Dieppe. — Bouquet de roses d'ivoire sculpté.	idem.
Sauvage et Cᵉ, à Rouen. — Bretelles confectionnées.. . .	méd. de bronze.
Thomas (Ch.-E.), à Dieppe. — Objets d'ivoire sculpté. . .	»
Tersinver, à Dieppe. — Objets d'ivoire , ...	»
Tournadre (Ant.), à Elbeuf. — Souliers vernis imperméables	»

26ᵉ Classe. — *Dessin et plastique appliqués à l'industrie; Imprimerie en caractère et en taille-douce; Photographie.*

Buquet (N.-Al.), à Rouen. — Dessins pour l'impression des indiennes, des foulards et des étoffes pour ameublement	»
Cronier père et fils, à Eauplet. — Toiles gauffrées pour reliures et cartonnages.	méd. de bronze.
Picard (E.), à Rouen. — Dessins pour l'impression des indiennes et des étoffes pour meubles	idem.
Speiser (Ad.), à Rouen. — Dessins pour l'impression des indiennes.	idem.
Lecourt (A.) et Cᵉ, à Rouen. — Cylindre de cuivre rouge gravé pour l'impression des indiennes	»
Bentz, à Déville. — Rouleau gravé pour l'impression des indiennes.	méd. d'argent.
Carliez jeune (Ant.-N,), à Rouen. — Six cylindres gravés pour l'impression des étoffes.	méd. de bronze.

RÉCOMPENSES.

Marie (Ars.-H.), à Rouen. — Registres ; reliures . . . . *méd. d'argent.*
Viennay (Cl.), au Havre. — Registres à bossiers avec ressorts métalliques. . . . . *mention honor.*
Chevalier (L.), à Rouen. — Tableau de calligraphie, enrichi d'ornements.. . . . . »
Philippe (J.-L.), à Rouen. — Planches obtenues par la galvanoplastie. . . . . *mention honor.*
Philippe (E.), au Havre. — Tableau en tous genres d'écritures . . . . »
Saillard (N.), au Havre. — Photographies sur verre. . . . *mention honor.*

27ᵉ Classe. — *Fabrication des instruments de musique.*

Jeandel (P.-N.), à Rouen. — Violons ; basses. . . . . . *méd. d'argent.*
Mette (Fr.), à Rouen. — Violons ; alto ; basses . . . . »
Brasil (P.), à Rouen. — Clavier harmonomètre. . . . . »

Section des Beaux-Arts.

28ᵉ Classe. — *Peinture, gravure, lithographie.*

Corbe (V.), à Blosseville-Bonsecours. — Deux paysages.. »
Lelarge (R.-E.), au Boisguillaume. — Paysage à l'huile. . »
Mallet (F.), à Malaunay. — Tableau . . . . »
Melotte, à Rouen. — Trois portraits. . . . . »
Séguret (L.), à Rouen. — Deux portraits et un tableau . »
Vanoni (Fréd.), à Rouen. — Trois pages de paléographie, et quatre grands dessins.. . . . . »

29ᵉ Casse. — *Sculpture et gravure en médailles.*
Néant.

30ᵉ Classe. — *Architecture.*
Néant.

Galeries de l'Économie domestique.

31ᵉ CLASSE.

1ʳᵉ Catégorie. — *Aliments et provisions.*

	RÉCOMPENSES.
VIAU (R.), à Harfleur. — Conserve de christe-marine	*mention honor.*
MAUBEC et Cᵉ, à Elbeuf. — Savons blancs et jaunes; savon légal.	*méd. de bronze.*
LACOUR (P.-Ed.), aux Chartreux, près Rouen. — Idem; savon légal.	*idem.*

2ᵉ Catégorie. — *Meubles et ustensiles.*

La Ville de Rouen. — Toiles peintes.	*méd. d'honnʳ (or)* pour mémoire.
BARDET frères, de Déville. — Mouchoirs imprimés; indiennes pour robes.	»
PIMONT (H.), de Rouen. — Toiles peintes pour rideaux et robes	*méd. de bronze.*
ANNEST, de Rouen. — Étoffes de fantaisie; tissu de coton croisé.	*idem.*
LAMY-GODARD frères, de Darnétal. — Mouchoirs en coton imprimés	*mention honor.*
FAUQUET, RISLER et Cᵉ, de Déville. — Indiennes pour robes.	*méd. de bronze.*
LESAGE-MAILLE, à Elbeuf. — Étoffes d'été en laine	*idem.*
TERNISIEN, à Elbeuf. — Nouveautés pour pantalons.	*idem.*
LOUVET et REBULET, à Rouen. — Chemises confectionnées.	*mention honor.*
LUCQ, à Rouen. — Souliers en veau ciré; souliers à vis à percussion	»

V.

RÉCOMPENSES accordées aux Coopérateurs, Contre-Maîtres et Ouvriers.

Médailles d'argent. — MM. Marais, maison J. Levavasseur, à Rouen. — François Prenant, à Rouen. — Bosche aîné, à Dieppe. — Moïse Berment, maison Toussaint-Grandin, à Elbeuf. — Hippolyte Leclerc, maison Th. Chennevière, à Elbeuf. — Louis-Elie Marchand, maison Ch. Bellot et O. Collière, à Elbeuf.

Médailles de bronze. — MM. Frédéric Barbier, à Rouen. — Félix Corbran, à Rouen. — Caron, au Houlme. — Ch.-Sever Grout, à Rouen. — André Lancelevé, à Rouen. — Larcier, à Rouen. — Louis Lemonnier, à Rouen. — Nicolas Neveu, à Rouen. — Etienne-Louis Tugelé, à Rouen. — Marie Alain, femme Deboos, maison B.-C. Grandin, à Elbeuf. — Ambroise Alavoine, maison Legris, à Elbeuf. — Alexandrine Allard, veuve Lepage, maison Houllier, à Elbeuf. — Louis Boquillon, maison Poussin, à Elbeuf. — Boucher, maison Th. Chennevière, à Elbeuf. — Gustave Bréard fils, menuisier, à Elbeuf. — Dequatremare, maison Th. Chennevière, à Elbeuf. — François Desmares, à Elbeuf. — Léon Dubois, à Elbeuf. — Antoinette Dupasseur, maison Fouard, à Elbeuf. — Guillaume-Emmanuel Duval, contre-maître, à Elbeuf. — Jean-Pierre Godet, maison Turgis, à Elbeuf. — Louis-Apollonius Harang, maison B. Javal et Neymack, à Elbeuf. — Toussaint Hazet, maison Poussin, à Elbeuf. — Jean-Baptiste Lefebvre, maison Ph. Decaux, à Elbeuf. — Pierre-Théodore Lefebvre, à Elbeuf. — Guillaume Lemonnier, maison Grandin, à Elbeuf. — Jean-Baptiste Lucas, maison Th. Chennevière, à Elbeuf. — Prévost fils, dit Paul, maison Grandin, à Elbeuf. — Adolphe Provost, maison Demar et Cᵉ, à Elbeuf. — Marie-Honoré Sorel, maison Fouard, à Elbeuf. — Angéline Duharnay, à Dieppe. — Caroline Laumé, à Dieppe. — Joséphine Vauderwist, à Dieppe.

Mentions honorables. — MM. Aug. Buhours, à Rouen. — Louis Barbier, à Rouen. — Jean-Pierre-Théodore Buniase, à Rouen. — Charles Dangey, à Rouen. — Alphonse Dieul, à Rouen. — Pierre Ferment, à Rouen. — Graincourt Colin, à Rouen. — Simon, maison Rampal, à Rouen. — Dehais, maison Merlié, au Havre. — Louis Béranger, maison Augustin Delarue, à Elbeuf. — Isidore Briste, maison J. Aroux, à Elbeuf. — Auguste Bulté, maison Beer-Morel, à Elbeuf. — Alexandrine Duboc, femme Pellier, maison Houllier fils à Elbeuf. — Thomas Duval, maison Augustin Delarue, à Elbeuf. — Paul-Georges Garbadot, maison Houllier fils, à Elbeuf. — Goupil, maison Th. Chennevière, à Elbeuf. — Mme veuve Laurent, idem. — Pierre Lebret, idem. — Mme veuve Suzanne Lecoq, idem. — Norbert Lefrançois, maison Houllier fils à Elbeuf. — Victor Leroy, maison Th. Chennevière, à Elbeuf. — Louis-Pierre-Eléonore Levasseur, maison Houllier fils, à Elbeuf. — Jean-Baptiste Poutrel, maison Ch. Flavigny, à Elbeuf. — Benjamin Tronel, compagnie d'éclairage au gaz, à Elbeuf. — Jean-Baptiste Verson, maison J. Aroux, à Elbeuf.

VI.

TABLEAU récapitulatif du nombre d'Exposants admis et récompensés, y compris les Coopérateurs.

	EXPOSANTS		COLLABORAT.ʳˢ	TOTAL des RÉCOMPENSES.
	ADMIS. (1)	RÉCOMPENSÉS. (2)	RÉCOMPENSES.	
Arrond.ᵗ de Rouen (Elbeuf excepté)	185	104	19	123
Elbeuf	54	42	40	82
Arrond.ᵗ de Dieppe	41	23	4	27
— du Havre	52	30	1	31
— de Neufchâtel	18	4	»	4
— d'Yvetot	15	7	»	7
	365	210	64	274

(1) Le nombre des personnes qui ont exposé est inférieur au chiffre total de cette colonne, parce que plusieurs d'entre elles ont exposé dans plusieurs classes, et sont ainsi comptées plusieurs fois.

(2) Le nombre des récompenses est supérieur à celui des personnes récompensées, attendu que plusieurs exposants ont reçu deux médailles ou deux mentions, ou parfois une médaille et une mention.

VII.

NATURE des Récompenses décernées aux Exposants de la Seine-Inférieure, et à leurs Coopérateurs.

	DÉCORATIONS.	GRANDES Médailles d'honnr.	Médailles d'honneur ou d'or.	Médailles de 1re classe ou d'argent.	Médailles de 2e classe ou de bronze.	Mentions honorables.	TOTAUX.
Arrond^t de Rouen (Elbeuf excepté).	1	»	»	26	65	29	121
Elbeuf.	»	»	1	14	37	29	81
Arrond^t de Dieppe.	»	»	»	4	10	13	27
— du Havre.	»	»	2	8	11	10	31
— de Neufchâtel.	»	»	»	2	»	2	4
— d'Yvetot.	»	»	»	»	1	6	7
Ville de Rouen (ensemble d'exposition. — Cotons).	»	1	1	»	»	»	2
Ville d'Elbeuf (ensemble d'exposition. — Laines)	»	1	»	»	»	»	1
	1	2	4	54	124	89	274

VIII.

RAPPORT du nombre des Récompenses délivrées aux Exposants et Coopérateurs de la Seine-Inférieure au nombre total des Récompenses données à l'industrie et aux Beaux-Arts en **1855**, d'après le *Moniteur* (en y comprenant les décorations).

	NOMBRE total des Récompenses		TOTAL GÉNÉRAL.	CONTINGENT de la Seine-Inférieure.
	pour l'Industrie.	pour les Beaux-Arts.		
Décorations................	162	40	202	1
Grandes Médailles d'honneur..	112	16	128	2
Médailles d'or.............	252	67	319	4
d'argent...........	2,300	87	2,387	54
de bronze..........	3,900	77	3,977	124
Mentions honorables........	4,000	222	4,222	89
	10,726	509	11,235	274

Il résulte de l'examen de ces chiffres que le département de la Seine-Inférieure a obtenu le 1/41ᵉ du nombre total des Récompenses. Ce résultat montre quel rang élevé occupent les diverses industries du département de la Seine-Inférieure parmi celles du monde entier.

TABLE DES MATIÈRES.

	Page.
DÉDICACE	v
RAPPORT DE M. A. LÉVY, président	vii
INTRODUCTION	1
REVUE GÉNÉRALE DE L'EXPOSITION	10
§ I. — Mécanique et physique industrielles (E. Burel)	46
§ II. — Arts chimiques (J. Girardin)	188
§ III. — Industrie textile (Cordier)	292
CONSIDÉRATIONS ÉCONOMIQUES, A PROPOS DE L'EXPOSITION, SUR L'INDUSTRIE ET LE COMMERCE DE LA FRANCE, par M. Cordier	353
APPENDICE :	
I. — Tableau contenant le résumé des Expositions industrielles françaises depuis l'origine	391
II. — Exposition universelle de Londres, liste des Exposants de la Seine-Inférieure	392
III. — Exposition universelle de Paris ; composition des bureaux des comités de la Seine-Inférieure, chargés des travaux préparatoires	394
IV. — Liste des Exposants de la Seine-Inférieure, avec l'indication des objets exposés et des récompenses obtenues	395

V. — Récompenses accordées aux Coopérateurs, Contre-Maîtres et Ouvriers....................	416
VI. — Tableau récapitulatif du nombre d'Exposants admis et récompensés, y compris les Coopérateurs...	418
VII. — Nature des récompenses décernées aux Exposants de la Seine-Inférieure et à leurs Coopérateurs.	419
VIII. — Rapport du nombre des récompenses délivrées aux Exposants et Coopérateurs de la Seine-Inférieure, au nombre total des récompenses données à l'Industrie et aux Beaux-Arts en 1855........	420

www.ingramcontent.com/pod-product-compliance
Lightning Source LLC
Chambersburg PA
CBHW072217240426

43670CB00038B/1609